东吴证券金融科技实验室研究成果系列丛书
丛书主编　范　力

大数据与人工智能在证券行业的应用

程　昂　葛菊平　随志浩　田　野　等编著

中国财经出版传媒集团
经济科学出版社
Economic Science Press

图书在版编目（CIP）数据

大数据与人工智能在证券行业的应用/程昂等编著．
—北京：经济科学出版社，2019.5
（东吴证券金融科技实验室研究成果系列丛书）
ISBN 978－7－5218－0525－3

Ⅰ.①大… Ⅱ.①程… Ⅲ.①数据处理－应用－证券业－研究②人工智能－应用－证券业－研究 Ⅳ.①F830.91－39

中国版本图书馆 CIP 数据核字（2019）第 085472 号

责任编辑：王红英
责任校对：靳玉环
责任印制：邱 天

大数据与人工智能在证券行业的应用
程 昂 葛菊平 随志浩 田 野 等编著
经济科学出版社出版、发行 新华书店经销
社址：北京市海淀区阜成路甲 28 号 邮编：100142
总编部电话：010－88191217 发行部电话：010－88191522
网址：www.esp.com.cn
电子邮件：esp@esp.com.cn
天猫网店：经济科学出版社旗舰店
网址：http://jjkxcbs.tmall.com
固安华明印业有限公司印装
710×1000 16 开 28 印张 400000 字
2019 年 10 月第 1 版 2019 年 10 月第 1 次印刷
ISBN 978－7－5218－0525－3 定价：68.00 元
（图书出现印装问题，本社负责调换。电话：010－88191510）

东吴证券金融科技实验室研究成果
系列丛书编委会

丛书总序

金融科技助推东吴证券转型升级

东吴证券自成立以来，从苏州起步，积累区域经济动能，谋略全国布局发展。26 年间，东吴证券资产迅速增长，客户总数超过 180 万户，在职员工数量超过 2700 人，连续多年在全国券商分类评级中被评为 A 类 A 级。在自身发展的同时，公司始终坚持服务实体经济、服务地方发展，为地方经济转型升级和实体企业发展壮大贡献力量。当前，金融科技风潮涌动，以大数据、云计算、区块链、人工智能为代表的“新科技”正以不可阻挡的趋势重塑全球金融业，不断推动“新金融”走向迭代发展。如何借助金融科技的力量实现转型，成为每一家金融机构最为迫切的课题之一。东吴证券已开始布局科技领域，与相关部门、优秀企业、科研机构等联手打造金融科技生态圈，促进共同提升，实现共享共赢。

站在新时代和新征程的历史当口，东吴证券确立了建设规范化、市场化、科技化、国际化证券控股集团的战略目标，力争通过科技变革，为客户提供智能化的金融服务，推动整体数字化转型。一方面，通过人工智能和大数据，提升客户服务能力，促进传统经纪业务转型，赋能服务效率与能力的提升。另一方面，依托东吴金融科技与内部技术部门形成合力，不断加大技术开发资源和人力投入，下一代核心柜台系统、高速行情中心、智能运营等自主开发项目开展得如火如荼，自主开发能力显著提升。

金融科技实验室是东吴证券与东吴金科共同发起，并于2018年挂牌成立的自发性和自律性组织。金融科技实验室的组织愿景是打造公司科技金融战略高地，营造科技金融提升业务效率、推进业务创新的土壤。金融科技实验室着眼于通过人工智能、区块链、大数据、云计算与边缘计算等技术驱动的金融业务创新与管理创新，鼓励员工研究试错，围绕公司主业营造金融科技土壤，打造金融科技战略高地。

金融科技实验室在过去的一年里取得了十分可喜的成绩：金融科技实验室完成首批课题申报，成功举行两次金融科技峰会，打造公司金融科技战略高地。东吴安全态势感知平台建设和基于大数据的创新创业债评级研究取得了新成果，智能投顾、客户分级分类和智能客服等课题也都在各自领域取得了相应的研究进展。

金融科技实验室撰写的东吴证券金融科技实验室研究成果系列丛书是金融科技实验室相关研究成果的集中展示和体现。本丛书的出版，对推动东吴证券在金融科技相关领域的研究和实践有着重要的价值和意义，也将在东吴证券转型升级战略过程中发挥应有作用。

东吴证券股份有限公司党委书记、董事长、总裁

范力

2019年10月

前　言

近年来，得益于政策的积极推动和信息技术的迅速发展，大数据与人工智能迎来了黄金发展阶段。2017 年 7 月，国务院印发《新一代人工智能发展规划》，面向 2030 年，明确提出了我国人工智能发展的指导思想、战略目标、重点任务和保障措施，部署构筑我国人工智能发展的先发优势，加快建设创新型国家和世界科技强国。我国人工智能领域在技术研发和产业应用层面均取得了诸多成果，已具备相当实力，相关技术迅速渗透到我们生活的方方面面，尤其在金融、交通、医疗等领域应用场景的大规模落地带来了颠覆性的影响。

党的十九大报告明确坚定实施创新驱动发展战略，提出“着力加快建设实体经济、科技创新、现代金融、人力资源协同发展的产业体系”。进入新时代，科技与金融的深度融合已成为金融业的重要发展方向之一。通过协同现代金融和科技创新两大要素，金融科技在防范系统金融风险等领域都将发挥着举足轻重的作用。我国证券公司数量众多、竞争激烈。盈利模式单一，经纪业务同质化严重的问题始终较为突出。受市场环境以及佣金率下滑的影响，券商普遍开始谋求转型，探索科技赋能传统经纪业务的新模式，金融科技对于证券行业的重要性不言而喻。在以客户为中心的时代，高效、精准地把握客户需求，打造个性化、专业化的新型智能金融服务体系尤为重要。这要求券商在理解业务经营痛点的基础上，对渠道、服务、内容、运营等多个领域进行全方位的智能化应用布局。事实上，大数据与人工智能技术在投资顾问、客户分类、客户服务、运维管理、风险控制等关键领域均大有可为。未来，金融与科技的融合能力将成为券商的核心竞争力之一。

作为全国第 18 家上市券商，东吴证券拥有以证券经纪、资产管理、投资银行服务、基金债券代销服务等为基本架构的专业证券服务体系。当前，东吴证券正瞄准建设规范化、市场化、科技化、国际化证券控股集团的战略目标不断前进。

2018 年 1 月，公司与东吴金融科技（苏州）有限公司联合成立金融科技实验室，塑造金融科技“产—学—研”全链条，发起内部资源整合和外部资源协同，利用科技驱动业务升级与创新。

本书是金融科技实验室开展研究和创新实践工作迈出的第一步。书中首先系统讲解了行业相关的大数据和人工智能技术，并提出了一些常见问题及解决方案。在此后的应用篇中则联系实际，对智能投顾、智能客户分类和智能客服三大具体场景进行了探索和实践，对业务发展提出了一些具体建议。证券行业智能化发展任重而道远，需要全体同行的共同努力。我们希望通过分享我们在金融科技领域的一些思考以及经验，能够对读者有所启发，找准适合自身的智能化发展和转型路径。

本书由东吴证券与金融科技相关的各业务条线专业骨干人员撰写，因水平有限、时间仓促，书中定有诸多不妥之处，还请各界同仁批评指正。本书也参考了相关学者的研究成果以及专业咨询公司的报告成果，在此深表谢意。

2019 年 10 月

目　录
CONTENTS

应 用 篇

导　论

金融行业的发展离不开科技这一重要力量。大数据、人工智能的发展加速了金融领域的智能化进程。证券公司应积极把握金融科技发展脉搏，积极谋求转型，探索科技赋能业务的新模式。

第一节　人工智能

此部分主要介绍人工智能的基本情况，包括人工智能的概念、发展历程、发展现状、面临的挑战等。

一、人工智能是什么以及它能够做什么

约翰·麦卡锡在达特茅斯会议上首次提出了“人工智能（artificial intelligence，英文缩写 AI）”一词，他也因此被誉为“人工智能之父”。关于人工智能，目前国际上尚未有统一的定义。通常可以这样理解，人工智能是指通过研究和开发，使得计算机系统能够执行通常需要人类智能才能完成的任务。我国的《人工智能辞典》是这样定义人工智能的：“使计算机系统模拟人类的智能活动，完成人用智能才能完成的任务”。

过去，我们使用计算机本身所具备的能力来更有效地生成结果。常规软件程序通常使用与它们所需执行的任务有关的特定指令进行编码，而人工智能系统则采用一种截然不同的方法。它们可以通过筛选海量的“大数据”集合来寻找模式、关联等，具备价值发现的功能。而且，它们采用广义的学习策略，这使它们能够适应新录入的数据，不需要完全重新编程。利用机器学习的系统，具有归纳和决策能力，目前在该领域前沿有一些系统在开发中通过深度学习进一步突破了界限，这些计算机系统可以靠自己学习、发现和应用规则。

关于人工智能概念的说法多种多样，但总体可以分为两类观点：一类观点是弱人工智能概念，他们认为智能机器无法真正具有发现、推理和解决问题的能

力，因为他们没有自我意识，仅仅是看似智能。相反，另一类则是强人工智能概念，他们认为智能机器可以拥有自我意识，可以和人类一样对复杂、变化的环境做出反应，产生智能活动，最终可以达到替代人脑活动甚至超越人脑的边界。强人工智能根据机器的推理方式是否与人的思维方式一致，又可以分为类人的人工智能和非类人的人工智能。虽然概念各不相同，但人工智能总体都具有高效率、高稳定性，并且能够帮助减少操作和道德风险的特点。与传统人工相比，机器在信息筛选和分析等方面更为高效，且不会受到情绪、精力、外界环境等因素影响，行为更为统一，可以长时间工作。

近期，在深度学习方面的突破已经诞生了在某些特定功能中能匹配或超越人类智力的人工智能系统，但目前的主流研究依然局限在弱人工智能领域。可以认为人类现已进入弱人工智能阶段，这一阶段的显著特征是机器只擅长于某一方面的人工智能，比如可以局部感知周边环境，进行部分记忆学习，但无法做到全局感知。我们与强人工智能，或者说可以执行人类能够完成的全部认知任务的机器可能还有几十年的距离。

许多机器学习系统已经用于特定的商业用途，并且其应用场景是多种多样的。它们可以提供客户服务、管理物流、监控工厂车间的设备、优化能源消耗、分析医疗记录，等等。最近麦肯锡全球研究所（MGI）研究发现机器学习技术几乎在每个行业都有广泛的适用性。商业化程度因 AI 功能的不同而不同。虽然具有感知和预测能力的系统已经上市，但更多的规范性工具和集成解决方案仍在开发中。

我们可以将 AI 的主要能力归结到以下四个领域：

（1）感知。通过收集和理解信息来感知世界并描述它。这些能力包括自然语言处理、计算机视觉和音频处理。

（2）预测。通过推理来预测行为和结果。这种技术可应用于开发精确的定向广告给特定客户等场景。

（3）指示。主要关注如何做才能实现目标。这类应用场景非常多样化，包括路线规划、新药发现、动态定价，等等。

（4）AI 可以与机器人等互补的技术相结合，提供集成解决方案。这些包括自动驾驶、机器人手术等。

二、人工智能发展历程

人工智能的发展可谓几起几落。20 世纪中期，英国数学家艾伦·图灵等人在破解德国军事密码系统时所做的计算机科学方面的研究为人工智能领域的诞生提供了理论基础。第二次世界大战后，计算机的应用从军事领域转向民用。1956 年，约翰·麦卡锡召集来自不同学术背景的学者召开了首次人工智能研讨会，此次会议成为人工智能领域正式诞生的标志。此后，随着投入水平的加大和技术水平的提升，人工智能的研发取得了一些进展。然而，在 20 世纪中后期，由于内存水平、算法能力和运算速度本身的限制，以及数据库资源积累不足等因素，人工智能的研究发展一度停滞不前，关注度也大大下降。20 世纪末期，专家系统和神经网络方面的研究兴起，计算机集群技术的发展为新一代人工智能的发展提供了硬件支持。21 世纪以来，算法不断改进，计算能力不断提高，互联网迅速普及，人工智能再次迎来重大发展。尤其是大数据、云计算的成熟为深度学习提供了海量数据基础以及强大的计算速度和能力，引领人工智能领域进行大规模实践并取得突破性发展。人工智能经过 60 多年的发展，现已进入黄金发展期，各类技术逐渐广泛渗透到人们生活的方方面面。

三、人工智能发展现状及挑战

近年来，海内外人工智能的技术研究和应用落地都取得了重大进展，同时也面临着一些挑战。

（一）国内外发展情况

随着人工智能的发展，各国纷纷加大对人工智能的投入和布局，且在政策层面也积极加以推动，抢抓人工智能发展的战略机遇，提升国家的综合竞争力。

美国向来十分重视人工智能的发展。自 2010 年开始长期扶持人工智能在军事、医疗、航天等各领域的应用。2013 年 4 月，美国国防高级研究计划局（DARPA）正式发布了“推进创新神经技术脑研究计划（BRAIN）”，获政府拨款 1.1 亿美元，覆盖美国国家卫生研究院、国防部高级研究项目局、国家科学基金会。2015 年发布的“美国国家创新战略”提出优先发展与支持和人工智能有关的包括精密医疗、卫生保健、大脑计划、先进汽车、智慧城市、清洁能源与节能技术、教育技术、太空探索和高性能计算九大领域。

欧盟在 2009 年启动蓝脑计划，2013 年又将“人脑计划”作为与石墨烯并列的两个未来的新兴旗舰技术项目启动，此项目汇聚了来自 24 个国家的 112 家企业、研究所等机构，总投资预计达 12 亿欧元。2016 年 3 月底，公开发布了神经信息、大脑模拟、高性能计算、医学信息、神经形态计算和神经机器人六大平台，以促进神经科学、医学和计算机学的合作研究。

日本则在 2014 年 9 月启动大脑研究计划 Brain/MINDS，该计划为期十年，目的是理解大脑如何工作，以及通过建立动物模型研究大脑神经回路技术以更好地诊断并治疗大脑疾病。2015 年 1 月，发布了《机器人新战略》，日本政府联合各大企业推出了机器人计划，以机器人为重点，计划在今后 10 年里，投入 1000 亿日元用于人工智能的研发。韩国从超级计算机入手，计划在 2020 年前完成 1PFLOPS 级以上的超级计算机开发，在 2021 ~ 2025 年间研制出 30PFLOPS 级以上的超级计算机。

近年来，我国人工智能领域发展迅速，百度、腾讯、阿里巴巴、华为、科大讯飞等企业巨头均有领先的项目或技术推出；高校和科研机构也取得了许多新的研究成果并投入应用。我国政府高度重视在人工智能领域的战略布局，近几年出台了许多有关政策，在明确各阶段发展重点和要求的基础上，也在操作层面上提出了具体方案，以加快人工智能在各个领域的渗透。2015 年，我国政府将人工智能列入国家战略发展规划，注重打造人工智能生态布局，并在资金和政策方面予以大力支持。2016 年 5 月，国家四部委颁布《“互联网 +”人工智能三年行动实施方案》，提出要“培育发展人工智能新兴产业、推进重点领域智能产品创新、提升终端产品智能化水平”。2017 年 7 月，国务院印发《新一代人工智能发展规划》，明确了我国新一代人工智能发展的指导思想、战略目标、重点任务和保障措施，计划分三步走："到2020年，人工智能总体技术和应用与世界先进水平同步，人工智能产业成为新的重要经济增长点，人工智能技术应用成为改善民生的新途径；到2025年，人工智能基础理论实现重大突破，部分技术与应用达到世界领先水平，人工智能成为我国产业升级和经济转型的主要动力，智能社会建设取得积极进展；到2030年，人工智能理论、技术与应用总体达到世界领先水平，成为世界主要人工智能创新中心。"金融是人工智能最主要的应用场景之一，规划中还明确要求要"建立金融大数据系统，提升金融多媒体数据处理与理解能力，创新智能金融产品和服务，发展金融新业态。鼓励金融行业应用智能客服、智能监控等技术和设备，建立金融风险智能预警与防控系统"。

在全球信息高度流通和开放的大环境下，人工智能在世界各地多点开花。凭借政策的大力支持、广阔的市场、良好的人才基础以及充足的资金投入，我国人工智能发展势头正劲，目前在全球处于领先地位，尤其在计算机视觉、自然语言处理、机器人等方向颇具实力。

（二）面临的挑战

人工智能的发展目前正面临诸多困境。在人工智能计算上，面临着提升计算性能、不同场景计算优化和生态建设等挑战。未来，如何让机器在没有太多指令或少量样本的基础上进行学习，如何让机器像人类一样感知世界并拥有自我意识，是很大的挑战。

人工智能也是一把"双刃剑"，在带来诸多便利和提高效率的同时，也会带来一些困扰，比如安全、伦理、隐私等问题以及对社会的冲击。需要注意的是，人工智能的最终目的不是让机器完全替代人类，而是借助机器来拓宽人类的能力，为社会发展做出贡献，这才是发展人工智能的意义。在科技飞速发展的时代，我们应当谨慎从事，不忘初衷。

第二节　证券行业智能化发展

在金融科技推动行业模式转变的大背景下，证券公司应发挥人工智能技术在各项业务领域的应用优势，在智能化转型中抢占先机。

一、金融科技简介

近年来“金融科技”的概念诞生，这主要源于科学技术在金融行业的应用正在逐渐深入。埃森哲与百度金融的联合报告认为，科技与金融的融合主要经历了以下三个阶段。第一个阶段是电子金融。金融业务开始以电子的形式出现，比如电子票据等。这大大减少了中后台的工作量并能提高效率，同时通过计算机存储下来的金融服务记录，与以往相比具有更为完整、安全、可供随时查阅、方便统计的特点。第二个阶段是线上金融。金融服务的渠道被拓宽，服务的场景不再局限于实地。开展线上业务有利于金融机构覆盖更多长尾客户。如今人们已越来越习惯通过线上渠道享受便捷的金融服务。第三个阶段是智能金融。这一阶段，人工智能技术开始真正发挥作用，金融服务全方位优化升级。

金融科技主要有以下特点：

1. 自我学习

以人工智能为代表的智能技术在新阶段呈现出自我学习的特征。人工智能可以更灵活地自主学习和管理知识，支持知识的“产生—存储—应用—优化”的体系化管理，更准确地提前感知外界环境动态变化，理解用户需求，做出判断并决策。

2. 数据至上

数据可以说是人工智能时代最宝贵的资产。智能金融企业的战略重点从互联网时代的业务闭环转向实现数据闭环，不再局限于满足当前用户需求，更加注重企业间数据结果回传对于合作各方未来能够可持续满足用户需求能力的提升。

3. 技术驱动业务

人工智能时代则使得技术在金融的核心——风险定价上发挥更大的想象力。智能金融时代技术将真正成为核心驱动力，技术驱动商业创新的影响力及范围会进一步扩大。技术和产业链全面深入结合，带来应用层终极变革。

4. 服务“专客”“专享”

基于海量的客户信息数据、精细的产品模型和实时反馈的决策引擎，每一个客户的个性数据将被全面捕获并一一反映到产品配参和定价中。产品不再是为了“某些”客户提前设计，而是针对“某个”客户实时设计得出，实现产品服务的终极个性化，实现随人、随需、随时、随地。

人工智能能够被大规模应用于金融，算力提升、数据丰富和算法突破至关重要。算力的释放让图像、语音等复杂数据的处理能力得以提升，进而改变传统的人人或人机交互方式，使得新的交互方式迅速得到应用。数据质量的改进、数据量及维度的丰富则推动了机器学习的发展，包括复杂任务处理的效率和准确性，在此基础上，当前人工智能算法变得更易获取和应用。人工智能大幅提升了金融行业数据挖掘与分析能力，使金融服务变得更加个性化与智能化，也丰富了控制金融风险的手段。人工智能在风险控制、资产配置、智能投顾等金融领域的应用，预计可以通过降低成本和提供新的盈利增长点，带来约6000亿元人民币的效益。

二、人工智能在证券行业的应用

具体到证券行业，人工智能在券商内部的应用趋势目前大致分为以下几类：

（一）智能投顾

智能投顾是根据客户理财需求和资质信息、市场状况、投资品信息、资产配置经验等数据，基于大数据和人工智能技术，通过大类资产配置、智能推荐、智能定投等服务实现资金端和资产端的匹配，输出符合客户风险偏好和收益预期的投资理财建议，后续还可完成自动交易执行。随着居民财富增长，理财规划需求日益高涨，但为高净值客户服务的传统财富管理业务由于人力成本高昂无法服务如此海量的用户，在这种背景下，智能投顾拥有巨大的市场空间。智能投顾依靠技术优势，能够覆盖更多的普通投资者，为中低净值客户提供费用低却又专业高效的资产管理解决方案。国内智能投顾的参与者众多，包括如银行系、基金系、大型互联网公司和一些第三方创业公司。由于投资顾问业务本身就是券商的核心业务之一，智能投顾又是现阶段实现经纪业务向财富管理业务转型的重要抓手，近年来，越来越多的证券公司加速布局智能投顾领域。

（二）客户分类

客户分类是智能营销和服务的基础，通常来说流程如下：首先，洞悉用户、挖掘需求，跨渠道收集用户数据，建立全面、精准的用户画像，对用户每个业务环节和场景进行关联分析，实现贯穿全用户旅程的营销方案；其次，通过对渠道获客相关指标的智能分析，快速有效评估渠道获客的质量，进行渠道优化；再次，在平台方面打造极致用户体验，增强用户黏性；最后，在活动方面，通过标签体系来进行获客、激活存量客户、召回流失客户，最终实现客户的标签化，完成千人千面的精细化零售客户服务体系的构建。

（三）智能客服

智能客服的主要功能就是与用户进行沟通。智能客服通常能够直接回复一些基本的问题，而对于复杂问题则可以转人工支持，人机交互解答用户有关产品与服务的问题。这使得企业客服运营成本大幅降低，客服人员也能够集中精力应对高净值业务。与聊天机器人不同，智能客服结合语义理解，在用户说出服务需求之后，系统进行识别后即可转接相应模块，大幅节省选择菜单时间。同时结合客户以往业务数据，可更精准地识别客户特质和需求，探索增值服务和交叉销售机会，精准推介产品。许多金融机构都致力于建立高质量、高扩展性的语言资料库、语义知识库，来提升客服机器人的智能水平。

（四）其他应用

智能风控、智能交易、智能投研和智能运维也对券商意义重大。证券公司的风控主要通过各种信用风险、操作风险、市场风险、流动性风险等模型来实现，但是这些模型主要依赖经验和研究。现在，通过机器学习、特征工程、风险知识图谱等，可以将智能分析模块产生的结果加入原有的模型中去，实现智能分析，使风控转变为全面的、主动的、动态的、自适应的，极大提高风控效率。与程序化交易、高频交易不同，智能交易的关键在于自主学习、推理并决策。以交易数据为基础，人工智能引入自然语言处理、深度学习、神经演化、分布式计算等用于预测市场趋势。机器能够获取和处理更大量的信息，不断自我改进，且其决策具有一致性和逻辑性的特点，可避免一些人为可能出现的失误。传统投研的信息检索、分类、关联、解读都依赖人工，耗时耗力且高度依赖于人员专业程度。如今，可以采取人工智能技术进行数据增强，内容提炼，关联分析，还可以实现摘要自动生成等，大大提升效率。智能运维，通过人工智能算法给运维工作赋能，实现智慧工作，包括智能服务台、运维操作、信息安全态势感知等，提高运行效率。

当前阶段对人工智能的应用比较理性的选择是：人机同行。机器的主要作用在于辅助人类，提升效能。未来人的作用主要体现在做那些计算机无法完成的需要创造力、想象力、探索和与人沟通上，以及培训、评估、监督企业行为的事情。对于券商来说，人工智能在几乎所有的业务条线都能发挥作用，人工智能是现代化证券公司必然的发展方向。

三、证券公司智能化发展之路

证券公司应在认清智能化转型的重要意义的基础上，分析过程中可能出现的问题和难点，积极应对。

（一）战略态势和现实意义

当前，全球正迎来新一轮科技革命和产业变革，信息化浪潮蓬勃兴起。随着数据资源的积累、理论算法的演进、计算能力的提升和网络设施的完善，人工智能已进入跨界融合、深度应用的新阶段，驱动着包括金融业在内的各个领域向数字化、智能化发展。智能时代，企业数字化转型要求对企业的每个业务环节探讨从大数据化、智能硬件化到人工智能化的可能性。智能领域将是未来拉开企业间差距的核心竞争领域，同时也是最有提升潜力的部分。如果能够提前规划，可大大提升转型的速度和效果，实现降低成本、提升体验、业务扩张等。在这样的大背景下，如何更好地推进人工智能在券商中的应用和发展，使其更好地为证券公司的业务和管理服务，是值得深入研究的重要议题。面对新形势，必须积极求变应变，把握人工智能发展的重大历史机遇，抢占先机，主动谋划，提升新一代人工智能科技创新能力，加快向科技化、现代化转型的步伐，才能带动公司竞争力的整体跃升。

对我国而言，所面临的不只是贸易战的不利影响，受近年来互联网和房地产泡沫以及实体经济发展疲软态势的冲击，2018 年度国内中小券商乃至部分大型券商的市场交易量较往年有较大幅度的下滑，除了投资者对市场的看空心态和股民信心的下滑因素之外，券商之间愈演愈烈的同质化竞争也是导致各家券商收入下滑的一个原因：头部券商投入了大量人力物力，在业务和技术两条线上同步进行改革和转型，试图按照互联网的思维进行线上运营，大力发展 AI 技术，通过智能客服、智能投顾、智能运营等手段来节省人力成本。虽然头部券商的经纪业务整体也是下滑趋势，但因其综合业务实力强，所以基本上能够平稳完成转型，且能够短期内拉大和中下游券商的差距。中小券商则不然，因为其收入重度依赖于市场交易量和佣金率，经纪收入的下滑在短期内对中小券商造成非常大的影响，同时，中小券商的人力物力财力有限，多数中小券商开始缩减营业部数量，更有甚者进行了裁员，当然，头部券商也会有一定规模的裁员，甚至有些中小券商迫不得已被大型券商收购。各大名校的毕业生不再盲目地挤破脑袋往投行券商等机构涌，而是开始理智地考虑券商这个行业是否仍然是“金饭碗”，换句话说，正是从 2018 年开始，券商的“金饭碗”开始面临严峻的挑战。

但是，事物总是有两面性，辩证地看，券商在面临着危机的同时，也存在一些机遇，尤其是对处在行业中游的券商更是如此，中游券商所得到的机遇获利可能还要多于危机损失，如果行业长期稳定，那么中游券商可能一直就是处在一个中游的规模，但“乱世出枭雄”，券商当前所处的是一个“乱世”，大型券商如果决策方向有误，那么极有可能被那些积极转型的中游券商赶超，从而导致其地位不保。当然，从目前中国证券业的情况来看，引导行业转型的仍然是头部券商，尤其是前三名的中信证券、华泰证券和国泰君安证券，三家券商都主动拥抱了 Fintech（金融科技），同时也敏锐地意识到经纪业务向私人财富转型的重要性。在 4～15 名的“准龙头”区域，券商之间的竞争比较激烈，同时排名变动也比较大，从 2017 年和 2018 年的数据来看，转型力度较大、信息技术投入较大的广发证券、中泰证券、安信证券、方正证券、招商证券、平安证券都拼出了较好的排名，银河证券、海通证券和申万宏源基本上稳住了其排名，当然也有一部分券商因为“吃老本”的心态，在转型上反应不及时，被挤出了前 15 名甚至前 20 名。事实证明，在大型头部券商以更积极的态度拥抱转型时、在政策更倾向于市场化的背景下，中小型券商所能做的就是紧追头部券商的步伐，防止不进则退、被拉开更大的差距。

（二）证券公司发展人工智能面临的难点

与多数金融机构类似，证券公司实践人工智能所面临的挑战主要在以下三方面：业务与科技的隔阂、技术能力不足，以及体制与变革的矛盾。首先，科技不理解业务需求、业务不关心技术实现是一直存在的问题。其次，数据运用能力、技术研发能力跟不上大环境，许多券商科技部在传统业务应用系统运维上步履艰难，更谈不上创新技术能力。最后一点涉及传统体制与新兴思维之间的碰撞，矛盾通常很深，往往需要组织高层、股东和董事会层面牵头，自上而下地推动战略落地。

目前我国证券公司在大数据与 AI 领域的能力呈两极分化趋势，中小券商人工智能的整体发展水平与大型券商相比还存在巨大差距，前期研发布局欠缺，在基础数据积累、核心算法能力、关键设备投入、创新能力等方面远不能与大型券商相比，后期也将面临投入大而产出慢的现实问题。整个公司层面，适用人工智能发展的设施、规章制度、标准体系等方面工作均亟待建立与完善。此外，人工智能方面的人才暂时还无法满足需求。证券公司在发展人工智能的道路上还有很长的路要走。

（三）证券公司智能化转型实践要点

总体而言，我国证券公司在核心技术能力、业务分析能力、数据管理能力、数据科学能力等方面均存在非常多的短板，与国外投行的差距仍较大。在金融科技的大背景下，管理者应统领大数据与 AI 战略，建立数据驱动业务的思维，形成自上而下的规划、执行、跟进、落地和监督机制。

首先，应了解人工智能对于具体业务的意义，了解最优应用场景，明确发展方向。可以通过研究发达市场的情况，了解龙头券商的布局，观察在各个环节上的应用案例，评估各个方向的发展机会，选择短期内降本增益价值大、技术应用提升效果明显的方向进行布局。其次，深刻理解自身业务与科技现状，评估布局人工智能应用所需核心竞争力的发展情况，找出在组织、技术、执行等方面的差距，针对不足为相关部门提供支持与引导。最后，制订明确的、具有时间节点的实施计划。可建立由高层人员直接管理的专门部门或小组，负责设计转型规划并监督实施情况。在公司内部作为沟通桥梁，打通资源和信息，打破业务和技术之间的隔阂。高层也应积极跟进执行结果，形成有效的绩效管理机制，逐步推动整体战略达到预期效果。

发展人工智能最核心的要素，就是数据。新一代人工智能技术尤其依赖数据的数量与质量。数据收集整合与运用系统以及清晰的数据战略，对发展人工智能至关重要。战略上，应将积累数据作为一个专门的管理目标，注重建立企业大数据战略，形成在数据方面的核心竞争力，基于大数据建立超越竞争对手的智能优势。实际操作中，企业需要采取一种程序化的方法来构建数据资产，并在所有业务部门的支持下，利用数据资产来改变企业，理解现有数据资产的价值并且懂得如何运用现有数据指导业务开展是关键的核心竞争力之一。程序化的数据资产构建方法意味着有良好的数据架构，能够优化数据的采集、聚合、使用与后续更新，并保持数据的准确性、一致性与安全性，同时，还要确保现有数字系统有开放的接口，在未来可以灵活整合人工智能技术。

以上这些离不开人才储备和企业文化的支持。数据科学家、算法类人才是设计、开发、部署人工智能过程中极为关键的要素。目前，人工智能方面的人才在整个社会中都处于紧缺状态，大型互联网公司因积累下的技术优势对这类人才吸引力巨大，券商想要打造自己的人工智能团队并非易事。此外，能够连接起技术与业务的人才也非常重要，他们能将业务问题转化成技术问题，反之也能将技术解决方案与实际业务困难进行对接，可以说解决了券商目前发展人工智能最大的问题。对于现有员工，应积极开展一线员工的技能升级与培训，鼓励学习与人工智能辅助机器人等共同工作的技能。而对于中高层管理人员，可通过开展讨论会等形式，普及人工智能的概念，加深管理人员对人工智能的理解。开放的企业文化有利于内部的创新氛围，推进人工智能项目运用过程中的阻力也会更小。人工智能技术与以往科技技术不同，尽早铺垫对人工智能的正确理解和友好态度非常必要。一方面，对于一线员工而言，其工作内容很可能会受到技术发展带来的自动化流程的影响。对于可能会被人工智能技术取代的员工，要提早帮助他们树立正确的态度，帮助其向更高级的工作领域发展。另一方面，对于要使用人工智能技术辅助其日常决策的中层管理者来说，人工智能技术的运作原理不像有规则的程序那样容易让人理解，让他们认识到输入数据的质量决定了人工智能产出决策的质量，以及人工智能技术并非代替其做决策而是一种强大的辅助技术尤为重要。

技术篇

本书上篇为技术篇，分为大数据技术和人工智能技术两章内容。两个章节分别讲解了证券金融行业所用的主流大数据技术和人工智能技术，目的在于方便读者深入了解大数据和人工智能背景下的证券行业底层技术框架和原理。

第一章

大数据技术

随着人类社会化程度和科技水平的高速发展，各行业在近 20 年来快速积累了大量的数据。对于国内证券行业而言，各家证券公司尤其是互联网金融科技型证券公司拥有了海量的数据，包括不限于交易系统数据、客户关系管理系统数据、客户账户管理系统数据、交易终端尤其是移动端的用户行为数据、资讯、财务报表、研究报告等数据。

海量的数据催生出了相应的技术生态，大数据技术随之而来。本章节首先分析了传统证券信息系统在处理结构多样、海量复杂的数据时所遇到的瓶颈，论述了证券金融行业上线大数据系统的必要性；随后对大数据技术框架和进化过程进行阐述，并简要介绍了东吴证券的大数据发展历程。因本书定位为非技术型作品，因此对大数据技术细节不做过多介绍。

第一节　传统技术局限性的解决

数据作为公司的核心生产力之一，得数据者得天下，东吴证券自 2004 年开始就持续不断地在数据上进行人力、财力、物力的投入。在公司探索如何利用数据创造价值的初期阶段，所做的尝试主要集中在对公司风险管理、业务部门数据统计及一些特殊报表的支持。

随着公司业务规模的发展，以及近年来互联网发展带来的数据利用技术的进步，公司各业务条线碰到了一些数据利用的问题：多头数据源、数据标准不统一、数据质量不够、数据价值未充分发掘、无统一的数据管理组织。东吴证券领导层也逐步意识到数据对于公司在客户挖掘、风险管理、决策支持、客户服务、运营提升等方面将会有很大的价值，券商已经开始出现从“抢客户”到“抢数据”的转变。

2017 年东吴证券提出来建设“数字东吴”的目标，期望通过数字化建设在业务拓展、降本增效、提升服务价值、提高客户满意度和黏性、提高风险管理能力等方面为公司的发展注入长期持久的动力。

一、第一代数据中心

2004 年 8 月东吴证券开启数据中心建设之路，建设了第一代基于 ORACLE 的数据中心。第一阶段 2005 年 1 月完成，第二阶段 5 月完成，当前系统已经升级到 7.0。主要应用为风险监控和稽核管理、数据报表及数据分析等。数据中心有效地满足了各层级监管机构对证券公司风险管理的要求，公司也逐渐建设了独立存管系统、经纪人监控系统、自营投资监控系统、资产管理监控系统、反洗钱系统、净资本监控（流动性监控）系统、开放式基金监控系统、异常交易监控系统、市场风险管理系统（2013）、操作风险管理系统（2016）等。

如图 1－1 所示，第一代数据中心系统架构特点主要有三点：第一点，数据源主要是 Oracle 数据库，非结构化数据或者多媒体数据很少。第二点，数据处理形式有限，除了进行必要的数据预处理和数据转换等操作外，多数场景通过 Oracle 的 SQL 代码即可实现，并没有机器学习等人工智能场景。第三点，因为第一代数据中心架构所处的时代并没有“大数据”沉淀和对应的分布式系统技术，随之带来的人工智能场景也非常有限。

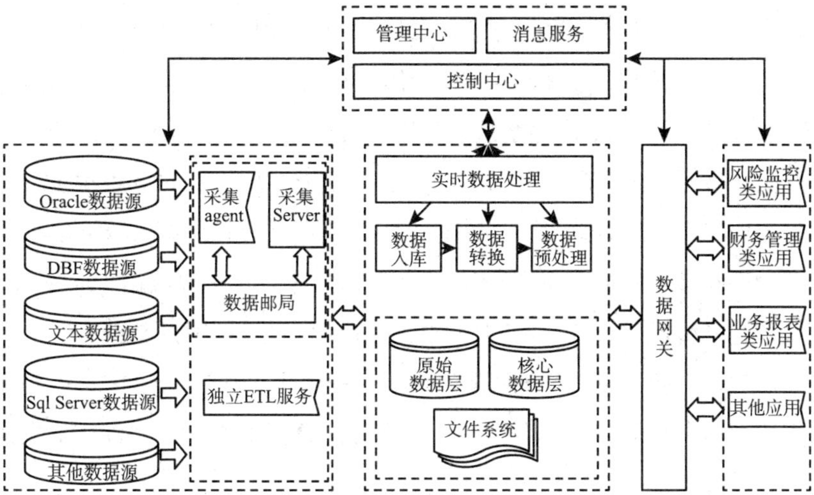

图 1－1　第一代数据中心系统架构

资料来源：笔者自制

第一代数据中心架构从数据生命周期的角度看，整体上和当前大数据和人工智能的架构并无明显区别，但就数据来源和形式、数据量大小、数据的分析处理方式等方面而言，第一代数据中心架构和当前系统有着比较大的差异。

二、第二代数据中心

公司的第二代数据中心为基于大数据技术的新型数据中心。从大数据生命周期的角度看，第二代数据中心及相关基础设施的建设阶段可以用图 1 –2 表示。

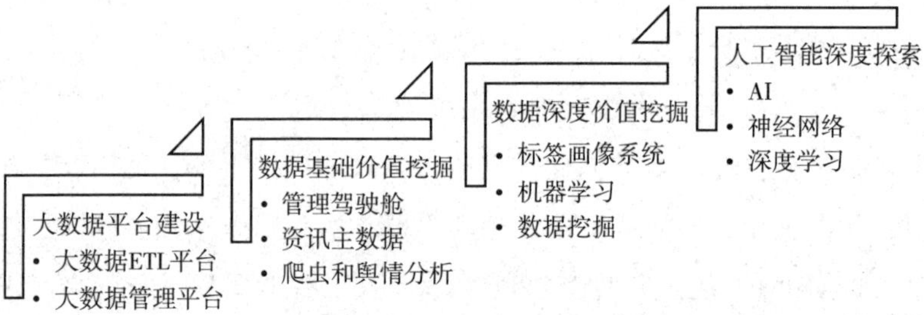

图 1 –2　东吴证券大数据建设阶段

资料来源：笔者自制

证券行业第一代的数据中心普遍已经运行和使用了 10 余年，伴随着证券业务和大数据以及人工智能技术的高速发展，证券公司对数据价值的变现提出了比以往任何时候都要高的要求，特别是面向营销管理、客户服务、运营管理、风险管理、算法分析等方面提出了更明确的需求。基于传统架构的 ODS 数据中心已经在大数据处理方面慢慢不适应了，在技术和应用两个层面都面临着严峻的挑战。

为此，2016 年公司提出了建设基于大数据技术的新一代数据中心系统，并于 2016 年底开始技术准备，2017 年 4 月开启正式建设，当年 9 月新数据中心上线运行。同时，基于该平台同时上线了管理驾驶舱作为新一代数据中心系统的第一个应用。

第二代数据中心系统以数字化运营为目标的数据中心，其平台框架如图 1 –3 所示。

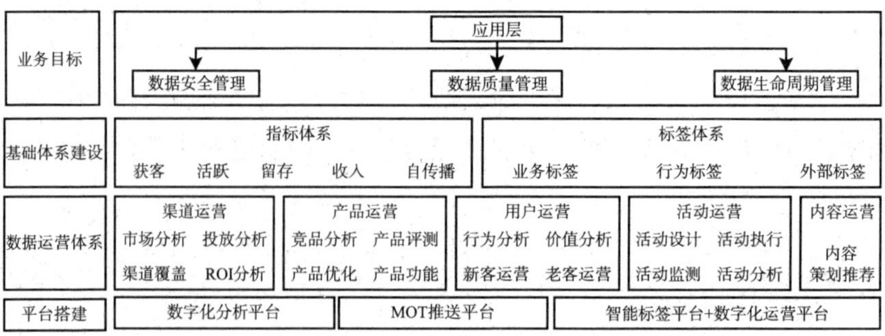

图 1 –3　第二代数据中心数字化运营平台建设过程

资料来源：笔者自制

第二代数字化运营平台框架的核心内容主要包括技术和应用两个层面：

（1）技术层面：当前是个数据爆炸的时代，特别是互联网技术的发展导致数据的产生规模和速度、数据的海量存储、数据的访问频率都发生了巨大变化，非结构化数据中也隐藏着巨大的价值，而第一代 ODS 系统在这些方面的支持存在缺失，需要向互联网技术进行靠拢。

（2）应用层面：按照系统建设为业务服务的原则。基于新一代数据中心建设管理驾驶舱系统，实现试点应用的快速见效，既能解决公司管理层和营业部一线管理者面临的经营数据必须隔日才能获知，数据的时效性差导致无法满足管理需求等问题，又能为后续基于大数据平台做深度开发进行技术积累；并且，利用大数据平台及其技术，可以逐步推进公司数据治理工作，做基于大数据的客户画像、营销服务、智能运营、算法分析等领域的研究和实践。

三、数据部门的职责探讨

大数据技术和移动端 App 都存在互联网的基因，大数据平台既能快速处理公司每个交易日所有活跃客户的基础数据、交易数据、盈亏数据、活跃度数据等，并及时通过数据 ETL 推送给网络金融事业部（以下简称“网金部”）使用，也能够及时完成精准营销模型、客户流失模型等机器学习模型的日常调度和模型更新，并把模型的预测结果实时推送到网金一侧进行营销或者客户挽留等操作。

在东吴证券，虽因为组织架构上的关系，数据部和网金部分属于两个部门，但双方一直保持着紧密合作，并趋于成熟，形成了数据和业务合作上的双重闭环。目前已经投入理财产品精准营销、证券公司客户流失或者沉默预警等应用。数据支撑部作为东吴证券的后台部门，从数据层面保障着整个公司和下级所有分支机构、营业部的数据需求。

如图 1－4 所示，数据技术人员来源于数据团队，而业务人员可能来自金融理财产品开发团队（包括经纪部门、网金部、资管部、固定收益部等部门）、产品营销团队（包括线下营业部、网金部等部门）、运营团队（包括运营中心和信息技术后台）。为了实现最终的营收增长的目标，数据技术人员作为数据提供方，除了负责技术实现外，还需要对接众多业务部门的需求。

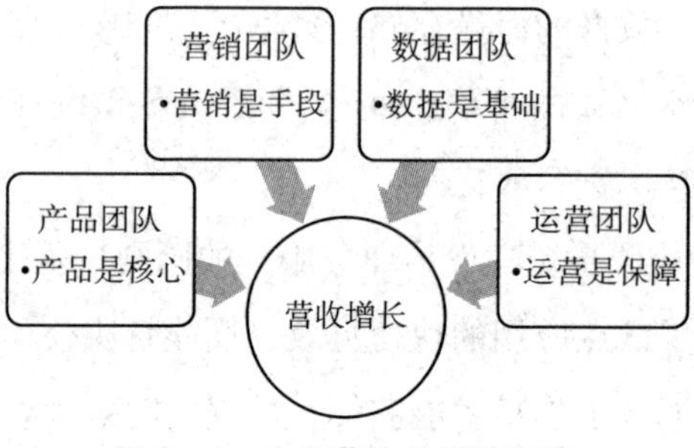

图1-4　企业营收的影响因素

资料来源：笔者自制

为了能够正确高效地完成数据支撑工作，数据部人员除了要积极提升自身的证券业务知识外，还需要克服技术人员普遍存在的不善于沟通交流的弱点，主动向业务人员了解并真正理解业务需求，将需求转化为技术代码和算法模型；同样，对于业务人员来说，要将业务门槛降低，在保证业务需求完整性和正确性的基础上，用通俗易懂的语言向数据技术人员传达业务需求。

虽然大数据技术和人工智能技术在近些年取得突飞猛进的发展，国内外先进的证券业代表企业在采用新技术解决传统业务难题的道路上所取得的成果甚至已经赶超了不少互联网企业。但国内和国外的券商毕竟有很大不同，国内大中小不同规模的证券公司情况也不尽相同，每一家证券公司对于金融科技的采用要结合本身的战略导向。对于全牌照的证券公司而言，其主营业务是一个“大盘子”，在相当长一段时间内，无论是个人财富管理业务、投资银行业务、固定收益业务还是研究所，每一个业务方向都有相当比重的工作仍然严重依赖于线下运营，客户经理需要和大客户、机构客户保持良好的合作关系，路演、营业部营销活动仍然不能被线上活动完全替代。

第二节　大数据技术体系

进入21世纪以来，人类社会的生产力水平得到了空前的提高，单台服务器性能飞跃式提升、分布式计算技术快速发展、人类社交化程度大幅提高等，这些因素导致各行业产生并积累了大量的多样性的数据。

为充分消耗存储大量数据所带来的成本，同时为了解决海量多样数据的分析难度，人们开始意识到需要研究出前所未有的技术来解决“大数据问题”。在证券金融行业，各家投行和证券公司同样拥有着海量数据，也面临着同样的问题。

本节旨在对大数据的技术框架进行阐述，使读者能够简单了解当前金融行业新型的以大数据技术为核心的中后台框架和技术。本节首先对大数据技术的发展历程进行了回顾和阐述；之后依次讲解了大数据的六种架构：传统架构、流式架构、Lambda 架构、Kappa 架构、Unified 架构；最后对东吴证券大数据的发展历程进行概述。

一、大数据技术发展综述

谷歌公司（Google）于2003～2006年陆续发表了大数据领域的三篇奠基之作，分别是2003年发表的介绍Goggle分布式文件系统的The Google File System，2004年发表的介绍谷歌分布式计算框架的MapReduce_Simplified Data Processing on Large Clusters，以及2006年发表的介绍分布式结构化数据存储数据库的Bigtable_A Distributed Storage System for Structured Data。Lucene、Nutch、Hadoop等项目的创始人，现任Cloudera首席架构师道格·卡汀（Doug Cutting）与同事们从

2004 年开始基于谷歌的论文将 HDFS 和 MapReduce 陆续实现并加入其发起的开源搜索引擎项目 Nutch 中，经过后续的演变，诞生了 Hadoop 这个最初只包括 HDFS 和 MapReduce 开源项目，道格·卡汀也因此被称为"Hadoop 之父"。

在 2004 ~ 2019 年的 15 年里，Apache 基金会孵化出了众多出色的大数据开源顶级项目并加入了 Hadoop 生态系统中，可以说 Hadoop 已经发展成为一个相对完善的大数据生态系统，在世界范围内被各行业、机构、高校广泛使用，出色的分布式系统解决方案和代码开源精神，让 Hadoop 生态系统成为 21 世纪以来最具影响力的计算机变革之一。依托于开源 Hadoop 系统做产品化和商业化的两家科技公司 Cloudera（CDH）和 Hortonworks（HDP）（2018 年 10 月两家公司宣布合并，Cloudera 占 60% 股份）更是将各自优化后的各个大数据开源套件和管理系统进行了开源，仅对服务进行收费。未来，虽然商业化的大数据平台巨头可能也会对深度优化的基础组件进行收费，但截至 2018 年末，归功于 CDH 和 HDP 两家公司提供的、比社区开源的 Apache Hadoop 生态软件稳定性和产品化都要好很多的大数据产品生态，全球范围内的大数据产业才得以快速发展。

图 1 - 5 为美国知名的早期 VC（venture capital）公司 FirstMask 给出的 2018 年大数据和人工智能全景图，其涉及的产品覆盖了大数据基础框架、大数据分析系统、不同的行业应用、各类主流的大数据和人工智能开源技术，等等，需要说明的是，图中的公司只是和 FirstMask 有直接或者间接关系的，仍然不能完全涵盖所有的大数据和人工智能技术，由此图也可以佐证大数据和人工智能近年来发展的火热势头。

相比欧美，国内大数据技术起步稍晚，2015 年 8 月 31 日，国务院印发了《国务院关于印发促进大数据发展行动纲要的通知》（以下简称《纲要》）。《纲要》在第二个主要任务——"推动产业创新发展，培育新兴业态，助力经济转型"中提到，要"培育数据应用新业态。积极推动不同行业大数据的聚合、大数据与其他行业的融合，大力培育互联网金融、数据服务、数据处理分析、数据影视、数据探矿、数据化学、数据材料、数据制药等新业态"，解读《纲要》精神，可以看出，未来大数据技术是传统金融向互联网金融转型的重要技术手段，传统金融行业已经吹响了向金融科技型公司转型的号角。

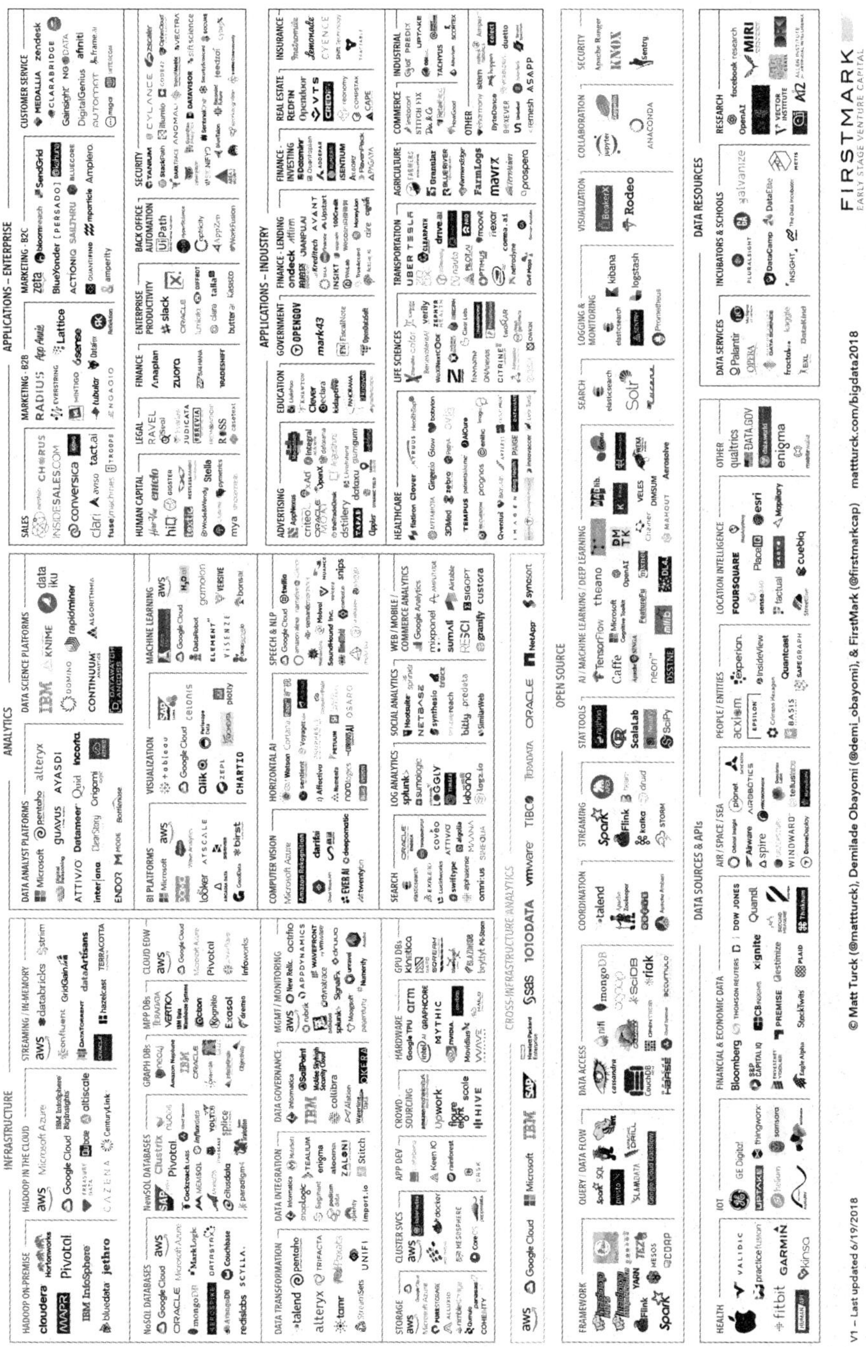

图1-5　2018年大数据和人工智能全景图

资料来源：笔者自制

二、大数据架构进化阶段

大数据技术发展至今（2004～2018年）已有近15年的历史，随着大数据套件的不断扩充，大数据架构也逐渐趋于成熟，面向不同的场景产生了不同的大数据架构形态。在生产实践中，常用的大数据架构有传统架构、流式架构、Lambda架构、Kappa架构以及Unified架构这五种。

（一）传统架构

传统大数据架构首要解决的问题仍然是传统BI的分析需求，包括报表展示、分析服务、BI分析以及预警等功能，和旧的数据架构相比，传统架构只是要处理更多、结构更为多样的数据，因此将传统企业的BI架构替换为传统型大数据框架是比较容易的，只需要将相应的组件替换为大数据生态系统中类似功能的组件即可。

需要说明的是，和传统BI系统相比，大数据系统在多维分析方面的能力不及前者，主要原因是框架要处理的数据量级提升之后，对于数据的建模、上下钻操作的内部运算开销大幅提升，针对大数据BI的产品化解决方案目前来看非常少，开源且可用性较好的只有Apache Kylin，但开源免费版的Kylin操作比较复杂，手工维护成本比较大，且开源Kylin在底层存储、核心计算、支持的查询类型、维度建模、元数据维护、监控、可视化操作等诸多方面和收费版本Kyligence Enterprise相比存在较大的差距。

传统型大数据框架另一个不足之处是只存在类实时或者伪实时的存储和计算逻辑（比如通过自主开发的程序手动维护消费信息的偏移量实现的伪实时功能），缺少真正意义上的实时分析的能力，不能满足实时场景下的业务需求。传统大数据架构如图1－6所示。

（二）流式架构

流式架构主要面向实时预警、监控类的业务场景，该架构解决了传统架构对实时计算场景支持不足的问题，补充了消息队列和实时计算的能力，同时将传统架构的ETL流程完全替换为对实时的流式数据进行处理的过程，这种比较激进的

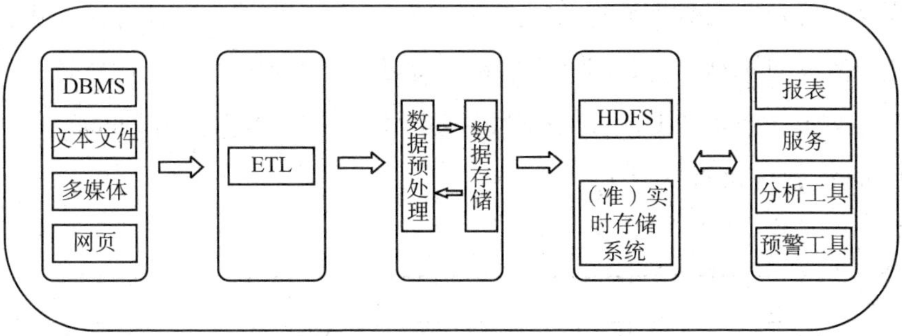

图 1－6　传统大数据架构

资料来源：笔者自制

将 ETL 过程去掉的方法同时也带来了不足，即流式架构无法对于历史存量数据进行较大实践跨度的批处理分析，只能进行过去一段时间窗口内的分析。

在流式架构中，存在真正意义上的数据实时抽取通道、消息队列和实时计算的产品，比如在大数据场景中比较常用的数据通道有 Logstash、Flume，常用的消息队列为 Kafka，流式处理框架包括 Storm、Flink、Spark Streaming，以及 Kafka Stream 等。

一般而言，流式架构只针对特定的实时业务场景存在，而不作为通用的数据处理框架。流式大数据架构如图 1－7 所示。

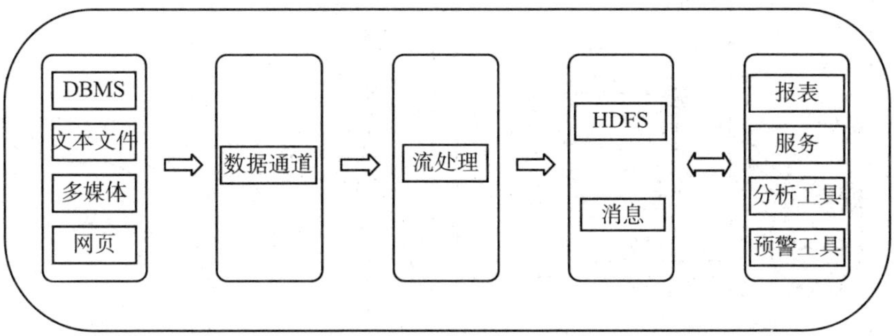

图 1－7　流式大数据架构

资料来源：笔者自制

（三）Lambda 架构

Lambda 数据架构由 Storm 的作者 Nathan Marz 提出，这种架构综合了传统型大数据架构和流式大数据架构的特点，能够对实时和离线两种业务场景进行分支化处理，具有可扩展、低延迟、高容错的特点，是大数据行业使用比较多的一种架构，大数据的新生的Kappa架构以及Unifield架构均可以视为Lambda架构的变种。Lambda架构如图1－8所示。

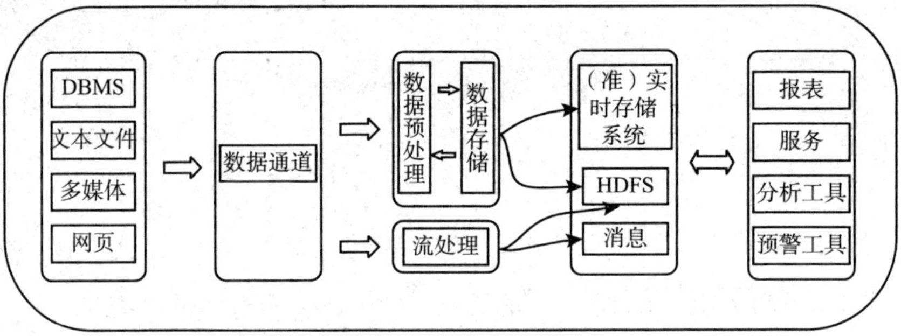

图1－8　大数据Lambda架构

资料来源：笔者自制

Lambda架构内部可分为batch layer，serving layer以及speed layer三个部分，如图1－9所示。Lambda架构的计算公式可以总结如下：

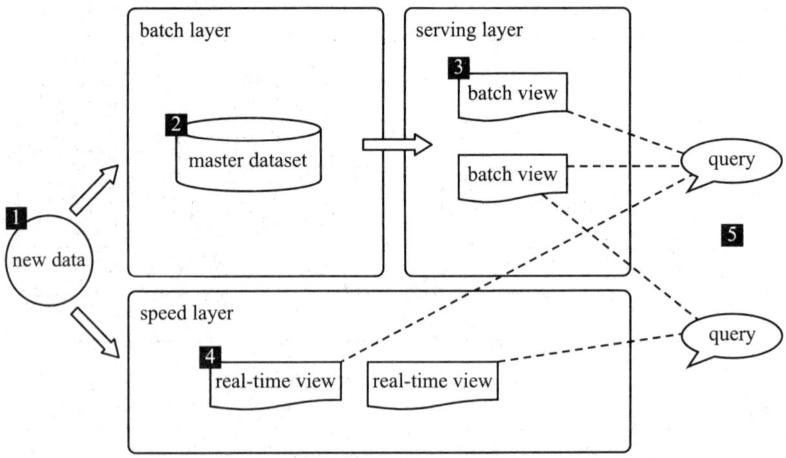

图1－9　Lambda架构内部结构

资料来源：笔者自制

$$Query = function(all\ data)$$

即最终的查询是所有输入数据的某种函数。

Lambda 架构的工作机制可以分为四个步骤：

（1）所有进入系统内的数据都会被分发到步骤（2）和步骤（4），即 batch layer 和 speed layer，进行处理。

（2）batch layer 有两个基本的功能，第一个是对主数据集进行管理，对于大数据而言，主数据往往只能进行 append 操作，第二个是对主数据进行预计算得到批处理视图（batch view）或者称为预运算查询函数（precomputed query function），当后续的查询用到 batch view 的结果时就可以直接获取中间结果，而不用即时进行计算，适用于数据量比较大的场景中。

batch layer 的计算公式如下：

$$batch\_view = function(all\ data)$$

$$query = function(batch\_view)$$

（3）serving layer 的作用是为步骤（2）中处理得到的批处理视图创建索引，以便后续查询时能够达到低延迟的效果，实现 ad-hoc 即时查询的效果，同时 serving layer 将步骤（2）中 batch layer 处理得到的 batch view 和步骤（4）中 speed layer 处理得到的 real-time view 进行合并，提供给前端的 query 使用，此外，serving layer 也提供给前端对 batch view 和 real-time view 的随机访问。

（4）speed layer 用来弥补批处理过程高延迟的缺陷，该步骤和 batch layer 对主数据进行处理产生 batch view 的过程类似，speed layer 通过对数据进行实时的处理，产生多个实时视图（real-time view），和步骤（3）产生的 batch view 一起被前端查询所使用。speed layer 和 batch layer 的区别如下：

①speed layer 处理的是增量的实时数据，batch layer 处理的是全量离线数据；speed layer 根据新接收的实时数据，增量触发式地更新 real-time view，batch layer 属于重新计算模式（recompute）。

②speed layer 的计算耗时一般比 batch layer 要少几个数量级。

③speed layer 的计算公式为：

$$Realtime\ View = function(RealtimeView,\ newdata)$$

④最后一步是查询阶段，每一个 query 的结果都是合并了 batch view 和 real-time view 得到的。

Lambda 架构在大数据领域的一个典型实现如图 1－10 所示。

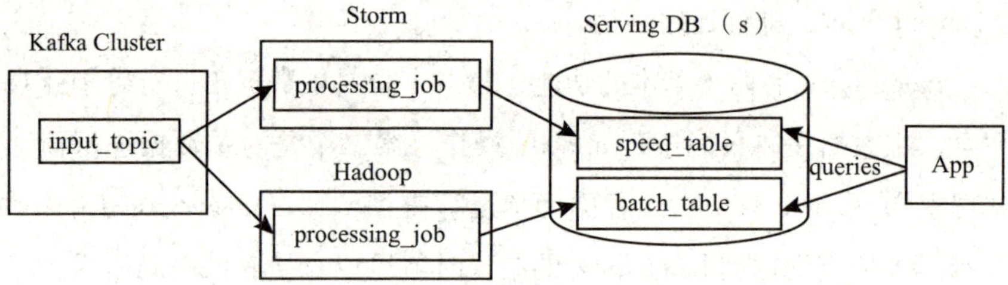

图 1－10　Lambda 架构的一种应用实例

资料来源：笔者自制

数据通过 Kafka 消息队列引入，导入到 batch layer 的全量数据，可以选择 HDFS 进行存储，计算采用 MapReduce 模式，batch view 的存储要根据中间结果数据量的大小灵活选择，比如小数据量可以使用 Oracle 或者 MySQL 存储、大数据量可以使用 HBase 进行存储。

导入到 Speed Layer 进行处理的增量数据一般使用 Storm、Flink、Spark Streaming 等流式计算框架进行处理，需要指出的是 Spark Streaming 通过高频批处理来接近流式计算的性能，但并不是真正意义上的实时计算框架。对于流式计算的中间结果 real-time view 的存储，一般选择内存数据库如 Redis 或者 MongoDB 进行存储。

因为 HBase 能够基于 Rowkey 进行快速的随机读写，所以在大数据架构中通常也会将 HBase 应用在 Speed Layer 层，提供对 Storm 增量化实时视图读写服务。

流程最后的 Serving Layer 层通常会使用的大数据组件包括 Spark SQL、Presto、Impala、PostgreSQL 等，需要能够对实时视图和批处理视图进行类 SQL 的查询且要满足保证延迟不会过大。

Lambda 架构的关键是选择合适的存储引擎存储 batch view 或者 real-time view，根据实践经验，view 往往和业务背景具有较强的关联性，因此，view 的选择要和实际业务挂钩。

另外，一个 LA 系统案例是一个基于 LA 设计的日志分析系统，如图 1－11 所示。

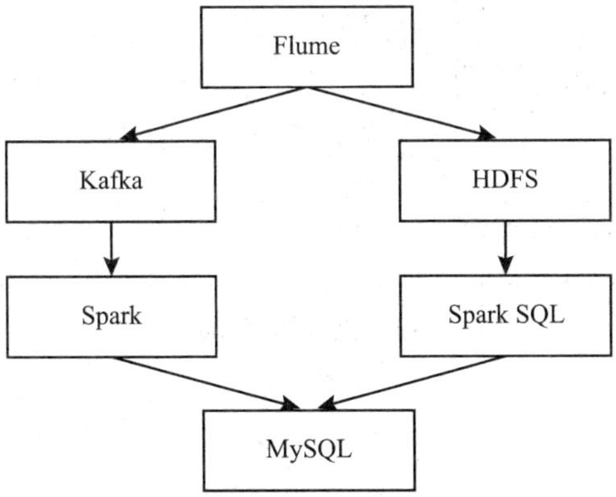

图 1－11 基于 Lambda 架构的日志分析系统

注：
- Flume 是做 LOG 数据收集的系统
- Kafka 是消息队列
- Spark 做分布式计算
- HDFS 做 raw 数据的存储
- Spark－SQL 进行数据预处理
- 两路数据的结果汇总到 MySQL 后，可以用 Flask 进行结果呈现

资料来源：笔者自制

两路数据：一路经 HDFS 存储，到 Batch View，可以获得 LOG 数据的原始信息；另一路经 Spark 深度处理/挖掘后，到 Realtime View，可以获得故障信息。任何一个 query，就可以将 Batch View 和 Realtime View 结合，就能得到最终结果。

（四）Kappa 架构

Lambda 三层架构的一个明显的缺陷就是需要同时维护离线和实时两条数据处理流程，而且在 query 阶段需要保证最终数据内容的一致性。正是因为 Lambda 架构的这个缺陷，LinkedIn 的 Jay Kreps 对 Lambda 架构提出了质疑，并给出了优化后的 Kappa 架构，Kappa 架构的核心思想是通过对实时处理条线进行优化，使之能够应对全量数据处理的问题，进而将离线处理部分的代码合并到实时处理部分，降低框架复杂度，便于开发和管理，如图 1－12 所示。

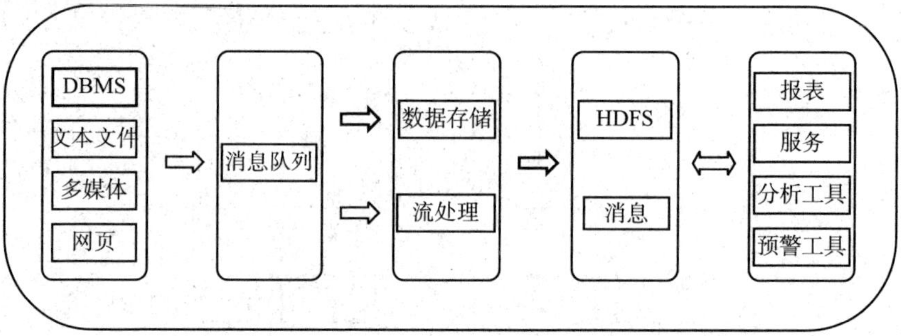

图 1－12　大数据 Kappa 架构

资料来源：笔者自制

Kappa 架构在大数据领域一个典型架构实现如图 1－13 所示，整体来看和 Lambda 架构类似，但数据处理阶段，Kappa 架构将 batch layer 和 speed layer 合并为一个 real-time layer（也可称为 speed layer）。虽然 Kappa 架构解决了 Lambda 架构两条分支框架存在的冗余，但也导致实施过程变得相对复杂得多，主要的难点如何设计全量数据的重播，需要兼顾性能和响应时间。

Kappa 架构对全量数据的处理步骤如下：

（1）使用分布式消息队列将全量数据导入，导入数据的时间范围根据业务需求而定。

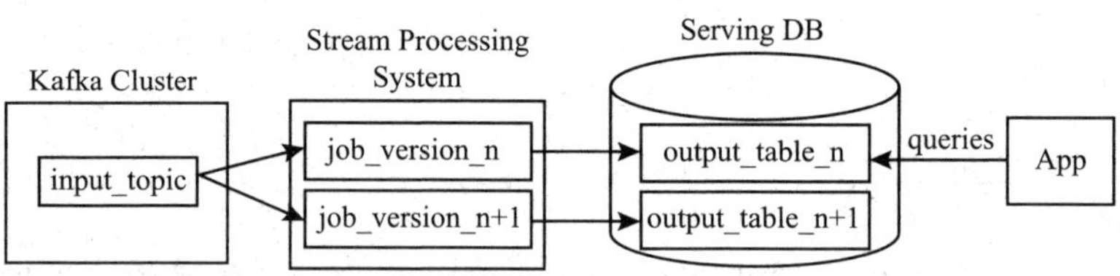

图 1－13　Kappa 架构的一种应用实例

资料来源：笔者自制

（2）Kappa 架构的 Stream Processing 阶段对于常规的增量流式计算任务显然是可以处理的，另外，对于需要对全量数据进行计算时，只需要新建一个流式计算的实例读取全量数据进行计算并将结果存储即可。

（3）新创建的流计算实例会将旧的实例进行替换，同时将旧的流计算实例对应的计算结果也一并删除。

（五）Unified 架构

Unified 架构是在大数据平台所承载的机器学习业务发展到一定程度时进化出来的一种架构模式，和 Kappa 架构类似，Unified 架构也是以 Lambda 为基础进行的演进，在流计算分支阶段增加了机器学习和模型预测模块，如图 1 – 14 所示。

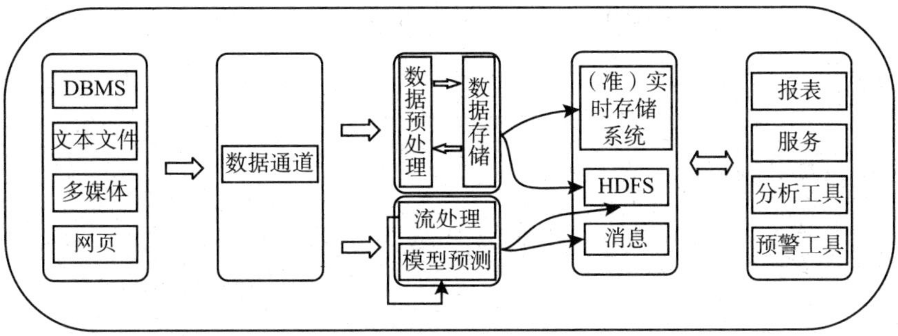

图 1 – 14　大数据 Unified 架构

资料来源：笔者自制

从框架复杂度上容易看出，Unified 架构是最为复杂的一种，该架构不仅能够满足基本的数据分析功能，还能够直接处理进来的数据，将数据推送给机器学习算法进行训练和测试，并将最终的预测结果实时提供给客户端。

证券行业面向客户服务的业务场景可以有很多，明确业务需求是第一步，接下来的实践阶段，对于每一个机器学习任务都会存在大量重复性的工作，尤其是花在数据清洗和特征工程上面的时间，通常会占据整个机器学习过程的 60% 或者更多，这些和业务本身无关的、重复性的且易疏漏和易出错的工作对于数据科学家和数据工程师而言是需要尽可能减少的，尤其是在数据科学团队人员配备比较紧张的情况下显得尤为必要，我们的思路是在实践初期就面向 AutoML。

我们在实际的生产实践中借鉴了 Kaggle 的一位 Grandmaster——Abhishek Thakur 提出面向机器学习竞赛的自动机器学习（AutoML）模型概念（笔者本意是将该理念做成软件，但因为该项目包括其他 AutoML 项目的活跃度不高，本书只引述其框架理念），该模型将机器学习实践过程中的核心问题很好地刻画了出来，能够帮助数据科学团队减少不必要的工作，将主要的精力放在业务理解和算法实现及调优本身，从而提高工作效率，如图 1－15 所示。

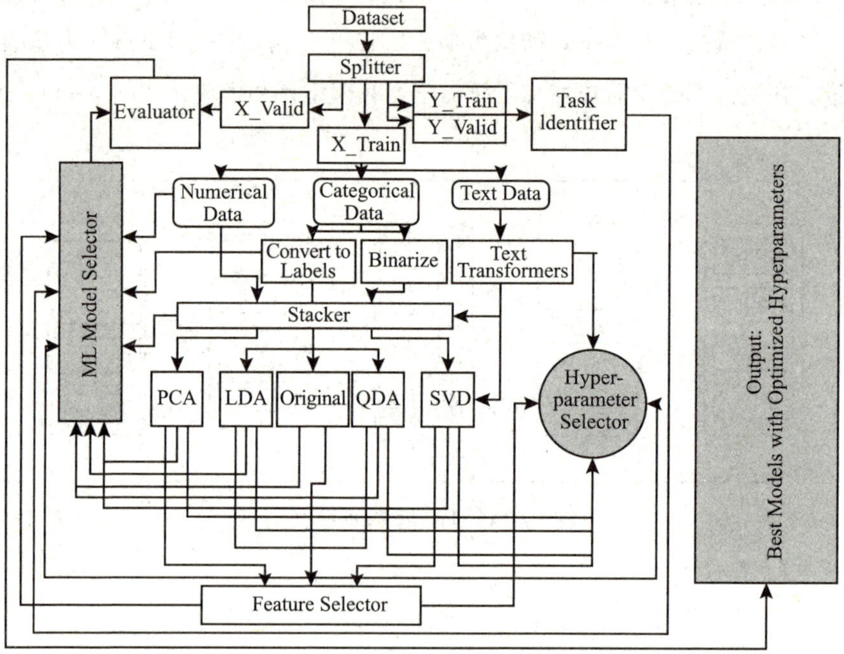

图 1－15　面向竞赛的 AutoML 模型

资料来源：笔者自制

（六）大数据框架选型建议

在进行大数据框架架设时，我们直观的想法是系统越简洁越好，同时根据实际需求尽可能让系统内的组件越完备越好，就像一把瑞士军刀，一把刀可以解决很多问题，如图 1－16 所示。但在实际的生产实践中，瑞士军刀式的架构往往只是一种理想情况，我们在架构大数据框架时，追求瑞士军刀式架构本身是一件积极的事情，但大数据套件繁杂多样且更新极快，实际的业务场景也是错综复杂，架构师容易盲目追求整合效果而忽略实际情况，试图通过一个框架解决所有问题的结果是导致架构臃肿，看似大而全，实际上在多数场景下使用起来都多少有些不方便，这就患上了“瑞士军刀综合征”。

图 1－16　瑞士军刀

资料来源：笔者自制

这个时候，需要奥卡姆剃刀进行削减，“如无必要，勿增实体”。比如我们可以将刀柄长为 111 毫米的工作冠军通过去掉某一些功能简化为 90 毫米的瑞士冠军和 58 毫米的迷你冠军，甚至只有一两种功能的简易瑞士军刀。对应到架构上，这种拆分虽然会带来重复维护系统和代码的冗余工作，但优点是每种子架构更具业务针对性、更加合理。因此，我们在架构大数据时尤其要用好这两把刀，如图 1－17 所示。

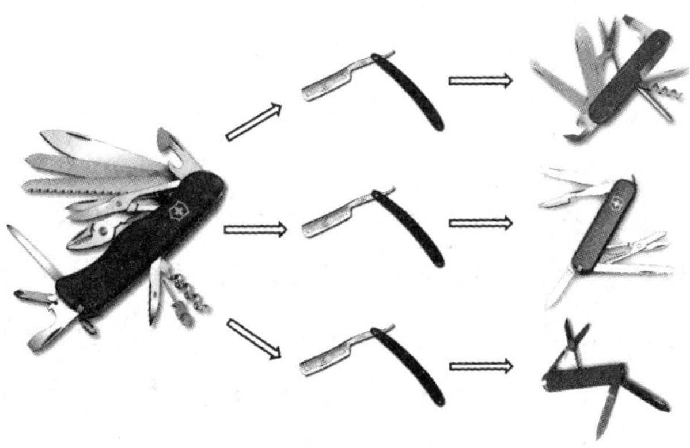

图 1－17　瑞士军刀和奥卡姆剃刀

资料来源：笔者自制

东吴的大数据架构从宏观上看，仍然属于一种 Lambda 架构，但是具体的子系统可能是自成体系，从而形成一种 hybrid 的混合式架构。这种架构的特点是顶层符合主流架构模式，二层及以下子系统可能自成体系，具有主体严谨但内部又不失灵活性的特点，在实践中，工程师不必牵强附会被限制在某种固定的框架下工作，而是对子系统的架构有一定的自主权。

比如，对标签画像系统的架构而言，贯穿整个数据处理流程的存储介质是kafka，计算引擎是spark streaming，画像系统的架构在本质上就更接近于Kappa架构。虽然spark streaming和storm、flink不同，不是真正意义上的实时，但是良好的生态型和高吞吐的特点更适合我们此处对实时性要求一般的业务场景，后续我们会考虑spark structed streaming实现真正意义上的实时。

并不是说所有大数据系统必须符合Lambda或者Kappa之类的架构，架设在大数据平台之上的AI系统，其自身并没有成熟稳定的架构，AI系统更接近于一种软件开发体系，适合采用软件工程的思想去理解，比如代码审查、持续集成和持续交付、敏捷开发等概念更适合于在AI系统中讨论。当然，业界目前在积极研发auto machine learning的平台，AutoML平台便是一套具体的系统，可以针对其讨论软件架构的设计，我们后续也会积极关注该领域的发展动态。

三、东吴大数据技术发展概述

（一）发展历程

在过去4～5年内，国内券商进行了以大数据、云计算以及人工智能技术为代表的金融科技领域的尝试和竞赛，可以概括为三种：第一种是券商自研类，如国泰、华泰等头部券商，配备了大量的自主研发队伍，自研产品占比较大；第二种是采用和互联网公司合作的模式，互联网公司科技研发实力强，但没有证券牌照，券商虽然具有牌照，但研发能力，尤其是大数据、云计算、人工智能等新技术的研发能力则相对较弱，两者合作，是一个双赢的局面；第三种是券商采购第三方厂商产品使用或者二次开发的模式，该模式相对传统，但成本低、见效快，所以应用也最为广泛。东吴证券因地制宜选择了第三种模式开展大数据和AI方面的工作。

和头部券商以及一部分中小券商相比，东吴对大数据的应用起步稍晚，从

2017 年至今，东吴证券的大数据实践可以分为三个主要的阶段：

1. 数据基础平台的发展

第一阶段完成了大数据基础平台和相关支撑平台的部署上线，所部属的系统主要有对接大数据数仓系统的 ETL 平台、大数据任务调度平台、大数据监控和实时预警平台等，该阶段的工作保证了大数据基础平台能够稳定运行。

截至目前，东吴证券大数据平台在每个交易日均调度处理 TB 级数据量，另外，在能够熟练使用大数据相关组件的基础上，我们也自研了多个外围配套系统和程序来提高生产效率，如自动化监控系统和自动化任务调度系统等。

2. 数据中台系统的发展

在大数据基础平台的基础上，我们在第二阶段陆续上线了若干基于大数据的业务应用系统，如管理驾驶舱系统、客户标签画像系统、资讯主数据系统、舆情分析和监控系统等应用系统，为公司中前台部门开展业务提供了极大的方便。

3. 应用系统的发展

数据基础平台和数据系统前两个部分侧重于平台和系统，数据要发挥价值必须引入人工智能技术，第一个阶段就是机器学习和数据挖掘，为了快速推动大数据技术和业务的融合，数字支撑部和公司客户量最多的零售客户部展开合作，为零售客户部的“东吴秀财” App 提供了客户盈亏分析、客户周期性账单统计、证券理财产品推荐、客户流失分析和预警等服务的数据支持和算法模型支持。

具体的，东吴证券在 2017 年 7 月才完成了大数据平台的上线部署，随后基于大数据平台快速完成了领导驾驶舱系统报表系统、商业智能分析系统和资讯主数据等系统的上线，同时积极对接业务部门提出的海量数据背景下的分析诉求，如客户活跃度分析、客户盈亏分析、东吴 CRM 系统的后台数据分析等。东吴证券数字支撑部在 2018 年第三季度上线了 DMP 数据管理平台一期，从而有能力对东吴证券所有客户进行标签化，实现了千人千面、客户细分、客群分析等功能。从 2018 年第四季度开始，东吴证券数字团队和零售客户部、财富管理部、较大规模的几家营业部展开合作，陆续完成了精准化的客户理财产品营销、客户流失预警、客户年度账单分析等业务场景，并取得了比较积极的反馈，未来东吴证券数字支撑部将会牵头深入研究人工智能领域，挖掘更多的数据价值。

东吴证券的大数据基础设施建设路径如图1－18所示。

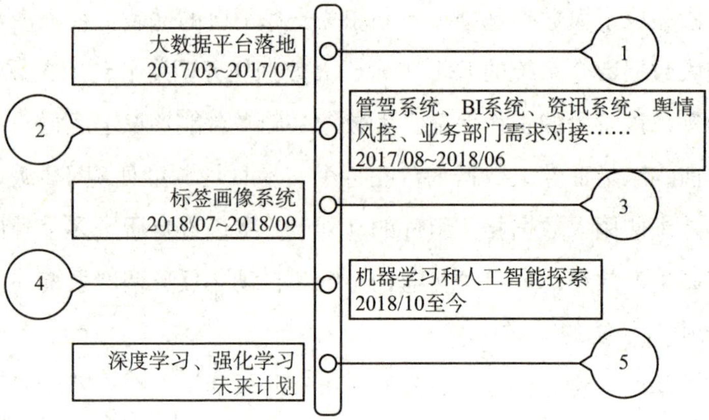

图1－18　东吴证券大数据建设里程碑

资料来源：笔者自制

未来东吴证券需要深入探索大数据技术和传统业务的结合点，在智能客服、智能投顾等方面投入更多的研发力量，将研发重点转向通过各种智能化的途径进行数据价值的挖掘。

（二）现有架构

大数据架构和传统的数据架构略有不同，因为数据类的软件的核心任务是处理数据，因此大数据架构的设计需要结合数据的生命周期展开。

如图1－19所示，数据生命周期包括原始数据、数据获取、数据计算存储、数据分析和数据服务这五个阶段，每个生命周期对应了一套完整的软件栈。在架构大数据框架时，可以将归属于数据采集、数据存储、数据计算、数据查询和展示、数据管理、搜索引擎等大类的几十个Hadoop生态组件按照各自面向的不同生命周期的数据进行归类。

东吴证券大数据架构经历了两年时间的发展，从框架进化的角度看，已经从最初的传统架构进化到了Kappa架构，目前正处于向Unifield架构进化的阶段；从框架覆盖面的角度来看，鉴于大数据平台产品架构坚持实用性的原则，因此保留有部分低级别的架构，比如，领导驾驶舱系统本质上是 Fine Report 报表类系统，所以绝大多数报表类业务采用了传统架构，而对于简单的实时场景，比如开户渠道监控，则采用了单纯的流计算框架。

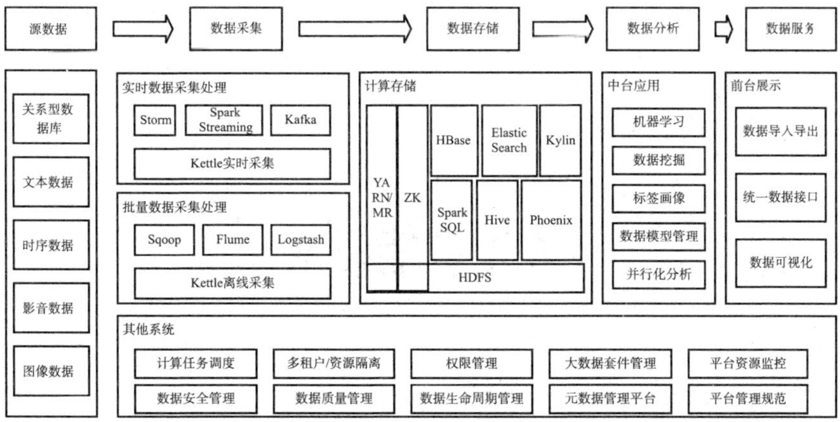

图 1－19　东吴证券大数据架构（数据生命周期维度）

资料来源：笔者自制

概括来看，每个架构的优缺点都极为明显，可谓各具特色，如果在实际工作中发现所面临的业务场景比较多，可以采用多种架构共存的方案，看似这会造成信息系统整体维护复杂度的提升，但在实际工作中我们发现，如果将对应不同业务场景的不同架构体系强行化简为一个，反而会带来额外的集成开发成本，同时会拉长上线周期，为适配而扭曲后的架构会给后续学习人员或维护人员造成困惑，使得架构本身可阅读性不强。

在我们具体的实践中，绝大多数数据类系统采用了 Lambda 架构，部门简单的业务使用了传统架构和流式架构，比较复杂的如客户标签画像系统，使用的是 Kappa 架构，对于新型的大数据平台之上的机器学习系统则已经开始尝试实践 Unifield 架构的理念。在未来，随着人工智能业务的需求不断增加，证券行业大数据架构势必要向和人工智能业务更贴合的、复杂度也相对更高一些的 Unifield 架构深度进化，同时，随着移动通信技术、移动计算能力、IOT 技术的高速发展，未来的大数据架构对于数据实时响应的要求也会越来越高，整体架构也会更加向实时类框架倾斜。

第二章

人工智能技术

当前人工智能技术正在经历以深度学习技术为代表的第三次浪潮，和前两次以理论进步为主要推动力的浪潮相比，这次的浪潮来势汹汹。此前两次的“人工智能浪潮”在本质上仍然是一种“符号主义人工智能”，所以最终都导致了“人工智能冬天”的结局。

本次人工智能热潮不仅有推陈出新的理论发现，更有成熟的云计算和大数据技术、强大的分布式集群计算和存储能力、高度发展的开源社区项目、高效的软件持续集成/持续交付技术、语音识别技术、自然语言处理技术、计算机视觉等技术作为强大的后盾，所以即便本次人工智能浪潮不排除最终转变为“冬天”的可能，但至少截至目前，人工智能和深度学习在近年来所取得的成绩是有目共睹的。相信随着人工智能所依赖的外围能力的不断发展，这种“冷热交替”的周期会越来越短，最终走向成熟。

我国的人工智能技术虽然起步较晚，但有关科技部门已经开始重视人工智能的发展，国务院在 2017 年 7 月印发了《国务院关于印发新一代人工智能发展规划的通知》，从政策层面上保证了人工智能技术将会逐步被各行各业引入生产实践中并发挥越来越重要的作用。

对于提供证券交易和资产管理服务的证券金融企业而言，人工智能技术也逐渐发挥着作用，比如在提高理财产品的营销精准率、提高客户运营效率、提高交易和研究的智能化程度、降低人力成本、增加用户黏性等场景中，人工智能技术已经有很多成功的落地案例。不夸张地说，在证券市场行情波动加剧、券商同质化竞争日益激烈、互联网金融技术蓬勃发展的大背景下，如果排除“天时、地利、人和”等因素的影响，未来各家证券公司的排名会更加取决于以人工智能为代表的金融科技技术的应用广度和深度。

第一节 机器学习框架

一、CRISP－DM 理论

CRISP－DM（cross-industry standard process for data mining）——标准的跨行业数据挖掘过程，作为一套通用的数据挖掘流程，CRISP－DM 被广泛应用于各行业数据挖掘场景中，主要包括业务理解（business understanding）、数据理解（data understanding）、数据准备（data preparation）、建模（modeling）和评估上线（evaluation）这六个过程，如图 2－1 所示。

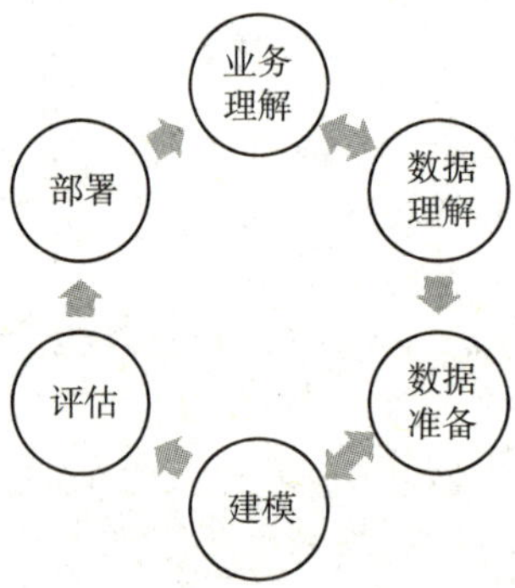

图 2－1 CRISP－DM 模型

资料来源：笔者自制

业务理解作为整个流程的第一步，主要是对业务部门提出的业务需求进行翻译，将这些自然需求转化成机器学习和数据挖掘算法可以解决的某种问题，比如证券公司风控部门需要判断哪些客户行为属于监管机构不允许的欺诈行为，就可以将这个需求转化为有监督的分类问题。在对业务进行分析和理解时，一开始不可能达到100%完善和准确，下游的“数据理解”过程和“评估”过程都可能会对这一步的输出进行补充或者调正，如图2－2机器学习类业务场景开发流程。

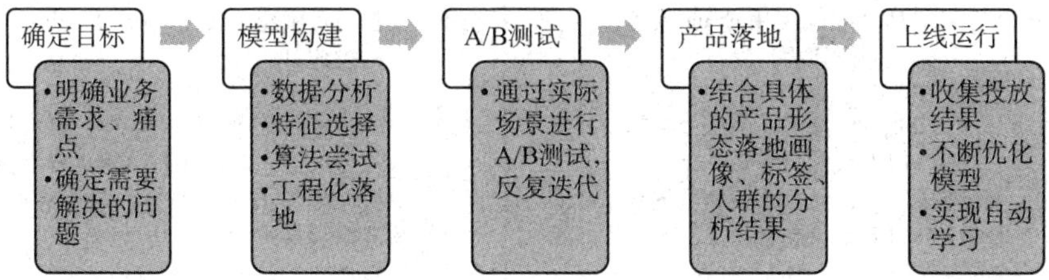

图2－2　机器学习类业务场景开发流程

资料来源：笔者自制

二、现有开源框架介绍

机器学习框架本身并不是新鲜事物，使用比较广泛的传统机器学习平台有Rapid Miner、Oracle Data Mining、IBM Spss Modeler、开源的R Studio和配套的机器学习算法包、开源的Weka等，传统机器学习平台在科学性和产品化上已经非常成熟，但近十年来随着大数据技术的爆发，受限于传统机器学习平台的单机特点，其已经无法满足动辄TB、PB级别的数据训练任务，甚至多数工具在GB级别执行任务已经颇为费力，导致程序内存耗尽而崩溃或者长时间执行不完的情况，由此业界逐渐产生一些大数据分布式框架之上的机器学习和数据挖掘平台，如Mahout、Spark MLLib、TensorFlow、scikit-learn、PyTorch等，如表2－1所示。

表2－1　　机器学习框架对比

机器学习工具	描述	社区活跃度	大数据生态性	建议指数
Mahout	Hadoop之上的面向海量数据的机器学习算法包，其产生非常早，是里程碑式的产品，但因为MR的计算模式等原因导致近年来活跃度有所下降，在向Spark和H2O转型	低	较好	如果无法使用Spark MLLib或者H2O等更方便、效率更高的机器学习工具解决的问题，可以考虑使用Mahout

续表

机器学习工具	描述	社区活跃度	大数据生态性	建议指数
Spark MLLib	基于 Spark 生态系统的机器学习工具，可以使用 Scala 或者 Python 进行算法开发	活跃	很好	除非所选 Spark 版本中没有对应的算法包，否则建议使用 Spark Pipeline 编程结构构建算法模型
scikit-learn	使用非常广泛的机器学习算法包，但没有针对海量数据的分布式版本，适合小规模数据集上的机器学习尝试	活跃	一般	如果熟练使用 scikit-learn，则可以先在数据量不大的抽样数据集上进行简单分析，比如字段相关性、是否有脏数据、数据服从何种分布等
TensorFlow	TensorFlow 是非常火爆的 AI 开源算法库，最早是由谷歌大脑团队开发并在 2015 年贡献给了 Apache 基金会	活跃	较好	非常经典的 AI 算法库，在业界具有举足轻重的地位，但是编程接口偏底层、使用门槛较高，易用性一般，且对算法开发人员要求高
PyTorch	PyTorch 是一个广泛应用于 AI 领域的开源机器学习库，开发语言为 Python。PyTorch 的前身为 Torch 项目，由 Facebook 公司从事 AI 研发的团队开发并开源出来	活跃	较好	后来居上的 AI 算法库，且应用越来越广泛。相对于 TensorFlow 而言更加方便，建议使用
H2O	可视化的在线机器学习算法开发平台，基础功能免费，高级功能收费，可以满足绝大多数机器学习算法开发的场景	活跃	很好	不仅提供 online 的编程环境和简单的一键式模型构建功能，还可以解决 Hadoop/Spark 之上大数据的机器学习模型开发。缺点在于对英语能力尤其是机器学习方向的英语积累有较高的要求。对于英语水平较好的开发者而言，非常推荐
XLearning	奇虎 360 开源的分布式机器学习算法库，可以用于补充低版本 Spark MLLib 算法包尚未集成的常用算法，比如 XGBoosting	一般	较好	国内一线技术大厂 360 作为技术后盾，技术和产品更新上有一定的保障，在某些方面可以差异化地弥补 Spark MLLib 的不足
Jupyter	属于在线 notebook 类应用，可以在线编程和进行数据可视化，可以用于机器学习，主要面向 Python	活跃	较好	非常流行的在线 notebook，发展相对成熟，拥有非常庞大的受众群体，但是使用便捷性上略差于 JupterLab
JupterLab	Jupyter 的超集，功能更加强大	活跃	很好	对 Jupyter 的升级改版，功能更加完善，使用更加方便，适合刚接触 python online notebook 的人群使用

续表

机器学习工具	描述	社区活跃度	大数据生态性	建议指数
Zeppelin	属于在线 notebook 类应用，功能类似 Jupyter，但 Zeppelin 专门面向大数据平台上的在线编程和数据分析目的	活跃	很好	社区活跃，支持的 interpretor 完善其比较主流，是面向大数据分析的主流 online notebook，建议使用

资料来源：笔者自制

（一）Spark MLLib/Spark ML

Spark MLlib 是 Spark 的机器学习（ML）库。其目标是使实用的机器学习可扩展且简单。从较高的层面来说，它提供了以下工具：

- ML 算法：常见的学习算法，如分类、回归、聚类和协同过滤
- 特征化：特征提取、转换、降维和选择
- 管道：用于构建、评估和调整 ML 管道的工具
- 持久性：保存和加载算法、模型和管道
- 实用程序：线性代数、统计、数据处理等

虽然 Spark MLLib 在一段时间内几乎成为分布式大数据之上的机器学习算法的标准开发工具，但是从 Spark 2.0 开始，软件包中基于 RDD 的 API spark. mllib 已进入维护模式。Spark 的主要机器学习 API 现在是包中基于 DataFrame 的 API spark. ml，“Spark ML” 不是官方名称，但偶尔用于指代基于 MLlib DataFrame 的 API。这主要是由于 org. apache. spark. ml 基于 DataFrame 的 API 使用的 Scala 包名称，以及我们最初用来强调管道概念的 “Spark ML Pipelines” 术语。之所以采用 Spark ML，其原因主要有以下几点：

- DataFrames 提供比 RDD 更加用户友好的 API。DataFrame 的许多好处包括 Spark 数据源、SQL/DataFrame 查询、Tungsten 和 Catalyst 优化以及跨语言的统一 API
- 基于 DataFrame 的 MLlib API 跨 ML 算法和多种语言提供统一的 API
- DataFrames 有助于实用的 ML 管道，特别是功能转换

MLlib 包括基于 RDD 的 API 和基于 DataFrame 的 API。基于 RDD 的 API 现在

处于维护模式，但是这两种 API 都没有被弃用。

基于 Spark ML Pipeline 模型进行模型训练和预测的基本流程如图 2－3 所示。

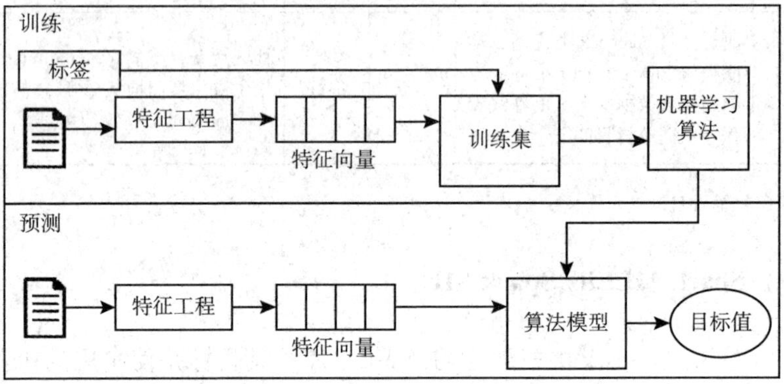

图 2－3　Spark ML Pipeline 流程

资料来源：笔者自制

在实际使用 Spark MLLib 的过程中，可以使用 Python 语言或者 Scala 语言套用 Pipeline 模型进行开发，如图 2－4 所示，其中几个重要的概念有 Transformer、Estimator 两个阶段。

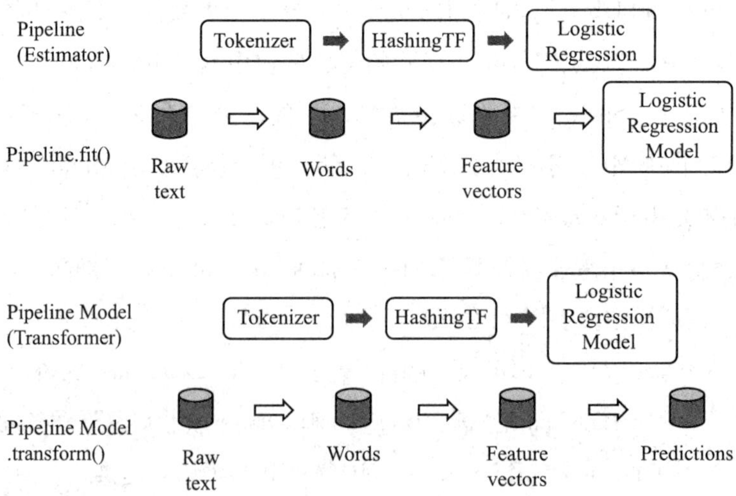

图 2－4　Spark ML Pipeline Estimator 和 Transformer

资料来源：笔者自制

MLlib 标准化用于机器学习算法的 API，以便更轻松地将多个算法组合到单个管道或工作流中，其中管道概念主要受 scikit-learn 项目的启发。

- DataFrame：此 ML API 使用 DataFrameSpark SQL 作为 ML 数据集，它可以包含各种数据类型。例如，一个 DataFrame 可以具有存储文本，特征向量，真实标签和预测的不同列
- Transformer：Transformer 是一种可以将一种变换 DataFrame 为另一种的算法 DataFrame。例如，ML 模型是 Transformer 将 DataFrame 具有特征的变换为 DataFrame 具有预测的变形
- Estimator：Estimator 是一种可以 fit 在 DataFrame 生成 Transformer 的算法。例如，学习算法是一种 Estimator，能够在 DataFrame 进行训练并产生模型的算法
- Pipeline：将 Pipeline 多个 Transformers 和 Estimators 链在一起以指定 ML 工作流
- Parameter：所有 Transformers 和 Estimators 现在共享一个用于指定参数的通用 API

（二）TensorFlow

TensorFlow 是一个开源软件库，用于跨一系列任务进行数据流编程。它是一个符号数学库，也用于机器学习应用程序，如神经网络。它被谷歌公司用于研究和生产。从 2011 年开始，Google Brain 将 DistBelief 建立为基于深度学习神经网络的专有机器学习系统。在研究和商业应用中，它在各种 Alphabet 公司中的使用迅速增长。Google 指派了多位计算机科学家，包括 Jeff Dean，将 DistBelief 的代码库简化并重构为更快，更强大的应用程序级库，后者成为 TensorFlow。2009 年，由杰弗里·辛顿领导的团队实施了广义反向传播和其他改进允许产生具有相当高精度的神经网络，例如语音识别中的误差减少 25%。

TensorFlow 是 Google Brain 的第二代系统。版本 1.0.0 于 2017 年 2 月 11 日发布。虽然参考建议实现在单个设备上运行，但 TensorFlow 其实是可以在多个 CPU 和 GPU 上运行的（可选的 CUDA 和 SYCL 扩展用于图形处理单元上的通用计算）。TensorFlow 适用于 64 位 Linux，macOS，Windows 和移动计算平台，包括 Android 和 iOS。其灵活的架构允许在各种平台（CPU、GPU、TPU）、桌面环境、服务器集群、移动和边缘设备之间轻松部署计算。

TensorFlow 计算表示为有状态数据流图。TensorFlow 这个名称来源于这种神经网络在多维数据阵列上执行的操作，这些操作被称为张量。在 2016 年 6 月的 Google I/O 大会上，Jeff Dean 表示 GitHub 上的 1500 个存储库提到了 TensorFlow，其中只有 5 个来自 Google。

2016 年 5 月，谷歌发布了 Tensor Processing Unit（TPU），这是一款专为机器学习而设计的专用集成电路（硬件芯片），专为 TensorFlow 量身定制。TPU 是一种可编程 AI 加速器，旨在提供高吞吐量的低精度算术（例如，8 位），并且面向使用或运行模型而不是训练它们。谷歌宣布他们已经在他们的数据中心运行了一年多的 TPU，并且已经发现它们可以为机器学习提供一个数量级更优化的每瓦特性能。2017 年 5 月，Google 宣布了第二代以及 Google Compute Engine 中 TPU 的可用性。第二代 TPU 可提供高达 180 teraflops 的性能，当组织成 64 个 TPU 的簇时，可提供高达 11.5 petaflops。在 2018 年 2 月，谷歌宣布他们正在谷歌云平台上提供测试版的 TPU。

TensorFlow 提供稳定的 Python 和 C API，并且对于以下编程语言没有 API 向后兼容性保证：C + +，Go，Java，JavaScript 和 Swift（早期版本）。

TensorFlow 的框架如图 2 – 5 所示。

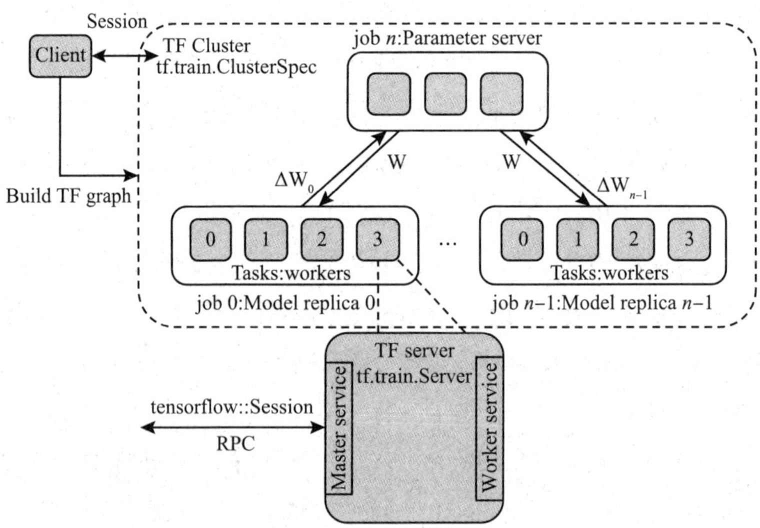

图 2 – 5　TensorFlow 框架

资料来源：TensorFlow 官方网站

因为当前大多数企业都普遍采用了 spark 生态系统的计算框架，为了能够使 TensorFlow 和主流的 spark 生态系统进行集成，社区开源项目 TensorFlowOnSpark 应运而生，项目地址为 https：//github. com/yahoo/TensorFlowOnSpark，该项目 TensorFlowOnSpark 由雅虎开发，用于在雅虎私有云中的 Hadoop 集群上进行大规模分布式深度学习，TensorFlowOnSpark 的产生将 TensorFlow 程序引入 Apache Spark 集群。

如以下几点所述，TensorFlowOnSpark 提供了一些重要的好处，而不是其他深度学习解决方案。

- 使用 <10 行代码更改轻松迁移所有现有 TensorFlow 程序
- 支持所有 TensorFlow 功能：同步/异步训练，模型/数据并行，推理和 TensorBoard
- 服务器到服务器的直接通信在可用时实现更快的学习
- 允许 HDFS 上的数据集和其他源由 Spark 推送或由 TensorFlow 拉取
- 轻松集成现有的数据处理流水线和机器学习算法（例如 MLlib，CaffeOnSpark）
- 轻松部署在云端或内部部署：CPU 和 GPU，以太网和 Infiniband

（三）Scikit-learn

Scikit-learn 是一个用于 Python 编程语言的免费软件机器学习库。它具有各种分类，回归和聚类算法，包括支持向量机，随机森林，梯度增强，k-means 和 DBSCAN，旨在与 Python 数值和科学库 NumPy 和 SciPy 互操作。

scikit-learn 在机器学习领域知名度比较高，该项目最初源自 2007 年的“谷歌编程之夏”（Google Summer of Code，GSoC），在 2010 年时，scikit-learn 由 Pedregosa、Gael Varoquaux 等人接管，当年 2 月 1 日对外发布了第一个版本，此后 Scikit-learn 每 3 个月左右就会发布一个新的版本并逐渐成为世界范围内最具盛名的基于 Python 的开源机器学习算法库，我们都知道 R 语言是久负盛名的专注于数理统计和可视化工具，而 scikit-learn 可以简单理解成 Python 版本的 R。

严格而言，目前并没有成熟的 scikit-learn on Hadoop 的技术或者方案，虽然可以使用 Databricks 开源的 spark-sklearn 项目将一部分 sklearn 的代码跑在 spark 上，但是该项目活跃度非常低，本身没有大规模使用的潜力，不建议将 sklearn 应用在分布式大数据的生产系统中。

scikit-learn 官方给出了其内置的机器学习算法和各种场景下的算法选择建议，如图 2－6 所示，机器学习算法被分为了 classification（分类算法）、clustering（聚类算法）、regression（回归算法）和 dimensionality reduction（降维算法）四大类，同时，图中通过箭线和备注给出了实际中如何选择机器学习算法的思路，即只有当样本集足够多（此处有效样本数大于 50 即可）的情况下，使用机器学习算法才是有效的，假设该前提成立，则根据业务目标的不同分为类别预测（classification prediction）和数量预测（quantity prediction）两大类，对于类别预测而言，如果样本集是有标记的（labeled data），则使用分类算法（因为样本携带标记，所以又称为有监督的算法），否则使用聚类算法（又称为无监督的算法）；对于数量预测而言，如果是对未来数据量大小尽可能准确的预测，则使用回归算法，否则仅仅是为了观察数据特征情况，则使用降维算法；如果以上都不满足，那么这个问题就是比较困难的，就要考虑另外比较高级的人工智能算法或者本身可能就是无解的。

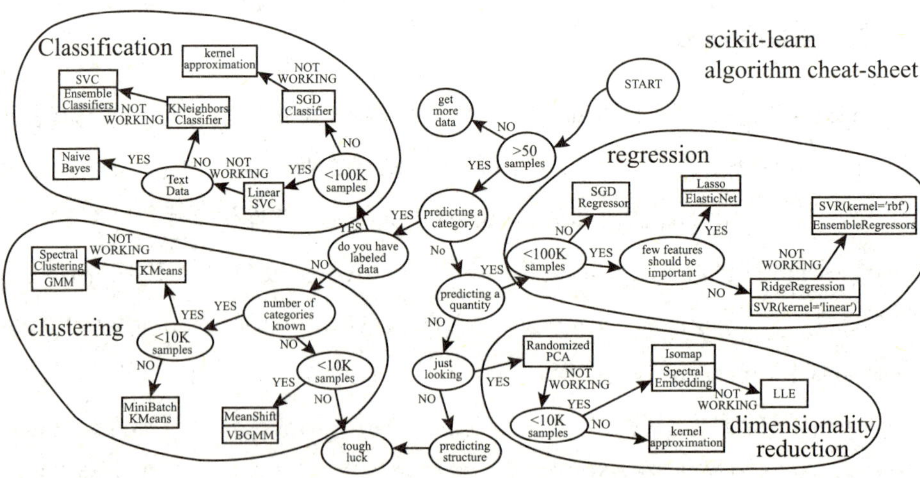

图 2－6　scikit-learn 算法速查表

资料来源：scikit-learn 官方网站

（四）XLearning

XLearning 是一款支持多种机器学习、深度学习框架的调度系统。基于 Hadoop Yarn 完成了对 TensorFlow、MXNet、Caffe、Theano、PyTorch、Keras、XGBoost 等常用框架的集成，同时具备良好的扩展性和兼容性。XLearning 框架如图 2－7 所示。

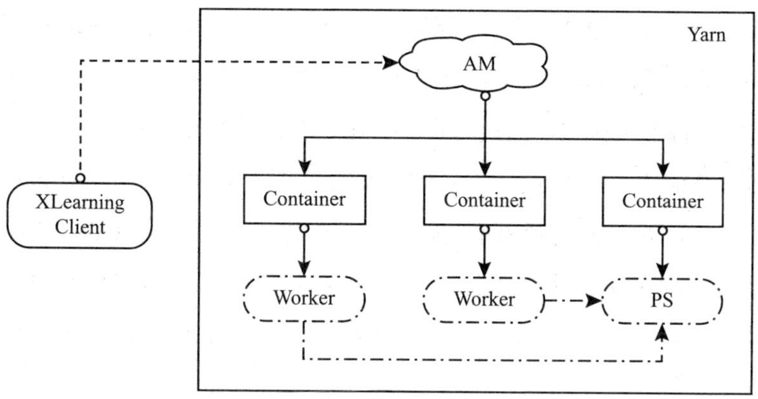

图 2－7　XLearning 框架

资料来源：笔者自制

XLearning 中有三个基本组件：

• 客户端：启动并获取应用程序的状态

• ApplicationMaster（AM）：内部计划和生命周期管理器的角色，包括输入数据分发和容器管理

• 容器：应用程序的实际执行程序，用于启动 Worker 或 PS（Parameter Server）的进度，监视并向 AM 报告进度状态，并保存输出，尤其是为 TensorFlow 应用程序启动 TensorBoard 服务

XLearning 提供以下功能：

（1）支持多个深度学习框架：除了 TensorFlow 和 MXNet 框架的分布式模式，XLearning 还支持所有深度学习框架的独立模式，如 Caffe，Theano，PyTorch。此外，XLearning 可以灵活地自定义版本和多版本的框架。

（2）基于 HDFS 的统一数据管理：XLearning 可以—input 通过设置—input-strategy 参数或 xlearning. input. strategy 配置来指定输入数据的输入策略。XLearning 支持三种读取 HDFS 输入数据的方法：

• 下载：AM 遍历指定 HDFS 路径下的所有文件，并将数据分发给文件中的 worker。每个工作人员将文件从远程下载到本地

• 占位符：与下载模式的区别在于 AM 将相关的 HDFS 文件列表发送给工作人员。worker 中的进程直接从 HDFS 读取数据

• InputFormat：集成了 MapReduce 的 InputFormat 函数，XLearning 允许用户为输入数据指定任何 InputFormat 的实现。AM 拆分输入数据并将片段分配给不同的工作人员。每个工作人员通过管道将分配的片段传递给执行进度

与读取策略类似，XLearning 允许—output 通过设置—output-strategy 参数或 xlearning. output. strategy 配置来指定输出数据的输出策略。结果输出模式有两种：

• 上传：程序完成后，每个工作人员直接将输出的本地目录上传到指定的 HDFS 路径。Web 界面上的按钮“已保存的模型”允许用户在执行期间将中间结果上载到远程

• OutputFormat：集成了 MapReduce 的 OutputFormat 函数，XLearning 允许用户指定 OutputFormat 的任何实现，以便将结果保存到 HDFS

（3）可视化显示：应用程序界面可分为四个部分：

• 所有容器：显示容器列表和相应的信息，包括容器主机，容器角色，容器的当前状态，开始时间，完成时间，当前进度

• 查看 TensorBoard：如果设置为在应用程序类型为 TensorFlow 时启动 TensorBoard 服务，请提供输入 TensorBoard 以进行实时查看的链接

• 保存模型：如果应用程序有输出，用户可以通过“保存模型”按钮在执行应用程序期间将中间输出上传到指定的 HDFS 路径。上传完成后，显示中间保存路径的列表

• Worker Metrix：显示每个工作人员的资源使用信息指标

（4）与原生帧的代码兼容：除了在分布式模式 TensorFlow 框架下自动构建 ClusterSpec 之外，独立模式 TensorFlow 和其他深度学习框架的程序可以直接在

XLearning 上执行。

（5）H2O：H2O 是用于大数据分析的开源软件，它由 H2O. ai 公司开源。H2O 允许用户将数千种潜在模型作为发现数据模式的一部分。可以从统计软件包 R，Python 和其他环境调用 H2O 软件运行。它用于探索和分析云计算系统和 Apache Hadoop 分布式文件系统以及传统操作系统 Linux，macOS 和 Microsoft Windows 中的数据集。H2O 软件是用 Java，Python 和 R 编写的。其图形用户界面与四种浏览器兼容：Chrome，Safari，Firefox 和 Internet Explorer。

H2O 目前支持的机器学习算法分为监督学习和无监督学习。监督学习有 Cox 比例风险（CoxPH）、深度学习（神经网络）、分布式随机森林（DRF）、广义线性模型（GLM）、梯度推进机（GBM）、贝叶斯分类器、XGBosst。无监督的有 K 均值聚类（k-means）、GLRM、主成分分析（PCA）、聚合。

图 2－8 是 H2O 的架构图，该图从上到下分为五层：第一层是 REST API 客户端，通过套接字连接与 H2O 通信；第二层为语言层，目前我们使用的是 Scala；

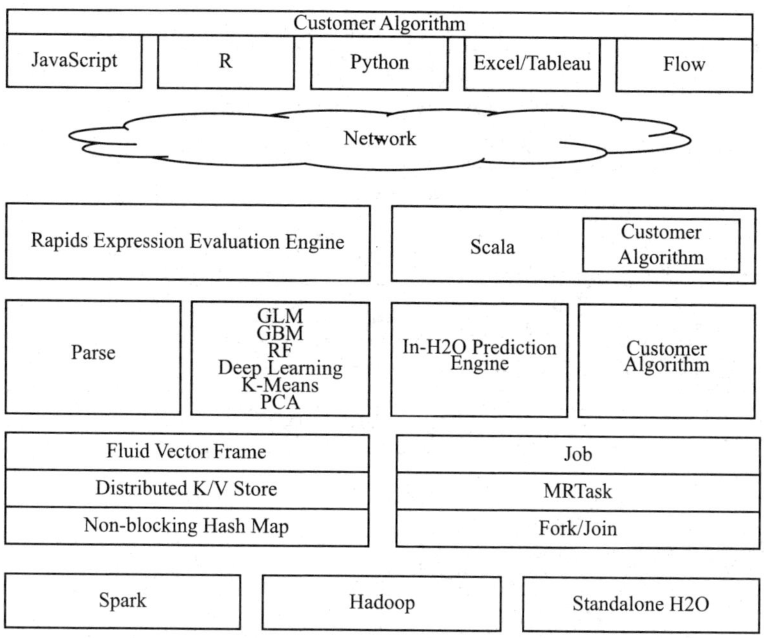

图 2－8　H2O 框架

资料来源：笔者自制

第三层为算法层，主要是各种算法的使用；第四层是核心基础设施层，内存管理和 CPU 管理，内存管理指的是数据以及模型通过分布式 Key/Value 的方式存储到每个集群节点的内存中的，CPU 管理指的是算法使用 Map/Reduce 框架，同时用到了 Java Fork/Join 框架，一个实现多线程轻量级任务执行框架；第五层是 JVM 进程中运行的不同组件，如 Hadoop、Sparkling-water、Spark 等。

三、东吴证券机器学习框架

东吴证券当前的机器学习平台架构如图 2 –9 所示，主要分为四层，从下至上分别为大数据基础平台层、机器学习算法包层、机器学习开发平台层以及机器学习算法应用层。在证券行业主要可以用于解决客户适当性管理问题、理财产品的精准营销问题、客户在线销户及时预警场景，还有量化投研领域。

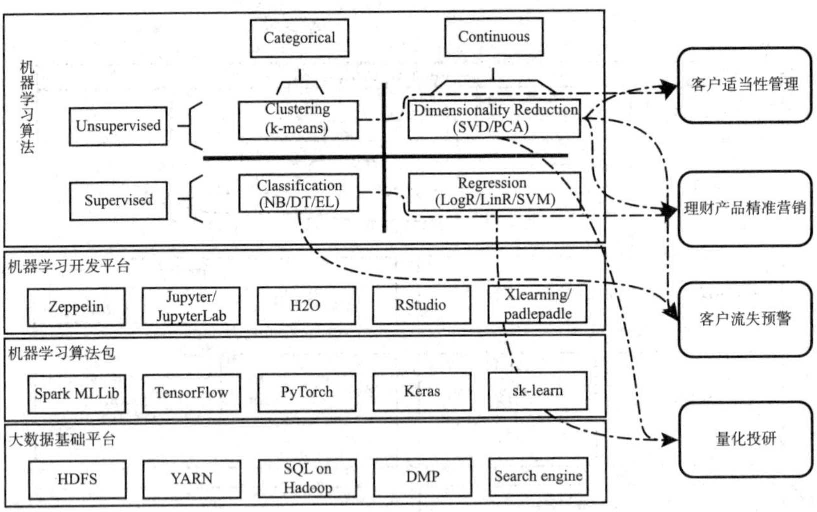

图 2 –9　东吴证券机器学习框架及应用场景

资料来源：笔者自制

在进行机器学习实践的时候就会发现，就像大数据生态的绝大多数组件采用 Java 或者 Scala 语言开发一样，机器学习中影响力比较大的几个代表项目都是使用 Python 语言开发的。Python 语言之所以能够超越 R、Matlab 等语言在机器学习领域占据优势的原因是多方面的，主要原因是 Python 具有简洁的语法、跨平台的特性、强大的数据处理和数学运算能力，以及丰富的数据展现形式。

虽然为了能够操作底层硬件并实现尽可能高的执行效率，机器学习算法在底层核心开发部分仍然以 C 和 C + + 代码为主（部分深度学习框架为了操作 GPU 也采用 CUDA 语言）进行开发，但数据科学家和数据工程师们并不乐意从零开始进行这么底层的操作，他们更关注于实用性和工程效率，这也是为什么后续机器学习、深度学习领域的一些代表项目如 scikit-learn、TensorFlow、PyTorch 等对使用者都优先暴露 Python 作为首选或者唯一的上层应用开发语言的原因。

第二节　特征工程

特征工程的任务是产生能够尽可能提升机器学习算法性能的数据，但其自身和待解决的业务逻辑的关系不大，同时特征工程的每个阶段都会耗费大量的时间和精力。即便如此，我们还是需要做好特征工程工作，因为在机器学习领域中，“数据决定了机器学习的上限，而算法只是尽可能逼近这个上限”。特征工程输出的数据对于机器学习有本质的影响。

特征工程指的是把原始数据转变为模型的训练数据的过程，它的目的是获取更好的用于模型训练的特征数据，使得机器学习模型性能尽可能好。

特征工程在机器学习中具有非常重要的作用，一般认为包括特征构建、特征提取、特征选择三个部分。特征构建比较麻烦，需要一定的经验。特征提取与特征选择都是为了从原始特征中找出最有效的特征。它们之间的区别是特征提取强调通过特征转换的方式得到一组具有明显物理或统计意义的特征；而特征选择是从特征集合中挑选一组具有明显物理或统计意义的特征子集。两者都能帮助减少特征的维度、数据冗余，特征提取有时能发现更有意义的特征属性，特征选择的过程经常能表示出每个特征的重要性对于模型构建的重要性。

本节首先会对特征工程的概念和意义进行讲解和说明，其次会分别讲述特征工程的几个阶段，包括特征识别、特征理解、特征提升、特征构建、特征选择、特征抽取或者叫作特征转换，最后会简要介绍特征学习的概念。

一、特征工程概述

（一）特征工程的定义

在介绍特征工程（feature engineering）之前，需要先了解什么是“特征”（feature），特征在机器学习和模式识别领域，特指被观测事物的一个独立的、可衡量的一个特性，对于解决实际问题有相对重要的作用意义，特征工程就是运用专业领域知识将数据转化为机器学习算法可以使用的特征值的过程，特征工程效果的好坏一般通过实施特征工程前后机器学习算法性能指标的对比来判断。

为了更透彻地理解特征工程的含义，我们将上述关于特征工程的抽象定义拆解如下：

1. 特征工程代表了数据转换的过程：实际上，特征工程可以在任意过程中的数据上使用，但通常我们会将特性工程技术应用于在经过数据传播者初步处理之后的数据上，并且我们将要处理的数据通常是表格格式（tabular format）的，即数据被组织成行列模式。有时，我们将从最原始的形式开始处理数据，例如前面提到的服务器日志示例，但在大多数情况下，待处理可能已经经过了初步的清洗和规整。

2. 特征工程要能更好地表示底层问题：待处理数据通常能够表示特定领域的特定问题，我们在应用特征工程相关技术时要从全局考虑，在不丢失重要特征的同时，力争能够让产生的特征更贴近于问题本身。

3. 特征工程的目的是提高机器学习性能：特征工程作为数据科学过程的一个独立的过程，虽然非常重要，但因为结果不直观，过程烦琐枯燥，在实际应用中往往被低估甚至被忽视，因此要明确实施特征工程的最终目标是获得更好的机器学习效果。

（二）特征工程的重要性

特征工程对于应用机器学习而言是至关重要的，人工智能领域的权威之一，吴恩达先生曾经这样对特征工程的重要性进行评价（Andrew Ng，吴恩达；Machine Learning and AI via Brain simulations）：

Coming up with features is difficult，time-consuming，requires expert knowledge. "Applied machine learning" is basically feature engineering.

意思是获取特征的过程困难且耗时，需要具备该领域的专家级别的知识和技能，甚至有时需要行业直觉，特征工程既是一门工程技术，同时也像软件工程领域的设计模式一样，是一门设计艺术。从某种意义上说，"应用机器学习"这个技术领域的实践过程本质上其实就是特征工程，数据和特征决定了机器学习算法的"上限"，而算法和模型只不过是不断逼近这个"上限"，由此可见特征工程对于机器学习等人工智能技术的重要性。

在数据类应用的研发实践中，数据科学家和机器学习工程师经常为了解决问题而收集数据，但是这些用来表示问题的数据可能是非常混乱和未经过滤的，或者是不完整的。这就是为什么在过去几年里，随着大数据技术的兴起，像数据工程师这样的职位不断受到追捧，工程师的日常工作是通过技术手段来处理原始数据，将其转换成公司其他人员如数据科学家和机器学习工程师可以使用的数据。数据工程师的这些工作看似比较低级，但其实和机器学习专家、算法专家的工作一样重要，但是实际中其重要性经常被低估。

一项针对该领域从业人员的调查显示，这部分从业者80%以上的工作时间用于采集、清理和组织数据，剩下不到20%的时间用于创建这些机器模型算法，如表2－2和图2－10所示。

表2－2　　机器学习各阶段工作占比

工作内容	占比（%）
构建训练集	3
清洗和组织数据	60
数据采集	19
数据模型构建	9
算法改进	5
其他	4

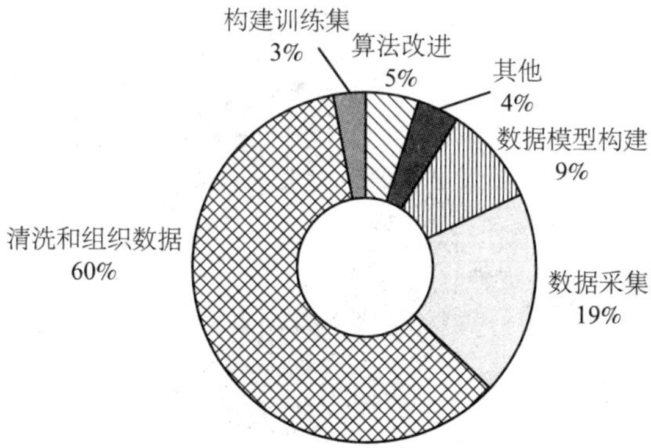

图 2－10　数据科学工作中的工作内容占比

资料来源：笔者自制

此外，超过 75% 的人表示，数据准备工作是他们最不喜欢的工作，这意味着具有高级技能的算法专家和数据专家在多数工作时间里不是在研究高深的算法，而是进行数据可用性相关的工作，而这些工作让其中的多数人感到厌烦，而这种情绪可能对算法的最终性能产生负面的影响，如表 2－3 和图 2－11 所示。

表 2－3　　机器学习各流程满意度高低占比

工作内容	占比（%）
构建训练集	10
清洗和组织数据	57
数据采集	21
数据模型构建	3
算法改进	4
其他	5

资料来源：笔者自制

为此，有条件的公司可能会同时雇用数据工程师和机器学习工程师，数据工程师主要负责数据的准备和转换，而机器学习工程师通常具有学习算法知识储备，负责从已清理的数据中挖掘模型。两个职位是分开的，但在工作内容上其实是相互交织的。将数据工程和算法工程分开所带来的一个常见问题就是，数据工

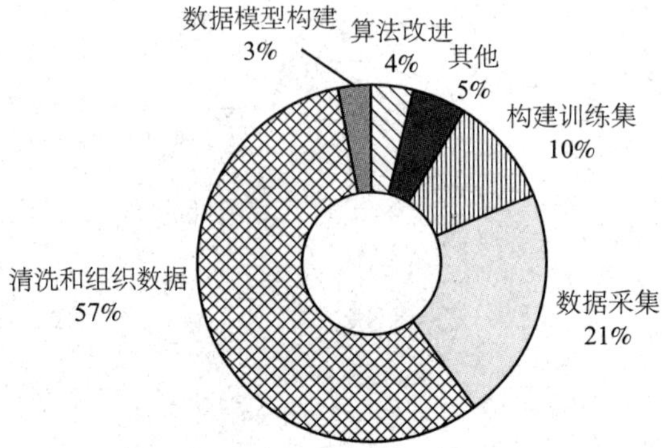

图 2－11　数据科学工作中最反感的工作占比

资料来源：笔者自制

程师为机器学习工程师提供了一个数据集，后者很可能会声称无法从中获得好的结果，并要求数据工程师尝试进一步转换数据，而数据工程师可能不承认自己产出的数据存在特征质量的问题，这种问题所产生的后果小则会导致模型效果不佳，严重时可能会带来组织架构上的不和谐问题。因此在实际工作中，虽然特征工程相关的工作是枯燥乏味的，但我们要培养算法工程师的“特征工程”方面的技能，如果发现算法存在问题，自己动手去理清数据的“脉络”，只有这样才会输出好的算法模型。

（三）特征工程的内容

特征工程的“工程”，对应的存在一套工程化的处理方案，原始数据从最初状态（raw data）需要经过一系列处理过程才能变成对构建模型有价值的可用数据。广义上，特征工程包括以下六个子过程，每个过程解释如下：

1. 特征识别（feature recognition）

特征识别侧重于业务层面，即根据业务知识对当前准样本数据集中的现有字段进行判断，站在业务的角度初步确定哪些字段和解决问题联系比较紧密，剔除可能没有关系的字段。

2. 特征理解（feature understanding）

通过抽样、数据探索性分析、统计函数、数据可视化等技术手段，观察数据集中各个字段的统计指标具有哪些特点，比如数据是结构化（structured）还是非结构化的（unstructured），数据属于什么类型的，是定类的（norminal）、定序的（ordinal）、定距的（interval）、还是定比的（ratio），数据集是否存在缺失值等等。通过特征理解阶段的工作，后续我们就可以有针对性地对数据进行清洗。

3. 特征提升（feature improvement）

特征理解之后就可以针对性地提高特征数据的质量，即所谓的特征质量提升阶段，在该阶段我们一般会使用数学转换的方法来增强给定的数据，但要注意一点，特征提升阶段不会删除或插入任何新的属性（这属于之后阶段的工作范畴）。特征提升的具体内容主要有，将非结构化的数据转换为 tabular 即行列的形式；另一个重要内容是对缺失数据的填充（data imputing），缺失值填充的实现难度比听起来要复杂很多，填充的方法手段也很多，甚至包括使用机器学习算法进行预测填充；除此以外还包括数据归一化（data normalization）或者称为数据标准化相关的工作，常用的方法有标准化（standardization）如 z-score 归一化、最大最小值归一化、L1 或 L2 标准化方法等，作用是将数值单位做成标准类型，通过特征提升后的样本数据一般可以提升模型的性能。

4. 特征构建（feature construction）

基于现有特征创建新特征的过程。

5. 特征选择（feature selection）

简单理解，特征选择就是删除不必要特征的过程获取特征子集的过程，从而达到降低维度和防止过拟合的目的。

6. 特征转换（feature transformation）

又称为特征提取或特征抽取（feature extraction），指的是为了提高算法模型的准确度对数据进行转换的过程。一般而言，特征转换的目的是使用更小的数据集获得更好的算法性能，可以理解成“降维”的过程。和 feature selection 不同的是，这里的降维使用的是数学方法（一般是线性代数方法），而 feature selection 是简单地对属性字段进行选择。在此对特征转换、特征抽取以及特征构建也进行一个对比：特征抽取，原词为“feature extraction”，所谓“抽取”，本身就是一个降维的过程。本书中将特征抽取称为特征转换，是因为特征转换的原词为“feature transformation”，可以这样理解，transformation 的主要方式就是“抽取（extract）”，而转换的结果也是减少了数据的维度，和特征抽取一致。最后，特征转换和特征构建又不同，特征构建侧重于“构建（construction）”，是从无到有的过程，是“加法”，而特征抽取因为“抽掉”了一些内容，所以是“减法”。

二、特征识别

（一）面向证券行业的特征工程

面向金融行业的特征工程和其他行业有一定的区别，金融是一个带有极强“数字基因”的行业，相对于工业、制造业、医疗等行业而言有更高的数据正确性要求和更丰富的数据形式。而作为金融领域的一个重要分支，证券行业又具有一些自有特点，我们通过对证券大数据进行特征工程的实践后发现，券商可能的数据来源包括但不限于以下几个方面：交易系统数据、券商移动 App 端的用户行为数据、公司部门日常生产中落地的业务数据、公司归档的重要文件、网络爬虫获取的权威机构日常公布的统计数据、网络爬虫获取的互联网资讯数据，等等。通过对以上采集的数据进行分析后我们发现，券商的数据具有以下主要的特点：

（1）券商数据来源广泛，数据形式多样，从业务角度进行理解和筛选对数据工作者的业务水平要求较高。

（2）某些数据源如移动 App 的用户行为数据和互联网爬虫获取的数据存在较严重的冗余和“脏数据”，需要进行异常值和缺失值处理。实际上，即便是传统的交易系统数据也存在以上问题，除此以外，进行字段处理时，字段中的隐藏字符往往会影响数据处理的正确性。

（3）涉及金额的字段往往需要着重注意数据精度的问题，需要按照业务场景进行精度的取舍。

（4）不同维度的数据往往需要进行归一化和离散化才能进行模型训练。

正是由于券商数据的这些特点，我们需要采用系统的特征工程方法对数据进行处理，才能将原始数据变成机器学习算法可用的有效数据，避免数据中的噪声对算法模型造成干扰，找到最接近事实的规律。

（二）特征识别重要性分析

特征识别在整个机器学习过程中的地位十分重要，该过程的内容主要是在理解业务的基础上，按照和业务事实相关程度的大小来判断某个机器学习场景需要哪些特征自变量的过程。通常情况下，所选特征自变量对业务事实的影响程度或者相关程度决定了机器学习的上限。

然而，特征识别阶段在实际操作中往往存在较多的障碍，在金融行业尤其如此，因为金融专业知识的领域性较强，专职的数据技术人员往往无法独自较准确地识别尽可能多的、业务相关的特征；同样，因为数据科学的专业性，业务人员从业务角度给出的特征字段往往需要经过编程进行预处理才能被算法使用，有些特征从技术角度看甚至不能被使用。

具体到金融领域的证券行业，我们在实践中发现，如果着重于在短期内快速出成果的目标，最简单直接的方法是技术和业务双方在特征识别阶段进行需求分析，协同可能的第三方个人或部门通过当面讨论、视频会议、头脑风暴等形式，进行直接有效的沟通，并在后续的机器学习过程中持续进行线上和线下关于特征有效性的讨论，及时识别新的数据特征并对新增或者变更的特征进行更新。

从长期来看，证券公司还是要鼓励数据技术人员接受证券投资、基金债券、金融理财方面的培训，鼓励技术人员参与公司的业务内训，而非一味地安排技术人员埋头于纯技术方面的工作；另外，公司也要鼓励业务人员学习简单的编程知识，比如多数的国外金融机构如摩根、瑞银、高盛，以及国内一些先进券商如华泰证券、平安证券等，要求业务人员掌握编程（Python 居多）基础尤其是和数据处理相关的技能，并用于实际的工作中。

因此，传统券商如果计划向金融科技型甚至互联网型券商转型，需要在很大程度上落地人工智能技术，而作为 AI 的先头兵，机器学习又是第一个要落地的基础应用，而特征识别作为能够决定机器学习上限的先行阶段，往往要求前后台人员要相互“跨专业学习”，成为复合型人员。这种模式短期内看似会造成公司运营成本的提升，有些得不偿失，但从数据驱动业务的角度看，前中后台人员实际上不是割裂开的，而是自然串联的：中前台人员使用后台信息系统和模型算法面向海量客户开展证券业务，通过业务人员以及客户的使用和消费产生了大量的业务营运数据并回馈到后台系统落地存储，后台数据人员面对这些海量数据，借助于大数据技术以及人工智能技术，从日常的流水数据获知哪些是高净值客户、哪些是业务潜在消费客户、哪些是可能流失的客户等，将这些数据推送给中前台的客户经理或者客服部门，让传统的客户关系处理变得智能化。

（三）业务需求分析

业务需求分析是进行特征识别的前提，技术人员是实现机器学习过程的直接实践者，在业务需求分析阶段，技术人员需要借助需求分析这个系统化的过程，来解决业务部门想要哪些指标、想预测出什么样的客群、对于数据供给的性能要求如何等等这些问题；如上一节所述，业务需求分析往往需要业务人员对技术人员进行解释说明，将业务本义正确地传达给技术人员。

数据类应用的业务需求分析和传统的软件工程领域的需求分析不同，传统的软件需求分析包括用户需求、业务需求、功能需求和系统模块功能，而数据类应用开发的输出通常是一个数据文件或者算法模型，最多是依托于软件实体进行呈现而没有自己单独的实体对应，因此数据类应用的需求在多数情况下只需要考虑业务需求即可。

对于开发复杂的数据应用而言，最佳实践是在该过程输出《业务需求分析说明书》，在文档中定义出应用研发的参与发、业务部门的需求列表、数据应用的生命周期、可能依托的软件实体的介绍和软件中呈现数据的模块、需求所涉及的输入数据和需要交付的输出数据或模型等，除此之外，我们还需要对文档做版本控制，体现出需求变更的过程，以便控制项目范围和项目风险。

（四）特征可用性评估

我们在进行特征识别时尤其需要注意以下三个方面：

1. 特征是否方便获取

即便从业务角度选取的特征会对最终的模型产生非常积极的作用，但如果特征本身的采集非常困难，以至于无法实践落地，那这样的特征仍然是没有实用价值的。比如个人客户的征信数据对于券商客户评级、券商理财精准营销、异常交易行为实时监控等场景都非常有价值，但受限于监管要求，绝大多数券商是获取不到个人征信数据的，或者说获取难度非常大，那这部分数据就可以视为不能使用，即便数据特征本身的价值非常大。

2. 所选特征的覆盖率有多大

特征覆盖率表示具有某个特征值的数据量占数据总量的比率，比如要分析某券商所有存量客户使用移动端应用进行股票交易的操作时段是偏好上午还是偏好下午这个业务场景，需要使用到“客户 App 端交易时间”这个特征，也就限定了我们要分析的这些客户首先必须是使用 App 客户端进行交易操作的，对于一些只使用 PC 客户端的客户而言就没有这个特征，那么对于“客户 App 端交易时间”这个特征而言，其覆盖率为：

$$覆盖率_{App交易时间}=\frac{使用\ App\ 的客户数}{存量客户总数}\times 100\%$$

3. 特征数据的准确率如何

对于单个特征而言，因为各种各样的原因可能会导致某些样本的值不准确，但是这些数据特征本身应该是非常有价值的。比如通过调查问卷的形式获取的个人客户的学历、职业、风险自评等级这些数据，因为是通过客户自行填写的方式获取的，事实上存在大量不准确的问题，或者说准确率比较差。对于这些特征，因为其本身仅仅是理论上存在价值，实际数据值反而会对模型的准确性产生负面影响，因此宁可不使用这些特征生成错误的模型，错误的模型无论是跑在正确的样本数据上还是错误的样本数据上都会导致错误的结果。

三、特征理解

（一）特征理解含义

特征理解（feature understanding）用于对数据的特点产生初步的认识，需要认知的内容有：

- 数据是结构化还是非结构化的
- 数据是定型数据还是定量数据
- 数据属于哪种类型，定类的（nominal）、定序的（ordinal）、定距的（interval），还是定比的（ratio）
- 探索性地进行数据分析和数据可视化
- 数据的若干有代表性的描述性统计指标的情况

理解具有不同特点的数据类型对于执行特征工程是很有必要的，当我们需要构建新特性或对旧特性进行改动时，我们必须知道如何处理每一列的数据。关于四种数据类型的对比如表 2－4 所示，在生产实践中可以用于参考。

表 2－4　　四种数据类型对比

数据类型	属性	举例
Nominal 定类变量	离散的、无序的	是或否、人名、颜色
Ordinal 定序变量	有序分类的，变量之间具有可比性的	成绩
Interval 定距变量	有序数据之间的差值是有意义的，和定比变量相比存在基准 0，取 0 时也是有意义的	温度
Ratio 定比变量	和定距变量相比，不存在基准 0，即为 0 时表示没有	钱、重量

资料来源：笔者自制

不是每一种数据类型都能进行常规的统计指标运算，四种数据类型和常见统计指标之间的存在关系如表 2－5 所示。

表 2－5　　四种数据类型的可计算指标

统计指标	Nominal 定类变量	Ordinal 定序变量	Interval 定距变量	Ratio 定比变量
Mode	√	√	√	Sometimes
Median	X	√	√	√
Range，Min. Max	X	√	√	√

续表

统计指标	Nominal 定类变量	Ordinal 定序变量	Interval 定距变量	Ratio 定比变量
Mean	X	X	√	√
SD	X	X	√	√

资料来源：笔者自制

(二) 特征理解流程

当有一份新的数据集过来时，我们可以按照以下流程来理解数据，如图 2－12 描述所示。

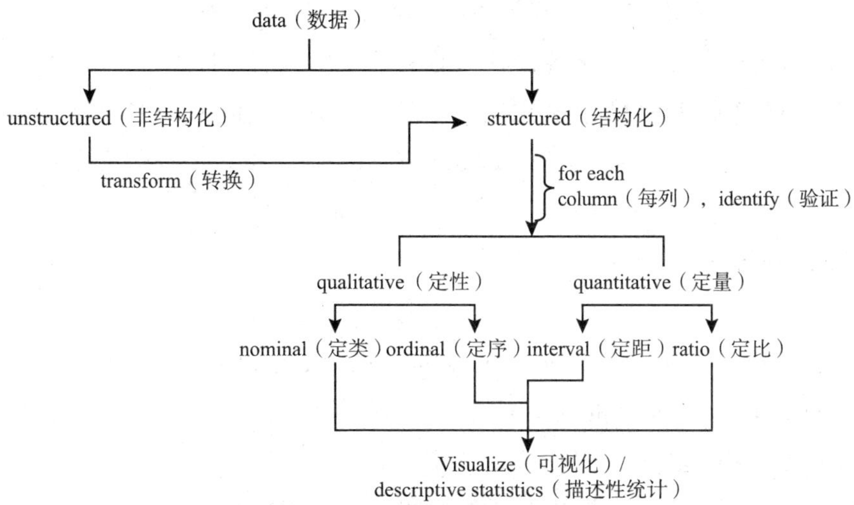

图 2－12　特征理解和数据处理过程

资料来源：笔者自制

流程解释如下：

1. 数据结构判断

首先判断是结构化还是非结构化的，如果是非结构化数据，一般情况下需要转换为结构化的表格形式的数据。

2. 数据类型判断

转换为表格形式的数据之后，验证每一列是定性数据还是定量数据；如果是定性数据，则查看该数据是类别型的还是定序型的变量；如果是定量数据，则判断当前属性是属于定距型还是定比型的变量。

3. 可视化分析

在完成以上步骤之后，可以使用统计学方法结合可视化手段将数据分布绘制出来，在直观上观察各个属性的分布特点。

需要说明的是，本书将特征识别作为特征工程中的一部分主要是从工程结合业务的角度来考虑，事实上，特征识别是为特征工程做准备的一个过程，侧重于业务层面。从工程的角度看，特征工程的第一步应该是特征理解；因此，特征理解对于数据工程师而言具有更强的可操作性。

如果不能在特征理解阶段将样本集进行相对比较透彻的分析，那么在后续的特征工程阶段就无法生产出高质量的机器学习流程。在生产实践中，有一些急于求成的，或者对特征工程没有系统认识的工程师，可能会忽视特征理解这个阶段，对数据进行简单的清洗之后就去跑算法模型，最终不管使用什么模型都不会得到理想的结果，反倒会怀疑模型对于该场景的有效性，这些都是非常反面的教材。

四、特征提升

特征提升（feature improvement），一般情况下，通过 ETL 采集过来的数据并没有经过处理，所以原始的数据一般会存在较多的问题，比如包括缺失值问题、异常值问题、数据量纲不一致问题，等等。

特征提升过程主要包括数据清洗（clean）和数据增强（augment）两个过程：数据清洗是通过对数据集中的行或列进行修改实现数据规整，数据增强一般是通过增加、删除属性的方式来提升数据质量。不论采用什么方式，特征提升是为达到更好的机器学习效果而服务的一个阶段性过程。

一般的，特征提升包括以下内容：（1）缺失值识别；（2）缺失值填充；（3）脏数据删除；（4）特征标准化和归一化。

（一）缺失值识别和处理

实际的生产环境数据源产生的原始数据中通常都会存在空值的情况，有的是技术问题导致的，但多数情况下是业务场景中就产生了一些空值。比如手机 App 埋点系统获取的埋点数据，因为各种各样的原因，在某些情况下，某些客户的某些字段的值是空的，就数据本身而言属于一种比较正常的现象，但如果将这些数据用于机器学习算法就有可能会造成模型性能的下降。因此，我们在特征提升阶段需要对这种缺失值的情况进行处理。

处理缺失值问题的方法比较多，常见的有直接删除法、统计填充法、统一填充法、预测填充法等。

1. 直接删除法

直接删除法适用于数据集缺失情况不频繁、样本量较大、样本中同一个主体在样本中重复出现次数较多、主体记录的数据差异性不大，且数据重要性不高的场景中，丢失一两条数据也不会对某一个主体的特征产生比较大的影响。直接删除法效率实现简单，但适用场景有较大的局限性。

2. 统计填充法

统计填充法适用于数值类型值缺失的情况，常用的统计指标包括中位数、平均数、众数、最大值或最小值。统计填充法需要人为参与，对缺失的属性类型进行判断，选择合理的统计指标进行填充。

3. 统一填充法

即把缺失的值统一用某些固定的值进行填充，和统计填充法的区别在于填充值不是由统计函数计算得到，往往是数据工程师自定义选取的，适用场景以离散型的缺失值为主，比如“0”或“1”，“空”或者“无穷大”，等等。

4. 预测填充法

通过使用算法模型对缺失的值进行预测，这种方法复杂程度较高，除非在最终的机器学习中取得很好的效果，否则“投入产出比”会比较低。一般而言，通过前三种方法能够较好地解决缺失值的问题。

（二）异常值处理

异常值指超出属性定义域之外的值，比如年龄为 200、错误的性别等。由于人为错误的录入、系统缺陷或者错误的计算等情况的存在，在生产环境中不可避免地会出现此类取值。

和缺失值不同，对于异常值的处理，首先要通过技术手段筛选出异常值，第二步再对异常值进行处理。

常用的异常值筛选方法有：统计分析法、拉依达准则（3σ 准则）法、箱形图分析法。

1. 统计分析法

对属性值进行统计分析，比如对有最大值限制的字段取 max（），对工资字段取 avg（）等，可以快速发现是否存在异常值。

2. 3σ 准则（拉依达准则）

拉依达准则是先假设一组检测数据只含有随机误差，对其进行计算处理得到标准偏差，按一定概率确定一个区间，认为凡超过这个区间的误差，就不属于随机误差而是粗大误差，含有该误差的数据应予以剔除。

在图 2－13 中，数值分布在（μ－σ，μ＋σ）中的概率为 0.6827，数值分布在（μ－2σ，μ＋2σ）中的概率为 0.9545，数值分布在（μ－3σ，μ＋3σ）中的概率为 0.9973。由此可见，变量的取值几乎全部集中在（μ－3σ，μ＋3σ）区间内，超出这个范围的可能性仅占不到 0.3%。当样本距离平均值超过 3σ 就可以将该取值舍弃。如果样本的取值分布不符合正态分布，可以使用 3σ 准则法的扩展版本，即看该值距离样本平均值多少个标准差，根据经验确定一个合理的阈值，如果超过阈值则人为视异常值进行舍弃。

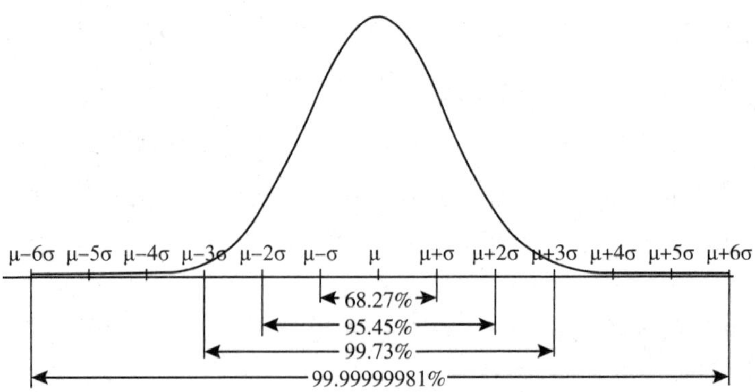

图 2－13　3σ 分布和概率

资料来源：笔者自制

3. 箱形图分析法

箱形图中有 5 个重要的指标，分别是最大值和最小值、第一四分位数和第三四分位数以及中位数，如图 2－14 所示。最大值和最小值不再赘述。第一四分位数简写为 Q1，表示样本中有 1/4 的数据比该值小；第三四分位数简写为 Q3，样本中有 1/4 的数据比该值大；Q3 和 Q1 之间的距离差记为 IQR，表示四分位数间隔，简称四分位距，容易看出 IQR 占了全部样本数量的一半。理解时要注意在 Q1 和 Q3 划分后的样本区间内的样本数量在多数情况下不是等分的。

有了上述 5 个指标，我们就可以定义异常值：异常值指的小于 Q1 - 1.5 * IQR 以及大于 Q3 + 1.5 * IQR 的样本点。

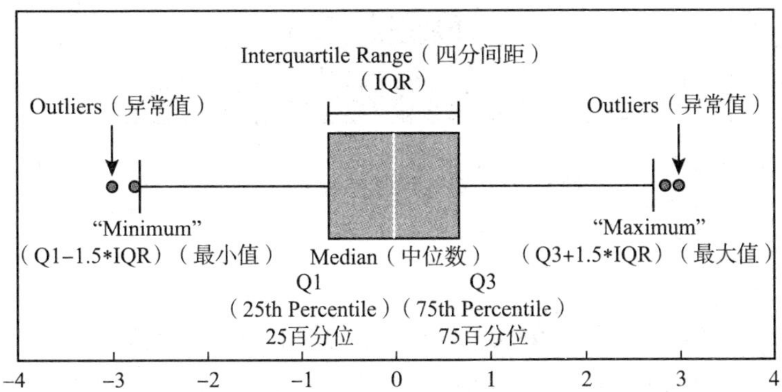

图 2－14　箱线图

资料来源：笔者自制

箱形图和上一节所述的 3σ 准则的概率密度函数有如下的对应关系，可以有助于理解箱形图的原理。由图 2－15 可以看出，箱形图对应的异常点的出现概率是非常小的，处在了概率密度函数曲线的（$\mu-3\sigma$，$\mu+3\sigma$）区间的两侧。

4. z-score

z-score 标准分数（standard score）法除了能够用于数据标准化以外，也可以用于检测异常值，计算公式为：

$$z=\frac{x-\mu}{\sigma}$$

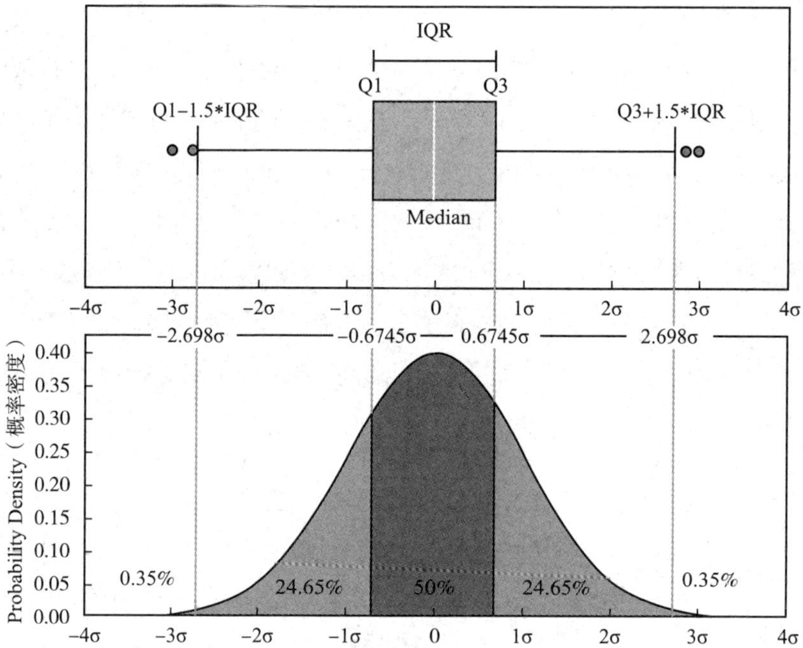

图 2－15　箱形图和正态分布的对比

资料来源：笔者自制

其中 x 为样本中的某个数据点的值，μ 为所有样本的平均数，σ 为样本标准差。一般的设定阈值为 3 左右，如果样本的 $|z|$ 值大于阈值则可以认为对应的样本点是异常点。

此外也可以使用聚类的方法检测异常值，一般聚类过后异常点会独立于聚类簇，常见的方法有后文中介绍的 DBSCAN 聚类方法，在此不再展开。其他的可选方法有 one class SVM 以及 iForest。

常用的异常值处理方法和空值的处理方法在原理上基本一样，主要有直接删除法、统计替换法、统一替换法、预测替换法等。

（三）特征归一化和标准化

特征归一化和（normalization）特征标准化（standardization）经常被放在一起来说，主要是因为两者的目的和实现方式具有一定的相似性。

特征归一化和特征标准化的相似性在于，从更细粒度的分类上看，两者都属于特征缩放（feature scaling）范畴；而且两种方法都是通过对样本数据进行缩放操作将数据转换到一个统一的、可以横向对比的维度，以便后续能够提升机器学习的性能，所以一般情况下不对两者做区分。

为了更好地理解特征工程体系，我们将简单描述两者的区别：特征归一化侧重于量纲的统一，即将不同量纲的数量型数据“归一”化到类似［0，1］或者［-1，1］的小区间内从而消除量纲的影响，方便数据之间的对比。所谓去量纲，指的是将数据单位不统一的情况消除从而转换成没有单位的数据。

特征标准化的侧重点不在于对数据进行比较，而是为了通过转换使数据服从某一特点的分布（一般是正态分布），以便后续进行处理。

特征归一化中常用的方法有：

1. max-min 归一化方法

该方法能够将数据归一化到［0，1］的范围内，可以较好地处理样本中存在异常值的情况，公式如下：

$$x' = \frac{x - \min(x)}{\max(x) - \min(x)}$$

还有一种可以通过均值进行归一化的方法，可以将数据归一到［-1，1］的区间内，对应字段的样本均值为0，公式如下：

$$x' = \frac{x - \text{mean}(x)}{\max(x) - \min(x)}$$

这两种归一化方法都属于线性函数归一化。

2. 对数归一化方法

对数归一化方法分子为对样本取以 10 为底的对数，分母为以样本最大值为底的对数，一般要求样本都是大于等于 1 的。公式如下：

$$x' = \frac{\log_{10}(x)}{\log_{10}(\max)}$$

3. 反正切归一化方法

反正切归一化在数据都大于或者等于 0 的情况下可以将数据映射到区间［0，1］上，需要注意的是，如果数据小于 0，那么将被映射到区间［-1，0］上。反正切归一化和对数归一化都属于非线性归一化方法。反正切归一化公式如下：

$$x' = \operatorname{atan}(x) \times \left(\frac{2}{pi}\right)$$

4. 范数归一化

通过 L1 或者 L2 范数来做归一化的方式也可以消除原样本中特征量纲不统一的问题，记样本特征向量为$\vec{x}$，对应的 L2 范数为 $\|\vec{x}\|_2$，L1 范数为 $\|\vec{x}\|_1$。范数归一化就是分别使用$\vec{x}/\|\vec{x}\|_2$ 进行 L2 范数归一化、使用$\vec{x}/\|\vec{x}\|_1$ 进行 L1 范数归一化。

上述四种方法主要针对连续型特征而言，从数据类型层面看，我们在很多时候需要对类别型特征也进行归一化处理。常见的方法主要有：

（1）序号编码（ordinal encoding）：用于处理类别之间有大小关系的离散型字段，比如学历、成绩等。

（2）独热编码（one-hot encoding）：用于处理类别之间没有重要性或者大小关系的离散型字段，比如颜色、性别等。独热编码根据类别各种不同的取值可能，需要相对比较大的存储空间。

（3）二进制编码（binary encoding）：结合序号编码进行使用，首先要通过序号编码生成序号标签，然后使用二进制对序号进行编码，得到最终使用 0 和 1 进行编码的离散特征。二进制编码的优点是能够节省存储空间，并且在维度数目上比独热编码有优势。

对于特征标准化方法而言，一般在不加说明的情况下则特指 z-score 标准化方法，意为 0 均值归一化或 0 均值标准化。

z-score 方法将数据转换为符合均值为 0、方差为 1 的正态分布的形式。特征标准化在某些文献中也被归类为一种特殊的特征归一化方法，因为其可以实现去量纲化，但转换后的数据不一定完全限定在一个固定的区间内。

z-score 公式如下所示，下式中均值为 u、方差为 σ。转换之后的特征 x′服从均值为 0、标准差为 1 的标准正态分布。

$$x' = \frac{x - \mu}{\sigma}$$

这里需要注意一个概念，即特征中心化。在特征标准化过程中会涉及特征中心化，所谓特征中心化就是用每个样本值减去样本均值，即上式中的分子 $x-\mu$。

特征归一化和标准化并不是强制性的。从实际应用场景看，有些机器学习算法在特征工程阶段要求必须进行特征归一化或者标准化，比如那些使用了梯度下降法进行模型求解的算法，包括不限于逻辑回归算法、线性回归算法、SVM、神经网络等算法，因为归一化能够加速求解速度，在一些聚类算法中可以提高模型的精度，所以一般都会先进行特征归一化。但并不是说归一化对所有算法都是必须的，比如对于基于 C4.5 的决策树算法，计算信息增益比并不需要对特征进行归一化。

对特征选择什么样的归一化或者标准化方法需要结合具体情况进行具体的分析。从字段属性的角度看，对于分布接近正态分布的属性来说，z-score 的效果是比较好的；否则可以尝试使用特征归一化部分介绍的几种方法。对于分类、聚类等基于距离进行相似性判断，或者使用 PCA、LDA 算法进行降维的场景，可以考虑 z-score 方法；否则对于不涉及协方差计算和距离判断的场景中，可以考虑其他的特征归一化算法。

最后，我们要将特征正则化和特征归一化以及特征标准化进行区分。特征正则化指的是在损失函数中引入正则项，防止参数不合理导致过拟合的问题，属于模型训练范畴的概念。常见的正则化方法有 L1 正则化（又称为 lasso 方法）和 L2 正则化（又称为 ridge 回归），这和前文所述的 L1 或 L2 的归一化也有区别。

L1 正则化的定义如下，假设原来的损失函数为 f(x)，加入了正则项的新的损失为 F(x)，新损失函数的公式为：

$$F(x)=f(x)+\lambda\|x\|_1$$

其中 $\|x\|_p$ 公式如下：

$$\|x\|_p=\sqrt[p]{\sum_{i=1}^{n}|x_i|^p}$$

对于 L1 正则化的情况，$\|x\|_1$ 为 $\|x\|_p$ 取 1 时的值。

对 L2 正则化的情况，定义损失函数为：

$$F(x)=f(x)+\lambda\|x\|_2^2$$

L1 正则化适合训练稀疏模型，因为绝对值函数在 0 点处是不可微分的；L2 正则化适合在“病态问题”中处理平滑的问题。

五、特征构建

特征构建（feature construction）是由原始数据创建新特征的过程，常见的方法主要有以下三种：

1. 单列变换法

通过单列变化得到其他的特征，常见的操作有四则运算、平方、开方、幂方、指数、对数等。

2. 多列变换法

通过多列变化得到其他的特征，比如 pandas 中的 apply（）函数可以在多个列的范围内进行 sum、avg、max、min 等操作。

3. 分组聚合法

通过类似于 SQL 中 group by 操作将得到的分组聚合数据作为新的特征，可以得到一些聚合后的数据指标来反映过去一段时间内的数量变化。

无论是什么方法，本质上都是利用已有特征创建新特征的过程。在使用特征构建方法生成新特征的过程中要防止特征数量过度泛滥，在实践中要时刻牢记“奥卡姆剃刀”原则，如果没有必要，绝不引入新的特征。同时，在新特征引入之后，需要通过特征选择方法对新特征的有效性进行验证。

六、特征选择

特征选择（feature selection）方法一般是通过统计学或者机器学习的手段对样本中的特征值进行直接选择的过程，通过特征选择过程中对特征进行删减的操作可以达到降维的目的。

特征选择的方法包括：

1. 过滤（filter）式

通过统计学方法衡量出自变量和因变量之间的关联程度，常见的方法有卡方检验、相关系数法、信息熵（信息增益）判别法等。

2. 包裹（wrapper）式

又称为包装法，该方法通过判断目标函数如预测准确度评分效果的方法决定是否增加或者删除一些特征。常见的目标函数有 AUC（area under curve）、MSE（mean squared error），其中，AUC 中的 curve 指的是 ROC 曲线（receiver operating characteristic，受试者操作曲线）的线下面积。

3. 嵌入（embedded）式

嵌入法是三者当中最为复杂的方法，该方法通过机器学习方法而不是简单的统计学方法得到特征的权值系数，按照权值系数从大到小排序后选择较大系数所对应的特征。常见的方法包括深度学习、决策树和正则化。

七、特征转换/抽取

特征转换（feature transformation），或者称为特征提取（feature extraction）。特征提取是通过矩阵计算等变换手段，在保证样本信息不丢失甚至对原来各个特征有所提升的基础上，从本质上改变原始样本的结构，从而生成和原始数据集结构上存在很大不同、但是对于后续模型训练更加有效的样本特征的过程。

从逻辑上看，特征转换一般发生在特征工程的最后一个阶段，如图 2－16 所示，从技术难度上看也是相对最复杂的一个环节。实施特征转换最困难的地方在于摆脱认为原始数据集才是最有效学习样本的常规认识。事实上，用另一种维度或者数学方法对样本数据进行重新描述，不仅不会丢失重要的特征信息，可能还会比原始样本更加有效。

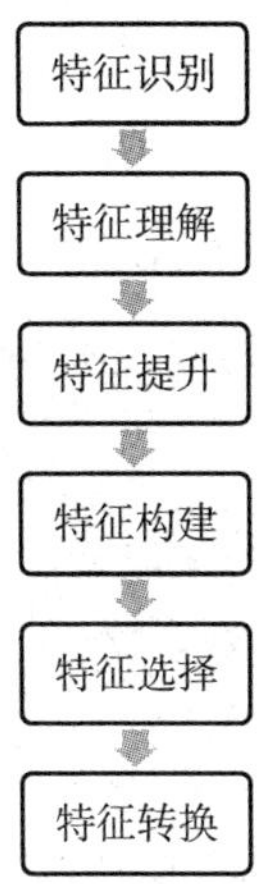

图 2－16　特征工程流程

资料来源：笔者自制

特征转换过程最常用的两种算法是 PCA 和 LDA，这两种机器学习算法都属于降维算法的范畴，本书在“机器学习算法”一节中“降维算法”部分对这两种算法进行介绍。

虽然都可以用于对样本数据集进行降维，但是特征转换和特征选择在概念原理和具体实施上都有着本质的不同。另外，虽然特征转换和特征构建都会改变原始样本集，但是在实现方式上存在很大的不同。

特征选择所使用的方法仅限于能够对特征进行简单的选择，比如删除噪声特征、保留有价值的特征，因此不会改变原始数据的结构。

特征构建会基于原始数据集中的属性字段进行简单的数学变换如四则运算，从而创建出新的特征。一般而言，新产生的特征对于数据的描述能力需要强于原始字段中的任意字段。因为将原始字段和简单运算法则进行组合的做法会产生非常多的新字段，所以特征构建之后还要进行特征选择。

相比于前两者，特征转换则更加“高级”一些。特征转换是通过深入挖掘原始数据集中的潜在结构和特点，通过矩阵计算等线性代数方法来创建新的特征字段，最终输出全新的、和原数据集完全异构的样本数据。虽然产生的新特征的数量更少，但是这些特征抓住了数据的“本质”，因此对信息的描述也就更加完整和准确。

八、特征学习

特征学习（feature learning）或表示学习（representation learning）是指在机器学习中，计算机从原始数据中自动发现有价值的特征，并使用这些特征执行特定的任务。

特征学习的兴起主要是因为传统的特征工程本身是一件非常耗费人力和工时的任务，对于中小型金融企业的后台技术部门，往往会因为花费了大量时间在特征工程上而影响了对业务部门的响应速度，即便是对配备了大量研发力量的行业龙头企业来说，虽然建议由具有行业经验的专家进行特征的生产，但和工具算法相比，人为方法难免出现疏漏，所以尽量减少“人”在特征工程上的开销也是一件非常有意义的事情，因此近年来随着大数据技术、机器学习和人工智能的发展，自动化特征工程逐渐受到重视，涌现出了若干有效的自动化工具来帮助完成部分或者全部特征工程的工作。

特征学习可以在很大程度上取代手工的特性工程（feature engineering）。特征学习和特征工程是并列的两个概念，属于AI领域对数据进行处理的两种方式。当然，广义上也可以将特征学习理解成是自动化程度非常高的一种特征工程。图2－17横线上面一部分展示的是传统的特征工程的方法，需要人为对输入的数据进行处理，图2－17横线下面部分展示的是以深度学习为代表的特征学习则由模型完成特征抽取等工作。

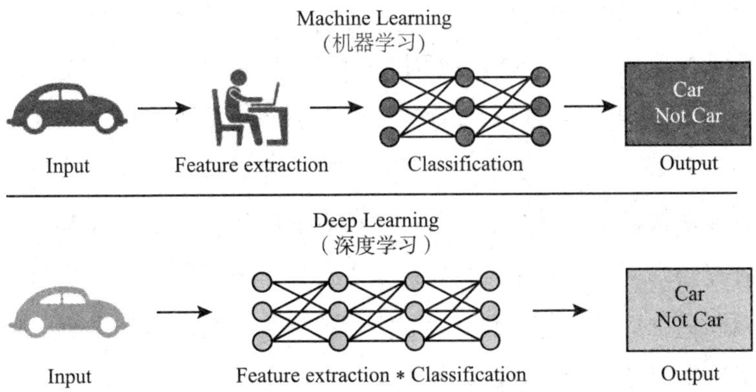

图2－17　机器学习和深度学习异同

资料来源：笔者自制

类似于机器学习的分类方法，特征学习也可以被分为监督的和无监督的两类。在监督特征学习中，用来作为特征学习的是有标记的数据，比如神经网络，多层感知器，（监督）字典学习。在无监督特征学习中，用于特征学习的是未被标记过的数据，例如（无监督）字典学习、独立成分分析（PCA）、自动编码、矩阵分解、各种聚类分析及其变形等。

本书后面将介绍的神经网络、多层感知机就是一些典型有监督特征学习的实例，以神经网络为例，其学习的过程本身就是一个不断发现有价值特征的过程，经过层层学习由模型自主地发现了低阶特征（low level features）、中阶特征（middle level features）以及高阶特征（high level features），最终将高阶特征用于分类。

PCA则是无监督特征学习中比较常用的一种算法，PCA通过对数据的转换将样本数据集的模型训练效果变得更加高效。

第三节　机器学习算法

机器学习属于人工智能技术领域中一个非常庞大且重要的子集，包含的算法众多纷杂，但具体到证券金融行业而言，常规业务场景所能用到的算法往往是有限的几个或者几类。

本节首先对机器学习进行了分类，使读者能够从宏观角度认知各主流机器学习算法及各自的归属关系；接着简要讲解了机器学习算法的理论基础——计算学习理论的概念；之后各章节分别讲述了决策树算法、线性回归算法、逻辑回归算法、朴素贝叶斯算法、聚类算法、集成学习算法、SVM 算法、降维算法以及深度学习算法等；最后介绍了算法性能的评估方法和机器学习中常见问题及解决思路。

本节对机器学习的讲解较为浅显，算法部分不会深入讲解原理。本章节的主要目的在于让读者能够对机器学习在解决现实的证券金融行业具体业务场景时所使用的底层技术有初步的了解。

一、机器学习算法分类

机器学习算法的分类是一件比较模糊的工作，原因一方面是因为对算法进行分类的角度较多，另一方面是由于算法本身的复杂性和发展程度可能会造成某一算法可以解决一种以上的机器学习场景且有可能持续进化。

机器学习算法可以按照学习方式的不同进行分类，也可以按照算法功能的不同进行分类，甚至还可以按照某类算法的生态性强弱进行分类。

（一）按照算法功能划分

根据算法用途的不同，可以将机器学习算法分为回归算法、分类算法、聚类算法和降维算法。回归算法预测的是连续型变量的值，比如进行房价预测、温度预测等。分类算法预测是的类别或者标签值，是对离散型变量的预测，比如预测客户是否会流失、客户是否会购买某一种理财产品。聚类算法能够理解没有标签的样本，自主地将样本划分为若干个具有明显边界的簇：簇间差异明显，簇内样本相似。降维算法则通常用于降低样本维度、提高模型训练的有效性。

如果按照算法功能的不同来划分算法，则可能出现某一个算法同时存在于多个类别中的情况。事实上，因为同一个算法可能稍做改变就能实现不同的功能，所以存在于不同功能类别中、看似相同的算法之间存在着或大或小的区别。比如SGD 随机梯度下降算法既可以用于分类也可以用于回归，但两种场景下的 SGD 算法在底层实现是有区别的。因此，如果按照算法功能进行划分就会形成错综复杂的知识结构，这对初学者而言会造成困惑。

（二）按照学习方式划分

根据算法学习方式的不同，可以将机器学习算法分为有监督、无监督、半监督、强化学习这四类算法，区别在于训练集中标签样本所占比例不同。有监督的训练样本全部带有标签，结果是有标准答案的；无监督的训练样本全部没有标签，输出没有标准答案；半监督介于两者之间；而对于近年来取得快速发展的强化学习而言，在这种学习模式下，输入数据作为对模型的反馈，不像监督模型那样，输入数据仅仅是作为一个检查模型对错的方式，在强化学习下，输入数据直接反馈到模型，模型必须对此立刻作出调整。

按照学习方式的不同进行分类的方法站在了样本的角度，划分结果之间的区别是非常清晰的，但是缺点也比较明显，即每一个类别中有很多算法，而且每个类别中的算法在应用场景上的区别是体现不出来的，实际作用有限。

（三）按照学习结构的不同进行划分

根据算法学习结构的不同，可以将机器学习算法分为单一类型算法、集成学习类算法、深度学习类算法等。这种分法也比较清晰，缺点同方法（二），即缺乏与实践的联系。

通过以上对比可以发现，这些分类方法中都存在一定的问题，这是由于对机器学习算法进行分类这件工作本身具有一定的复杂性和模糊性，所以我们需要以一种相对比较合理的方式去认知和学习由众多机器学习算法所组成的体系。

本书不遵循之前所述的任意单一的分类方法，而是综合考虑了算法功能（分类、聚类等）、算法结构（集成学习、神经网络、深度学习等）以及算法的学习方式（有监督、无监督、半监督、强化学习等）等因素；首先按照算法功能进行划分，再为分类之后的算法赋予对应的算法结构、学习方式、是否线性这些标签的标签值。这种分类方法的目的在于能够尽量使读者对算法体系有清晰的认识。

二、各算法简介

（一）回归算法

回归算法用于对连续型指标进行预测，具体算法如表 2 –6 所述。

表 2 –6　　回归算法

算法名称	功能描述	算法结构	学习方式	是否线性
线性回归	基于数理统计中的回归分析，能够用于探索两个或者两个以上变量之间的关系，包括二元线性回归和多元线性回归	单一类型算法	有监督	线性
多项式回归	添加了特征的高次项，从而能够拟合非线性的规律，在带来模型自由度的同时也增加了模型的复杂度，通常需要进行过拟合分析	单一类型算法	有监督	非线性

资料来源：笔者自制

（二）分类算法

分类问题简单来讲就是预测输入样本 x 的属性或者分类 y。具体算法如表 2 –7 所示。

表 2－7　　分类算法

算法名称	功能描述	算法结构	学习方式	是否线性
线性回归 Linear regression	用于回归场景。依据一个或者多个数量型特征（quantitative features）对一个标量型目标进行预测	单一类型算法	有监督	线性
逻辑回归 Logistic regression	用于分类场景。依据多个数量型特征对观察值进行分类，或者进行类别预测和类别出现概率预测	单一类型算法	有监督	线性
支持向量机 SVM	可以用于分类或者回归，基于高维空间的分离进行分类，回归场景的性能表现对数据依赖程度比较高	单一类型算法	有监督	线性
核支持向量机 SVM with kernel	可以用于分类或者回归，和 SVM 相比支持多种非线性模型	单一类型算法	有监督	非线性
朴素贝叶斯 Naïve Bayes	一种简单的可扩展的分类算法，常用于文本分类（如垃圾邮件预测）场景中。“朴素”的含义是假设各个特征之间是相互独立的，虽然现实场景中该假设基本不成立，但其预测结果在某些场景中却出乎意料得准确	单一类型算法	有监督	非线性
K 近邻 K-nearest neighbors	可以用于分类或者回归	单一类型算法	无监督	非线性
决策树 Decision trees	可以用于分类或者回归，根据对属性值的判断将训练集迭代地划分成子集	单一类型算法	无监督	非线性
套袋算法 Bagging		集成学习	有监督	非线性
随机森林 Random forest	可以用于分类或者回归，属于集成学习 Bagging 类算法中的一种实现方式，在实践中应用非常多。在分类场景中，由多棵决策树通过投票的机制决定最终的分类结果；在回归场景中，将多棵决策树的结果进行聚合平均得到最终的结果	集成学习	有监督	非线性
提升算法 Boosting	可以用于分类或者回归	集成学习	有监督	非线性
XGBoost	可以用于分类或者回归	集成学习	有监督	非线性
神经网络 Neural network	可以用于分类或者回归	神经网络	有监督	非线性

资料来源：笔者自制

（三）聚类算法

聚类算法具体如表 2－8 所示。

表 2－8　　聚类算法

算法名称	功能描述	算法结构	学习方式	是否线性
层次聚类 hierarchical clustering	层次聚类按照分类方向的不同包括凝聚型层次聚类（agglomerative）和分裂型层次聚类（divisive）。凝聚聚类是一种自底向上的层次聚类算法，分裂聚类是一种自顶向下的方法	单一类型算法	无监督	非线性
基于划分的方法（partition-based methods）	基于划分的聚类方式在实际中使用最多，最知名的是 k-means 算法，另外衍生出的 k-medoids、k-modes、k-medians、kernel k-means 等算法也比较常见	单一类型算法	无监督	非线性
基于密度的方法（density-based methods）	k-means 解决不了不规则形状的聚类，使用最多的是 DBSCAN（density-based spatial clustering of applications with noise）	单一类型算法	无监督	非线性

资料来源：笔者自制

另外还有基于网格的聚类方法（grid-based methods）以及基于模型的聚类方法（model-based methods），因为实践中主要使用前三种聚类方法，本书对这两种聚类算法不再展开介绍。

（四）降维算法

降维算法具体如表 2－9 所示。

表 2－9　　降维算法

算法名称	功能描述	算法结构	学习方式	是否线性
PCA	PCA（principal component analysis）是实践中相对比较常用线性降维方法，PCA 算法能够将高维的数据通过投影的方式变换到低维空间中，在降低维度数目的同时，不丢失重要的数据信息	单一类型算法	无监督	非线性

续表

算法名称	功能描述	算法结构	学习方式	是否线性
LDA	LDA（linear discriminant analysis）也是一种有监督的线性降维算法。LDA 在对数据进行降维之后会尽可能地将数据进行区分	单一类型算法	无监督	非线性

资料来源：笔者自制

本书在后续的章节将会对上述四类算法中的部分经典算法进行讲解。

（五）算法选择

人工智能要解决实际的生产问题离不开算法的支撑，在实际的生产中，券商个人金融业务可以总结为经纪业务和财富管理两部分，围绕这两个业务场景，业务部门所提的业务需求往往是对客户进行分级分类相关的，比如对客户进行群组划分，针对不同级别的客户开展理财产品精准营销活动或者是信息的精准推送活动，以上业务需求映射为机器学习算法，不外乎分类和聚类两大类。

理论上，一种业务场景都潜在对应着一个分类或者聚类的最优模型，我们的任务就是找到这个最适合的模型，为了得到最优解，通常需要对比多种分类或者聚类算法的结果。特别的，如果一种模型的落地反馈效果不佳，就需要通过集成学习的方式进行效果提升。

近些年随着计算能力的提升和神经网络算法的不断成熟，深度学习技术在实际生产中也得到了越来越广泛的应用，因此在机器学习算法效果不那么令人满意时，我们也会尝试借助于深度学习技术进行效果提升。

三、计算学习理论

计算学习理论（computational learning theory）是人工智能领域的一个分支，顾名思义，“计算学习理论”作为一种理论分析方法，其价值在于通过各种数学分析的方法，为机器学习算法提供一种性能分析（performance bounds）、算法时间复杂度分析（time complexity）和学习可行性分析（learning feasibility）的框架，为更好地进行算法设计提供指引。

计算学习理论常用于评估监督学习中的分类准确性，即在通过学习已经标注了标签的样本数据来给未知样本打标签的场景中使用较多，计算学习理论的目标不仅在于降低给未知样本打了错误标签的样本数量，还可以用于评估机器学习算法的时间复杂度和学习可行性。在计算学习理论中，如果算法能够在多项式时间（polynomial time）内完成，则认为该算法有有效的（feasible）。根据时间复杂度的不同，可以将计算结果分成正面结果和负面结果这两类。

- 正面结果（positive results）：某些类别在多项式时间内是可学习的。
- 负面结果（negative results）：某些类别在多项式时间内是不可学习的
- 负面结果通常依赖于公认的、但尚未被证明的结论和假设，比如：

■ 计算复杂度 P≠NP(P 与 NP 问题)

■ 加密：存在单向函数

常用的计算学习理论指导方法有 PAC（probably approximately correct，概率近似正确）、VC 理论（VC dimension theory）、贝叶斯推理（bayesian inference）、在线机器学习理论（online machine learning），等等。

四、决策树算法

（一）算法概述

简单来说，决策树算法（decision tree algorithm）就是模仿人类做判断的过程，类似于编程语言中的 if...else 逻辑，对一个或者一些事物的属性经过一系列的判断之后做出决策。

一个完整的决策树包括三个要素：叶子节点、非叶子节点和分支。叶子节点代表判断结果，如“是”或“否”；非叶子节点包括根节点和属性判断节点；分支表示的是对于属性进行判断得到的答案。算法的流程就是从根节点（输入）开始，经过对可能的属性值进行判断，最终到达叶子节点（判断结果）的过程，判断节点的特征有几种取值可能就会相应的产生几条分支。

构建决策树的首要任务就是将对预测起决定性作用的特征找到并优先使用这些特征进行判断，之后再递归地选择次重要和更低重要性的特征进行判断并让树从根节点向下反向生长下去，直到数据集不可分或者到达自定义的递归终止条件形成最终的决策树，为了防止决策树出现过拟合的情况，需要及时对决策树进行剪枝操作。根据特征的重要性评估方法的不同，可以衍生出不同的决策树算法，目前最通用的是基于信息论的方法，如下文中相继介绍的 ID3、C4.5 和 CART 算法，C4.5 和 CART 都是由 ID3 改进而来的。

决策树机器学习算法的目的是使用各种决策树算法，通过对训练集进行学习，经过测试集测试和算法调优之后，得到一个泛化能力尽可能强的决策树模型。

决策树的优点是算法对计算资源的要求不高，原理易于理解，模型对缺失值的情况不敏感，能够将不易查看的数值模型转换为直观的树形结构。决策树算法的缺点是比较容易产生过拟合的问题，需要人为参与进行比较多的参数调优工作。

决策树算法可以用于解决回归问题或者分类问题，分类问题对应的是分类树，回归问题对应回归树，回归树处理连续型变量，分类树处理离散型变量。决策树同样也被较多地用于集成学习中，如随机森林和 XGBoost 算法等。

（二）算法原理

决策树算法本质上是一种迭代算法，典型的决策树算法具有三个终止条件，伪代码描述如表 2-10 所示。

表 2-10　　决策树伪代码

```
Machine Learning Algorithm 1 Decision Tree
输入：训练集 D = {(x1, y1), (x2, y2), …, (xm, ym)}；属性集 A = {(a1, a2, …, ad)}
输出：以 node 为根节点的决策树
function TreeGenerate (D, A)
    生成 node 节点
    if D 中的样本属于同一个类别 C then
        将 node 节点作为类虽 C 的一个叶子节点；return
```

续表

Machine Learning Algorithm 1 Decision Tree

```
  end if
  if A = ø OR D 中所有的样本在所有属性 A 的取值相同 then
    将 node 节点标记为叶子节点；return
  end if
  从属性集 A 中选取最优的划分属性 a*；
   for a* 中的每一个值 a^v_* do
     为 node 节点创建一个新的分支；
     将 D 中取值为 a^v_* 的样本子集表示为 D_v；
     if D_v = ø then
       将 node 节点标记为叶子节点；return
     else TreeGenerate(D_v, A/{a*})；
     end if
   end for
end function
```

资料来源：笔者自制

定义 TreeGenerate（D，A）函数：（1）传入训练集 $D=\{(x_1, y_1), (x_2, y_2), \cdots, (x_m, y_m)\}$ 和属性集 $A=\{(a_1, a_2, \cdots, a_d)\}$；（2）生成一个新的节点 node；（3）如果所有样本都属于同一类别，将 node 节点设置为该类别的叶子节点并 return[1]；（4）如果 A 为空，或者剩余样本在剩余属性集上具有相同的取值，表示无法再进一步做决策，此时将 node 节点设置为叶子节点，以训练集中样本数最多的类标识作为叶子节点的标识并 return[2]；（5）选择一个最优的属性子集 a_*：①遍历 a_* 中的每一个属性值 a_*^v，为每一个 a_*^v 生成一个分支和对应的数据子集 D_v；②如果 D_v 为空，则把当前的节点作为叶子节点，以训练集中样本数最多的类标识作为叶子节点的标识并 return[3]；③TreeGenerateD_v，$A/\{a_*\}$（"/"表示集合的差集，即从 $A=\{(a_1, a_2, \cdots, a_d)\}$ 中减掉 a_* 剩余的属性集）。

需要说明的是，return[3] 和 return[2] 的条件不同，前者用的是当前节点的父节点的先验分布，后者则是后验分布。

（三）ID3

ID3 算法基于信息论中信息增益或者信息熵的大小进行特征选择，信息熵用于衡量事件的不确定性，不确定性越大其熵值就越大。计算事件 X 信息熵的公式如下：

$$H(X) = -\sum_{i=1}^{n} p_i \log p_i$$

n 表示随机变量 X 可能的取值，p_i 表示对应的概率。对于两个随机变量 X 和 Y 的情况，公式如下，称 H(X, Y) 为随机变量 X 和 Y 联合信息熵。

$$H(X, Y) = -\sum_{i=1}^{n} p(x_i, y_i) \log p(x_i, y_i)$$

基于联合信息熵可以得到在 Y 发生的前提下 X 的不确定性，公式如下：

$$H(X \mid Y) = -\sum_{i=1}^{n} p(x_i, y_i) \log p(x_i \mid y_i) = \sum_{j=1}^{n} p(y_j) H(X \mid y_j)$$

最终得到 ID3 算法的基础指标信息增益 I(X, Y)，公式如下：

$$I(X, Y) = H(X) - H(X \mid Y)$$

信息增益 I(X, Y) 衡量的是 X 在知道 Y 发生的前提下，不确定性的减少的程度。信息增益越大说明对应的变量 X 越适合作为构建决策树的特征。

假设传入训练集 $D = \{(x_1, y_1), (x_2, y_2), \cdots, (x_m, y_m)\}$ 和属性集 $A = \{(a_1, a_2, \cdots, a_d)\}$，训练集 D 根据属性的不同可能划分成不同的输出 D_i。记最终输出为决策树 T。ID3 算法流程描述如下：

（1）初始化信息增益 ϵ；（2）判断样本是否为同一类输出 D_i，如果所有样本属于同一个输出，算法终止，返回决策树 T，并将样本类别标记为 D_i；（3）判断属性集中的特征是否已经为空，如果为空则终止算法，返回决策树 T，并将样本的类别标记为输出实例中最多的类别；（4）分别对属性集 A 中所有 n 个属性计算对输入样本集合 D 的信息增益，选择具有最大信息增益的属性，记为 A_g；（5）如果阈值 ϵ 大于属性 A_g 的信息增益，则终止算法，返回决策树 T，并将样本的类别标记为输出实例中最多的类别；（6）如果条件（5）不成立，根据属性 A_g 的每个可能的取值 A_{gi} 将样本集合 D 划分成相应的子集 D_i，每个子属性对应增加一个子节点，将决策树 T 返回；（7）对于（6）中产生的子节点，令 $D = D_i$，$A = A - \{A_g\}$，迭代第二步到第六步，返回子树 T_i。

ID3 算法的缺陷比较明显，首先 ID3 算法趋向于选择取值情况比较多的特征作为首先决策的属性，但是这种做法在有些情况下是不合理的；其次 ID3 算法无法处理具有连续分布特点的数据即无法处理连续属性。另外，ID3 算法不能处理缺失值的情况，同时也没有针对过拟合的解决方案。C4. 5 算法的产生能够较好地解决 ID3 的这些缺点。

（四）C4. 5

C4. 5 对 ID3 做出了改进，C4. 5 算法和 ID3 算法最主要的区别在于 C4. 5 算法基于信息增益率进行特征属性的选择，因此 C4. 5 可以避免选择取值类别比较多的字段作为分割属性的情况；另外，C4. 5 算法能够将连续型属性进行离散化处理，且对缺失值和过拟合都有针对性的解决方案。这里只对 C4. 5 采用的信息增益率的做法进行简单的介绍。

如前所述，ID3 采用了信息增益作为特征判别标准的做法弊端就是容易将特征取值种类较多的属性优先作为分类特征，在某些场景下这种做法是不合理的。而 C4. 5 定义了信息增益率的概念，标记为 $I_R(X, Y)$，定义为信息增益除以特征熵，特征熵的引入可以在一定程度上平衡掉了取值类别较多的特征所对应的信息增益。信息增益率的公式定义如下：

$$I_R(D, A) = \frac{I(A, D)}{H_A(D)}$$

式中，A 为样本特征，D 为样本特征输出的集合。$H_A(D)$ 为特征熵，公式如下：

$$H_A(D) = -\sum_{i=1}^{n}\frac{|D_i|}{|D|}\log_2\frac{|D_i|}{|D|}$$

其中 $|D|$ 为样本个数，n 为特征 A 的类别数，D_i 为特征 A 的第 i 个取值对应的样本个数。由此可见，如果一个特征的取值类别较多，则作为分母的特征熵就越大，也就解决了在 ID3 算法中取值类别较多的属性一定会被优先作为判别特征的缺陷。

虽然 C4. 5 算法解决了 ID3 算法的诸多问题，但其缺点也比较明显，即该算法就是对计算资源的需求比较高，原因是 C4. 5 算法需要不断地对数据集进行扫描，所以一般情况下 C4. 5 适用于数据量不大、能够在内存中完成计算的场景。

随着分布式内存计算技术的成熟，C4.5 的这种局限性也得到了一定的缓解。另外，C4.5 算法数值只适用于分类场景，并不适用于回归场景，这也在很大程度上限制了其使用场景。

（五）CART

CART 算法是 classification and regression tree 的简称，从名字可以看出，CART 算法在对 C4.5 算法进行了改进之后不仅能够用于分类场景，也适用于回归问题。此外，相比于 C4.5 和 ID3 算法，CART 在计算效率上做了极大的改进，采用了 Gini 系数作为分裂的判断标准，替代了前两种算法基于信息熵的模型，由此可以节省 ID3 算法和 C4.5 算法中大量对数运算所带来的成本开销。

基尼系数的表达式为：

$$\mathrm{Gini}(p) = \sum_{k=1}^{K} p_k(1 - p_k) = 1 - \sum_{k=1}^{K} p_k^2$$

其中 K 为分类问题中的类别个数，第 k 种类别的概率为 p_k。对于二分类问题，上式变为：

$$\mathrm{Gini}(p) = 2p(1 - p)$$

假设样本集为 D，则求得样本整体的基尼系数如下：

$$\mathrm{Gini}(D) = 1 - \sum_{k=1}^{K}\left(\frac{|C_k|}{|D|}\right)^2$$

其中 $|C_k|$ 代表类别为 k 的样本的数量，$|D|$ 为样本总体的数量。考虑一种特殊情况，即属性集 A 中的某一个属性将样本 D 划分成了两部分，则此情况下的基尼系数公式如下：

$$\mathrm{Gini}(D, A) = \frac{|D_1|}{|D|}\mathrm{Gini}(D_1) + \frac{|D_2|}{|D|}\mathrm{Gini}(D_2)$$

和 ID3、C4.5 这两种算法相比，CART 采用 Gini 系数的做法节省了可观的计算量，虽然数据显示这会带来一定的精度损失，但在可以接受的范围内，所以 CART 算法在实际应用中的使用较为普遍。另外，CART 树有较为成熟的剪枝理论，因为剪枝在实践中要结合实际效果且具有较强的实践性，在此不再展开相关内容。前本节一开始所提到的，CART 可以用于分类或者回归，我们实践中经常用到的是 CART 分类树，因此本书重点介绍 CART 用于分类的情况，对 CART 用于回归的算法不再展开说明。

（六）决策树总结

决策树算法常用的就是之前所述的三种算法，各自特点的优缺点对比如表 2－11 所示。

表 2－11　三种决策树算法对比

算法	支持模型	树结构	特征选择	连续值处理	缺失值处理	剪枝
ID3	分类	多叉树	信息增益	不支持	不支持	不支持
C4.5	分类	多叉树	信息增益比	支持	支持	支持
CART	分类/回归	二叉树	基尼系数，均方差	支持	支持	支持

资料来源：笔者自制

需要说明的是，虽然 CART 算法做了很多优化，改进了前两种算法的很多缺陷和不足，但仍然不完美。CART 算法在每一步仍然只是通过一个特征属性来进行样本分裂，但实际问题往往并不是这么简单，实际的决策很可能会用到多种属性，对应的决策树称为多变量决策树（multi-variate decision tree），这种树是对 CART 算法的进一步完善。其次，在样本发生改动的时候，单棵树的算法通常在性能方面不如多棵树组成的“森林”有效，相比于单棵树算法，集成学习领域的随机森林算法能够带来更好的算法稳定性，该部分内容后续将进行介绍。

五、线性回归算法

（一）算法原理

线性回归算法（linear regression）试图对输入的数据集寻找一个线性模型对输出值进行预测，假设输入的样本数据集为 x：

$$x = (x_1, x_2, \cdots, x_n)$$

样本具有 n 个特征，x_i 是样本的第 i 个属性值，线性模型的任务就是寻找到向量 $\theta=(\theta_1, \theta_2, \cdots, \theta_n)$ 以及参数 b（或者记为 θ_0），使得对于输入的新样本，使得输出 f(x) 尽可能接近真实值：

$$f(x)=\theta_1 x_1+\theta_2 x_2+\cdots+\theta_n x_n+b$$

假如待预测问题中的 f(x) 是离散的，则是一个分类问题，如果 f(x) 是连续的，则就是一个线性的回归问题，我们这里讨论后者。

一般的，我们将上式中的 f(x) 表示为 $h_\theta(x)$，称 $h_\theta(x)$ 为线性回归的拟合函数，另外将参数 b 表示为 θ_0，则有：

$$h_\theta(x_1, x_2, \cdots, x_n)=\theta_0+\theta_1 x_1+\cdots+\theta_n x_n$$

θ_i 为称为模型参数，再令 $x_0=1$，上式可以简化为：

$$h_\theta(x_0, x_1, \cdots, x_n) = \sum_{i=0}^{n}\theta_i x_i$$

一般的，为了方便表示，可以将上式转换为矩阵形式，记 X 为维度 $m*n$ 的样本矩阵，θ 为 $n*1$ 的向量，两者相乘得到 $h_\theta(X)$，$h_\theta(X)$ 是 $m*1$ 矩阵，其中，m 表示样本个数，n 表示每个样本特征的个数，公式表示如下：

$$h_\theta(X)=X\theta$$

线性回归算法的目的就是通过训练得到最佳的模型参数 θ，使得对于新样本得到最接近真实值的输出。

（二）模型参数求解

为了得到合理的模型参数，通常的做法是定义一个代价函数（cost function），然后使用数学方法对代价函数求最小值从而求得模型参数，进而能够得到拟合函数。

对于线性回归的场景，我们将样本详细描述如下：

$$(x_1^{(0)}, x_2^{(0)}, \cdots, x_n^{(0)}, y_0), (x_1^{(1)}, x_2^{(1)}, \cdots, x_n^{(1)}, y_1),$$
$$\cdots (x_1^{(m)}, x_2^{(m)}, \cdots, x_n^{(m)}, y_m)$$

样本集具有 m 个样本，每个样本具有 n 维特征，我们使用最小二乘法定义线性回归模型的代价函数，如下所示：

$$J(\theta_0, \theta_1, \cdots, \theta_n) = \sum_{i=0}^{m} (h_\theta(x_0, x_1, \cdots, x_n) - y_i)^2$$

代价函数被定义为整体样本集合中每个样本值标签值和预测值差的平方和，最小化代价函数可以选择的方法还包括牛顿法、拟牛顿法、梯度下降法等，常用的有最小二乘法和梯度下降法，本书主要介绍最小二乘法。

为了方便表示，上式也可以写成矩阵形式，如下所示：

$$J(\theta) = \frac{1}{2}(X\theta - Y)^T(X\theta - Y)$$

代价函数 $J(\theta)$ 分别对 θ_i 求导，并令导数为0，可以得到 $n+1$ 个方程组成的方程组，每个方程式如下所示，对每个方程求解就可以得到对应的模型参数 θ。

$$\sum_{j=0}^{m} \sum_{i=0}^{n} (\theta_i x_i^{(j)} - y^{(j)}) x_i^{(j)} = 0 (i = 0, 1, \cdots, n)$$

同理，对于矩阵方式描述的公式求导可以得到：

$$\frac{\partial}{\partial\theta} J(\theta) = X^T(X\theta - Y) = 0$$

求解上述方程解得参数为：

$$\theta = (X^T X)^{-1} X^T Y$$

（三）多项式回归

不难看出，前面所述的线性回归模型的拟合函数方程中的变量都是一次的，如下所示：

$$h_\theta(x_1, x_2, \cdots, x_n) = \theta_0 + \theta_1 x_1 + \cdots + \theta_n x_n$$

有时可能会遇到多项式的情况，则可以转换为一次的表示方法，比如对于下式：

$$h_\theta(x_1, x_2) = \theta_0 + \theta_1 x_1 + \theta_2 x_2 + \theta_3 x_1^3 + \theta_4 x_2^4$$

假设：

$$x_0 = 1, \ x_1 = x_1, \ x_2 = x_2, \ x_3 = x_1^3, \ x_4 = x_2^4,$$

则有：

$$h_\theta(x_1, x_2, x_3, x_4) = \theta_0 + \theta_1 x_1 + \theta_2 x_2 + \theta_3 x_3 + \theta_4 x_4$$

从而，我们可以使用常规的解法得到模型参数。

六、逻辑回归算法

（一）算法概述

逻辑回归（logistic regression）算法是1958年统计学家David Cox提出的，可谓历史悠久，逻辑回归虽然名字里面带有regression回归的字样，但是其并不属于回归算法，逻辑回归中的输出Y是离散的，相当于对线性回归的输出Z又做了一次变换，即存在Y=g(Z)，当g(Z)的值在某一个区间范围内时，我们另Y取值为某一类别A，当g(Z)取值在另一个互斥的区间时，另Y等于另一个类别B，这样逻辑回归本质上其实是一种分类算法。实际上，逻辑回归包括二元逻辑回归和多元逻辑回归两种，在生产中最常用的是二元逻辑回归，用于二分类预测。本书只对二元逻辑回归进行介绍，因为多元逻辑回归的适用场景有限且较为复杂，在此不做讨论。

（二）算法原理

为了方便理解，我们继续上面讨论的线性回归和逻辑回归之间的联系来讲解逻辑回归的原理，假设Z是线性回归的输出，另$z=x\theta$，我们使用sigmoid函数g对该输出进行变换，公式如下：

$$g(z)=\frac{1}{1+e^{-z}}$$

$$h_\theta(x)=\frac{1}{1+e^{-x\theta}}$$

$$h_\theta(X)=\frac{1}{1+e^{-X\theta}}$$

$$P(y=1\mid x,\theta)=h_\theta(x)$$

$$P(y=0\mid x,\theta)=1-h_\theta(x)$$

$$P(y\mid x,\theta)=h_\theta(x)^y(1-h_\theta(x))^{1-y}$$

$$L(\theta)=\prod_{i=1}^{m}(h_\theta(x^{(i)}))^{y^{(i)}}(1-h_\theta(x^{(i)}))^{1-y^{(i)}}$$

$$J(\theta) = -\ln L(\theta) = -\sum_{i=1}^{m}(y^{(i)}\log(h_\theta(x^{(i)}))$$
$$+(1-y^{(i)})\log(1-h_\theta(x^{(i)})))$$

$$\frac{\partial}{\partial\partial}J(\theta) = X^T(h_\theta(X)-Y)$$

七、朴素贝叶斯决策算法

（一）算法概述

贝叶斯决策算法是一种高度依赖于概率理论的算法，属于统计学中概率建模（probabilistic modeling）在机器学习中应用的经典代表，我们在实践中常将此模型用于分类场景中，贝叶斯决策算法用于多分类场景的基本流程描述如下：

1. 定义一个待预测样本 $x=\{(x_1, x_2, \cdots, x_d)\}$，d 为属性的个数，$x_i$ 表示样本 x 在第 i 个属性值上的取值。

2. 定义类别集合 $y=c_1, c_2, \cdots, c_N$，其中 c_i 表示第 i 个类别的取值。

3. 计算样本 x 属于每一个类别的后验概率 $P(c_1|x), P(c_2|x), \cdots, P(c_N|x)$。

4. 则样本属于某一类别 c_k 的概率。

$$P(c_k|x) = \text{argmax}\{P(c_1|x), P(c_2|x), \cdots, P(c_N|x)\}$$

因此，使用贝叶斯决策模型的关键就是计算样本对于每个类别的后验概率，即 $P(c|x)$，再使用 argmax 函数对所有的后延概率进行判断，最终取最大的一个概率假设为 $P(c_k|x)$ 所对应的类别 c_k 作为样本 x 的类别。

根据贝叶斯定理，如果要计算 $P(c|x)$，可以间接计算如下：

$$P(c|x) = \frac{P(x|c)\times P(c)}{P(x)}$$

其中，贝叶斯定理中涉及的各个计算项的含义解释如下：

- c：表示类别标识
- x：表示输入的样本
- $P(c|x)$：贝叶斯决策模型的计算目标。含义是给定样本 x，其属于类别 c 的概率，所以又称为类别 c 相对于样本 x 的后验概率。对于分类场景来说，该项

表示样本 x 属于类别 c 的可能性

• $P(x|c)$：表示的含义是在给定样本类别 c 的条件下样本为 x 的概率，所以又称为样本 x 相对于类别 c 的后验概率，或者该项“类别条件性概率”（class-conditional probability）。因为可以将 $P(x|c)$ 理解成 x 接近 c 的程度，所以该项又被称为“似然”（likelihood）

• $P(c)$：类别 c 的先验概率，又称为“类先验概率”，表示每个类别的样本占整体样本的比例，在生产实践中 $P(c)$ 往往是容易获得的

• $P(x)$：样本 x 的先验概率，如果样本 x 给定，则该项就与类标识无关，计算 $P(c|x)$ 的问题就可以转化为计算 $P(x|c)$ 和 $P(c)$ 的问题

（二）算法简化

对于贝叶斯决策算法中相对比较简单的朴素贝叶斯分类器（Naïve Bayes Classifier，以下简称 NB 模型）而言，可以进一步化简该问题，因为我们假设在 NB 模型中，样本 $x=\{(x_1, x_2, \cdots, x_d)\}$ 的 d 个属性之间满足独立性假设，因此不同属性的“似然”值就可以做连乘运算；由 $P(c_k|x)$ 和贝叶斯公式可以得到：

$$P(c_k|x) = \frac{P(x|c_k) \times P(c_k)}{P(x)} = \frac{P(c_k)}{P(x)}\prod_{i=1}^{d} P(x_i|c_k)$$

上式仍然比较复杂，我们可以从两个方面进一步简化：

（1）去 $P(x)$：如上所述，我们可以在样本给定的情况下视 $P(x)$ 为常量，因此贝叶斯算法计算的核心就是对于上式右侧 $P(c_k)\prod_{i=1}^{d} P(x_i|c_k)$ 进行计算，即对类别先验概率 $P(c)$ 以及似然 $P(x|c)$ 进行计算。

（2）去 $P(c)$：对于类别先验概率 $P(c)$，如果训练集的样本数据是独立同分布的，而且样本的数据量比较可观，则 $P(c)$ 即可简化为每个类别中样本出现的频率。在此条件假设下，我们最终简化为对似然 $P(x|c)$ 的计算，即要计算样本属于哪一类别的后验概率，可以转化为计算在给定样本类别 c 的条件下，样本为 x 的后验概率。不难看出，和线性回归、决策树、SVM 等模型不同，$P(c|x)$ 是由 $P(x|c)$ 等项间接计算得到，因此属于“派生型模型”（generated models），而决策树等模型则是通过对样本 x 的直接学习得到 $P(c|x)$，属于“判别型模型”（discriminative models)。

经过简化，我们只需要求解似然值 $P(x|c)$，一般情况下，常用的解决思路是先假设样本符合某种条件的概率分布，然后使用训练集样本去估计概率分布中的参数，求得一组参数，使得 $P(x|c)$ 取得最大值，由贝叶斯定理可知，此时对应的 $P(c|x)$ 也是最大的，从而得到样本 x 最有可能归属的类别 c_k。

上述最大值求解问题需要用到参数估计法，而参数估计法中使用比较多的一种方法是极大似然估计（maximum likelihood estimation method，MLE），具体到朴素贝叶斯场景中，我们的目标就是通过 MLE 方法求得一个或者一组参数，使得 $P(x|c)$ 最大。

假设样本中的某一个类别 c 的样本服从某一概率分布，因为概率分布的参数至少有一个，所以我们将参数集定义为参数向量的形式，假设为 θ_c，那么我们从类别为 c 的样本集合中抽到样本 x 的概率即为 $P(x|\theta_c)$。如果用 D_c 表示训练集中属于类别 c 的样本集合，则训练子集 D_c 的似然值为：

$$P(D_c|\theta_c) = \prod_{x \in D_c} P(x|\theta_c)$$

为了便于数值运算，将上式转换为对数形式的似然值（Log - Likelihood），并将结果记为 $LL(\theta_c)$。对上式的等号两边取对数可以得到：

$$LL(\theta_c) = \log P(D_c|\theta_c) = \sum_{x \in D_c} \log P(x|\theta_c)$$

极大似然估计的任务就是找到一个 θ_c，使得 $LL(\theta_c)$ 最大，记此参数向量为 $\hat{\theta}_c$，

$$\hat{\theta}_c = \arg\max_{\theta_c} (LL(\theta_c))$$

此时相应的 $P(x|c_k)$ 也能够取得最大值，根据贝叶斯定理，在 $P(x)$ 和 $P(c_k)$ 都确定的情况下，此时 $P(c_k|x)$ 能够取得最大值，类似地，可以求得样本 x 在每个类别下最大的类别后验概率 $P(c_1|x)$，$P(c_2|x)$，…，$P(c_N|x)$，最后取其中最大的一个概率对应的类别假设为 c_k，作为样本 x 的类别。

由上述推理的过程可知，对于贝叶斯决策模型的训练过程关键在于对概率分布参数的最大化估计，使用此方法前提是我们假设样本数据服从某一个特定的概率分布，设想如果我们的假设和数据真实的概率分布有较大的出入，那么最终模型的预测效果肯定不会理想，严重情况下可能会对实际应用产生一定的负面效

果。因此，在概率分布的选择方面，要具有一定的行业经验，大概知道该类数据符合什么样的概率分布，如果预测效果不好，可以再尝试次可能的分布函数进行验证。

八、聚类算法

（一）算法概述

聚类分析是对于统计数据分析的一门技术，在许多领域受到广泛应用，包括机器学习、数据挖掘、模式识别、图像分析以及生物信息。聚类是把相似的对象通过静态分类的方法分成不同的组别或者更多的子集（subset），这样让在同一个子集中的成员对象都有相似的一些属性，常见的包括在坐标系中更加短的空间距离等。聚类算法中比较典型的一种就是 K－Means 算法。

（二）K－Means

K－平均算法（k-means clustering，K－Means）最初源于信号处理中的一种向量量化方法，发展至今成为机器学习领域一种非常流形的聚类方法。

K－Means 算法能够在无监督的情况下将空间中 n 个样本点划分到 k 个不同的“簇”中，划分的依据是不同簇中的点之间间隔明显大于簇中的样本点之间的距离。

定义样本集合 D，$x=\{(x_1, x_2, \cdots, x_d)\}$，k 为自定义的聚类的个数，簇定义为 $C=\{C_1, C_2, \cdots, C_k\}$。定义所有 k 个簇中每个样本点离均值点的距离的计算公式如下：

$$E = \sum_{i=1}^{k} \sum_{x \in C_i} \| x - \mu_i \|^2$$

其中，μ_i 是对应的簇 C_i 的均值向量，$\mu_i = \frac{1}{|C_i|}\sum_{x \in C_i} x$，$\| x - \mu_i \|^2$ 为每个样本向量 x 到均值向量的距离。一般计算距离使用的是下式所示的闵可夫斯基距离（亦即 p 范数）。

$$dist_{mk}(x_i, x_j) = (\sum_{u=1}^{n} |x_{iu} - x_{ju}|^p)^{1/p}$$

由此可以所有样本的平方差和，记为 E，我们的目的就是最小化 E。

K－Means 算法的一般流程如下：

1. 随机定义 k 个初始值。

2. 计算所有样本点到 k 个初始点的距离。

3. 按照距离的大小，将样本点划分到对应的离该样本点最近的一个初始点附近，从而形成了 k 个簇。

4. 在上一步生成的 k 个簇中，分别计算每个簇中所有样本点的均值作为新的质心，不一定对应一个真实的样本点。

5. 重复迭代 2～4 步直到满足最小化要求或者达到迭代次数上限。

（三）K－Medoid

K－Means 算法虽然比较简单，但是弊端也比较明显，即该算法对于初始值的选择和异常点/特殊点都会比较敏感，所以提出 K－Medoid 算法进行改进；K－Medoid 含义是 K－中心点算法。

K－Medoid 算法的一般流程如下：

1. 随机定义 k 个初始值。

2. 计算所有样本点到 k 个初始点的距离。

3. 按照距离的大小，将样本点划分到对应的离该样本点最近的一个初始点附近，从而形成了 k 个簇。

4. 在上一步生成的 k 个簇中，分别计算每个簇中所有样本点到其中一个样本点的曼哈顿距离之和，将最小的绝对误差对应的样本点作为新的质心。

5. 重复迭代 2～4 步直到满足最小化要求或者达到迭代次数上限。

可以明显看出，在 K－Means 算法中，质心是每个簇中各个样本点均值，是通过计算得到的，不一定对应样本中一个真实的点。但是 K－Medoids 算法得到的质心一定是样本中的真实点。

K－Medoid 算法和 K－Means 算法之间的区别对比如表 2－12 所示。

表 2-12　K-Medoid 算法和 K-Means 算法比较

	K-Means	K-Medoid
初始点选取方式	随机选择	在样本点中选择一个点，该点到当前簇中其他所有点的距离之和最小
聚集点生成方式	均值	中位数
适用数据规模	大规模数据集	小规模数据集
噪声鲁棒性	比较差	较好，能够抵御异常点的干扰
算法复杂度	O(n×k×t) t 为实验迭代次数	O(n^2×k×t) t 为实验迭代次数
样本数据集规模	较大	较小

资料来源：笔者自制

两者之间的共同点是都是无监督的算法，K 值需要在算法初始人为进行设定，在算法的执行过程中都可能会陷入局部最优解中。

（四）密度聚类

基于密度的聚类算法中一个经典的代表就是 DBSCAN（density-based spatial clustering of applications with noise，具有噪声的基于密度的聚类方法）算法。DBSCAN 对于凸样本集或者是非凸样本集都是适用的，而前文所述的 K-Means 算法只适用于凸样本集。所谓基于密度的聚类方法，就是通过样本之间的相似程度或者密度进行类别划分的方法。

以 DBSCAN 为例对基于密度的聚类算法进行介绍。

首先，引入相关概念：

1. ϵ-邻域：记样本点为 x_j，定义和该样本点的距离在 ϵ 范围之内的集合为 $N_\epsilon(x_j)=\{x_i\in D\mid dist(x_i, x_j)\leq\epsilon\}$。

2. 核心对象：如果样本点 x_j 的 ϵ-邻域中至少包括 minPts 个其他的样本点，即 $N_\epsilon(x_j)\mid\geq minPts$，则称 x_j 是一个核心对象。x_j 的附近是样本密度较大的区域。

3. 密度直达：定义核心对象 x_j，如果 x_i 处于 x_j 的 ϵ-邻域中，则称 x_i 由 x_j 密度直达。

4. 密度可达：定义样本序列 p_1，p_2，…，p_n，相邻的样本点之间是密度直达的，如果 x_i 在 x_j 的 ϵ 邻域中，且 x_i 到 p_1 是直达的，那么 x_i 通过 p_1，p_2，…，p_n 的一级级的密度直达的关系，最终能够“抵达” x_j。此时称 x_i 由 x_j 密度可达。

5. 密度相连：定义核心对象 x_k，如果 x_j 到 x_k 是密度可达的，x_i 到 x_k 也是密度可达的，则称 x_i 和 x_j 是密度相连的。

DBSCAN 的算法原理描述如表 2 - 13 所示。

表 2 - 13　　DBSCAN 的算法原理

```
DBSCAN(DB,distFunc,eps,minPts){
  C=0                                                        /*Cluster counter*/
  for each point P in database DB{
      if label(P)≠undefined then continue                    /*Previously
processed in inner loop*/
      Neighbors N=RangeQuery(DB,distFunc,P,eps)              /*Find
neighbors*/
      if|N|<minPts then{                                     /*Density check*/
        label(P)=Noise                                       /*Label as Noise*/
        continue
      }
      C=C+1                                                  /*next cluster label
*/
      label(P)=C                                             /*Label initial
point*/
      Seed set S=N/{P}                                       /*Neighbors to
expand*/
      for each point Q in S{                                 /*Process every
seed point*/
        if label(Q)=Noise then label(Q)=C                    /*Change Noise
to border point*/
        if label(Q)≠undefined then continue                  /*Previously
processed*/
        label(Q)=C                                           /*Label neighbor*/
        Neighbors N=RangeQuery(DB,distFunc,Q,eps)            /*Find
neighbors*/
        if|N|≥minPts then{                                   /*Density check*/
            S=S ∪ N                         /*Add new neighbors to seed set*/
        }
      }
  }
}
```

资料来源：笔者自制

九、集成学习算法

（一）集成学习概念

所谓集成学习（ensemble learning），即将训练出来的多个基学习器（base model）通过某种方式（如投票或者求平均）组合起来，生成一个预测效果比单一基分类器效果都要好的分类器模型（ensemble model）的方法，同时避免了必须选择且只能选择一个模型来使用的模型选择问题（model selection）。

如果单一模型无法解决我们在实际工作中遇到的某些复杂业务场景，就可以考虑使用集成学习算法。实践证明，集成学习算法相对于单一模型往往能够取得更为理想的效果，而且不会造成过度的计算成本。如图 2－18 所示，和单一的机器学习模型相比，集成学习的一个重要特点是可以由同一训练集得到 N 个基分类器，通过 Combiner 连接器将 N 个不同的基分类器通过投票法（voting）或者求平均法（averaging）等方式整合成最终非分类器进行预测。

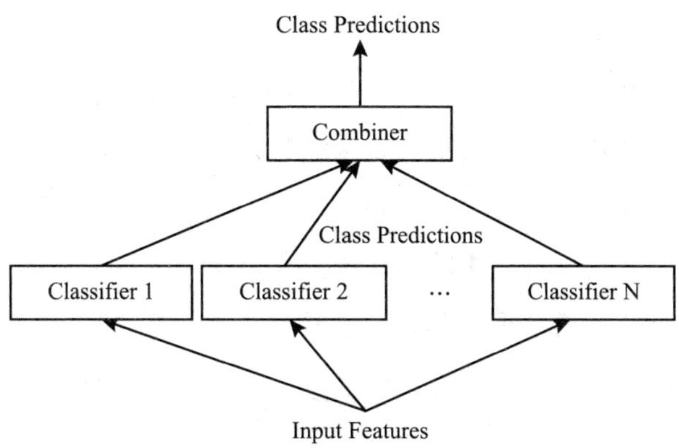

图 2－18　集成学习思想形式化表示

资料来源：笔者自制

比如在图 2－19 中，Classifier1、Classifier2、Classifier3 对三种不同形状的样本点的分类效果都不理解，但是将三个分类器通过边界求平均的方法得到的集成分类器就能够比较好地对不同样本进行分类，由此我们可以对集成学习的效果有一个初步的认识。

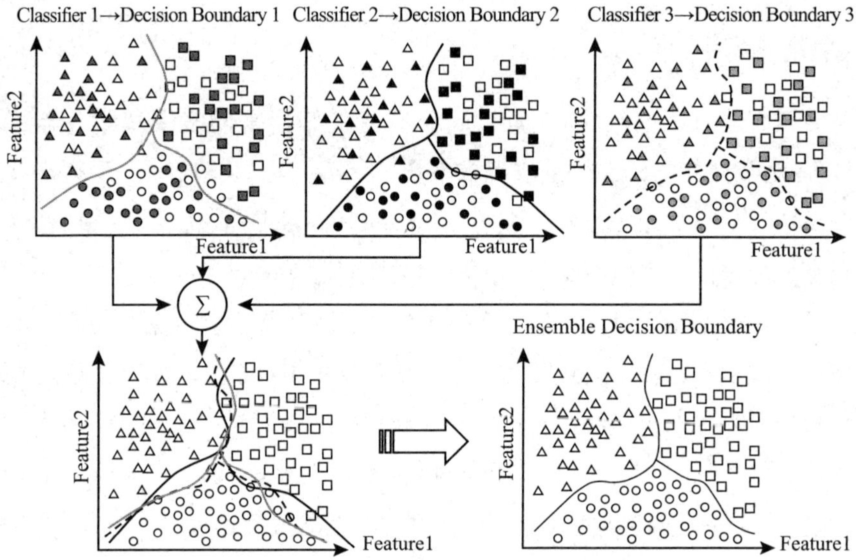

图 2－19　单分类器和集成学习分类效果对比

资料来源：笔者自制

集成学习算法的目的就是通过降低单一模型的偏差和方差（bias and variance）来获得更好的机器学习效果。简单证明如下，假设对于每个基学习器的预测误差记为 ϵ，

$$P(h_i(x) \neq f(x)) = \epsilon$$

对于集成学习模型整体的预测误差，有下式：

$$P(H(x) \neq f(x)) \leqslant \exp\left(-\frac{1}{2}T(1-2\epsilon)^2\right)$$

显然，如果 $\epsilon > 0.5$，随着 T（表示基学习器的个数）增大，模型的错误率会逐渐趋于 0。

由此可见，集成学习对于单个基学习器的预测准确性要求并不高，只要正确率稍微高于 50% 即可，我们称这种有低预测准确率要求的分类器为弱分类器（weaker learners）。即使如此，最终生成的学习器的预测效果理论上也可以非常理想，集成学习的思想用中国的谚语来总结就是“三个臭皮匠赛过诸葛亮”。

需要说明的是，集成学习预测准确性证明的假设是各个基学习器之间是相互独立的，但实际上，由于所有的基学习器是使用同一个训练集训练得到，所以假设不成立，原因不难理解，假如所有基学习器都是一样的，那么后续不论 combiner 怎么投票、怎么平均或者采用其他更有效的方法都不会产生一个有价值的集成学习模型，最终的输出模型仍然只能是一个弱学习器。所以集成学习的一个难点和重点就是如何通过同一个训练集训练出来尽可能多有效的“差异化”的基分类器。

在实践中，可以通过差异化训练参数、差异化训练集，甚至是差异化特征的方法来生成不同的基学习器。理论上也可以差异化基学习器的种类，比如基学习器可以是 SVM、Decision Tree、Naïve Bayes、Neural Network 等多种分类器，但是综合考虑便捷性和性能，一般使用同一类分类器。

（二）集成学习分类

按照集成学习中基学习器的类别属性是否一致来划分，可以将集成学习模型分为同质集成学习模型和异质集成学习模型两种：前者只包括同一种基学习器，后者则可以包含多种不同类型的基学习器。比较常用的一种划分方法是按照基学习器之间的生成关系来划分，按照此种划分方法，集成学习算法模型可以分为“串联”和“并联”两种：第一种类似于物理电路里“串联”的概念，即后一个基学习器的生成强依赖于前一个基学习器；第二种类似于电路里“并联”的概念，基学习器之间不存在强依赖关系，不同的基学习器可以并行进行生成。串联类集成学习算法的代表有 Bootstrap、Boosting、AdaBoost、GBDT、XGBoost、stacking、blending；并联类集成学习的代表算法有 Bagging、Random Forest 等。

集成学习算法多用于分类问题，其在机器学习算法框架中的位置如图 2 - 20 所示。

集成学习算法主要包括 Boosting 和 Bagging 两类，此外还有两种稍微复杂的算法 Stacking 和 Blending。Voting（投票算法）和 Averaging（求平均算法）在集成模型中的多用于对多个基学习器的预测结果通过投票或者取平均的方法进行 combine 的作用，一般在生产实践中不作为单独的模型使用。

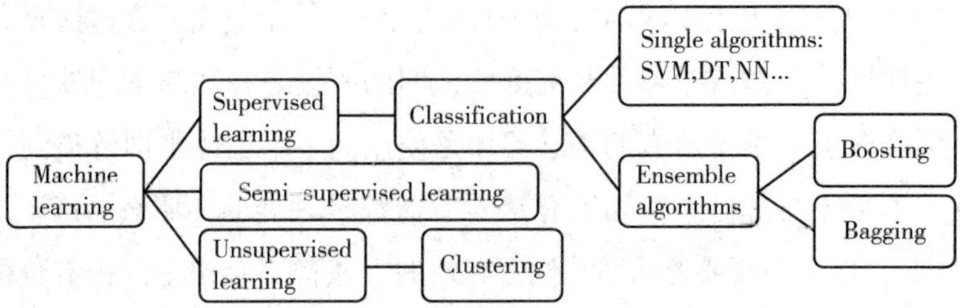

图 2-20 集成学习在机器学习框架中的位置

资料来源：笔者自制

常用的为了方便理解，我们对集成学习常见的几类算法进行列表对比，如表 2-14 所示。

表 2-14 Boosting、Bagging、Stacking、Blending 算法比较

算法	基学习器生成方式	基学习器同质	基学习器异质	样本选择	基分类器的预测函数权重	样本权重
Boosting	串行	是	否	每次全集	动态调整	动态调整
Bagging	并行	是	否	有放回随机	相等	相等
Stacking	串行	是，少数	是，多数			
Blending	串行	是，少数	是，多数	不相交子集		

资料来源：笔者自制

（三）Bootstrap

Bootstrap 是一种非参数统计方法，由 Stanford 统计系教授 Bradley Efron 在 20 世纪 70 年代提出，1980 年由魏宗舒教授引入国内并翻译成“自助法”。通俗理解，Bootstrap 方法是在数据总体未知的情况下，通过对现有样本进行有放回的重采样（resample），充分挖掘现有的样本信息，以此来对数据整体进行估计的一种采样方法。

Bootstrap 方法在提出之时因其原理过于简单曾被拒稿。但实践证明，正是因为 Bootstrap 方法能够通过这种简单稳定的方式充分利用现有小样本信息，才使得其得到了非常广泛的应用。下面将要介绍的 Bagging 集成学习方法也是基于 Bootstrap 方法来进行采样的。

Bootstrap 的原理可以简单理解如下：如图 2 - 21 所示，假设筐子里有 A ~ E 5 种不同颜色的球，Bootstrap 分三次、每次全量且有放回地从筐子里面随机将所有的球取出来。由此可以得到 3 个样本对整体进行估计。

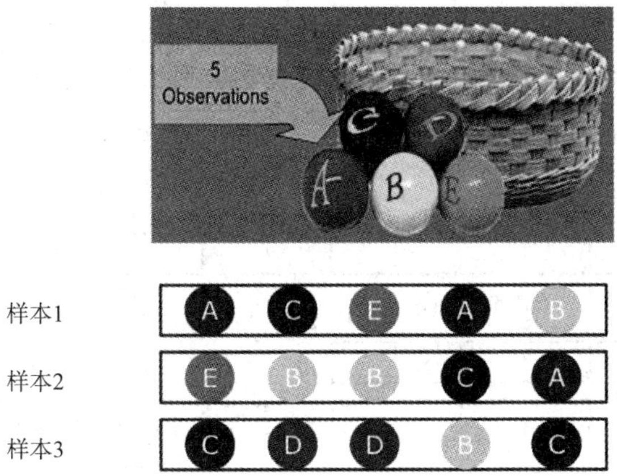

图 2 - 21　Bootstrap 示例

资料来源：笔者自制

一般地，Bootstrap 算法的流程如下：

Step1：假设样本为 x_1，x_2，…，x_m，重采样次数为 n，待估计的整体参数为 θ。

Step2：对 m 个样本进行有 m 次放回的抽取，得到新的样本 x_{11}，x_{12}，…，x_{1m}，由新的样本可以估计得到参数 $\hat{\theta}_1$。

Step3：重复第二步 n 次，最后一次得到的样本为 x_{n1}，x_{n2}，…，x_{nm}，对应的估计参数为 $\hat{\theta}_n$。

Step4：对使用上一步 n 次重复实验得到的一系列参数 $\hat{\theta}_1$，$\hat{\theta}_2$，…，$\hat{\theta}_n$ 近似计算，可以得到整体参数 θ。

由 Step2 可知，有的样本从始至终可能都不会被抽到，而有的样本可能会重复被抽到，通过简单的推导可知，大概有 63.2% 的数据会出现在重采样的样本中，因此对应的 Bootstrap 方法也称为“.632 自助法”，而剩余 36.8% 的数据不会被抽到。通常情况下，我们可以将63.2%的数据作为训练集，而将其余数据作为验证集。

（四）Bagging

Bagging 算法使用 Bootstrap 采样方法对样本数据进行多次采样，从而形成 k 个数据集 D_1，D_2，…，D_k；使用不同或者相同的 k 个分类器对 k 个数据集分别进行训练，可以得到对应的 k 个分类器 C_1，C_2，…，C_k。对于一个新输入样本 x、k 个分类器分别进行预测并给出各自的预测结果，最后通过“少数服从多数”的 voting 投票原则决定最终的输出结果，如图 2－22 所示。

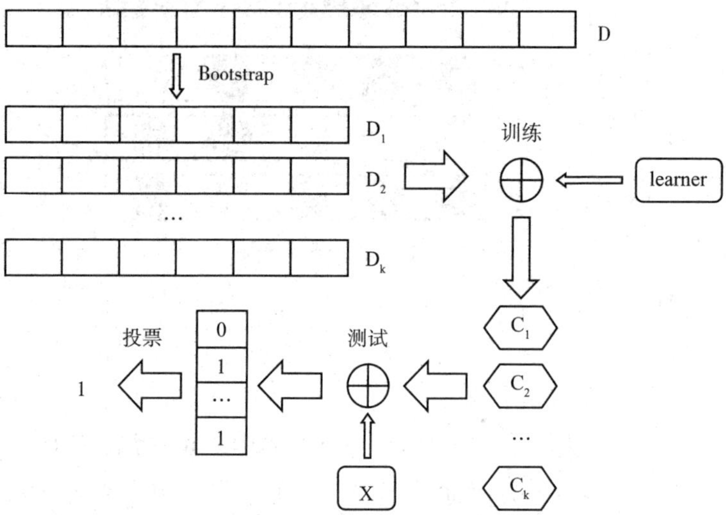

图 2－22　Bagging 算法流程

资料来源：笔者自制

Bagging 算法的一般流程使用伪代码表示如表 2－15 所示。

表 2－15　Bagging 算法伪代码

输入：训练集 $D = \{(x_1, y_1), (x_2, y_2), \cdots, (x_m, y_m)\}$； 基学习算法 $\mathfrak{L}$； 训练轮数 T.

续表

过程: 1: for t = 1, 2, …, T do 2: $h_t = \mathfrak{L}(D, \mathcal{D}_{bs})$ 3: end for
输出: $H(x) = \arg\max_{y \in y} \sum_{t=1}^{T} \mathbb{I}(h_t(x) = y)$

资料来源：笔者自制

（五）Random Forest

随机森林（Random Forest）算法是在实际使用中最多的一种 Bagging 算法。随机森林算法的特点是：随机森林算法虽然原理简单，但是在实际生产工作中被广泛使用，主要原因有：Random Forest 是一种基于 Bagging 思想的 ensemble learning 方法，它实际上是 Bagging 和决策树的组合算法。Random Forest 可以用来做分类也可以做回归，做分类时最后多棵树的分类器通过 voting 来决定分类结果；做回归时，由多棵树预测值的 averaging 来决定预测结果。

（六）Boosting

Boosting 算法一般可以分为两个子过程，这里为了方便说明，以最简单的包含三个分类器的情况为例，如图 2-23、图 2-24 所示。

不妨将原始样本集记为 D，首先通过 Boostrap 或者其他的样本采样方法得到 D 的子样本作为训练集，记为 D_1，选择一种学习算法在样本集 D_1 上进行训练学习得到对应的分类器 C_1，使用同一分类器，即 C_1，在样本集 D 上进行 test/预测，得到一个带有样本预测是否正确信息的结果，对于预测错误的样本我们赋予比预测正确的样本要高一些的权重，并将带有权重的样本集作为训练集，记为 D_2，在选择一种学习算法在样本集 D_2 上进行学习训练，得到对应的分类器 C_2。因为对预测错误的样本赋予了更高的权重，导致训练样本 D_2 和 D_1 不同，所以分类器 C_2 和分类器 C_1 相比具有更强的针对性，减少了偏差（bias），不难理解，如果重复该过程，即对预测错误的样本赋更高的权重值并作为样本集训练新的模型，那么后续得到的模型具有更小的偏差。

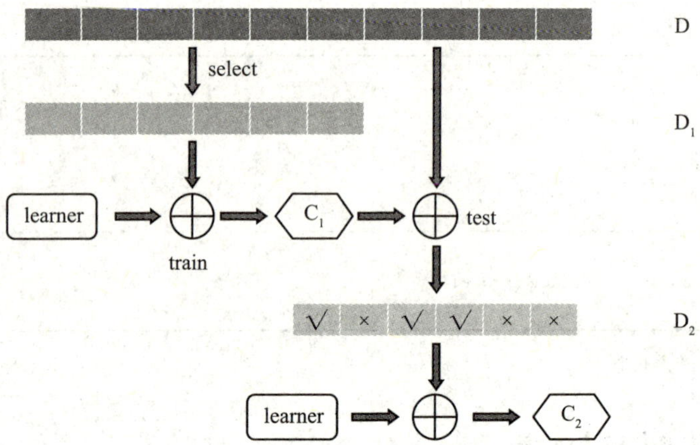

图 2－23　Boosting 算法流程（过程一）

资料来源：笔者自制

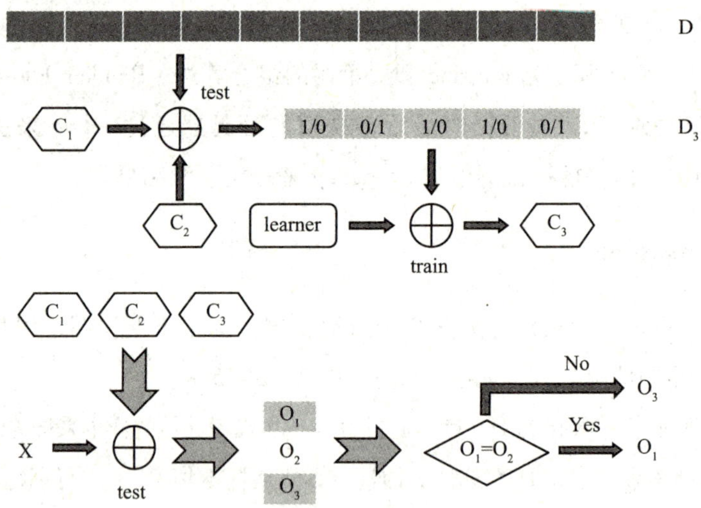

图 2－24　Boosting 算法流程（过程二）

资料来源：笔者自制

Boosting 的第二个过程和第一个过程类似，在得到上述两个分类器 C_1 和 C_2 之后，将这分类器放到原始样本集 D 上进行 test/预测，则分类器 C_1 和分类器 C_2 可能得到相同或者不同的结果，将两者预测结果不同的样本作为新的样本集 D_3，选择一种算法在该样本集上进行学习训练，得到对应的分类器 C_3，该分类器用于在之前分类器预测结果出现不一致的情况时进行调节。最终我们会得到三个分类器 C_1、C_2、C_3，当有新的样本 x 进来，则首先使用 C_1、C_2 两个分类器进行判决，如果两者的预测结果不一致，则使用 C_3 分类器进行独立预测且最终的预测结果以 C_3 为准，和 C_1、C_2 的预测结果无关，否则使用 C_1 或者 C_2 任意一个分类器的预测结果即可。

一般地，Boosting 过程的伪代码如表 2－16 所示。$\mathcal{D}\mathcal{L}T\varepsilon$

表 2－16　　Boosting 算法伪代码

Input: Instance distribution $\mathcal{D}$;
　　Base learning algorithm $\mathcal{L}$;
　　Number of learning rounds T.

Process:
$\mathcal{D}_1 = \mathcal{D}$. % Initialize distribution
for $t = 1, \cdots, T$
$h_t = \mathcal{L}(\mathcal{D}_t)$; % Train a weak learner from distribution $\mathcal{D}_t$
$\epsilon_t = Pr_{x \sim D_{t,y}} I[h_x(x) \neq y]$; % Measure the error of h_t
$\mathcal{D}_{t+1}$ = Adjust_Distribution $(\mathcal{D}_t, \epsilon_t)$
end

Output: $H(x)$ = Combine_Outputs$(\{h_t(x)\})$

资料来源：笔者自制

（七）AdaBoost

在工业界实践中使用最多的一种 Boosting 算法是 AdaBoost。其伪代码如表 2－17 所示。

表 2－17　　AdaBoost 算法伪代码

输入：训练集 $D = \{(x_1, y_1), (x_2, y_2), \cdots, (x_m, y_m)\}$;
　　基学习算法 $\mathfrak{L}$;
　　训练轮数 T.

续表

过程：

1. $\mathcal{D}_1(x)=1/m.$
2. for $t=1, 2, \cdots, T$ do
3. $h_t=\mathfrak{L}(D, \mathcal{D}_t)$;
4. $\epsilon_t=P_{x\sim\mathcal{D}_t}(h_t(x)\neq f(x))$;
5. if $\epsilon_t>0.5$ then break
6. $\alpha_t=\frac{1}{2}\ln\left(\frac{1-\epsilon_t}{\epsilon_t}\right)$;
7. $\mathcal{D}_{t+1}(x)=\frac{\mathcal{D}_t(x)}{Z_t}\times\begin{cases}\exp(-\alpha_t), \text{ if } h_t(x)=f(x)\\ \exp(\alpha_t), \text{ if } h_t(x)\neq f(x)\end{cases}$
$=\frac{\mathcal{D}_t(x)\exp(-\alpha_t f(x)h_t(x))}{Z_t}$
8. end for

输出：$H(x) = \text{sign}(\sum_{t=1}^{T}\alpha_t h_t(x))$

资料来源：笔者自制

（八）GBDT

GBDT（Gradient Boost Decision Tree）表示梯度提升树，GBDT 是以决策树（CART）为基学习器的一种梯度提升算法，其基本原理如上一节所述，而下节的 XGBoost 又是 GBDT 一种扩展和改进版本，各部分之间的包含关系如图 2 -25 所示。

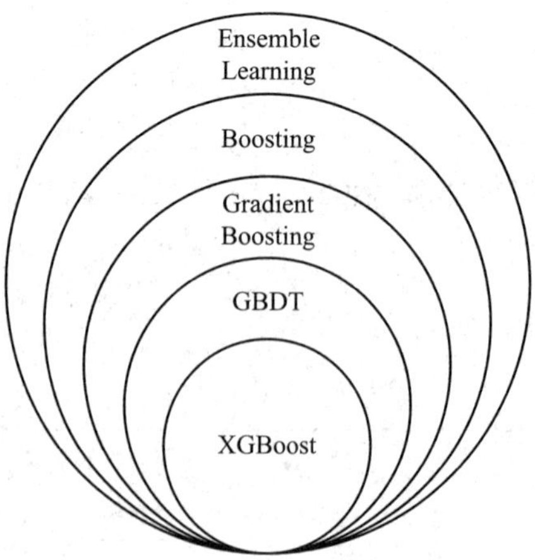

图 2 -25　GBDT 在集成学习中的位置

资料来源：笔者自制

（九）XGBoost

XGBoost 是一种监督学习算法，由陈天奇博士（Tianqi Chen）在 XGBoost：A Scalable Tree Boosting System 中提出。XGBoost 中的 Boost 就是前面所述的 Boosting，Boosting 算法能够按顺序构建多个模型，每个新模型都试图纠正先前模型中的缺陷，而 XGBoost 算法框架则实现了 Boosting 的增强过程以产生准确的模型。更进一步，XGBoost 是 GBDT 梯度提升树算法思想的一种实现，而且可能是目前未知梯度提升算法最流行的一种实现，在知名的机器学习竞赛平台 Kaggle 中，基于 XGBoost 的解决方案中被广泛使用，这得益于其在实际应用中出色的性能表现。事实上，XGBoost 在实现上采用了一些技巧，使它比传统的梯度提升算法（特别是二阶梯度下降）更快却更准确。

（十）Stacking

Stacking 是一种将弱学习器集成进行输出的策略，其中，在 Stacking 中，所有的弱学习器被称作 0 级（0 level）学习器，他们的输出结果被一个 1 级（1 level）学习器接受，然后再输出最后的结果，如图 2-26 所示。这是实际上是一种分层的结构，前面提到的就是一种最基本的二级 Stacking。另外，在 Bagging 或者 Boosting 中，所有的弱学习器一般都要求是相同的模型，如决策树，而 Stacking 中可以是不同的模型，如 KNN、SVM、LR、RF 等。

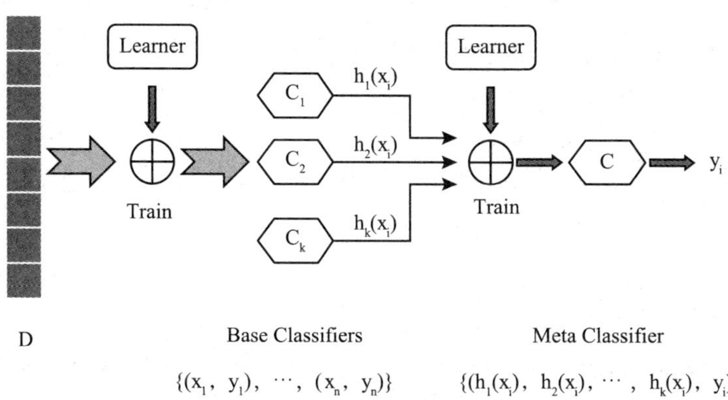

图 2-26 Stacking 算法流程

资料来源：笔者自制

Stacking 算法原理如表 2－18 所示。

表 2－18　　Stacking 算法伪代码

输入：训练集 $D=\{(x_1, y_1), (x_2, y_2), \cdots, (x_m, y_m)\}$； 初级学习算法 $\mathfrak{L}_1, \mathfrak{L}_2, \cdots, \mathfrak{L}_T$； 次级学习算法 $\mathfrak{L}$.

过程：
for $t=1, 2, \cdots, T$ do
$h_t=\mathfrak{L}_t(D)$；
end for
$D'=\varnothing$；
for $i=1, 2, \cdots, m$ do
for $t=1, 2, \cdots, T$ do
$z_{it}=h_t(x_i)$；
end for
$D'=D'\cup((z_{i1}, z_{i2}, \cdots, z_{iT}), y_i)$；
end for
$h'=\mathfrak{L}(D')$；

输出：$H(x)=h'(h_1(x), h_2(x), \cdots, h_T(x))$

资料来源：笔者自制

（十一）Blending

Blending 和 Stacking 类似，主要是对已学好的基学习器的结果的融合不同，Blending 是线性融合，而 Stacking 是非线性融合。

十、支持向量机算法

（一）算法概述

支持向量机（support vector machine）算法是通过映射函数，将在原始空间的分类问题映射到更高维度的空间进行解决。

如图 2－27 所示，在输入空间（input space）中，将深色样本和浅色样本进行分类的模型是一个复杂的曲线，和样本分布强相关，对于二维空间来说模型存在 overfitting 的情况，但是通过映射函数 ϕ 将输入空间映射到特征空间（feature space）之后，便可以用一个简单的三维空间中的平面模型将两种不同深浅颜色的样本进行划分，SVM 将低维空间线性不可分的问题转化为高维空间线性可分的问题。理论上，如果输入空间或者原始空间的维度是有限的，或者说样本的属性是有限的，那么一定可以找到更高维度的特征空间，将原始空间映射过去之后使得样本可分。

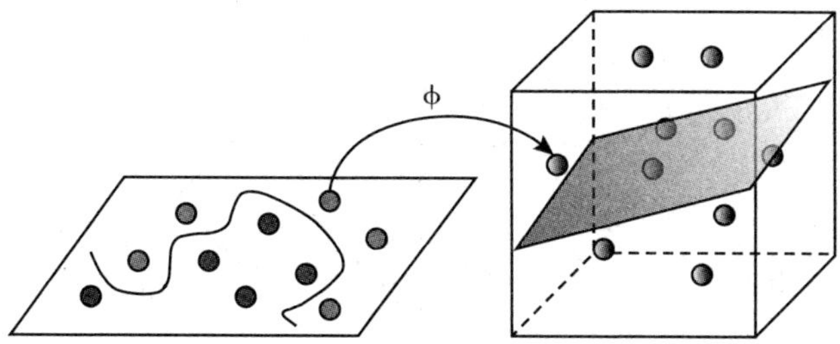

图 2－27　特征的维度变换表示

资料来源：笔者自制

最简单的一种 SVM 是二维空间即一个平面上的一条直线 $y = wx + b$，如果如上例所示样本在二维空间不可分，则可以尝试映射到三维空间寻找划分模型。

SVM 算法是一种非常强大的算法，可以用于二元和多元分类以及回归问题中。如今“不可一世”的神经网络算法在过去很长一段时间内被 SVM 算法压制，即便是在现在，SVM 算法相比于其他大多数单一类型算法（不包括 Ensemble Learning－集成学习算法）在分类场景中仍然具有比较明显的优势。

（二）算法原理

SVM 的核心思想是让离超平面最近的一些点能够尽可能地远离超平面，因为 SVM 假设离超平面比较远的点已经被正确分类了，失去了关注的意义，所以我们只需要最大化超平面附近的一些点到超平面的距离，以此来降低误分类的概率。

1. 线性 SVM

在前面我们介绍了感知机模型和超平面的概念，分离超平面可以表示为 $w^Tx+b=0$，我们接下来在此基础上进行优化。

如图 2-28 所示，超平面不仅能够将×和○分开，在超平面的两侧还存在对称两个平面，图 2-28 中分别为 $w^Tx+b=1$ 和 $w^Tx+b=-1$，在两者所围成的区域中都不存在样本点。不难看出，这种超平面比感知机的效果要好。和超平面平行且对称的两个平面所对应的向量就是所谓的支持向量（虚线所示），支持向量之间的距离为 $2/\|w\|_2$。

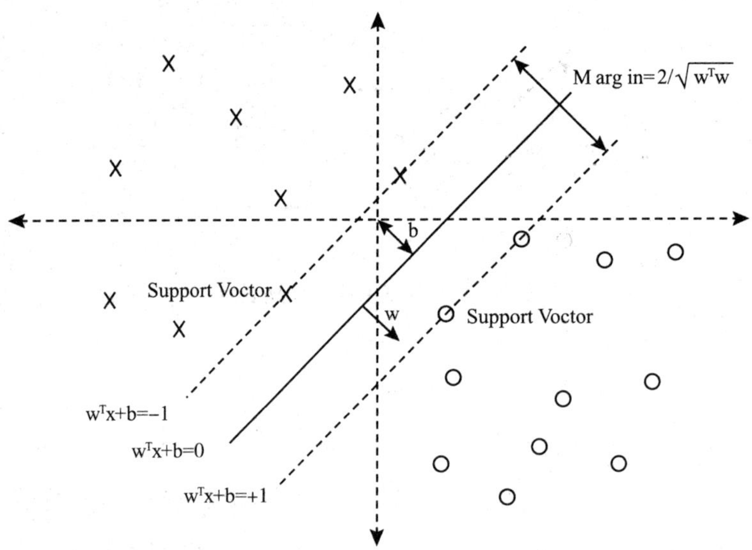

图 2-28　SVM 超平面和支持向量

资料来源：笔者自制

为了得到超平面方程，我们定义优化函数如下式，表示所有的样本点到超平面的距离大于一个阈值。

$$\max \gamma = \frac{y(w^Tx+b)}{\|w\|_2} \text{s.t. } y_i(w^Tx_i+b)=\gamma'^{(i)} \geqslant \gamma'(i=1, 2, \cdots, m)$$

上式中的 γ 表示样本点到超平面实际距离，称为“几何间隔”。$\gamma'=y(w^Tx+b)$ 则称为“函数间隔”，用于判断分类正确与否，当 w^Tx+b 与 y 符号相同，则表示分类是正确的。

$$\gamma=\frac{y(w^{T}x+b)}{\|w\|_{2}}=\frac{\gamma'}{\|w\|_{2}}$$

一般地，我们取 γ'为 1，则优化函数可以化简为：

$$\max\frac{1}{\|w\|_{2}}\text{s. t. }y_{i}(w^{T}x_{i}+b)\geqslant 1(i=1,\ 2,\ \cdots,\ m)$$

根据 L2 范数的性质，上式最大化等价于下式的最小化，即在约束条件 $y_{i}(w^{T}x_{i}+b)\geqslant 1(i=1,\ 2,\ \cdots,\ m)$ 下求得$\frac{1}{2}\|w\|_{2}^{2}$的最小值。

$$\min\frac{1}{2}\|w\|_{2}^{2}\text{ s. t. }y_{i}(w^{T}x_{i}+b)\geqslant 1(i=1,\ 2,\ \cdots,\ m)$$

上式可以利用凸优化理论和拉格朗日法，将上式转化为最小化 $L(w,\ b,\ \alpha)$，$L(w,\ b,\ \alpha)$ 表示如下：

$$L(w,\ b,\ \alpha)=\frac{1}{2}\|w\|_{2}^{2}-\sum_{i=1}^{m}\alpha_{i}[y_{i}(w^{T}x_{i}+b)-1]\text{s. t. }\alpha_{i}\geqslant 0$$

$L(w,\ b,\ \alpha)$ 对 w 和 b 分别求偏导数可以得到：

$$\frac{\partial L}{\partial w}=0\Rightarrow w=\sum_{i=1}^{m}\alpha_{i}y_{i}x_{i}$$

$$\frac{\partial L}{\partial b}=0\Rightarrow\sum_{i=1}^{m}\alpha_{i}y_{i}=0$$

我们最终只需要求得满足条件的 α 就可以计算得到 ω 以及多个 b 的平均值作为最终 b 的取值。

经过一系列的代数运算，最终可以得到约束优化方程，如下所示。

$$\underbrace{\min}_{\alpha}\frac{1}{2}\sum_{i=1}^{m}\sum_{j=1}^{m}\alpha_{i}\alpha_{j}y_{i}y_{j}(x_{i}\cdot x_{j})-\sum_{i=1}^{m}\alpha_{i}$$

$$\text{s. t. }\sum_{i=1}^{m}\alpha_{i}y_{i}=0,\ \alpha_{i}\geqslant 0\quad i=1,2,\cdots,m$$

即对于有 m 个样本的训练集 $(x_{1},\ y_{1})$，$(x_{2},\ y_{2})$，…，$(x_{m},\ y_{m})$ 而言，我们利用 SMO 算法求解得到上式取得最小值时 α 向量所对应的值 α^{*}，进而可以求得 $w^{*}=\sum_{i=1}^{m}\alpha_{i}^{*}y_{i}x_{i}$，以及 S 个支持向量所对应的多个 b_{s}^{*}，$b_{s}^{*}=y_{s}-\sum_{i=1}^{s}\alpha_{i}y_{i}x_{i}^{T}x_{s}$，由

所有的 b_s^* 得到 $b^* = \frac{1}{S}\sum_{i=1}^{S} b_s^*$，到此可以得到最终的超平面方程为 $w^* \cdot x + b^* = 0$，相应地用于分类的决策函数为：

$$f(x) = \mathrm{sign}(w^* \cdot x + b^*)$$

限于篇幅的关系和计算过程的复杂性，在此不再展开 SMO 算法原理以及通过凸优化理论和拉格朗日法得到约束优化方程的原理分析。

值得说明的是，线性可分的 SVM 算法只能解决线性数据集的分类问题，如果在线性分类集中掺杂了“异常点”，则线性 SVM 算法就失效了，此时需要使用软间隔支持向量机解决此类问题。

2. 软间隔 SVM

软间隔 SVM 是为了解决硬间隔 SVM 面临的强制性分离两类样本点而造成的过拟合问题而产生的。如图 2－29 所示，在×样本中只有一个○，同样在○样本中只有一个×，可以视这两个点为异常点，硬间隔 SVM 为了能够将样本分开，最终形成了如图 2－29 中右图所示的一个过拟合模型，实际上下左图的线性超平面是比较理想的模型，因为虽然有极小的错误率，但是模型复杂度相对而言非常低。

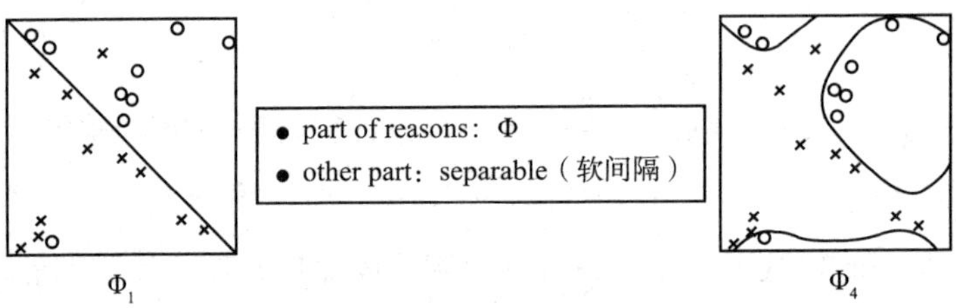

图 2－29　软间隔 SVM

资料来源：笔者自制

我们对线性 SVM 或者硬间隔 SVM 的约束条件做细微的修改如下：

$$y_i(w \cdot x_i + b) + \xi_i \geq 1$$

这里引入了松弛变量 $\xi_i \geq 0$，弱化了函数距离的条件，在可容忍的范围内大于等于 1 即可。由于松弛变量的引入，势必会对代价函数造成影响，引入 ξ_i 之后的优化函数变成：

$$\min \frac{1}{2} \| w \|_2^2 + C \sum_{i=1}^{m} \xi_i$$

这里的 C 为惩罚参数，在这里的功能和正则化问题中的惩罚参数作用类似。C 越大就越能弱化松弛变量的作用，起到防止 ξ_i 过大的平衡作用。

软间隔 SVM 经过变换后的优化函数和硬间隔 SVM 的公式相同，都是

$$\underbrace{\min}_{\alpha} \sum_{i=1}^{m} \alpha_i - \frac{1}{2} \sum_{i=1,j=1}^{m} \alpha_i \alpha_j y_i y_j x_i^T x_j$$

不同的是软间隔 SVM 增加了约束条件 $0 \leqslant \alpha_i \leqslant C$。

十一、降维算法

（一）PCA

PCA（principal components analysis，PCA）意为主成分分析，是最常用的一种降维算法，本质上是一种非监督的机器学习算法。

假设原始数据集是 n 维的，那么 PCA 的任务就是将维度降到 n′维，使这 n′个维度同样能够表征原始样本集。如图 2－30 所示，二维空间中有两个垂直的向量，如果我们希望通过降维的方法只用一个向量来尽可能地表示原始数据集，那么，该如何选择？图 2－30 中的例子比较简单，我们很容易会选择位于第一象限的向量来代表数据集，因为各个样本点到该向量的平均距离之和更小，或者说样本在该向量的水平方向上分布得更为分散。不难理解，PCA 基于方差来评估信息量的大小。

上面我们只是对 PCA 降维方法有一个感性的认识，现在我们通过简单的数学推倒来证明。

假设我们有样本集 $D = (x^{(1)}, x^{(2)}, \cdots, x^{(m)})$，原始样本 $x^{(i)}$ 是 n 维的，现在要通过 PCA 算法降到 n′维，输出的数据集记为 D′。

（1）中心化所有样本，公式为 $x^{(i)} = x^{(i)} - \frac{1}{m} \sum_{j=1}^{m} x^{(j)}$；（2）计算样本集的协方差矩阵，标记为 XX^T；（3）对协方差矩阵进行特征值分解；（4）取前 n′个特

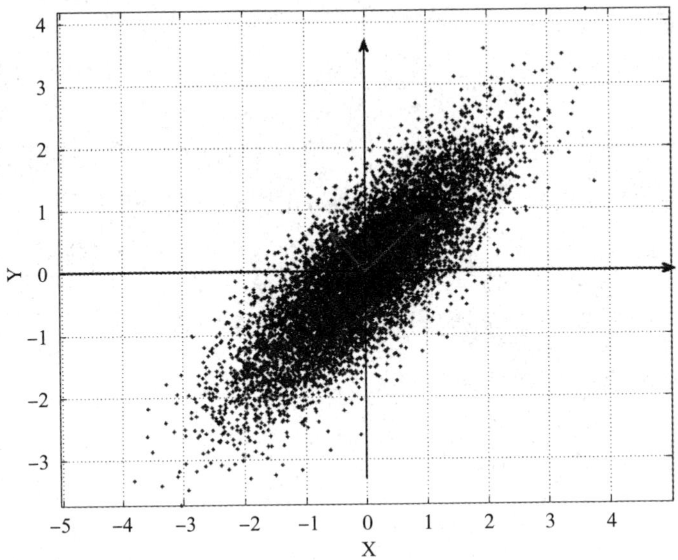

图 2-30　PCA 降维方向

资料来源：笔者自制

征值所对应的特征向量并进行标准化，得到特征向量矩阵 W；（5）利用特征向量矩阵 W 将原始样本集中的每一个样本点 $x^{(i)}$ 转换为新样本，公式为 $z^{(i)} = W^T x^{(i)}$；（6）最终可以得到新的样本集 $D' = (z^{(1)}, z^{(2)}, \cdots, z^{(m)})$。

步骤（2）中的协方差矩阵的计算量非常大，尤其是在特征数非常的情况下。一些主流的算法包会使用奇异值分解算法（又称 SVD，Singular Value Decomposition）替代 PCA 中的直接进行协方差矩阵计算的“暴力方式”。同时 SVD 有并行化计算的实现，在大数据和分布式计算的背景下更能“施展拳脚”。SVD 属于线性代数中比较基础的算法，在此不再展开介绍。

（二）LDA

LDA（linear discriminant analysis，LDA），意为线性判别分析算法。和 PCA 不同，LDA 本质上是一种有监督的机器学习算法，即 LDA 面向的样本是带有标签列的。

LDA 的思想是降维之后不同类别的样本中心点之间的方差尽可能大，但同一类中的样本方差尽可能小。可以结合图 2－31 可以进行直观的理解，图 2－31 中，LD1 降维后的效果明显好于 LD2，因为 LD2 对应的投影方向上的两个样本集合有很多的重复。在生产中，二维投影的问题比较少，多为投影情况下投影后的样本也从直线变成超平面。

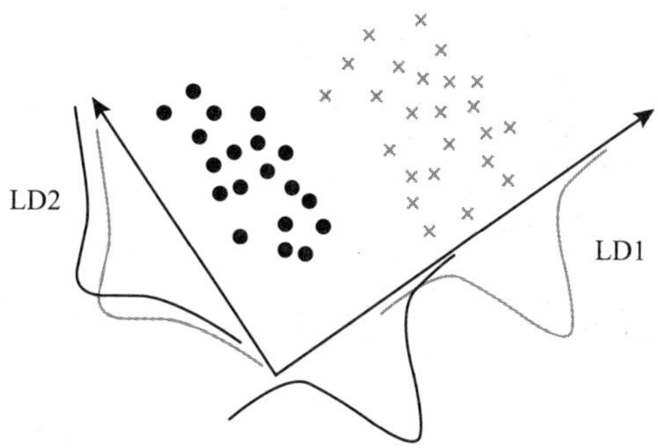

图 2－31　LDA 降维方向

资料来源：笔者自制

LDA 的算法流程和 PCA 类似，假设我们有样本集 $D=\{(x_1, y_1), (x_2, y_2), \cdots, (x_m, y_m)\}$，原始样本 x_i 是 n 维的，$y_i \in \{C_1, C_2, \cdots, C_k\}$。现在要通过 LDA 算法降到 n′维，输出的数据集记为 D′。流程描述如下：

（1）计算降维后的类内散度矩阵，标记为 S_w。当 $y_i \in \{0, 1\}$ 时，即对于二类 LDA 的场景，定义第 j 类的样本个数为 $N_j(j=0, 1)$，对应的第 j 类的样本集为 $X_j(j=0, 1)$，对应的均值向量为 $\mu_j(j=0, 1)$，则可以计算得到类内散度矩阵为：

$$S_w = \sum_{x \in X_0}(x-\mu_0)(x-\mu_0)^T + \sum_{x \in X_1}(x-\mu_1)(x-\mu_1)^T$$

（2）计算降维后的类间散度矩阵，标记类间散度矩阵为 S_b。对于二类 LDA 问题而言，可以计算得到类间散度矩阵：

$$S_b = (\mu_0-\mu_1)(\mu_0-\mu_1)^T$$

（3）计算 $S_w^{-1}S_b$，结果标记为矩阵 S。

（4）对矩阵 S 求解前 d 个最大的特征值和特征向量，标记为（w_1，w_2，…，w_d），在投影之后即可以得到矩阵 W。

（5）利用特征向量矩阵 W 将原始样本集中的每一个样本点 x_i 转换为新样本 z_i，公式为 $z_i = W^T x_i$。

（6）最终的输出数据集为 $D' = \{(z_1, y_1), (z_2, y_2), \cdots, (z_m, y_m)\}$。

从算法原理可以看出，LDA 和 PCA 存在一定的区别和联系。相同点是都用于数据降维的目的并且在算法中使用了矩阵分解的思路。不同点是 PCA 是无监督降维算法，LDA 是有监督的；PCA 只用于降维，但 LDA 除了用于降维，还可以用于分类，因为应用场景有限主要还是用于降维居多。两者没有孰优孰劣，在不同的场景下分别具有优缺点。

十二、深度学习算法

（一）深度学习概念和发展

近年来，深度学习在全球范围内造成了比较大的影响力，人们普遍以为深度学习是一种高深的算法，甚至将深度学习和人工智能等同起来，但实际上深度学习只是机器学习的一个分支，其本质可以理解为一种具有多层或者深层结构的神经网络算法，如图 2－32 所示。从算法性能的角度上看，在一些特定的场景中，深度学习算法的效果不一定会比机器学习中其他的算法更为有效。深度学习属于

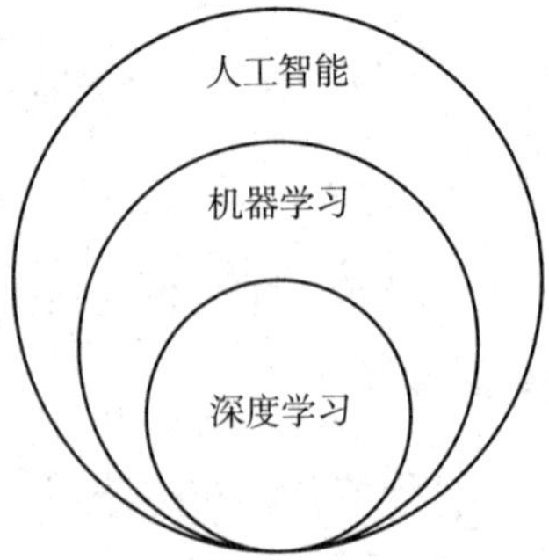

图 2－32　人工智能、机器学习、深度学习关系

资料来源：笔者自制

机器学习的一种，而机器学习又是人工智能领域的一个方向，所以也可以将深度学习理解成人工智能的一个影响力比较大的二级分支。

深度学习作为当前这次“人工智能浪潮”的主要推动技术，在过去五年多的时间里迎来了真正爆发式的发展，深度学习生态圈也呈现出百花齐放的态势。如图 2－33 所示，根据 2018 年 4 月 17 日 KDnuggets 给出的关于深度学习的统计数据显示，深度学习生态中的具体技术有很多，且个别项目在 GitHub 中的活跃度非常高，如 TensorFlow、Keras。正是得益于世界范围的技术专家对深度学习开源项目的贡献热情，很多优秀的思想和代码被这些项目所吸收，从而促成了深度学习项目以更快的速度发展进化，这也是和此前两次人工智能发展时期的重大区别。

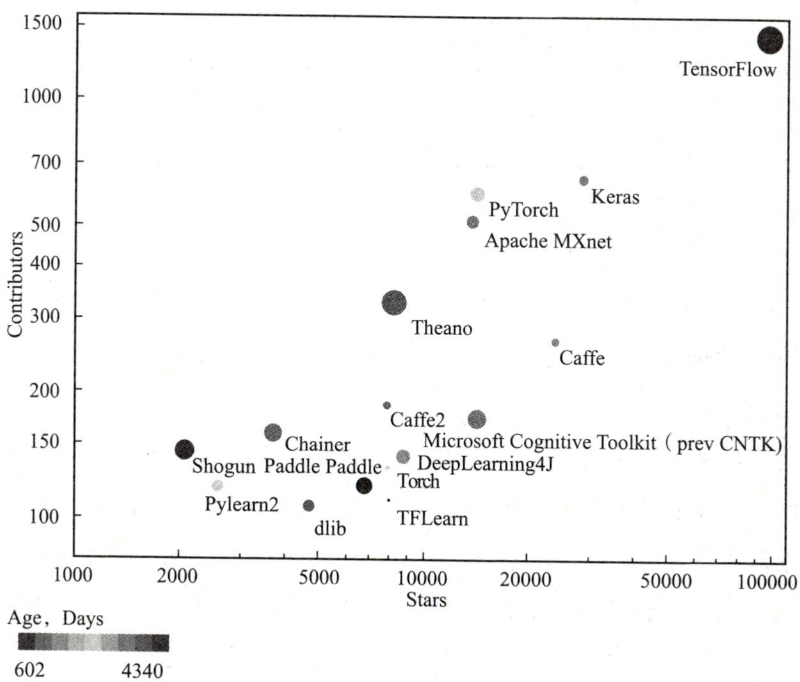

图 2－33　2018 年度 Github Deep Learning 开源技术栈发展比较

资料来源：KDnuggets

常见的深度学习主流框架对比如表 2－19 所示。

表 2－19　　深度学习主流框架对比

名称	开发者	发起日期	Stars	Contributors	Commits
TensorFlow	谷歌大脑团队	2015/11/1	96655	1432	31714
Keras	谷歌大脑团队（François Chollet）	2015/3/22	28385	653	4468
Caffe	加州大学伯克利分校视觉与学习中心	2015/9/8	23750	267	4128
Microsoft Cognitive Toolkit	微软研究院	2014/7/27	14243	174	15613
PyTorch	Adam Paszke，Sam Gross，Soumith Chintala，Gregory Chanan 等个人开发者主导，Facebook 提供支撑	2012/1/22	14101	601	10733
Apache MXnet	分布式机器学习社区（DMLC），Amzon 提供支撑	2015/4/26	13699	516	6953
DeepLearning4J	Skymind	2013/11/24	8725	141	9647
Theano	蒙特利尔大学	2008/1/6	8141	329	27974
TFLearn	Aymeric Damien 等个人开发者主导	2016/3/27	7933	111	589
Torch	Ronan Collobert，Clement Farabet 等个人开发者主导，Facebook 提供支撑	2012/1/22	7834	133	1335

资料来源：笔者自制

从以上对比可以看出，谷歌在深度学习领域占有绝对优势，前两名的产品都是源自谷歌，TensorFlow 以绝对的优势领跑众多深度学习生态工具，Keras 和 Caffe 排第二名和第三名。

考虑到深度学习正处于一个蓬勃发展的时期，我们在实际生产中选择深度学习工具时，不仅要考虑“大厂效应”（比如谷歌在深度学习领域有一骑绝尘的地位，那么其主导和维护的深度学习工具更可能有更好的性能、功能和保障），也要考虑到项目的活跃度（世界范围内的开源贡献者的贡献热情，从一定程度上反映了社区对于该项目的认可度，决定了项目未来的走向和发展潜力），综合两方面的因素，我们在实际的生产实践中使用最多的也是 Keras + TensorFlow，主要考虑到 TensorFlow 的编程接口偏底层（但自带的 TensorBoard 是一个不错的可视化工具），而 Keras 基于 TensorFlow、CNTK 等一些强大的深度学习库提供了比较友好的编程 API 接口，降低了开发门槛；另外，我们以最近上升势头非常好的

PyTorch 作为辅助工具也进行了研究（Torch 的开发语言为 Lua，比较小众，所以 Facebook 推出了 PyTorch，相对更主流一些）；除此以外，因为我们很多的工作基于 Hadoop 或者 Spark 技术栈开展，对于这些基于大数据环境中的深度学习场景而言，DeepLearning4J 则是一个必要和理想的选择，主要因为 DeepLearning4J（简称 DL4J）基于 Java 开发，可以和 Hadoop 以及 Spark 生态系统进行更好的集成，且具有非常清晰完善的文档，同时也提供了面向 Keras 的 Python 接口，依托于大数据生态的强势发展，DL4J 也会继续活跃发展下去。

（二）深度学习原理

如前面所述，深度学习技术作为机器学习的一个分支，本质上是一种具有深层结构的神经网络算法，因此前面所述的浅层的神经网络算法有着一些共同点，同时深度学习又有着自己的特点。

深度神经网络是一种具备至少一个隐层的神经网络。与浅层神经网络类似，深度神经网络也能够为复杂非线性系统提供建模，但多出的层次为模型提供了更高的抽象层次，因而提高了模型的能力。深度神经网络通常都是前馈神经网络，但也有语言建模等方面的研究将其拓展到递归神经网络。卷积深度神经网络（convolutional neural networks，CNN）在计算机视觉领域得到了成功的应用。此后，卷积神经网络也作为听觉模型被使用在自动语音识别领域，较以往的方法获得了更优的结果。

深度神经网络（deep neural networks，DNN）是一种判别模型，可以使用反向传播算法进行训练。权重更新可以使用下式进行随机梯度下降法求解：

$$\Delta w_{ij}(t+1) = \Delta w_{ij}(t) + \eta \frac{\partial C}{\partial w_{ij}}$$

其中，η 为学习率，C 为代价函数。这一函数的选择与学习的类型（例如监督学习、无监督学习、增强学习）以及激活函数相关。例如，为了在一个多分类问题上进行监督学习，通常的选择是使用 ReLU 作为激活函数，而使用交叉熵作为代价函数。Softmax 函数定义为 $p_j = \frac{\exp(x_j)}{\sum_k \exp(x_k)}$，其中 p_j 代表类别 j 的概率，而 x_j 和 x_k 分别代表对单元 j 和 k 的输入。

交叉熵定义为 $C = -\sum_j d_j \log(p_j)$，其中 d_j 代表输出单元 j 的目标概率，p_j 代表应用了激活函数后对单元 j 的概率输出。

（三）神经网络算法概念和分类

神经网络算法的发展历程如图 2－34 所示。

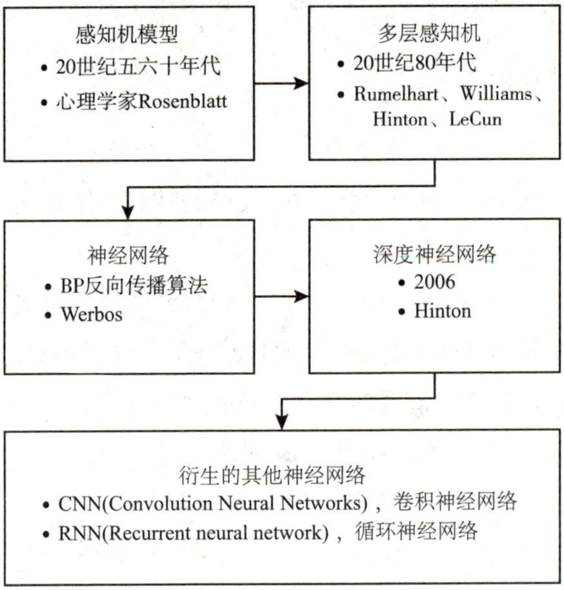

图 2－34　神经网络算法的发展历程

资料来源：笔者自制

（四）激活函数

激活函数在神经网络领域被用于对神经元的输出结果进行非线性转换。

常见的激活函数包括 Identity function（恒等激活函数）、Binary step function（二值阶跃激活函数）、Logistic/Sigmoid function（Logistic 函数或者称为 Sigmoid 函数）、Hyperbolic tangent（双曲正切函数）、Rectified linear unit（线性整流函数/修正线性单元）、SoftPlus 函数、Leaky ReLU 函数、ELU 函数、Maxout 函数等。其中使用比较多的一个非线性激活函数就是 Sigmoid 函数，主要是考虑到其在机

器学习的应用场景中具有良好的特性（下面进行说明）。

Sigmoid 函数定义如下：

$$\sigma(y)=\frac{1}{1+e^{-y}}$$

由图 2－35 可以看出，Sigmoid 函数能够将定义域为（－∞，＋∞）上的任意输入转换到（0，1）区间上，可以接受不受任何限制的输入，同时将输出控制在 0 到 1 的范围内。

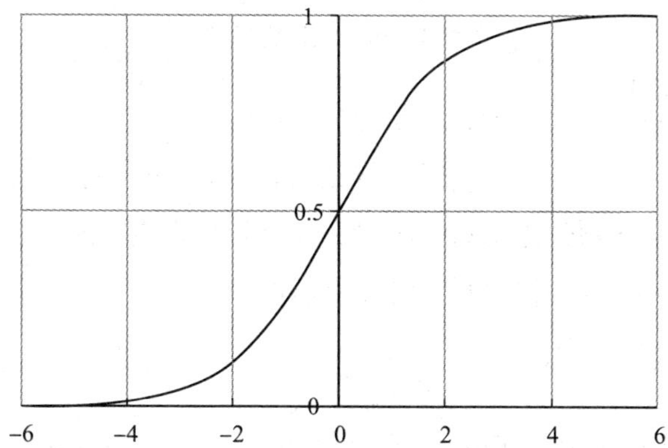

图 2－35　Sigmoid 函数表示

资料来源：笔者自制

此外，因为 Sigmoid 函数式平滑的，可以求导数，其导数值又可以通过 Sigmoid 函数自身简单运算得到：

$$\frac{d\sigma(y)}{dy}=\sigma(y)\cdot(1-\sigma(y))$$

不难看出，导数值在接近 0 的时候最大为 0.25，因此在神经网络算法在初始化时会将上游输出层中输入样本（上游的输入可以表示为 $\sum_{i=0}^{n} w_i \cdot x_i$,）上分配的权重 w_i 设置为比较小的值，让导数值接近最大值 0.25，从 o 的导数最大的情况开始训练，能够加速训练的过程，如果 $\sum_{i=0}^{n} w_i \cdot x_i$ 过大或者过小，此时 o 的导数会接近于 0，从这种状态开始训练会导致训练过程比较缓慢，正是因为 Sigmoid 具有以上特点，Sigmoid 函数被广泛作为神经网络的激活函数。

神经网络算法底层基于感知机（Perceptron）模型，感知机模型如图 2－36 示。

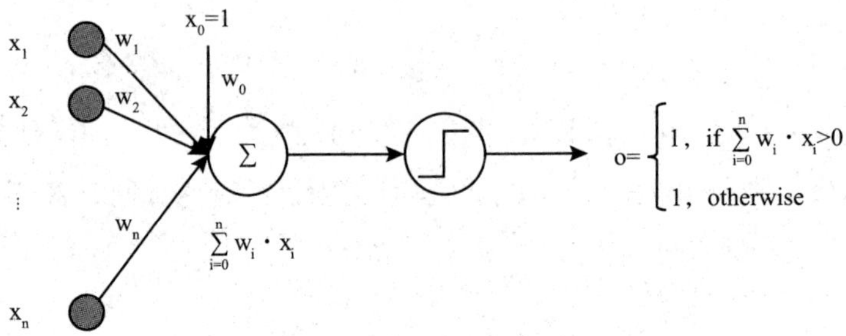

图 2－36　感知机模型

资料来源：笔者自制

x_0，x_1，x_2，…，x_n 是 n 个输入，w_0，w_1，w_2，…，w_n 是对应于每个输入上的权重，这里需要注意的是 x_0 恒等于 1，也就是始终会存在一个输入 w_0。

对所有的输入进行加权求和，可以得到：

$$\sum_{i=0}^{n} w_i \cdot x_i$$

为了简化问题，此处选择的激活函数为简单的门限激活函数，经过门限激活函数的处理之后得到输出结果 o，可以看到，因为激活函数的选择比较简单，此处的输出 o 非常简单，只有 0，1 两种取值。o 的公式表达如下：

$$o(x_1, \cdots, x_n) = \begin{cases} 1, & \text{if} w_0 + w_1 \cdot x_1 + \cdots + w_n \cdot x_n > 0 \\ 0, & \text{otherwise} \end{cases}$$

如果 $\sum_{i=0}^{n} w_i \cdot x_i$ 大于某一阈值比如 0，则将 o 记为 1，否则将 o 记为 0。根据 o 的定义，不难想象，感知机可以表示空间中的一个划分超平面，如图 2－37 所示，在三维空间中，可以通过一个平面将亮点和暗点划分开来。通过图 2－37 就可以理解为什么在模型的使用中要保证有一个输入 w_o，w_o 能够使得划分平面在数据空间中平移。

感知机的训练过程本质上就是寻找到一系列合适的参数 w_i，使得最终的预测结果逼近事实。求解最优参数集的第一步是构建代价函数 $E(\vec{w})$，再对代价函数进行优化，最终寻找到使得代价函数取得局部最小值的参数集。

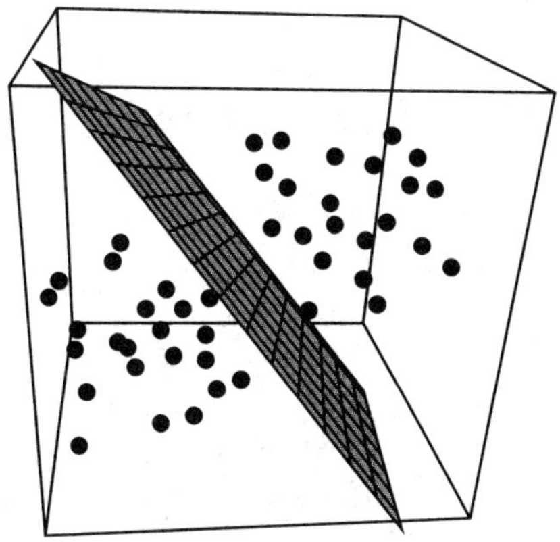

图 2－37 三维空间分类平面

资料来源：笔者自制

实践中常用的优化方法是梯度下降法（gradient descent，GD），在梯度下降法中使用比较多的方法包括批量梯度下降法（batch gradient descent，BGD）和随机梯度下降法（stochastic gradient descent，SGD）两种。下面以 BGD 为例简单讲解梯度下降的原理。

首先定义代价函数，或者误差函数 $E(\vec{w})$，其中 D 表示所有的训练样本集合，d 表示集合中的一个样本，t_d 表示目标结果，o_d 表示实际结果。

$$E(\vec{w}) \equiv \frac{1}{2}\sum_{d \in D}(t_d - o_d)^2$$

误差函数对权重求偏导可以得到误差的梯度信息：

$$\nabla E(\vec{w}) \equiv \left[\frac{\partial E}{\partial w_0}, \frac{\partial E}{\partial w_1}, \cdots, \frac{\partial E}{\partial w_n}\right]$$

每次使用全量的训练样本进行训练，使用得到的 Δw_i 对 w_i 进行更新：

$$w_i \leftarrow w_i + \Delta w_i$$

我们将 Δw_i 的大小表示为误差的偏导乘以一个取值范围为（0，1）的参数 η：

$$\Delta w_i = -\eta \frac{\partial E}{\partial w_i}$$

$\eta \in (0, 1)$，称为学习率（learning rate），学习率小于 1 的效果是缓慢地逐渐逼近最优值。Δw_i 之所以加负号是因为在对 w_i 进行加法更新时，误差的变化需要和权重的变化成反比关系，这样才能收敛。

由上可知，梯度下降的核心就是求解误差函数对权重的偏导，求解$\frac{\partial E}{\partial w_i}$的过程如下：

$$\begin{aligned}\frac{\partial E}{\partial w_i} &= \frac{\partial}{\partial w_i}\frac{1}{2}\sum_{d\in D}(t_d - o_d)^2 \\ &= \frac{1}{2}\sum_{d\in D}\frac{\partial}{\partial w_i}(t_d - o_d)^2 \\ &= \frac{1}{2}\sum_{d\in D}2(t_d - o_d)\frac{\partial}{\partial w_i}(t_d - o_d) \\ &= \sum_{d\in D}(t_d - o_d)\frac{\partial}{\partial w_i}(t_d - w\cdot x_d) \\ &= \sum_{d\in D}(t_d - o_d)(-x_{i,d})\end{aligned}$$

为了简化问题，上述推导假设 $o(x) = w \cdot x$，最终可以得到 Δw_i：

$$\Delta w_i = \eta\sum_{d\in D}(t_d - o_d)x_{i,d}$$

完整的梯度下降算法的伪代码总结如下，需要注意的是，在对所有样本D学习的过程中，首先得到的是针对每个样本 d 的 Δw_i，最终的 ΔW_i 需要对所有的 Δw_i 进行求和得到，如表 2－20 所示。

表 2－20　　梯度下降算法的伪代码

```
GRADIENT_DESCENT (training_examples, η)
  Initialize each w_i to some small random value.
  Until the termination condition is met, Do
    Initialize each Δw_i to zero.
    For each <x, t> in training_examples, Do
      Input the instance x to the unit and compute the output o
      For each linear unit weight w_i, Do
        - Δw_i ← Δw_i + η(t - o) x_i
    For each linear unit weight w_i, Do
      w_i ← w_i + Δw_i
```

资料来源：笔者自制

BGD 的概念易于理解，实现过程也不复杂，但其缺点是每次迭代过程都需要使用全量的样本，所以当样本数量非常多的时候训练效率非常低；而 SGD 则是另外一个极端，因为每次迭代训练只选取一个样本来进行参数优化，所以会造成收敛过程波动性较大，而不是像 BDG 那样平稳收敛。两者的对比如图 2－38 所示。

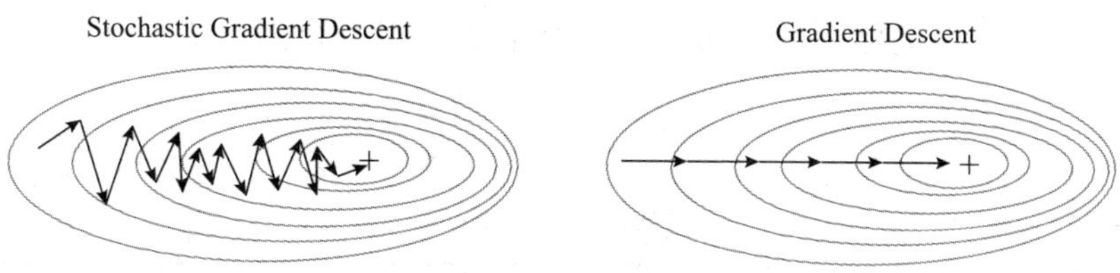

图 2－38 SGD 和 GD 算法的区别

资料来源：笔者自制

鉴于 BGD 和 SGD 两者在实际应用中存在的一些弊端，生产实践中通常采用效率更高的 MBGD（Mini-batch Gradient Descent）方法作为 BGD 和 SGD 的折中方案，MBDG 使用的训练样本数（假设记为 n）大于 1，但少于样本总数（假设记为 m），MBDG 会对包含 n 个样本的子样本集进行 n 次迭代，每次迭代使用其中的一个样本，n 次迭代完成后，将每次迭代产生的结果进行加权平均再求和，作为本次的下降梯度，不断在训练集上重复以上过程直至收敛。MBGD 引入了 batch_size 的超参数，$1 < batch\_size < m$，MBGD 引入的一个复杂度就是需要在实际使用中要对该参数进行调整，通常 batch_size 取 2^x（$1 <= x <= 9$），这样做对于深度学习来说更有益于计算机 GPU 原件的加速。不难理解，MBGD 的精度要低于 BGD，高于 SGD，但训练速度要高于 BGD，低于 SGD。SGD 和 MBGD 的对比如图 2－39 所示。

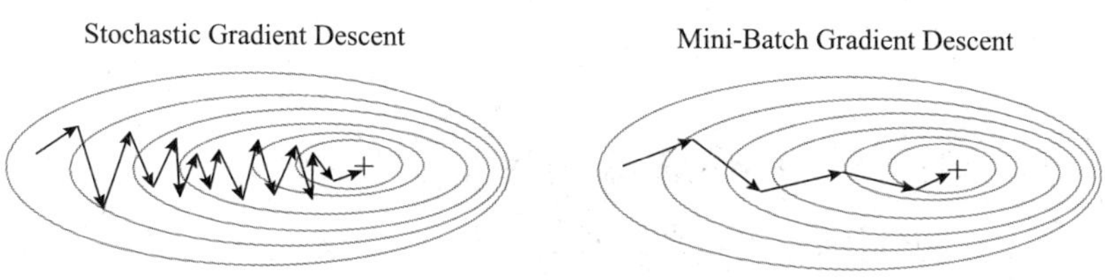

图 2－39 SGD 和 MBGD 算法的区别

资料来源：笔者自制

（五）多层感知机

多层感知机用于解决简单的感知机无法解决的线性不可分的问题，比如简单的异或问题。

$$p \oplus q = p\,\overline{q} + \overline{p}q = (p+q)(\overline{pq})$$

对于表2－21的输入和输出，在二维平面上可以得到图2－40所示的映射关系。

表2－21　　异或问题I/O矩阵

Input		Output
0	0	0
0	1	1
1	0	1
1	1	0

资料来源：笔者自制

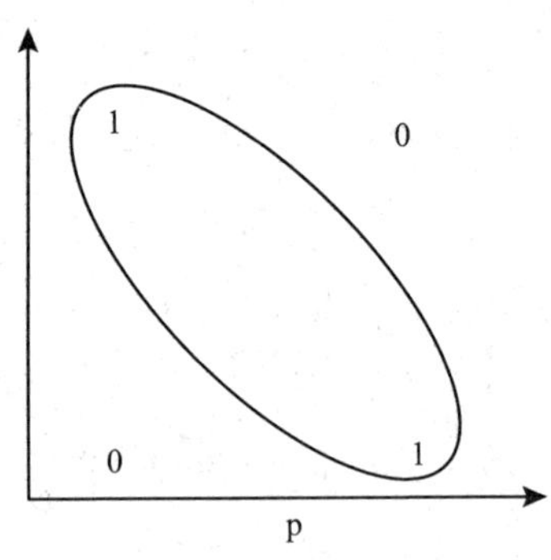

图2－40　二维平面上的异或问题

资料来源：笔者自制

显然无法通过一条直线将0和1进行划分，即异或问题在二维空间不是线性可分的，多层感知机就用于解决此类问题。

异或公式可以转换为¬（p∧q）操作和（p∨q）操作的与操作，如下式：

$$p \oplus q = \neg(p \wedge q) \wedge (p \vee q)$$

直观表示如下，如果将横纵坐标的输入分别改为 OR 和 NAND，很明显，如图 2 -41 左侧图所示，转换之后的异或问题在二维空间就是可分的。对比不可分的场景，我们只是在输入 p 和 q 之上增加了一个“隐含层”，处理成了 OR 和 NAND 两个操作，如图 2 -41 右侧图所示。简单来说，多层感知机就是一种通过增加隐含层来达到线性可分目的的一种算法模型。

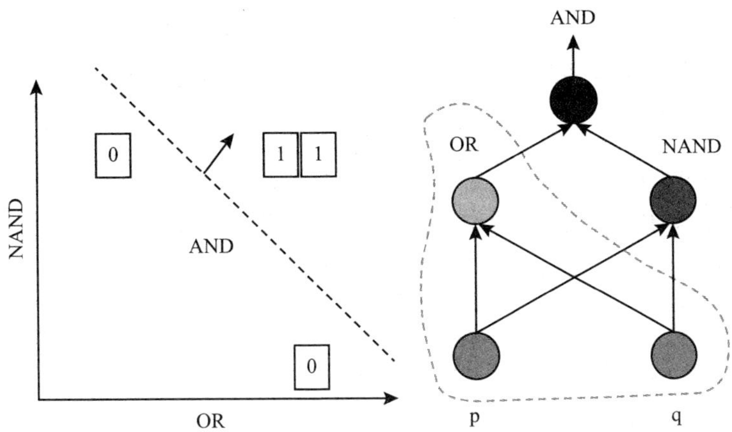

图 2 -41　多层感知机解决异或问题

资料来源：笔者自制

和简单感知机的模型不同，多层感知机的激活函数使用的是 Sigmoid 函数，过程如图 2 -42 所示。

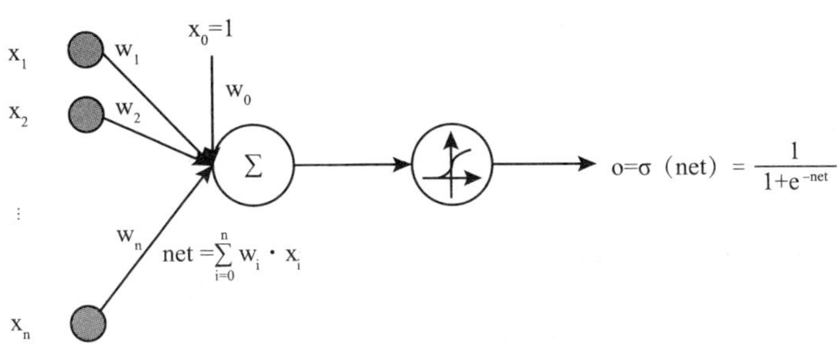

图 2 -42　多层感知机模型

资料来源：笔者自制

最终的输出 o 为 Sigmoid 函数的形式，表示如下：

$$o = \sigma(net) = \frac{1}{1 + e^{-net}}$$

其中 Sigmoid 函数的自变量 net 为输入样本乘以各自权重的加权和，表示如下：

$$net = \sum_{i=0}^{n} w_i \cdot x_i$$

这里选择 Sigmoid 函数的原因如前面所述，主要是考虑到其在机器学习的应用场景中具有良好的特性。

和感知机问题一样，我们需要得到最优化的权重参数的集合，与感知机不同的是在多层感知机问题中，需要考虑到隐含层的影响，如图 2－43 所示定义一个抽象的多层感知机模型，其中 i 表示原始输出层的一个输入，j 表示隐含层的一个元素，其中 i 是 j 的一个输入，而对于最终的输出 k 而言，j 又是 k 的一个直接输入，i 是 k 的一个间接输入。

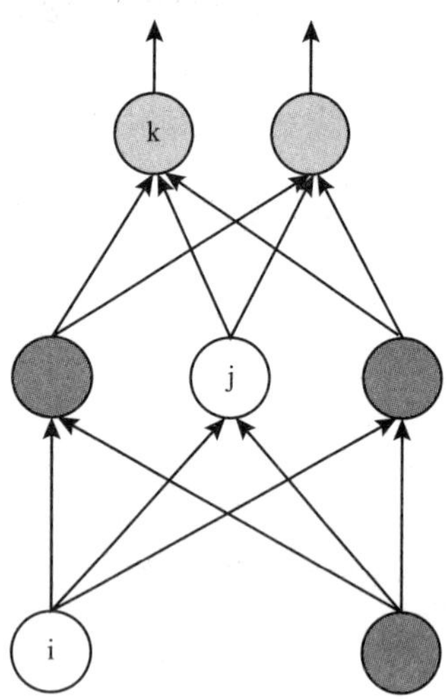

图 2－43　多层感知机的隐含层

资料来源：笔者自制

针对该抽象出来的多层感知机模型，我们定义以下变量：

- x_{ji}：单元 j 的第 i 个输入
- w_{ji}：x_{ji}上的权重
- net_j：$\sum w_{ji}x_{ji}$，单元 j 对应所有输入的加权求和
- o_j：单元 j 的实际输出
- t_j：单元 j 的目标输出
- σ：Sigmoid 函数
- outputs：最终输出层的所有的输出单元，比如 k
- Downstream(j)：所有以 j 的输出作为输入的单元，比如 k

定义代价函数（注意该式是恒等的）

$$E_d(\vec{w}) \equiv \frac{1}{2}\sum_{k\in outputs}(t_k - o_k)^2$$

代价函数对输入 x_{ji}上的权重参数 w_{ji}的偏导数为：

$$\Delta w_{ji} = -\eta\frac{\partial E_d}{\partial w_{ji}}$$

直接求解$\frac{\partial E_d}{\partial w_{ji}}$比较困难，我们需要分解该式如下：

$$\frac{\partial E_d}{\partial w_{ji}} = \frac{\partial E_d}{\partial net_j}\cdot\frac{\partial net_j}{\partial w_{ji}} = \frac{\partial E_d}{\partial net_j}x_{ji} = \frac{\partial E_d}{\partial o_j}\cdot\frac{\partial o_j}{\partial net_j}\cdot x_{ji}$$

由上式可知，E_d 对 w_{ji}的偏导，可以转化为求解 E_d 对 net_j 的偏导，而后者可以继续转化为求解 E_d 对 j 单元实际输出 o_j 的偏导，和 o_j 对 net_j 的偏导。将 E_d 的表达式代入 E_d 对 o_j 中得到：

$$\frac{\partial E_d}{\partial o_j} = \frac{\partial}{\partial o_j}\frac{1}{2}\sum_{k\in outputs}(t_k - o_k)^2 = \frac{\partial}{\partial o_j}\frac{1}{2}(t_j - o_j)^2$$

$$= \frac{1}{2}2(t_j - o_j)\frac{\partial(t_j - o_j)}{\partial o_j} = -(t_j - o_j)$$

得益于 Sigmoid 函数方便求导的特点，o_j 对 net_j 的偏导相对比较简单，不难得到：

$$\frac{\partial o_j}{\partial net_j} = \frac{\partial\sigma(net_j)}{\partial net_j} = o_j(1 - o_j)$$

因此 E_d 对 net_j 的偏导有下式：

$$\frac{\partial E_d}{\partial net_j} = -(t_j - o_j)o_j(1 - o_j)$$

从而得到 x_j 上权重的增量 Δw_j 的计算公式如下：

$$\Delta w_{ji} = -\eta \frac{\partial E_d}{\partial w_{ji}} = \eta(t_j - o_j)o_j(1 - o_j)x_j$$

从上式可知，对输出层神经元求权重参数的结果和感知机的结果，区别就在于激活函数，并没有因为增加了隐含层而带来而外的复杂度。

但是对于隐含层而言，因为不像输出层神经元那样可以得到 E_d，所以没有办法通过误差的途径对权重参数进行调整，也就无法得到模型，所以对于需要寻找新的方法来解决该问题。

假设隐含层的模型如下，k 是隐含层中的一个神经元，j 是 k 的一个输入神经元，如图 2－44 所示。

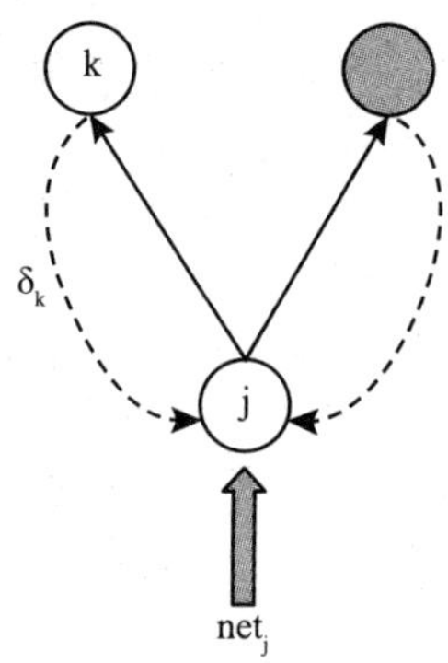

图 2－44　隐含层模型

资料来源：笔者自制

则权重调整的公式仍然为下式，此处的 E_d 代表第 k 个神经元的预测误差：

$$\frac{\partial E_d}{\partial w_{ji}} = \frac{\partial E_d}{\partial net_j} \cdot \frac{\partial net_j}{\partial w_{ji}} = \frac{\partial E_d}{\partial net_j} x_j$$

与输入层神经元的处理方法不同，我们将 E_d 对 net_j 的偏导分解如下：

$$\frac{\partial E_d}{\partial net_j} = k \in$$

我们定义 δ_k 来表示第 k 个神经元的误差 E_d 对 k 神经元的输入的偏导：

$$\delta_k = -\frac{\partial E_d}{\partial net_k}$$

则第 k 个神经元上的预测误差 E_d 对其上游的第 j 个神经元的输入的偏导：

$$\frac{\partial E_d}{\partial net_j} = \sum_{k \in Downstr}$$

由之前的推导可知：

代入$\frac{\partial E_d}{\partial net_j}$中求得：

$$\frac{\partial E_d}{\partial net_j} = \sum_{k \in Downstrea}$$

另 $\delta_j = o_j(1 - o_j) \sum_{k \in Downstroam(j)} \delta_k w_{kj}$，则有：

$$\Delta w_{ji} = -\eta \frac{\partial E_d}{\partial w_{ji}} = -\eta \frac{\partial E_d}{\partial net_j} x_{ji} = \eta \delta_j x_{ji}$$

（六）BP 神经网络

反向传播（Backpropagation，缩写为 BP）是“误差反向传播”的简称，是一种与最优化方法（如梯度下降法）结合使用的，用来训练人工神经网络的常见方法。该方法对网络中所有权重计算代价函数的梯度。这个梯度会反馈给最优化方法，用来更新权值以最小化代价函数。

反向传播要求有对每个输入值想得到的已知输出，来计算代价函数梯度。因此，它通常被认为是一种监督式学习方法，虽然它也用在一些无监督网络（如自动编码器）中。它是多层前馈网络的 Delta 规则的推广，可以用链式法则对每层迭代计算梯度。反向传播要求人工神经元（或“节点”）的激励函数可微。

BP 算法（反向传播神经网络算法）伪代码如表 2 - 22 所示。

表 2-22　　BP 算法伪代码

```
初始化网络权值（通常是小的随机值）
do
  forEach 训练样本 ex
        prediction = neural-net-output（network，ex）    //正向传递
        actual = teacher-output（ex）
        计算输出单元的误差（prediction-actual）
        计算 Δw_h 对于所有隐藏层到输出层的权值      //反向传递
计算 Δw_h 对于所有输入层到隐藏层的权值        //继续反向传递
        更新网络权值//输入层不会被误差估计改变
  until 所有样本正确分类或满足其他停止标准
return 该网络
```

资料来源：笔者自制

这个算法的名称意味着误差会从输出结点反向传播到输入结点。严格地讲，反向传播算法对网络的可修改权值计算了网络误差的梯度。这个梯度会在简单随机梯度下降法中经常用来求最小化误差的权重。通常“反向传播”这个词使用更一般的含义，用来指涵盖了计算梯度以及在随机梯度下降法中使用的整个过程。在适用反向传播算法的网络中，它通常可以快速收敛到令人满意的极小值。

BP 网络都是多层感知机（通常都会有一个输入层、一个隐藏层及一个输出层）。为了使隐藏层能够适合所有有用的函数，多层网络必须具有用于多个层的非线性激活函数：仅用线性激活函数的多层网络会与相当于单层线性网络。常用的非线性激活函数有逻辑函数、柔性最大函数和高斯函数。

用反向传播算法求梯度已被重新发现多次，是更加一般的自动微分技术在反向积累模式的特例。

（七）深度置信网络

深度置信网络（deep belief networks，DBN）是一种包含多层隐单元的概率生成模型，可被视为多层简单学习模型组合而成的复合模型。

深度置信网络可以作为深度神经网络的预训练部分，并为网络提供初始权重，再使用反向传播或者其他判定算法作为调优的手段。这在训练数据较为缺乏时很有价值，因为不恰当的初始化权重会显著影响最终模型的性能，而预训练获

得的权重在权值空间中比随机权重更接近最优的权重。这不仅提升了模型的性能，也加快了调优阶段的收敛速度。

深度置信网络中的每一层都是典型的受限玻尔兹曼机（restricted boltzmann machine，RBM），可以使用高效的无监督逐层训练方法进行训练。受限玻尔兹曼机是一种无向的基于能量的生成模型，包含一个输入层和一个隐层。图中对的边仅在输入层和隐层之间存在，而输入层节点内部和隐层节点内部则不存在边。单层 RBM 的训练方法最初由杰弗里·辛顿在训练“专家乘积”中提出，被称为对比分歧（contrast divergence，CD）。对比分歧提供了一种对最大似然的近似，被理想地用于学习受限玻尔兹曼机的权重。当单层 RBM 被训练完毕后，另一层 RBM 可被堆叠在已经训练完成的 RBM 上，形成一个多层模型。每次堆叠时，原有的多层网络输入层被初始化为训练样本，权重为先前训练得到的权重，该网络的输出作为新增 RBM 的输入，新的 RBM 重复先前的单层训练过程，整个过程可以持续进行，直到达到某个期望中的终止条件。

尽管对比分歧对最大似然的近似十分粗略（对比分歧并不在任何函数的梯度方向上），但经验结果证实该方法是训练深度结构的一种有效的方法。

（八）卷积神经网络

卷积神经网络（convolutional neural networks，CNN）由一个或多个卷积层和顶端的全连通层（对应经典的神经网络）组成，同时也包括关联权重和池化层（pooling layer）。这一结构使得卷积神经网络能够利用输入数据的二维结构。与其他深度学习结构相比，卷积神经网络在图像和语音识别方面能够给出更优的结果。这一模型也可以使用反向传播算法进行训练。相比较其他深度、前馈神经网络，卷积神经网络需要估计的参数更少，使之成为一种颇具吸引力的深度学习结构。

卷积深度置信网络（convolutional deep belief networks，CDBN）是深度学习领域较新的分支。在结构上，卷积深度置信网络与卷积神经网络在结构上相似。因此，与卷积神经网络类似，卷积深度置信网络也具备利用图像二维结构的能力，与此同时，卷积深度信念网络也拥有深度置信网络的预训练优势。卷积深度置信网络提供了一种能被用于信号和图像处理任务的通用结构，也能够使用类似深度置信网络的训练方法进行训练。

（九）深度学习的未来探讨

深度学习算法虽然强大，但也有一些缺陷，概括为两点如下：(1) 算法具有很强的“个性化”特点、很多时候只针对特定的问题有效，对于新的问题需要重新进行设计；(2) 深度学习有较多的工程投入，牵扯了开发人员在业务分析上投入的时间。

为了解决这些问题，谷歌公司在陆续发布 Attention Is All You Need 和 One Model to Learn Them All 的热点文章后，开源了 Tensor2Tensor（T2T）系统，T2T 架构在 TensorFlow 之上，将深度学习过程所需要的各个组件明确化地做成接口形式，通过将深度学习编程模式模块化、流水线化从而实现工程化，使得开发人员能够更加简单快速地完成开发到测试、测试到上线投产、上线到优化调整这一个闭环，从而解决工程化效率的问题。另外，T2T 中引入了 MultiModel 多任务模型的概念，只使用一个模型，但是能够同时学习多种不同的业务场景下的数据并可以取得比较好的预测效果。

目前来看，深度学习作为机器学习中目前影响力最大的一种算法体系，在工业界乃至人们的日常生活中已经发挥出了一些作用，但想要像互联网技术这样从根本上改变人们生活仍然存在一定的差距，这个差距可能是几年、十几年甚至几十年，但是这种转变是指日可待的。

但与此同时，我们也要认识到人工智能最多只是一种服务于人类生产和生活的工具，人的作用仍然是不可替代的，传统企业在逐渐应用人工智能的过程中可能会盲目扩大人工智能的作用而走出不理智的行为，比如在证券行业，因为智能客服的应用而对客服部进行了裁员、因为智能投顾的应用缩编了投资顾问的规模，关于人工智能无法替代人的一些原因，笔者进行了一些思考，包括不限于以下几点：

(1) 造物悖论：人类在目前仍未搞清其自身运作机制的前提下（人类是否能够完全认知自己本身也是一个问题），是无法造出智力水平完全高于自身的事物的，你只有在知道一个形状的边界时，才能画一个更大的形状将原来的形状给框住，否则只能是无限逼近与当前的形状面积。即便人工智能在“规则类场景”如围棋、象棋、翻译等场景中已经完胜了绝大多数人类，但如果规则发生些许改变，人的表现可能会在短期内完胜机器，因为机器需要学习大量的历史样本，在完全从零开始的规则场景中，机器无从学起，也就不会有智能表现。

（2）物理本质的区别：人本身是一种自称生态的复杂有机体，其学习受到了内在心智、个人体质、外界环境、主动被动等各种可能因素的综合影响，而人工智能依托于计算机，机器的学习效率虽然无限地快于人类，但即便是能力再强的高性能分布式计算集群，其本质仍然是无机物，其结构是可描述的、相对人的构造而言非常简单，这决定了其学习模式是相对单一且死板的，从而导致其输出也是简单的。人工智能想接近于人，除了将强大的计算能力微型化之外，还依赖于机器人领域的深度发展和物理、化学、仿生等领域取得重大突破，只有在人工智能算法依托的本体从机房中大量的机器转移到可移动的机器人或者设备上之后，人工智能算法才有进一步在本质上提升的空间。当然，届时机器人的“可移动空间”和“允许的行为”就是在新的科技出来之后制法部门所面临的问题了。

（3）学习过程不同：人的学习会被动甚至主动加入很多噪声，而人工智能因为其服务于人的设计目的，最终投入生产使用的模型并不会学到过多无效或者负面的样本，所以最终也不会产生不稳定的或者消极有害的表现，但如果在前述的“物理本质的区别”越发模糊成为可能之后，人工智能所依托本体的学习过程所受限制也会越来越少，人工智能学习的样本对于人类而言会逐渐“失控”，那么人工智能需要受限的输出可能就需要“硬编码”到其算法中对其进行控制，成为于人工智能的“行为准则”。

综上所述，我们在使用人工智能进行传统业务转型时，大可不必将人工智能的作用进行夸大，因为在解决以上问题之前，人工智能可以发挥出来的作用还是存在很大局限性的。当然，我们更不能无视“趋势”，按照人类生产力的发展水平，人工智能势必会像互联网技术一样变革我们的生产和生活，在对待能够在传统业务中节省成本、提高生产效率的新技术时，传统型企业更需要居安思危，积极探索并尝试使用新技术，避免和同业竞争对手拉开差距。

第四节　机器学习算法性能

统计学家乔治·博克斯（George Box）说过："所有模型都是错误，只不过其中一部分是有价值的"（All models are wrong，but some are useful）。任何算法都有局限性，所以不存在"通用最优算法"，只有在特定情境下某种算法可能是渐进最优的。因此我们需要借助有效的手段对算法性能进行评估，选择看起来最有价值的模型作为最终最可能科学的结果。

一、算法性能评估

（一）性能评估概念

机器算法性能评估（performance measurement of machine learning algorithms）和传统的算法性能评估有一定的共同点，目的都是对算法的有效性进行评估，但两者在具体的评估手段上有本质的区别：

（1）传统算法的性能评估关注的是算法对计算机资源的占用情况，主要包括两个方面：一是算法需要多长时间完成（时间复杂度）；二是算法需要多大的存储资源（空间复杂度）。以我们大家所熟知的排序类算法为例，各种排序算法的时空复杂度如表 2－23 所示。

表 2-23　　各排序算法复杂度对比

算法名称	时间复杂度			空间复杂度
	最好	平均	最差	最差
Quicksort	Ω(nlog(n))	Θ(nlog(n))	O(n^2)	O(log(n))
Mergesort	Ω(nlog(n))	Θ(nlog(n))	O(nlog(n))	O(n)
Timsort	Ω(n)	Θ(nlog(n))	O(nlog(n))	O(n)
Heapsort	Ω(nlog(n))	Θ(nlog(n))	O(nlog(n))	O(1)
Bubble Sort	Ω(n)	Θ(n^2)	O(n^2)	O(1)
Insertion Sort	Ω(n)	Θ(n^2)	O(n^2)	O(1)
Selection Sort	Ω(n^2)	Θ(n^2)	O(n^2)	O(1)
Tree Sort	Ω(nlog(n))	Θ(nlog(n))	O(n^2)	O(n)
Shell Sort	Ω(nlog(n))	Θ(n(log(n))^2)	O(n(log(n))^2)	O(1)
Bucket Sort	Ω(n+k)	Θ(n+k)	O(n^2)	O(n)
Radix Sort	Ω(nk)	Θ(nk)	O(nk)	O(n+k)
Counting Sort	Ω(n+k)	Θ(n+k)	O(n+k)	O(k)
Cubesort	Ω(n)	Θ(nlog(n))	O(nlog(n))	O(n)

资料来源：笔者自制

假设存储不是问题，我们需要一个尽可能快的排序算法，那么桶排序（bucket sort）的整体表现就要好于冒泡排序（bubble sort），因为桶排序的平均时间复杂度只有 Θ(n+k)，而冒泡排序的则为 Θ(n^2)，且桶排序最好和最差的时间复杂度都不高于冒泡排序。对于相同大小的输入数据量，在存储不是瓶颈的前提下，桶排序比冒泡排序执行得更快。

（2）机器学习算法的性能评估淡化了对计算成本和效率的关注，更看重算法模型对于新样本的泛化能力。

（二）假设检验

以错误率为性能度量，假设测试错误率为$\hat{\epsilon}$，泛化错误率为 ϵ。由二项分布（独立采样基础上）知，泛化错误率为 ϵ 的学习器被测得测试错误率为$\hat{\epsilon}$的概率为：

$$P(\hat{\epsilon};\ \epsilon)=C_m^{\epsilon \times m}\epsilon^{\epsilon \times m}(1-\epsilon)^{m-\epsilon \times m}$$

概率函数对 ϵ 求导可知当 $\hat{\epsilon}=\epsilon$ 是概率最大。

假设检验需要做的就是假设 $\epsilon \leqslant \epsilon_0$ 在 α 的显著度下能否被拒绝。ϵ_0 是给定的一个概率值，意味着泛化错误率不能小于 ϵ_0，α 也是一个值，常用取值是 0.05。如果不能被拒绝，也就意味着有 95% 的置信度认为学习器的泛化错误率不大于 ϵ_0。

（三）目标函数体系

机器学习领域中有关于算法性能评估的常用函数有目标函数（objective function）、代价函数（cost function）以及损失函数（loss function），这些函数都用于评估训练所得模型的误差大小。

损失函数通常衡量的是单个样本的训练误差，代价函数衡量的是整个样本训练集的误差，目标函数则是一个统称，对误差大小进行评价的函数统一称为目标函数。从函数角度看，损失函数和代价函数、风险函数都属于目标函数，另外一些无法归类到损失函数或者代价函数的，统一归类到目标函数中，如图 2－45 所示。另外还有一种概念上的函数叫作“风险函数”，风险函数计算的是损失函数的期望值，之所以是一种理论风险，是因为在现实中关于模型输入 X 和输出 Y 的联合概率分布并不知道，导致风险函数值无法直接计算。

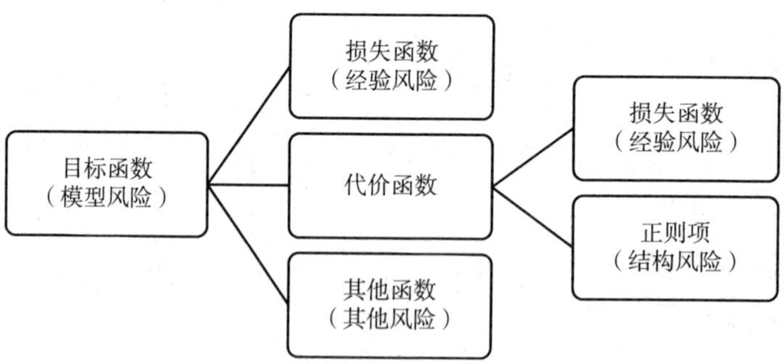

图 2－45　目标函数分类

资料来源：笔者自制

另外，模型误差的大小可以用风险来评估，风险和函数之间存在着对应关系，从风险的角度看，目标函数的风险来源包括经验风险、结构风险和其他风险，损失函数对应的是经验风险，因为代价函数一部分是所有损失函数的平均，还有一部分是正则化项（L1 正则、L2 正则等），所以代价函数对应的风险除了经验风险以外还有一部分结构风险。

因为损失函数来源于对训练集样本的误差计算，训练集样本数据属于已经发生过的历史数据，所以损失函数防范的是“经验”风险。正则化项是为了解决模型过拟合问题而增加的，过拟合表示通过训练集训练出来的模型结构中存在高次项，能够拟合出训练集中大多数样本，虽然这种在训练集上完美预测，但是模型泛化能力会变得很差，而正则化就是将存在高次项的复杂的模型结构进行平滑和低秩化，所以正则化防范是“结构”风险。

下面将对图 2-45 所示的概念和相互之间的关系进行更详细的说明。

（四）损失函数和代价函数

1. 损失函数

损失函数用于评估单个样本或者粒度更细的样本子集的预测误差，一般用 L(Y，f(X)) 表示，其中 f(X) 表示预测结果，Y 表示真实结果，L 表示 Loss Function 损失函数，平时常见的四类损失函数包括：

（1）0~1 损失函数（0-1 loss function）。

$$L(Y, f(X)) = \begin{cases} 1, & Y \neq f(X) \\ 0, & Y = f(X) \end{cases}$$

（2）平方损失函数（quadratic loss function）。

$$L(Y, f(X)) = (Y - f(X))^2$$

（3）绝对损失函数（absolute loss function）。

$$L(Y, f(X)) = |Y - f(X)|$$

（4）对数损失函数（logarithmic loss function）。

对数损失函数又称为对数似然损失函数（log-likelihood loss function），公式如下：

$$L(Y, P(Y|X)) = -\log P(Y|X)$$

对于对数损失函数而言，预测值为 $P(Y|X)$ 是预测出来的概率，对数损失函数的值表示的和真实值 Y 接近的概率。

（5）铰链损失（hinge loss）。

$$L(f(X|\theta),\ Y)=\max(0,\ 1-f(X|\theta)Y)$$

（6）互熵损失（softmax loss）。

2. 代价函数

代价函数是相对于损失函数来说更为广义的一个概念，代价函数可以是训练集上所有损失函数的集合，另外还包括可能的正则化项，正则化项主要是用于对模型的复杂度进行惩罚，常见的代价函数有：

$$\min_{\theta} J(\theta)$$

（1）MSE 代价函数。

$$MSE(\theta)=\frac{1}{N}\sum_{i=1}^{N}(f(x_i|\theta)-y_i)^2$$

均方误差：

$$J(\theta_0,\ \theta_1)=\frac{1}{2m}\sum_{i=1}^{m}(\hat{y}^{(i)}-y^{(i)})^2=\frac{1}{2m}\sum_{i=1}^{m}(h_\theta(x^{(i)})-y^{(i)})^2$$

（2）SVM 代价函数。

$$SVM(\theta)=\|\theta\|^2+C\sum_{i=1}^{N}\xi_i$$

（3）交叉熵。

$$J(\theta)=-\frac{1}{m}\left[\sum_{i=1}^{m}(y^{(i)}\log h_\theta(x^{(i)}))+(1-y^{(i)})\log(1-h_\theta(x^{(i)}))\right]$$

3. 风险函数

风险函数是对所有样本的损失函数求期望值，如上面所述，风险函数是一个理论上的概念，是无法直接通过计算求得的，原因是对于模型训练而言，一个样本的输入和输出都是随机的，即（X，Y）是随机变量，则其概率分布服从的是联合分布 $P(X,\ Y)$，因此结合损失函数的定义可以得到风险函数的计算公式，有的资料上也称为期望损失（expected loss），记为 $R_{exp}(f)$。公式如下：

$$R_{exp}(f)=E_P[L(Y,\ f(X))]=\int_{x\times y}L(y,\ f(x))P(x,\ y)dxdy$$

风险函数不能直接计算的根本原因是由于联合分布 P(X, Y) 未知，设想如果 P(X, Y) 已知，则可以结合 X 的先验概率计算得到 P(X|Y)，那么也就不需要进行机器学习了，而机器学习正式面向解决这类“病态问题”（ill-formed problem）的方案，即通过未知的变量求解。

4. 经验风险及 ERM

经验风险正是为了解决风险函数无法直接计算问题而产生的，经验风险又称为经验损失（empirical loss），记为 $R_{emp}(f)$，不难看出经验风险在计算形式上对应的其实就是代价函数。

经验损失的计算公式如下：

$$R_{emp}(f) = \frac{1}{N}\sum_{i=1}^{N} L(y_i, f(x_i))$$

其中 x_i 是第 i 个样本，$f(x_i)$ 是对应的预测值，y_i 是真实值，经验损失 $R_{emp}(f)$ 实现了通过训练集近似评估真实风险的目的。当 N 趋近于∞时，由大数定律可知，经验风险会逐渐逼近期望风险。

由期望风险的计算公式可知，损失函数的值越小，期望风险就越小；同样地，损失函数值越小，经验风险值就越小，因此提出经验风险最小化（empirical risk minimization, ERM）的目标，通过最小化经验风险找到最有效的模型。

$$\min_{f\in F} \frac{1}{N}\sum_{i=1}^{N} L(y_i, f(x_i))$$

5. 结构风险及 SRM

结构风险是因为过拟合问题造成的，结构风险的公式如下：

$$R_{min}(f) = \frac{1}{N} L(y_i, f(x_i)) + \lambda J(f)$$

其中，为了防止过拟合就需要让结构风险尽可能小，由此引入结构风险最小化（structural risk minimization, SRM）问题，公式如下：

$$\min_{f\in F} \frac{1}{N}\sum_{i=1}^{N} L(y_i, f(x_i)) + \lambda J(f)$$

6. 正则化方法概述

$$\theta \rightarrow h(\theta) \rightarrow J(\theta)$$

二、留出法（hold-out）

留出法是将数据集 D 划分为两份，分别是训练集 S 和测试集 T，在训练集 S 上训练模型，在测试集 T 上进行泛化性能评估。为了获得更好的效果，留出法在实际使用当中需要重复多次，因为单次留出法的评估性能会表现出不稳定的情况，需要多次随机划分数据集，并且每次数据集的划分需要尽量保持数据分布的一致性，最终的评估结果是多次评估取平均的结果。

在应用时，建议在保证数据分布特点尽可能不变的前提下，将 60% ~80% 的数据作为训练集，剩余的数据作为测试集。

三、交叉验证（cross validation，CV）

交叉验证法和留出法有一定的相似性，都是将原始数据集（original set）划分为训练集和测试集，不同之处在于交叉验证法更为细化，留出法只是将原始数据集划分为训练集和测试集两个集合重复多次进行实验，而交叉验证法则引入了 flod（“折”）的概念，为了方便理解，我们可以将原始数据集想象成一张长纸条，那么通过每次尽可能平均的“折”的动作就能够将数据划分为若干样本数量接近的子集，如果折成了 k 个子集，我们就说对应的交叉验证为 k-fold cross validation。

我们将原始数据集 D 划分成了 k = 5 个子集，每个集合的大小相近且互斥，和留出法一样，每个子集尽可能保证数据分布特点的一致性，一般可以通过分层采样的方法得到这些子集；每一次轮流将其中一个集合作为测试集，其余四个集合作为训练集，不难理解，实验需要重复 5 次，实验重复次数和 k 折所得到的子集的个数相同。

在实际使用中经常会用到一种称为嵌套交叉验证（nested cross validation）的方法，如图 2 -46 所示是一个 5 ×2 的嵌套交叉验证，顾名思义，这是由一个 5 折外层交叉验证和一个 2 折的内层交叉验证组成。

这里需要对计算机领域、统计学和数学以及机器学习领域中的几个“参数”的概念进行区分，对比如表 2－24 所示。

表 2－24　　各领域参数概念的对比

名称	含义	特点	示例
程序参数	一般作为程序中的函数输入	不存在“调参”的概念，参数可以用于测试程序的性能，但是程序性能的优劣本身和程序参数无关	bin/hadoop jar hadoop－0.20.2－examples.jar pi 2 10 Hadoop 自带的经典蒙特卡洛算法程序，后面的 pi、2、10 表示程序的输入，即程序参数
统计学参数	描述总体特征的概括性数字度量，即总体未知的指标称为参数	类似于模型参数，是除了自变量和因变量之外引入的对模型进行解释的变量	高斯分布中的均值和标准差
数学参数	方程中字母表示的变量	常用于几何和代数领域，表示一个方程式，所以也成为参数式	圆的参数方程 $x = a + r\cos\theta$ $y = b + r\sin\theta$ 其中，（a，b）为圆心坐标，r 为圆半径，θ 为参数
模型参数	指模型内部的参数，是模型的一部分，不能通过外部指定	模型参数影响模型的性能，是通过模型训练得到并通过优化算法进行优化的	逻辑回归中的系数
模型超参数	无法通过训练得到的模型参数，一般由外界进行指定	超参数通过启发式方式得到，可以人为根据具体的问题进行调整	KNN 算法中的 k

资料来源：笔者自制

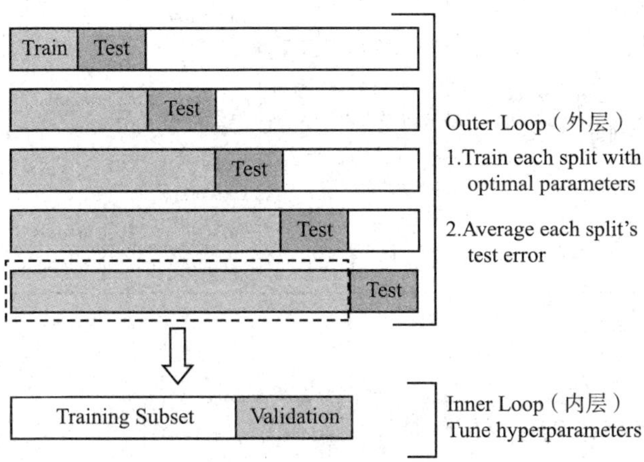

图 2－46　嵌套交叉验证

资料来源：笔者自制

四、混淆矩阵（confusion matrix）

混淆矩阵是分类算法模型最常使用的一种评估手段，可用于多分类（分类类别大于等于 2 种）场景，最常见的分类场景是二分类（Binary Classification），比如证券客户流失预测（流失/不流失）、证券客户理财产品购买（购买/不购买）。

二值分类的混淆矩阵如表 2－25 所示。

表 2－25　　　　二值分类混淆矩阵

<table>
<tr><td colspan="2" rowspan="2"></td><td colspan="2">真实结果</td><td rowspan="2">计算公式</td></tr>
<tr><td>0/Actual yes</td><td>1/Actual no</td></tr>
<tr><td rowspan="2">预测结果</td><td>0/ Predicted yes</td><td>Truc Positives（TP 真正例）</td><td>False Positives（FP 假正例）</td><td>预测为 0/正例的准确率：
$Precision = \frac{TP}{TP + FP}$</td></tr>
<tr><td>1/ Predicted no</td><td>False Negatives（FN 假负例）</td><td>True Negatives（TN 真负例）</td><td>预测为 1/负例的准确率：
$Negative\ Precision = \frac{TN}{TN + FN}$</td></tr>
<tr><td>计算公式</td><td></td><td>真实为 0/正例的准确率：
$Sensitivity = Recall = \frac{TP}{TP + FN}$
实际为正例，预测为负例的假负例率：
$FNR = \frac{FN}{TP + FN}$</td><td>真实为 1/负例的准确率：
$Specificity = \frac{TN}{TN + FP}$
实际为负例，预测为正例的假正例率：
$FPR = \frac{FP}{TN + FP}$</td><td>模型准确率：
$Accuracy = \frac{TP + TN}{TP + TN + FP + FN}$
模型错误率：
$Error\ Rate = \frac{FP + FN}{TP + TN + FP + FN}$
F_1 得分：
$F_1 Score = \frac{2 \times Precision \times Recall}{Precision + Recall}$
F_β 得分：
$F_\beta Score = \frac{(1 + \beta^2) \times Precision \times Recall}{\beta^2 \times Precision \times Recall}$</td></tr>
</table>

资料来源：笔者自制

衡量模型预测准确性指标包括正例精确率（Precision）和负例精确率（Negative Precision）：

（1）正例精确率，又称为精度或查准率，模型表示的含义为：模型正确地预测为正例样本数量占所有预测为正例的样本总量的比例，即所有被识别成的正样本中有多少是真正的正样本。该指标衡量的是分类模型对正例类别样本的预测精确率。

$$\text{Precision} = \frac{\text{TP}}{\text{Predictedyes}} = \frac{\text{TP}}{\text{TP + FP}}$$

（2）负例精确率，又称为负精度，模型表示的含义为：模型正确地预测为负例样本数量占所有预测为负例的样本总量的比例。该指标衡量的是分类模型对负例类别样本的预测精确率。

$$\text{Negative Precision} = \frac{\text{TN}}{\text{Predicted no}} + \frac{\text{TN}}{\text{TN + FN}}$$

衡量模型对于正、负例样本的敏感度主要包括两个指标——召回率和特异度：

（1）真正例率（True Positive Rate），又称真阳性率、召回率（Recall）、查全率或者敏感度（Sensitivity），表示的含义为：模型正确地预测为正例样本数量占实际所有正例样本总量的比例，即在所有的正样本中有多少被正确地识别成正样本。该指标衡量的是分类模型对正例类别样本的敏感度。

$$\text{Sensitivity} = \text{Recall} = \frac{\text{TP}}{\text{Actual yes}} = \frac{\text{TP}}{\text{TP + FN}}$$

（2）真负例率（True Negative Rate），又称为真阴性率、特异度（Specificity），表示的含义为：模型正确地预测为负例样本数量占实际所有负例样本总量的比例，即在所有的负例样本中有多少被正确地识别成负样本。该指标衡量的是分类模型对负例类别样本的敏感度。

$$\text{Specificity} = \frac{\text{TN}}{\text{Actual no}} = \frac{\text{TN}}{\text{TN + FP}}$$

（3）假正例率（False Positive Rate）或者错误接收率（FAR，False Acceptance Rate），又称为误报率，表示的含义为：模型错误地预测为正例的负例样本数量占实际所有负样本总量的比例，即在所有的负例样本中有多少被错误地当成了正例样本。该指标衡量的是分类模型对负例类别样本的敏感度。

$$\text{FPR} = \frac{\text{FP}}{\text{FP + TN}}$$

（4）假负例率（False Negative Rate）或者错误拒绝率/拒真率（FRR，False Rejection Rate），表示的含义为：模型错误地预测为负例的正例样本数量占实际所有正样本总量的比例，即在所有正例样本中有多少被错误地当成了负例样本。该指标衡量的是分类模型对正例类别样本的敏感度。

$$\mathrm{FNR} = \frac{\mathrm{FN}}{\mathrm{TP} + \mathrm{FN}}$$

衡量模型整体预测指标主要包括正确率和错误率，以及 F_1Score 和 F_βScore：

（1）模型准确率衡量的是所有正确分类的样本占总体样本的比例。

$$\mathrm{Accuracy} = \frac{\mathrm{TP} + \mathrm{TN}}{\mathrm{TP} + \mathrm{TN} + \mathrm{FP} + \mathrm{FN}}$$

（2）模型错误率，又称为误分率，衡量的是所有错误分类的样本占总体样本的比例。

$$\mathrm{Error\ Rate} = \frac{\mathrm{FP} + \mathrm{FN}}{\mathrm{TP} + \mathrm{TN} + \mathrm{FP} + \mathrm{FN}}$$

（3）F_β 得分，由精准率和召回率综合运算得到，常用于综合两个指标，计算公式如下：

$$\begin{aligned} F_\beta \mathrm{Score} &= \frac{(1 + \beta^2) \times \mathrm{Precision} \times \mathrm{Recall}}{\beta^2 \times \mathrm{Precision} \times \mathrm{Recall}} \\ &= \left(1 + \frac{1}{\beta^2}\right) \times \frac{1}{\frac{1}{\mathrm{Precision}} + \frac{1}{\mathrm{Recall}}} \end{aligned}$$

由精准率（查准率）和召回率（查全率）的计算公式可知，精准率衡量的是在推测出的样本总体中，正例样本所占的比例，而召回率衡量的是在实际正例样本总体中，预测出来的正例所占的比例。

设想两个极端的情况，第一个场景是推测出来一个样本且该样本为正例，该条件下，计算精准率的分子和分母都为 1，“查询准确度”（精准率在用于衡量搜索系统效果时又习惯称为查准率）为 100%，但是在计算召回率时，因为正例样本总量可能很大，此时计算召回率的分子为 1，所以“查询全面性”（召回率在用于衡量搜索系统效果时又习惯称为查全率）就很低；第二个场景是将所有正例样本都预测了出来，此时召回率为 100%，但可能带来的代价极端情况下将所有正负例样本总和都选出来，此时将样本总量作为计算精准率的分母可能会很大（也包含了所有的负例），势必会导致精准率比较低。

所以在实际业务中，Precision 和 Recall 经常表现为反比的关系，需要一个指标来平衡两者之间的关系，由此就引入了 F_βScore，该指标是精准率和召回率的加权调和平均值。由公式可知，当 Precision 或者 Recall 当中任意一个增大，都会使得 F_βScore 增大，F 值越大说明模型分类效果越好。一般常用的是当 β 取 1 时的值，即 F_1Score。

$$F_1\text{Score} = \frac{2 \times \text{Precision} \times \text{Recall}}{\text{Precision} + \text{Recall}}$$

在实际应用中，需要结合业务场景选择合适的算法评价指标，比如在一些需要保证预测结果“完整性”的场景中，就应该保证召回率或者查全率处于较高的水平，宁可发生“冤案”，也不能漏掉一个“坏人”，尽可能地使预测结果覆盖所有可能是正例的情况，使召回率接近 100%，但可以接受牺牲精准率。常见的场景有重大疾病预测、重大自然灾害预测；在证券行业有信用欺诈、异常交易检测等，因为一旦发生此类情况证券公司可能就会收到监管机构的高额罚单。反之，在一些场景中则要求在保证精确率的条件下，尽量提升召回率，比如法治社会中对嫌疑人定罪的场景，和“宁可枉杀千人，不可使一个漏网”的情况不同，除非有足够的证据，否则不能对嫌疑人定罪，该场景就要求“有一个就是一个”，即精准率要接近 100%，在此前提下，尽量提升召回率；券商投行部经营着广义上的 PE/VC 业务（Private Equity/ Venture Capital，私募股权投资和风险投资），作为投资经理，要有非常犀利的投资眼光和审慎的投资态度，力争做到投资的每一家公司后期都能带来可观的经济回报，类似的券商行业的应用场景还有利用人工智能技术进行量化选取等等。

比较常用的一组综合类评估指标是 ROC 和 AUC：

（1）ROC。可以由衡量模型对正例样本敏感度的指标——召回率 Recall 和衡量模型对负例样本敏感度的指标——误报率 FAR 派生出来一个综合的模型衡量指标——ROC 曲线（receiver operating characteristic curve，ROC），即受试者工作特征曲线。ROC 曲线体现的是召回率和误报率之间的关系，换言之，ROC 曲线衡量的是分类模型对于正例覆盖能力和对负例覆盖能力之间的权衡，一般而言，对于正例的覆盖能力越高于对负例的覆盖能力，即曲线越偏向左上角，则表示模型的分类能力越强。

假设我们有20个测试样本如表2－26所示，Inst表示行号，Class表示测试样本真实的标签（P表示positive，N表示negative），Score表示样本是Positive的概率（样本按照Score从大到小排序）。

表2－26　　样本概率示例

Inst#	Class	Score	Inst#	Class	Score
1	p	0.9	11	p	0.4
2	p	0.8	12	n	0.39
3	n	0.7	13	p	0.38
4	p	0.6	14	n	0.37
5	p	0.55	15	n	0.36
6	p	0.54	16	n	0.35
7	n	0.53	17	p	0.34
8	n	0.52	18	n	0.33
9	p	0.51	19	p	0.30
10	n	0.505	20	n	0.1

资料来源：笔者自制

我们按照设定一个阈值threshold，threshold的取值依次为样本的Score从大到小排序的值，比如第一个取值为0.9，第二个取值为0.8，依次类推。当threshold滑动到某个样本的Score值比如第5个样本的Score时，我们将threshold标识为TH_5，只有当Score大于TH_5的样本才被标识为正例（样本1，2，3，4，5），否则都是负例（样本6～20）。对于所有20个样本，可以得到20个对应的TH_i，$i \in (0, 1, \cdots, 20)$，也可以得到20个对应的Recall和FAR，以Recall作为Y轴，以FAR作为X轴，可以得到图2－47，其中（0，0）和（1，1）两个点为threshold分别取1和0得到的，将所有点连接就得到一个简单的ROC曲线。显然，当样本数足够多，threshold取值就足够多，连线就越“平滑”。

如上所述，一般情况下，ROC曲线越偏“左上角”，就表示分类器的效果越好，因为对于图2－47中的四个折点（0，0）、（0，1）、（1，0）、（1，1）来说，最左上角的点（0，1）表示误报率为0、召回率为1，代表最理想的分类效果，因此可以曲线越向此店靠近，分类器的效果越好。

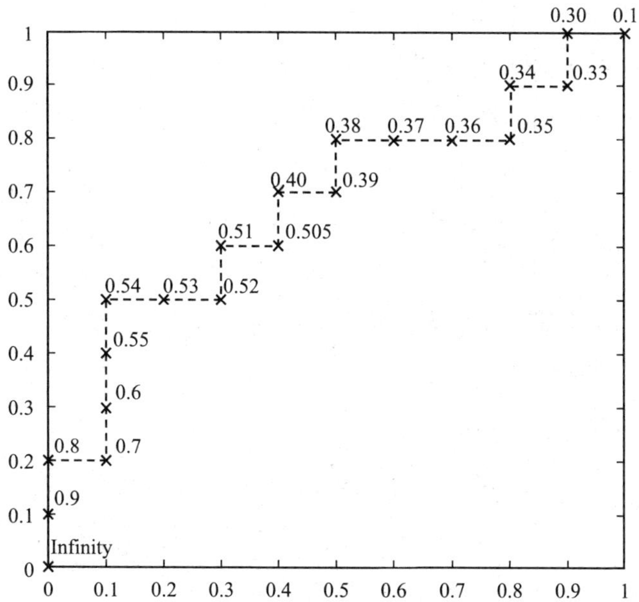

图 2－47 ROC 曲线示例

资料来源：笔者自制

（2）AUC。ROC 曲线可以在“感性”上直观地表达分类模型的效果，我们还需要一个精确的“理性”指标。由 ROC 曲线可以通过积分得到另一个模型的评估指标——AUC（Area Under the Curve，线下区域面积）。AUC 取值介于 0 到 1 之间，AUC 通常被用来评估二分类模型的效果，且这里的 Curve 通常指的就是 ROC 曲线，即 AUC 如非特别说明，一般指的就是 ROC－AUC。类似于 ROC 有效性的推导可知，一般地，在分类场景中，AUC 值越大，表示模型分类效果越佳（AUC 的另一个含义是评估排序效果，表示分别随机挑选一个正样本和负样本，模型对正样本的 Score 值有多大概率大于对负样本的 Score 值，因此 AUC 也常用于搜索和推荐场景中模型算法的性能评估）。

在实际场景中，需要自己编写 ROC 和 P－R 曲线的生成代码。另一组综合类评估指标是 PRC 和 AP。

（1）PRC。PRC 曲线（precision-recall curve）和 ROC 曲线类似，也是由两个基础的评价指标协同计算得到，两个指标分别是精准率和召回率，横轴是召回率，纵轴是精准率，PRC 衡量的是模型对于正例的识别程度和对正例的覆盖程度之间的关系。因为 Precision 和 Recall 的“一般性反比”关系，曲线整体向右上角弯曲，且曲线和 X 轴、Y 轴围绕的面积越大说明模型的效果就越好。

在数据分布不均衡的场景中，一般选择 ROC 曲线对比模型改动前后的效果。如图 2 –48 对比所示，（a）和（c）表示 ROC 曲线，（b）和（d）表示 PRC 曲线，（a）和（b）由正负样本平衡的原始测试集得到，（c）和（d）是将原始测试集中的负样本（或者正样本）规模扩大 10 倍以后得到。显然，在样本数据不均衡的场景中，ROC 曲线能够维持比较好的稳定性，方便观察，而 PR 曲线前后变化较大不易于观察。

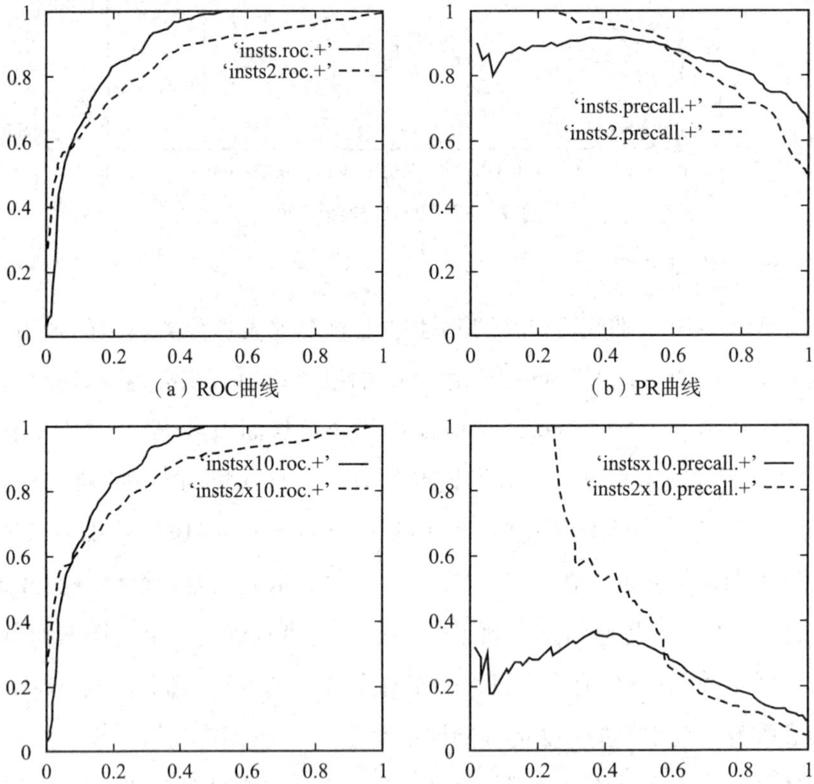

（a）ROC曲线　（b）PR曲线

（c）ROC曲线（10倍负样本）　（d）PR曲线（10倍负样本）

图 2 –48　ROC 和 PR 对样本的敏感度

资料来源：笔者自制

（2）AP。AP（average precision）类似于 AUC，在数学上表示 PRC 和两个坐标轴所围成的区域的面积，一般地，在分类场景中，AP 值越大，表示模型分类效果越佳。

第五节　机器学习常见问题及解决

在实际的机器学习实践中经常会遇到各种各样的问题，总结发现算法代码程序的编写和任务执行调度等开发类的工作对于技术人员来说难度较低，主要的问题集中在特征工程和模型调优方面。对业务不够理解、对算法深层原理和模型的性能参数不够理解等问题是造成算法效果不够理想的主要原因。以下对常见的几个问题进行分析并给出解决方案。

一、维度灾难

维度灾难或者维度诅咒（curse of dimensionality）问题的含义是在高维空间（通常具有数百或数千个维度）中分析和组织数据时出现的各种现象，这些现象不会出现在诸如日常经验的三维物理空间之类的低维度设置中。这个表达式由 Richard E. Bellman 在考虑动态优化问题时创造。

维度灾难发生在诸如数值分析、抽样、组合、机器学习、数据挖掘和数据库等领域。这些问题的共同主题是，当维度增加时，空间的体积增加得如此之快以至于可用数据变得稀疏。对于任何需要统计显著性的方法，这种稀疏性都存在问题。为了获得统计上可靠和可靠的结果，支持结果所需的数据量通常随维度呈指数增长。此外，组织和搜索数据通常依赖于检测对象形成具有相似属性的组的区域；然而，在高维数据中，所有对象在许多方面看起来都是稀疏的和不同的，这阻止了常见的数据组织策略的有效性。

二、过拟合/欠拟合

在解释过拟合和欠拟合这两类不合理的拟合问题之前，有必要回顾一下偏差（bias）和方差（variance）的特点和区别，这有助于实践中对模型进行优化。

首先定义观测数据集为 X，待遇测的变量为 Y，假设两者之间的关系服从以下分布，其中 ε 为噪声，其分布服从 $N(0, \delta_\varepsilon^2)$。

$$Y = f(X) + \varepsilon$$

将样本集定义为 D，我们通过某一个机器学习算法学的一个预测模型 $\hat{f}(X)$、$\hat{f}(X)$ 和 $\hat{f}(X)$ 近似，对于数据集 X 中的一个输入 x，对应的真实输出为 $y = f(x) + \varepsilon$，模型预测的结果为 $\hat{f}(x)$，由 y 和 $\hat{f}(x)$ 可以得到实际值和预测值之间的误差期望。

$$Err(x) = E[(y - \hat{f}(x))^2]$$

将 $y = f(x) + \varepsilon$ 代入并根据期望的运算性质，可以展开为下式：

$$Err(x) = [E\hat{f}(x)f(x)]^2 + E[\hat{f}(x) - E\hat{f}(x)]^2 + \delta_\varepsilon^2$$

因为 $E[f(x)] = f(x)$，且 $\varepsilon \sim N(0, \delta_\varepsilon^2)$，可以得到：

$$E[y] = E[f(x) + \varepsilon] = E[f(x)] + 0 = E[f(x)]$$

$$Var[y] = E[(y - E[y])^2] = E[(f(x) + \varepsilon f(x))^2] = E[\varepsilon^2] = \delta_\varepsilon^2$$

引入以下定义：

$$Noise = \delta_\varepsilon^2$$

$$Bias = E[\hat{f}(x)] - f(x)$$

$$Variance = E[(\hat{f}(x) - E\hat{f}(x))]^2$$

则得到预测误差的期望 Error 如下式所示：

$$Error = Bias^2 + Variance + Noise$$

Noise 噪声表示了该问题的难度，对于任何的预测算法都会存在，我们重点关注 Bias 和 Variance 这两个可以进行性能调优的指标。

根据公式不难理解，Bias 表示的是由拟合函数得到的预测值和实际值之间差距，可以用于衡量模型的拟合能力；Variance 表示的是该拟合函数 $\hat{f}(x)$ 的某一次预测值与通过样本集合大小相同但是集合内样本不尽相同的多次预测得到的结果的期望之间的差距，衡量的是该预测模型$\hat{f}(x)$的稳定程度，即判断该模型是否能够在数据集变化后仍然有稳定的表现，如果 Variance 比较大，则表示该模型在不同数据集上的表现时好时坏、稳定性不佳。

我们通过打靶的例子可以简单对两者的区别进行解释。如图 2－49 所示，纵向对比第一行的两个靶和第二行的两个靶可以看出，较小的 Bias 对应的预测点都围绕在靶心附近，而较大的 Bias 对应的预测点都偏离了靶心。同理，横向对比第一列的两个靶和第二列的两个靶，不难看出，第二列的预测点相当分散。从效果来看，左上方的预测表现最佳，其对应了低 Bias 和低 Variance，而右下方的预测表现则是最差的，既“瞄错了方向”又“持枪不稳”。一个好的模型就是要权衡 Bias 和 Variance，同时避免带来模型复杂度升高。

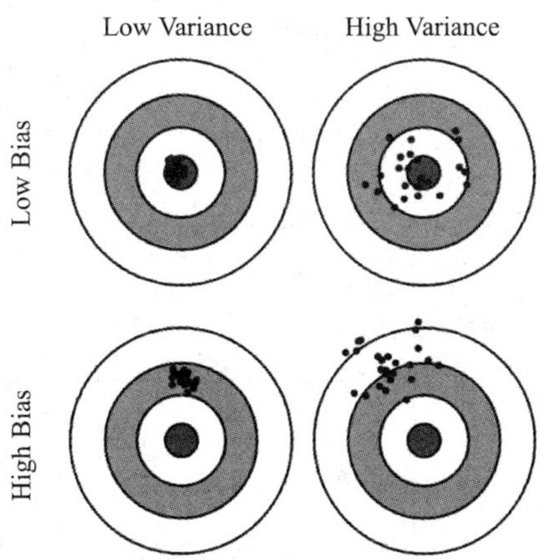

图 2－49　偏差和方差

资料来源：笔者自制

了解了误差（Error）、偏差（Bias）和方差（Variance）概念后，我们来看过拟合和欠拟合的概念。

因为在使用有限的样本去尽可能接近于事实的过程中误差是不可避免的，我们在模型训练中能做的就是希望模型能够尽可能地准确，也就是让误差最小化。但是降低训练集上的误差就会造成模型复杂度的上升，尤其是在训练样本的特征维度数量非常多的情况下，拟合函数会尽可能适配训练集中的所有样本，最终虽然模型能够很好地拟合训练集，但是对于新数据非泛化能力却非常差，我们称为过拟合（overfitting），如下最左侧的图中所示。过拟合对于模型预测而言看似是一种好结果，但训练集上的预测效果好不代表模型好，最终评估模型性能的是模型的泛化能力因为模型仅仅是在训练集上表现优秀，而总体样本中还有其他的样本，在训练集上拟合程度越高，那么在其他数据集上的泛化能力就越差，从而造成 Variance 过高，即模型表现不稳定。综上所述，过拟合会造成 Bias 较低但是 Variance 较高，所以过拟合问题又称为高方差问题。

为了避免出现 overfitting 的情况，就会设法降低 Bias 而提高 Variance，如果调整过度，就会导致 Variance 较低但是 Bias 过高情况，也就是图 2 - 50 最右侧显示的另外一个极端情况——欠拟合（underfitting），欠拟合在训练集上没有经过完全的训练，仅仅能够拟合为数不多的几个样本点，所以欠拟合问题又称为高偏差问题。实际上，对于图 2 - 50 所示的场景而言，现实中最佳的模型可能是中间图形所示的曲线。

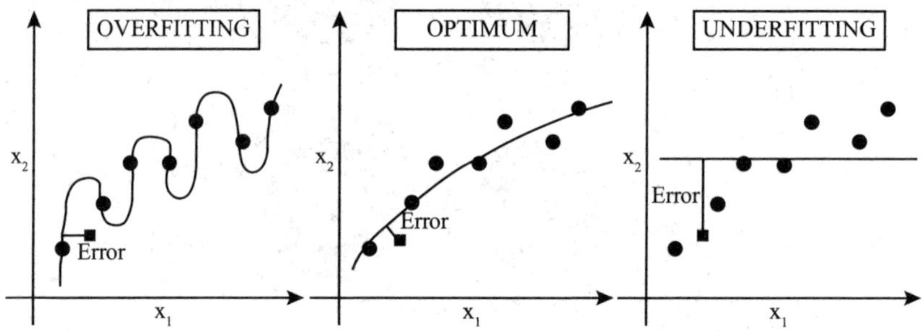

图 2 - 50　过拟合、欠拟合和最优情况

资料来源：笔者自制

过拟合或者欠拟合不仅会出现在线性分类的场景中，对于图 2 - 51 所示的非线性场景而言同样存在，所以解决拟合不当的问题对于机器学习的性能而言非常重要。

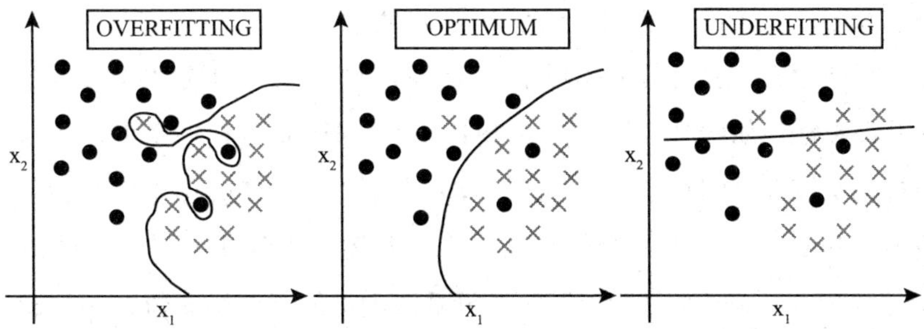

图 2－51　非线性场景中的过拟合、欠拟合和最优情况

资料来源：笔者自制

在进行机器学习训练时，解决拟合不当的问题可以参考图 2－52 所示的趋势关系，左图显示 Bias 和 Variance 成反比关系，我们一般可以在 Bias 线和 Variance 线的交点的左侧来寻找合适的 tradeoff。因为在该阶段，模型在训练集上的 Bias 在下降，训练误差在下降，但是训练集上误差的下降势必会导致模型复杂度的提升，造成过拟合现象，即 Variance 在提高，所以我们要及时在 Variance 过高的某一点附近停止并反复调试寻找最佳模型，也就是要参考如图 2－52 右图中所示的走势，沿着低 Bias 和高 Variance 的方向（图中向右的方向）、在测试集上的误差开始增大的某一点附近寻找最优解。

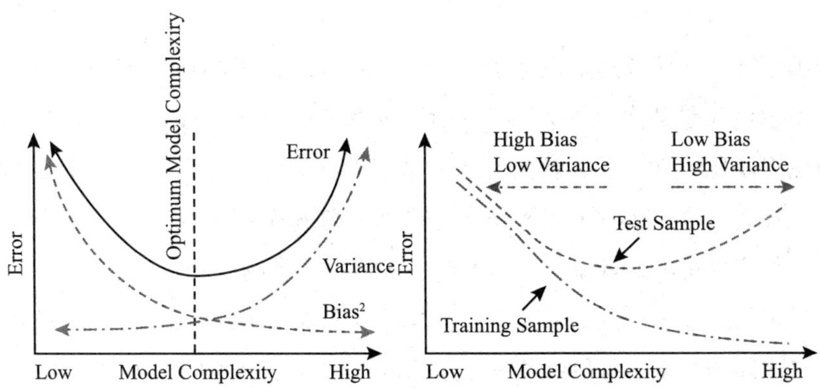

图 2－52　模型复杂度和方差、偏差的关系

资料来源：笔者自制

偏差和方差在算法性能调优方法中经常遇到，以前面所述的交叉验证法为例，在 k 折嵌套交叉验证的内循环中，我们将训练集按 fold 为单位又分成了训练数据和验证数据，如图 2－53 所示，每次留出一个 fold 作为验证集计算误差大小，当折数 k 较大时则每个 fold 中的样本数会下降，少量的样本作为验证集会使得误差中的 Bias 偏大，因为折数较大，所以多次迭代验证取平均后的值就会变小，也就是 Variance 变小，所以 k 不能设置过大，适当调小 k 值，提高验证集中的样本个数，从而降低验证误差的偏差值，适当提高 Variance，再根据图 2－52 所示的趋势曲线进行调节。

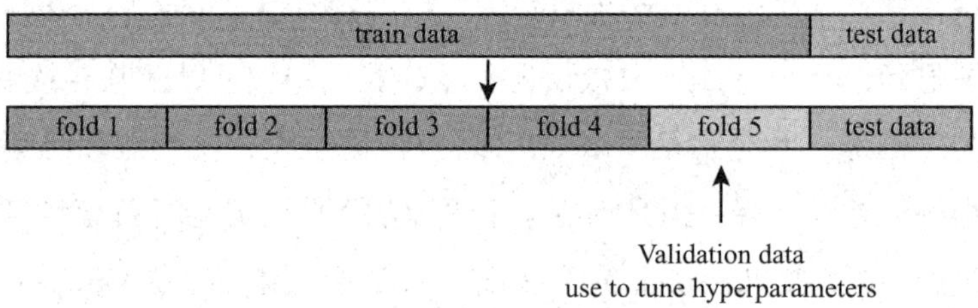

图 2－53　k 折交叉验证

资料来源：笔者自制

三、数据不平衡问题

数据不平衡问题指的是在样本中，不同类别数据的数据量分布极度不均衡的现象，所以该问题又称为“类别不均衡”问题（class-imbalance）。数据不平衡现象在自然界是比较常见的，均匀分布的情况往往只存在于理论研究中，“长尾”和“二八原理”在证券客户的业务数据分布中普遍存在。

为了得到更精准的模型，除了要解决数据不均衡的问题，也要考虑到输入样本量级大小的因素。如图 2－54 所示，根据样本数据量大小以及样本数据的分布均衡程序之间的关系，可以将数据处理难度由大到小分为四个等级。由图 2－54 易知，对于小数据量且样本分布极不均衡的情况，模型学习的难度是最大的，最好的情况是样本数据量达到“大数据”量级，同时样本数据每个类别之间的分布比较均匀，大量的样本和均衡的数据保证了模型是足够精准的。事实上，如果数据情况足够理想，模型的预测结果理论上可以无限接近真实情况。

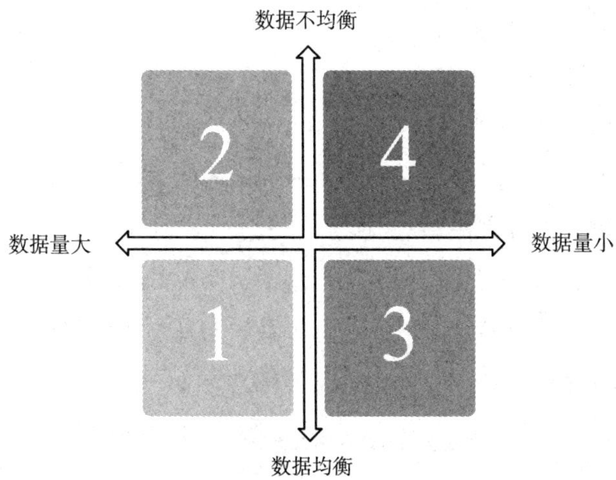

图 2－54　数据量大小和数据均衡度坐标轴

资料来源：笔者自制

如在客户理财产品精准营销的业务场景中，因为 OTC 类产品或者私募类产品买入门槛较高或者客户对理财产品的接触途径有限等原因，多数客户是没有购买过理财产品的。假设将购买过理财产品的客户视为正例，将没有购买过理财产品的客户视为负例，则正负例数量常常差距至少 2 个以上的数量级。如果直接使用失衡的数据进行训练，结果预测为负例的精准率会非常高，但这种预测模型对于实际业务来说没有任何的价值，因为即便是任取一个客户，因为样本不平衡的原因，这名客户不会购买理财产品的概率可能达到99.8%，但是这样看似不错的性能表现对于精准营销场景没有任何的指导价值，因为模型不能够预测出打算购买理财产品的客户。

解决数据不平衡问题的方案有采样法和权重法，其中采样的方法可以分为欠采样（under-sampling）、过采样（over-sampling）和阈值移动（threshold-moving）三种方案：

1. 欠采样

欠采样又叫作下采样，顾名思义，就是将负例样本数量减少到和正例样本数量悬殊程度在可忍受范围内的数据均衡办法。

（1）优点：简单的随机欠采样只是删除随机采样出来的负例样本，实现较为简单。

（2）缺点：因为采样的随机性，容易丢失重要数据；简单随机欠采样并没有考虑样本的分布特点，合理性存在问题。

（3）优化：主要有简单集合法（easy ensemble，EE）和平衡串联法（balance cascade，BC）两种方法。除此之外，还可以尝试使用最近邻规则（edited nearest neighbor，ENN）方法和领域清理规则（neighborhood cleaning rule，NCL）方法，ENN 和 NCL 方法的实现步骤相对复杂，对计算能力要求相对较高，且训练出来的模型对后续的分类会产生比较大的负面影响，因此在实践中建议优先考虑简单集合法和平衡串联法这两种算法解决数据不平衡的问题。

2. 过采样

过采样又叫作上采样，和欠采样相反，过采样是通过将正例进行重复来达到平衡正负例之间数量关系的方法。

（1）优点：同欠采样，简单的随机过采样实现相对比较简单。

（2）缺点：容易造成数据重复，导致训练模型过度拟合。

（3）优化：采用让数据在一定范围内随机抖动的方式来重复正例数据，可以在一定程度上提高模型准确度。常用的一种过采样的方法为 SMOTE（synthetic minority oversampling technique），意思是合成少数类过采样技术。SMOTE 在随机过采样算法的基础上进行了改进，算法基本原理是首先分析样本数量较少的类的特点，之后通过人为生成的方法扩充正例的数量。另外在实践中还可以考虑在 SMOTE 算法基础上进行改进了的 Borderline - SMOTE 算法，以及基于 K - Means 聚类算法的过采样技术。

3. 阈值移动

阈值移动方法不会对样本进行处理，而是通过改变多数类和少数类的判别阈值的方法来调整两类之间的数量比。阈值移动的理论依据简述如下：假设在一个样本集合中有 A 和 B 两个类别，A 类别有 m 个样本，B 类别有 n 个样本，定义指标观测概率为 m/n。如果模型将样本预测为 A 类别的概率为 p，则预测为 B 类别的

概率为 $1-p$，定义预测概率为 $p/(1-p)$。如果预测概率大于观测概率，即 $p/(1-p)>m/n$，可以转化为 $p>m/(m+n)$，即满足该条件时，可以将样本预测为 A 类别。

在了解了该原理之后，就可以基于该原理通过改变决策规则的方式、间接地解决数据不平衡的问题。训练过程仍然可以使用不均衡的数据，但是因为正例少于负例的原因，我们可以调大负例样本的预测概率值，这样就能降低将一个样本预测为负例的概率，从而达到平衡正负例预测结果的问题。

另一类算法是权重法或者加权法，和采样法相比，权重法的原理和实现都比较简单，所以在实践中可以优先考虑使用加权法，如果效果不理想，可以再考虑使用采样法。权重法对样本中多类别的样本赋予较低的权重，对于少数类别的样本数据赋予较高的权重。

要根据数据的特点选择均衡数据的方案，一般而言，在正例和负例样本都比较少的情况下，应该利用已有样本生成更多的样本，常见的方法有 SMOTE 算法、优化版本 Borderline – SMOTE 以及 ADASYN 算法等；在负例比较多但是正例非常少而且两者数量悬殊的情况下，可以将分类问题转变为异常值检测问题，即将极少出现的正例作为异常值看待，使用异常检测相关的模型进行建模预测，比较经典的算法如 One – Class SVM；在数据量大且分布均衡度不是特别低的情况下，可以使用加权或者采样均可。

应用篇

本书下篇为应用篇，分为智能投顾、智能客户分类、智能客服三章内容。三个章节分别讲解了人工智能在证券行业的投资顾问、精准营销、客户服务三大领域的应用，目的在于使读者对于大数据和人工智能技术给证券行业带来的积极影响有具体的认识。

第三章

智能投顾

“在我们有生之年，有可能看到有机生命会逐步被无机生命所替代。今天我们靠机器找路、认路，二十年后，当我们在自己的人生当中碰到了这样的十字路口要做决策的时候，很多人会用智能手机、人工智能来做决定，他们会告诉你该怎么做。”——尤瓦尔·赫拉利《人类简史》

第一节 证券投资顾问业务面临的困局

一、经纪业务发展思路

本节将通过描述中国券商经纪业务发展困局，以问题为导向，从而引申出未来券商经纪的转型方向是财富管理业务，并通过投顾业务在财富管理业务中的核心地位推导出财富管理业务的发展路径和业务发展模式。

（一）券商经纪业务发展中的困局

经过20多年的建设发展，国内券商目前已经逐步形成了一定的规模效应和品牌效应。但是无论是从资本实力还是利润总额的角度，国内券商与国际券商相比，都有着巨大的差距，即使和国内银行、信托等其他金融机构相比，整体实力也属于小字辈。

反观国内券商，传统的经纪业务依然没有摆脱靠天吃饭的困境，时至今日，很多券商期待整合内外部产品资源和客户资源，建立全方位的财富管理服务平台，形成多元化的盈利模式，但是目前很多公司的经纪业务转型仍停留在口号和规划上。

收入模式单一、竞争激烈导致券商经纪业务佣金率近年来持续下行，2018年券商行业整体佣金率已下滑至0.034%，创历史新低。佣金率已经迫近券商经纪业务的盈亏平衡点，佣金率的持续下滑对券商业绩产生了十分巨大的影响，券商寻找新盈利增长点迫在眉睫。佣金率还在下滑，经纪业务收入占比持续降低，但这些似乎还不是券商经纪业务的最大挑战。伴随互联网对各行业的渗透，新的用户体验与服务给传统模式带来了明显冲击，客户流失难以避免；而在行业之外，更有 BAT 等巨头在虎视眈眈。国内券商经纪业务的困局亟待突破。

（二）券商经纪业务存在的问题

很多券商在经纪业务方面，存在“散、慢、弱、低、少、缺”等问题：散：随着产品和业务的扩展，经纪业务已经从传统的通道业务向多元化的财富管理业务转型，经纪业务涉及的产品和业务越来越多，很多券商现有组织架构设置不合理，导致内部业务板块间壁垒重重，资源配置极度分散，协同效应不强，不能反映公司整体业务发展战略；慢：随着互联网金融的冲击、佣金费率的下调以及竞争对手新设网点的冲击，券商原有的制度红利和行业红利正在消失，很多券商传统的经营地域正被竞争对手蚕食，在现在提倡“快鱼吃慢鱼”的时代，无论是从反应速度还是反应机制，很多券商都还没做好应对的足够准备；弱：相比于一些大型券商，不少中小型券商客户基础较为薄弱，客户结构不合理，现有资产规模难以支撑公司市场份额可持续增长；低：很多券商营业部差异化经营特征不明显，营销管理体系精细化程度低，部均和人均产出较低；少：很多券商人才储备不足，尤其是缺少投资顾问人才、专业技术人才、规划创新人才和营业部经营管理人才等复合型人才；缺：很多券商在客户服务方面目前只有基础服务，而关于分级分类的管理体系和产品体系（含资讯产品）缺失。

（三）券商经纪业务转型之道

在强大的市场竞争压力下，很多券商开启了经纪业务转型之路。各大券商积极探索差异化的竞争模式，推动经纪业务由传统通道向财富管理转型，证券公司向“投资银行”以及“资本中介”本源的回归，已成为证券行业的共识。

展望未来证券市场的发展，资本实力雄厚、综合竞争力领先和战略远瞻性强的大型券商和一批新锐互联网券商将是新一轮经纪业务转型发展的主导者和最大受益者。券商必须在经纪业务困局中正视经纪业务存在的问题，并以问题为导向寻求破局之道。

近年来，由于技术渠道的拓展，“互联网+”证券蓬勃发展，成为银行、证券、保险三大传统金融子行业中与互联网融合发展最为成功的领域，互联网开户、交易、客服、资产管理等业务不断取得突破。“互联网+”证券正成为券商经纪业务变革的巨大推动力，“互联网+”证券为券商带来海量长尾客户的同时，亦正在深刻地影响着券商行业原有的商业模式。

券商金融和科技的融合大致分为三个阶段，在每个阶段，科技的价值都有着不同诠释。第一阶段是信息技术时代，券商是最早拥抱信息技术的行业之一，运用IT技术让客户的交易更为快速便捷，让券商从繁杂的事务工作中脱离出来，这个阶段，科技是工具。第二阶段是互联网金融时代。券商的触网为经纪业务打开了经营边界，获得了海量的用户流量，带动了券商互联网平台和互联网服务的发展。这个阶段，科技是资源。第三阶段就是现在的金融科技时代。

在当前行业周期趋弱的情况下，券商更应该拥抱金融科技。

首先，在成本节约层面。通过移动互联网、人脸识别、OCR、智能客服等手段做到客户线上化、业务线上化、产品线上化、服务线上化、运营集中化，最终在券商佣金率持续下降的时代大大降低整体运行成本和单客服务边际成本，提升综合竞争力；其次，在精准营销层面。通过大数据技术，提升营销效率；最后，在OMO线上线下融合层面。通过移动互联网技术使传统券商从坐商转变为行商；用大数据、CRM、MOT等技术手段赋能线下营业部，给一线员工提供海陆空一体化的单兵作战武器；同时，正因为金融科技的加持，使得券商可以用全新的视角来对传统业务体系和客户进行重新审视，营销服务流程重塑和商业模式再造成为可能。

（四）券商经纪业务变化趋势

未来券商经纪业务的同质化、分散化经营将被差异化、特色化经营所取代，粗放式营销管理将被精细化管理所取代，个体化服务将被体系化服务所取代，服务体系和产品体系将成为未来券商经纪业务竞争的焦点和主战场。

总体来看，未来券商经纪业务将面临以下六大变化：

1. 竞争方式的变化

经纪业务将从价格竞争向以客户需求为中心的产品创新竞争转型。单纯依靠佣金战和价格战为主的纯通道业务会逐步转向以客户为需求为导向的产品创设、销售能力和风控能力的新型竞争模式。

2. 人才结构的变化

人才结构将从大规模的中低端人才向适度规模的专业化高端人才转型。金融行业的核心竞争力是人才，未来券商行业人才结构将从目前大量依靠简单资源投入型的营销型人才向专业化的中高端人才进行转型，而这个过程依据公司特质会有所区别，但是整体趋势不变。

3. 业务模式的变化

未来经纪业务的业务模式将从单纯拉客户开户炒股向个性化服务配置、产品配置转型。券商目前的业务模式依旧是“拉客户、炒股票、卖产品”老三样，而个性化、专业化服务严重缺失，未来基于客户适当性管理，以服务配置和金融产品配置为主体的资产配置型服务将成为服务主流。

4. 服务资源的变化

未来券商服务资源的提供将从单一部门独立提供向跨部门跨业务线整合提供转型。未来券商的服务竞争将不是单个营销板块或营销服务部门的竞争，将是总部层面的竞争，将是总部在资源整合、业务管理、产品创设等方面和层次的竞争，缺乏资源整合能力和产品创设能力的券商将会全面落败。

5. 营销渠道的变化

未来券商经纪业务的营销渠道将从团队 + 物理渠道向多层次、立体化营销渠道转型。目前传统的“营销人员 + 服务人员 + 营业网点 + 渠道网点（银行网点、第三方理财机构等渠道）”将转型到线下 + 线上，PC 端、手机端和云端全面对接的营销渠道，互联网将成为最主流的营销渠道。

6. 盈利模式的变化

券商的本质是中介，中介盈利模式从单纯交易收费模式向多元化服务收费模式转型。未来行业创新发展实际有两条主线：一条是满足企业客户和机构客户的投融资线；另一条是满足高净值客户的财富管理线。这两条线应该联动发展，形成协同效应。

二、证券投资顾问业务面临的问题和困难

本节通过具体描述正确投资顾问业务的相关概念、定义及其意义，让读者能清晰掌握投资顾问业务的基本要点，并通过列举投资顾问业务在中国券商的发展历程和存在问题，并详细论证了各种投资顾问业务模式的利弊关系。

（一）证券投资顾问业务的定义和意义

按照2010年10月12日中国证监会颁布的《证券投资顾问业务暂行规定》，证券投资顾问业务是指证券公司、证券投资咨询机构接受客户委托，按照约定，向客户提供涉及证券及证券相关产品的投资建议服务，辅助客户做出投资决策，并直接或间接获取经济利益的经营活动。

在经纪业务转型中，以证券投资顾问业务为代表的增值服务可以有效提升客户体验，满足个性化投资需求，充分发挥券商在投研、产品设计等方面的专业优势，有助于实现经纪业务转型升级，开拓新市场空间。

（二）证券投资顾问业务发展现状及问题

2011年是券商投资顾问业务元年，《证券投资顾问业务暂行规定》于2011年1月起正式实施。券商投资顾问业务从发端起即被赋予经纪业务转型的重任，投顾业务目前向三个方向继续发展，即以产品配置为代表的投顾业务，本质是涉足金融理财市场；以证券组合推荐服务为代表的投顾业务，主要涉足证券交易服务；以明星投资顾问为代表的投顾业务，主要涉足理财、证券开户与服务的综合市场。

投资顾问业务虽然被券商寄予厚望，但是近年来发展却一直不尽如人意。投资顾问收入在证券公司的收入构成中，从来就没有占据过重要地位，并且还在日渐式微。

2015年，前10大券商中有9家在年报中披露了投资咨询业务收入，最高的海通证券也仅6.2亿元，占到总营业收入的1.6%，其他券商几乎都在1%以下，在券商营收中的占比几乎可以忽略不计。①

① 方强．商业模式与投顾模式的悖论［J］．大众理财顾问，2018（4）．

经过长期的发展建设，很多券商目前已经建立了基本的客户服务体系，也初步建立了以投资顾问为主体的投资顾问业务推动体系，但也面临着下述问题：

1. 券商投顾业务盈利模式不够清晰

由于各种原因，目前很多券商投资顾问赚取的不是投资咨询收入，而是销售金融产品和通道服务获取的佣金，投顾人员成为“销售员”的现象十分普遍。目前，多家券商都在尝试推出系列服务产品，希望在丰富服务产品线的同时，建立起差异化的佣金价格体系，逐步稳定并提升佣金水平。但也面临着服务产品的质量有待持续提升、客户对专业和高水平的投资咨询服务的需求有待进一步开发和引导等问题。当前，佣金价格与服务产品相挂钩的价格体系在证券市场尚未建立，市场宣导也不充分，客户对此的认可度亟待提高。投顾服务的核心价值不能体现，独立收费模式也无法形成，投资咨询相关收入在券商的收入占比中越来越小，基本上被边缘化，投顾的价值长期以来附属在经纪通道业务上，价值更多地体现在对佣金费率的维持上。

2. 服务体系相互割裂，未形成完整的闭环服务体系

目前很多券商服务产品资源分布散落在总部各个业务部门和分支机构，分支机构包括投资顾问人员在内的服务人员对客户的服务仍停留在个人经验上，服务存在明显的断层和断点，服务频率和覆盖面严重不足。

3. 服务投入严重不足

由于考核导向等问题，很多券商营业部存在重营销、轻服务的现象，很多分支机构服务投入严重不足，只负责引入，不负责维护，再加上券商服务资源的分散化和分离化，导致为客户提供的服务产品的质量参差不齐，客户服务感知度很差，遇见行情转好，新增客户数量不断增加的时候，券商的中后台客户消化能力和服务能力却成为制约业务发展的瓶颈。

4. 人才队伍不足与老化

按照中国证券业协会披露的数据，目前整个证券市场的投资者达到 1.2 亿人，但全行业投资顾问数量仅有 1.5 万人，即便加上行业内客户经理等营销服务人员，投顾的人均服务客户数量也达到 3000 个，这种覆盖率和服务频率肯定是无法满足客户需求的投顾人员团队建设、人才储备和技术能力明显不足，缺乏专业稳定的理财队伍已经成为券商为客户提供专业化、差异化服务的最大掣肘。

另一方面，很多投资顾问人员人才结构和知识结构老化，服务方式依旧停留在传统营销服务模式上，服务产品意识淡薄，已经不能适应市场和客户需求。由于历史原因及人才结构问题，投资顾问的服务能力、专业化水平和金融知识结构不能满足客户全市场、全品种、个性化理财的需求，只能向客户提供同质化的基础服务，服务的层次和产品链无法形成，导致券商与客户的议价能力严重不足。

5. 投资顾问定位不清

营业部投资顾问定位为营销人员还是服务人员一直是很多券商长期纠结的一个问题，相关考核及培训政策也长期摇摆不定，导致投资顾问人员对自身职业发展生涯无法有长期稳定的规划和预期。

6. 风控意识和能力有待提高

投资顾问业务链较长，存在较多的风险点。为此券商急需提升风险管理能力，在股市出现波动加大的情况下协助投资者做好风险控制工作。否则就会出现行情好股票推荐满天飞，行情低迷投资顾问无所适从的局面。

7. 品牌意识淡漠

很多券商至今未有自己独立的服务品牌，品牌意识淡漠，导致无法在客户心目中形成有效的品牌效应，扩大公司服务品牌和服务产品的影响力。

8. 佣金战始终激烈，让投资者为差别佣金埋单的难度增大

2011 年 1 月开始执行的规定中首次明确投资顾问可以单独收费，即“按照服务期限、客户资产规模收取服务费用，也可以采用差别佣金等其他方式收取服务费用”，券商投资咨询收入占比情况如图 3－1 所示。

然而，大多数投资者并没有为投资顾问服务单独付费的消费习惯，仍以差别佣金模式为主。究其原因主要是因为以下几个方面：

（1）根据《证券投资顾问业务暂行规定》，投资顾问只能辅助客户做出投资决策，不能代客户做出投资决策，言下之意投资者可以不采纳投资顾问的投资咨询建议，由此投资者没有单独付费动力。

（2）当前法规并不允许投资顾问做全委托账户管理，因此国内无法像成熟市场国家一样对投顾组合按照账户规模收取固定费率甚至是业绩提成，这也极大地制约了投资顾问人员的主观能动性。

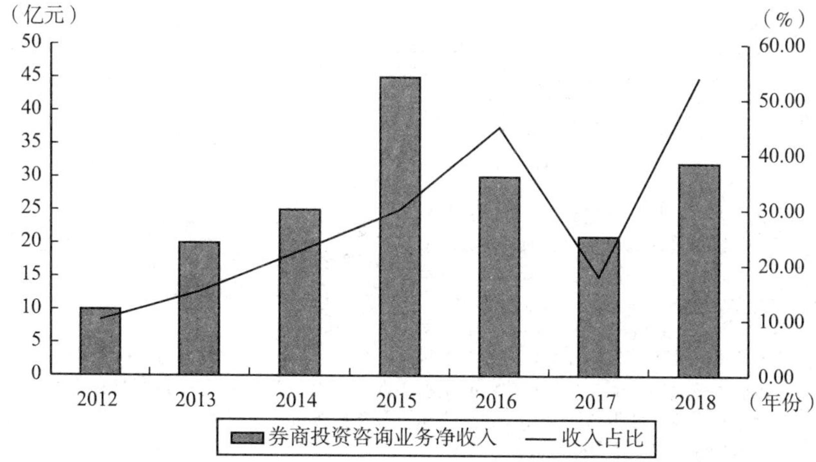

图 3-1　券商投资咨询收入占比情况

资料来源：笔者自制

9. 券商投顾代客理财仍然是“镜中花”

2015 年 3 月 17 日证券业协会下发《账户管理业务规则（征求意见稿）》，征求意见稿允许取得符合相关规定的持牌机构接受客户委托，就证券、基金、期货及相关金融产品的投资或交易做出价值分析或投资判断，并代理客户执行账户投资或交易管理。

事实上，券商代客理财由于客户需求一直都有存在，但由于运作不是十分规范，在 2004～2007 年，监管层逐渐叫停了券商代客理财业务。虽然民间理财需求旺盛，而且征求意见稿已下发，但是账户管理业务目前来看仍然遥遥无期，表 3-1 为投资顾问业务和账户管理业务对比。

表 3-1　投资顾问业务和账户管理业务对比

	投资顾问业务	账户管理业务
法律依据	2011 年《证券投资顾问业务暂行规定》	2015 年《账户管理业务规则（征求意见稿）》
任职资格	具有证券投资咨询执业资格，并在中国证券业协会注册登记为证券投资顾问	取得证券投资咨询从业资格，并在协会注册为投资顾问，且具备一定的证券投资、研究、投资顾问或类似从业经历，具备良好的诚信记录和职业操守，最近 3 年未受到刑事处罚或行政处罚

续表

	投资顾问业务	账户管理业务
法律依据	2011 年《证券投资顾问业务暂行规定》	2015 年《账户管理业务规则（征求意见稿）》
工作职责	接受客户未投，按照约定，向客户提供涉及证券及证券相关产品的投资建议服务，辅助客户作出投资决策，并直接或者间接获取经济利益的经营活动	接受客户委托，就证券、基金、期货及相关金融产品的投资或交易做出价值分析或投资判断，代理客户执行账户投资或交易管理
收费模式	与客户协商并书面约定收取证券投资顾问服务费用的安排，可以按照服务期限、客户资产规模收取服务费用，也可以采用差别佣金等其他方式收取服务费用	在协议中与客户约定账户管理服务报酬的安排，服务报酬包括管理费和业绩报酬等

资料来源：笔者自制

10. 以佣金为主的投顾业务盈利模式难以持续

本段落通过对现有投顾业务模式的分析，得出现有的以佣金为主的投顾业务模式难以有效推动投顾业务健康发展，必须逐步过渡到以管理费为主的业务模式。

（1）投资顾问业务收费模式辨析。投资顾问业务收费模式历来有两种：一是基于佣金（commission-based）；二是基于管理费（fee-based）。

在佣金模式下，投资顾问不单独收取投顾费用，而从提供产品供应方获得佣金，产品包括股票、基金、投资组合等金融产品或服务。

在这种模式下，投顾人员为了获取更多“返佣”，可能存在诱导鼓励交易、向投资者销售“返佣”更高产品的动机，从而背离投资者适当性管理的原则。

在管理费模式下，投资顾问单独收取投顾费用，通常是基于客户资产规模的一定比例收取固定费用，客户资产账户内股票、基金等金融产品产生的交易费用不再另行收取。

（2）投顾收费模式利弊分析。佣金模式和管理费模式对应不同的监管思路和盈利模式。

佣金模式下，“适当性”（suitability）是遵守准则，即把合适的产品销售给合适的客户，投资顾问提供的产品或服务不一定是最好的，而是最合适的。

管理费模式下，“受托责任”（fiduciary duty）是核心准则，即投资顾问必须要把客户的利益放在首要位置，而不是自己的或所在机构的利益，给客户提供最好的产品或服务。

佣金模式下很容易产生利益冲突。在佣金模式下，投顾的收入与销售的金融产品佣金直接挂钩，投顾业务更具有“销售”属性，从而可能产生和客户的利益冲突。

管理费模式下，投顾人员的收入来源于客户资产规模，其收入多少取决于管理的客户资产规模大小，为获取更多收入，投顾人员会努力让客户资产保值增值，从而吸引客户更多的资产追加或者以老带新的客户，从而其业务模式与客户的利益高度一致。

与现有佣金模式相比，管理费模式下的投资顾问业务能很大程度上让投资顾问回归“金融医生”的本质，从而有效贯彻投资者适当性保护原则，树立投资顾问与客户共享共赢的良好机制，保障客户资产的安全，促进客户资产稳健增值。

三、投顾业务发展方向

伴随证券行业创新转型步伐加快，在财富管理业务的大背景下，以证券投资顾问业务作为券商经纪业务的主要突破口，以财务规划和资产配置作为切入点，有效串联整合公司各类服务资源和金融产品资源，推动经纪业务真正转型升级。

推动券商经纪业务从传统的通道业务向财富管理业务进行转型，不仅仅是顺应行业发展趋势的要求，也是推动经纪业务转型升级的有效路径，财富管理业务更是对券商传统业务的全面升级和业务功能的重塑再造。

券商坐拥客户这座巨大金矿，却只能赚取微薄的通道费。而发展财富管理业务不仅可以充分挖掘和利用客户的生命周期，有效推动客户的价值挖掘从显性价值挖掘转变到终身价值挖掘，延长客户链，推动经纪业务转型升级，从现有的佣金主导向佣金与收费模式并重进行转化，提升券商服务高端客户的服务能力，提升话语权和与银行、信托、公募基金、私募基金、第三方理财机构等在综合金融服务竞争中的比较优势，突破现有业务困局。

构建财富管理体系是一个券商内部整个运营与管理制度改造的系统工程，

涉及整个公司业务前后台的组织架构与业务流程的分解、整合、创新与再生。要以客户需求为核心，以财富管理部门为抓手，整合资源打造客户链条和服务链条，并使客户链与服务链有机对接。①

一个较为理想的投顾业务支持体系应该具备基本的六大要素：专业、稳定的投资顾问团队；完善的客户关系管理平台；创新的产品设计与开发；及时、有效、充足的信息资讯支持；科学的考核与评价体系。②

其中“专业、稳定的投资顾问团队”和“创新的产品设计与开发”是当前券商投资顾问业务最为薄弱的环节，也是难以形成差异化竞争的瓶颈。

对于投资顾问业务推动，需要在以下几方面加以改进：

一是需要明确法规界定与解释。账户管理业务是否能落地，证券法是否能适时进行修订，释放更多政策空间，激发更多改革红利，都是非常值得期待的部分。

二是需要对投资顾问业务进行分类管理和分类发展。投资顾问业务是成长型的业务，不应只有一种业务模式，因此，应该根据券商本身特质，结合券商经纪业务转型要求，对投资顾问业务进行分类发展、分类管理与积极促进。

三是建立健全支持体系。从各个券商自身来看，在行业法律法规等顶层设计的同时，也应结合行业和市场竞争特点，选择适合自身，相对明确的投顾业务定位，并围绕人才、产品和系统进行业务推动，建立一套完整的投资顾问业务支持体系，并借此打造公司财富管理业务品牌。

在经纪业务从通道业务向财富管理转型过程中，最大的困难和难点实际上是传统业务的体制变革和资源整合问题。券商需要整合公司的研究资源，为投资顾问人员提供高质量的宏观、策略、行业、公司的研究成果。券商需要整合公司、分支机构的营销资源和力量拓展投资顾问人员服务半径。券商需要重新构造客户服务体系，提升投资顾问的工作效能，重构券商的投顾、营销、客服一体化的服务体系。

投顾业务的风险点较多，需要健全投顾法规制度体系，通过加强业务学习，充分利用投资顾问业务平台，建立信息隔离墙制度、加强对投顾业务各个环节的

① 侯捷宁，朱宝琛．经纪业务：从传统通道向财富管理转型［J］．证券日报，2012（5）．

② 李胜权．天风证券竞争战略研究［J］．北京交通大学，2013（6）．

监控等工作都是控制风险的有效手段。

综上所述，券商愈发重视财富管理业务，但发展策略和发展方向各有不同，但是总体来说，以下几种趋势是目前的行业主流：

1. 线上服务为主

以营业部数量处于行业中上水平的券商为例，部分券商最近两年已经不再新设营业部，而是更注重打造手机端 App、智能投顾服务体系或是搭建大数据系统。以投资顾问业务为抓手的财富管理业务一定会是线上为主，线下为辅，解决客户在每个业务环节中的痛点，把客户体验做到最好。

2. 全员投顾化

财富管理转型升级中，很多券商都把投资顾问队伍建设列为推动财富管理转型的举措之一，持续打造专业化的投资顾问队伍，有序培养财富管理业务人才。

中国证券业协会数据统计显示，在 2018 年，证券经纪业务从业人员的结构悄然改变：作为券商向财富管理转型的重要抓手，投顾数量在 2018 年增加了近 5000 人，投顾数量增至 45123 人，较 2017 年底增加 4876 人，同比增长 12.1%。与此同时，以营销为主的传统证券经纪人减少了 6000 余人，并在券商之间加速流动。①

数据显示，2018 年投顾人数排名行业前五的券商依次为广发证券、中信证券、中信建投证券、银河证券及华泰证券，均超过 2000 人。国泰君安、申万宏源（合并）、国信证券、中泰证券、长江证券分列第六到第十名。

市场普遍认为，经纪业务从传统通道业务向财富管理业务转型是行业大势所趋，与之对应的必然是人员结构变化，预计压缩传统营销人员，投顾人员建设加速将会持续。

3. 与金融科技高度结合

党的十九大报告明确坚定实施创新驱动发展战略，提出“着力加快建设实体经济、科技创新、现代金融、人力资源协同发展的产业体系”的指导方针。进入证券市场发展新时代，科技和金融的深度融合已成为金融业的最重要的发展趋势

---

① 王晓宇. 证券经纪业务人员结构悄然变化［J］. 上海证券报，2018（12）.

之一。通过协同金融和科技这两大要素，金融科技将在防范系统金融风险等领域发挥举足轻重的作用。

近几年来，券商各类智能化产品与功能的更迭迅速，服务模式与架构也更加清晰。同时，行业的数据样本也在快速扩容，算法模型日益完善。

用户服务俨然已经成为券商各业务中金融科技融合程度最高的板块。但这并不意味着转型的推进可以安枕无忧。实际上，持续而深入的转型探索，在不断释放更多的挑战。如何在链条上更多环节、更深程度地实现真正的智能化，是券商在这场高潮迭起的智能化狂欢中需要直面的问题，但同样也会是未来推动行业转型的核心所在。挑战与冲击当前，券商对于用户结构、用户需求的理解更为深刻，加上智能化的助力，经纪业务的转型进入了一个新的竞跑层面。

第二节　智能投顾的发展历程

一、金融科技大潮下的智能投顾

本节通过金融科技在金融行业的应用描述，再次印证金融科技已经深入影响金融行业，并且已经成为引导传统金融行业变革的重要力量，也充分说明智能投顾在其中起到的牵引作用和重大价值。

如今，人工智能经过数十年的演变，在物联网、大数据、云计算的驱动下已进入了新的发展阶段，而随着人工智能的不断演进也随之衍生出了很多相关的产品和服务，智能投顾便是其一，且随着在互联网时代下成长的年轻人已成为投资主力，智能投顾在国内市场已迎来了新的机遇。

（一）金融科技在金融行业的应用

目前中产阶级人群在中国正在迅速崛起，理财需求日益增加。客户对金融机构服务的深度与广度的要求在逐步变化。金融机构纷纷借助金融科技构筑核心竞争力，提升服务水平与服务效率，实现更精准、更高效的服务全覆盖。

随着金融科技的发展，智能投顾在金融领域的应用会越来越广泛，智能投顾正在改变投资策略的生产方式，减少人力参与的因素，提高机器智能，智能投顾是金融行业的下一个发力点已经成为行业共识。当前金融科技对财富管理领域影响最深远的是智能投顾的推广应用。智能投顾业务的兴起，正从根本上颠覆传统银行的商业模式，通过数字化和自动化等手段形成客户黏性，快速抢占市场。

银行智能投顾产品的集中涌现体现了智能投顾加速进入实际应用，只有参与者增加，智能投顾技术才能不断走向成熟，商业应用才能进一步落地。银行系拥有雄厚的资金实力和很大的客户规模，同时在风控上也有充足的经验。各大银行加大在智能投顾方面的投入，对智能投顾的发展来说是极大的利好。

对于银行而言，智能投顾是金融科技应用的一部分，目前看更注重的是巩固客户基础，提供更好的客户体验，智能投顾让原本属于高净值客户的服务延伸到普通投资群体，同时也可以减少人力投入、降低成本，提高银行的服务效率和质量。

2017 年更是银行智能投顾产品上线频率最高的一年，多家银行金融机构开始密集推出智能投顾业务。工商银行、江苏银行、光大银行、广发银行、兴业银行、平安银行都推出了自己的智能投顾产品，中国银行的中银慧投也在今年面世。而作为先行者，招商银行在 2016 年推出的摩羯智投资产管理规模已经在百亿元左右，已然是行业标杆。①

据不完全统计，广发银行推出了智能投顾平台“广发智投”，光大银行推出阳光“AI 投”，中信银行推出上线智能投顾服务“灰度”，浦发银行将智能投顾服务“财智机器人”升级为 2.0 版，工商银行推出了“AI 投”，最近中国银行也推出了“中银慧投”。招商银行在 2016 年 12 月推出银行业第一个智能投顾产品——“摩羯智投”，而在 2017 年，兴业银行的智能投顾产品上线，交通银行、华瑞银行的智能投顾服务也正在加紧研发中。②

在除了银行领域，在公募基金领域中，除了天弘基金作为第一大公募基金早已关注到智能投顾外，南方基金、广发基金、汇添富基金等大型公募机构也在布局智能投顾，华夏基金则更进一步借助微软之力，与微软签订战略合作协议，发力人工智能投顾。

在保险业领域中，安邦保险集团与数字化资产配置解决方案提供商璇玑展开战略合作，双方将联合开发数字化金融服务“安邦金融 & 璇玑智能投顾平台”，并在金融安全和人工智能等领域展开深入合作。

---

① 2018 年智能投顾平台排行榜［J］. 互联网周刊，2018（8）.

② 王柯瑾. 模式重塑“智能投顾”纳入监管［J］. 中国经营报，2018（5）.

（二）智能投顾的发展阶段

当前金融科技对财富管理领域影响最深远的就是智能投顾的推广应用。智能投顾业务的兴起，从根本上颠覆了传统金融机构如银行的商业模式，并通过数字化和科技化等手段形成了新的生产力和竞争力。

从发展阶段来看，智能投顾经历了以下几个发展阶段：

1. 在线投顾阶段

20 世纪 90 年代，由于电脑技术和网络的高速发展，可供投资者选择应用的投资分析工具的技术水平和规模都有了大幅提高。投资者可以利用投资分析工具进行不同投资策略的投资收益分析，有效地帮助投资者提高收益和管控风险。此阶段由于技术发展尚处初期，主要应用领域是投资组合分析，机器智能应用也比较有限。

2. 机器人投顾阶段

从 2008 年开始，美国的大量新兴科技企业开始提供基于机器学习的数字化投顾工具，“机器人投顾”开始成长为一种新的商业模式。在这个阶段，机器智能的应用技术和应用领域进一步深化，除投资组合分析外，智能技术已经开始参与到对客户分析、大类资产配置等阶段，应用范围逐步扩大。

3. 智能投顾阶段

从 2015 年开始，伴随人工智能技术和云计算技术的突破性发展，完全无须人类参与涵盖投资管理全价值链的人工智能投顾系统横空出世。与前面提到的传统机器人投顾阶段不同，由于投入巨大，其投入由百万元级别上升到了上亿元级别，资金的投入必然带来技术的腾飞，客户体验也因此有了质的提高。同时，采用人工智能和云计算架构的智能投顾服务也突破了传统投资顾问的用户边界，智能投顾有效地降低了服务门槛，长尾客户也因此可以获得投顾服务，客户数量也因此出现爆炸性增长。

二、智能投顾定义

（一）智能投顾释义

1. 欧美对智能投顾的定义

通过对欧美对于智能投顾定义的描述，从美国和欧洲等智能投顾发源地对于智能投顾的定义来说明智能投顾真正的内涵。

目前，国内外理论和实务界对于智能投顾（也称机器人投顾，robo-advisor）尚未形成权威和统一定义，在业务边界和范围上各国的实践选择也不尽相同。仅从术语角度而言，智能投顾的近义词还包括自动化顾问工具（automated advice tools）、自动化投资平台（automated investment platform）、自动化投资工具（automated investment tools）等。①

根据相关定义，智能投顾是一类提供在线组合配置建议及组合管理的理财顾问服务。该服务由计算机通过数学规则或算法提供组合配置建议，实现自动分配、管理和优化客户资产。这些算法由软件执行，不需要手工干预，使人为干涉因素降到最低。

美国证监会（SEC）在 2017 年 2 月发布的《智能投顾监管指南》（Guidance Update：Robo - Advisers）中，将智能投顾定义为"基于网络算法的程序、运用现代科技为客户提供全权委托的账户管理服务的注册投资顾问"。

澳大利亚采用"数字建议"（digitaladvice）一词指代智能投顾所提供的服务，是指利用算法或相关技术，为零售客户提供自动化金融产品建议，流程中不涉及人类投资顾问的直接参与。数字建议包括普遍性和个性化（结合某个客户具体的投资目标、财务状况和实际需求）建议，既涵盖范围较为狭窄的资产组合设计，也包括综合全面的财务管理计划。

欧洲的智能投顾模式在证券市场中发展较为成熟，是指在投资顾问业务中应用的自动化工具，由投资者提供个人信息，自动化工具结合客户信息，通过算法为客户提供金融工具的交易建议。在信息收集、风险画像、投资组合分析、交易执行的各个环节中，会应用到不同的自动化工具，因此，智能投顾可理解为多种自动化工具的组合。②

2. 中国对智能投顾的定义

在中国，目前尚未有法律法规来明确定义"智能投顾"，但是在相关法律法规中仍可以寻找到与"智能投顾"相近或相关的概念，值得借鉴。例如中国证监

①② 巴洁如．智能投顾面临的法律合规问题及国际监管经验［J］．腾讯研究院，2017（7）．

会于2012年发布的《关于加强对利用“荐股软件”从事证券投资咨询业务监管的暂行规定》中，对“荐股软件”的定义最接近“智能投顾”的概念：指提供涉及具体证券投资品种的投资分析意见，或者预测具体证券投资品种的价格走势、提供具体证券投资品种选择建议、提供具体证券投资品种的买卖时机建议、提供其他证券投资分析、预测或者建议的具有证券投资咨询服务功能的软件产品、软件工具或者终端设备。

而按照我们的理解，智能投顾又可称为机器人投顾，是金融科技发展的必然成果，也是数字化投顾的一种，具体而言是指金融机构通过互联网技术，以投资者的风险偏好和财务状况等数据为基础，依据客户分级分类体系，利用大数据和量化模型（主要是组合投资理论），为投资者提供资产配置方案和财富管理服务，并根据市场情况进行持仓追踪和动态调整，满足投资者多元化和个性化的投资需求。

（二）智能投顾重要因素

智能投顾不是一个简单的概念，而是一个完整的投资体系，无论是哪种智能投顾，下述的相关因素都必不可少：

1. 税务策略

如果投资者投资于一个应纳税账户，投资者就可以从资本利得或者是普通收入中抵减投资损失，这一概念被称为“税收亏损收割（又称税收亏损弥补）”。许多智能投顾服务都会为投资者提供这方面的服务，有时这项服务会覆盖所有客户，同时还需要支付额外费用。这在应税投资账户领域是智能投顾的主要优势。

2. 半自动化投顾模式

纯粹从术语来看，智能投顾应当是一个完全自动化的过程。然而，“半自动化”模式开始出现，它既包括投资组合的自动化管理，同时还配备一个真人财务顾问。这种模式为高净值客户服务。

3. 直接编制指数

这种情况下，平台帮助投资者购买个股来创建一个投资组合，而非此前的基金构建模式。一些智能投顾机构可以为高余额的账户提供这些服务。这样可以节省基金费用，也更容易利用税收策略。

4. 专有或低成本资金

一些智能投顾机构如果提供自己的资金，则会收取更低廉的管理费用（甚至是不收取任何费用）。其他机构会比竞争对手使用成本更低的指数基金。通过智能投顾机构，管理费仅为总成本的一半。而共同基金和ETF有自己的费用标准，被称为支出比率。

（三）智能投顾技术特点

智能投顾不是原创技术，而是金融机构运用专业能力，通过技术手段提升服务能力、扩大服务范围，通过金融科技赋能的必然结果。

与依靠银行理财师、证券公司投资顾问实现的传统理财服务比较，智能投顾具有以下多方面特点：

1. 大数据 + 人工智能

大数据和人工智能是智能投顾最核心的两项技术，也是与传统投顾相比的最大的优势所在。如果我们把智能投顾比拟成一台机器，那么客户的基础大数据和金融交易行为大数据等大数据都会是机器学习的“养料”，通过人工智能的不断自我学习和不断进化，构筑成为整个智能投顾的核心。

2. 客户门槛和服务费率低

传统投顾由于人员能力所限，覆盖面有限，只能服务于中高净值客户，而且人工成本高昂，服务效率较低，而智能投顾借助于技术手段，极大地提升了覆盖面，大大降低了服务门槛，让投顾服务真正地触达到了长尾市场，服务费用也因此大幅下降。

3. 更透明和便捷

传统投顾服务主要依赖于人，服务标准不统一，服务过程不透明，而且由于流程所限，相关手续较为烦琐，而智能投顾的投资组合因为是机器设置，相关算法完全公开，服务流程也更加标准和简洁，整体的服务质量也更好跟踪和把控。

4. 稳定性更高

智能投顾不会像人类那样，容易受到自身情绪、经验和其他因素的影响，智能投顾用更加冷静、客观和几乎没有任何变化的表现，在应对市场风云变化中能有效克服各种人性的弱点，并作出相对客观专业的投资决策，这是智能投顾完胜人类投顾的地方。

5. 工作效率高

相比人类投顾，智能投顾能成千上万倍地提高工作效率。同时，智能投顾也有更高的自我学习能力，人工智能无疑在工作效率方面能极大地得到提升。

（四）智能投顾关键能力

智能投顾服务的关键能力主要是由以下五方面组成：

1. 客户洞察能力

采用问卷、行为金融学建模等方法，识别客户真实投资目标和约束。

2. 投资组合模型开发能力

该能力依据各类市场信息，对各类投资品的收益率和波动率进行预测，进而根据投资组合理论、构建投资组合模型，为客户资产配置提供支撑。

3. 多元化投资能力

支持各种市场，多种类型投资品交易，满足客户资产配置多元化需求。

4. 风险管控能力

对投资组合风险进行自动监测、识别、预警，实现资产组合模型的自动调优，进而优化客户资产配置。

5. 客户交互能力

构建良好数字化互动方式，让客户享受“私人银行”级别的顾问服务。①

（五）智能投顾对财富管理的重塑

智能投顾对财富管理的重塑，主要体现在以下三个方面：

1. 新的客户群体

和传统投顾相比，智能投顾最大的特征就是门槛低、费用低、高效率，对作为“长尾用户”的中低净值人群颇具吸引力，扩大了财富管理的服务对象。预计到2022年，全球智能投顾管理资产规模将达到1.4万亿美元；智能投顾的全球

---

① 周永红，彭华．智能投顾研究与应用［J］．金融电子化，2017（11）．

用户数量也将跃升至1.2亿，是2017年的9.3倍。其中，中国将分别贡献逾6600亿美元的资产规模和超过1亿的用户。

2. 新的市场主体

智能投顾催生了新的财富管理服务提供商。除了以银行、券商、基金为代表的传统金融机构，出现了独立第三方财富管理机构。这类公司主要以技术驱动的智能投顾创业公司和转型中的互联网金融公司为主。此外，互联网巨头也凭借其客户流量和数字技术优势开展智能投顾业务。

3. 新的财富管理模式

智能投顾的出现及快速发展，给传统的面对面财富管理模式带来了冲击，并形成了当前主流的三种财富管理模式：传统财富管理模式、纯智能投顾模式和混合模式。其中，以数字化驱动的人力结合机器的混合模式将脱颖而出，成为未来财富管理模式的主流。根据私人银行客户服务的独立平台我的私人银行业务（my private banking）预测，到2025年，混合模式所管理的资产规模将占纯智能投顾和混合模式之和的86%。

三、全球智能投顾发展概况

在全球新一轮金融科技革命与技术创新变革的大浪潮下，大数据、云计算、区块链、人工智能等技术正以快速渗透和快速迭代的姿态重塑金融业，金融科技概念也应运而生并颠覆性地改变着整个金融业生态，也使得所有机构对客户、产品、服务、渠道、风控等概念产生新的理解。

受到网络高渗透、理财新格局、技术快发展等因素的推动，人工智能率先在金融领域落地开花，成为应用领域最为成熟的领域。而智能投顾作为人工智能的突出代表，都预示着无论是从技术还是理念上，人工智能已经全面进入投资管理业务，正在不断催生金融行业新的产品和新的业务模式，并为银行、券商等传统金融机构转型提供了新的发展思路和路径。

（一）全球智能投顾发展态势

经过近几十年的财富积累，用户层面他们对财富管理需求越来越大，而且随着金融市场发展，金融监管的完善，以基金组合为代表的智能投顾正在吸引越来越多的投资者目光，国内外智能投顾平台有非常快速的发展。

智能投顾公司不断涌现，在海外市场已被认可：2008 年，智能投顾行业的开山鼻祖改善（Betterment）于纽约成立。此后两年内，富裕阶层（Wealthfront）、私人资本公司（Personal Capital）、未来顾问（Future Advisor）等一批智能投顾公司相继成立。他们推出面向个人理财用户的基于云计算和大数据技术的资产管理组合方案，开启了智能投顾时代。

随着人工智能、大数据等技术的不断发展完善，智能投顾呈现爆发式的增长，2015 年底已经具有 500 亿美元的管理资产规模。据中投顾问《2016 ~ 2020 年智能投顾产业深度调研及投资前景预测报告》预测，到 2020 年，这一数字将突破 2.2 万亿美元。几家最具代表性的智能投顾公司及其开创的商业模式，经过几年的发展，已经得到市场的认可。

纵观发达国家金融市场发展，财富与资产管理为导向、为客户提供金融解决方案的综合金融服务逐步成为支柱业务。据公开数据，摩根士丹利公司 2015 年全球财富与资产管理业务收入高达 172 亿美元，收入占比高达 49%，成为其第二大支柱性业务；瑞信的财富管理业务收入占比从 2008 年危机前不足 35% 上升至目前约 45% 的水平。同样地，可以预见，财富与资产管理为导向、为客户提供金融解决方案的综合金融服务也是国内券商转型升级的发展方向。金融科技强力介入财富管理行业，势必会给财富管理行业以及投资者的行为带来巨大的变化。在互联网金融日益深入的今天，智能投顾有可能成为影响“资金—资产”配给的关键环节。

（二）美国智能投顾市场发展

1. 美国智能投顾市场概貌

美国作为智能投顾的发源地之一，目前已成为智能投顾行业发展的“领头羊”，其成熟的业务发展模式和监管政策也为其他国家提供了一个良好的参考框架。

2017 年 10 月的数据显示，全球资产管理规模前 10 位的智能投顾公司中美国占有 8 席，其中影响力较大的包括：富裕阶层（Wealthfront）、改善（Betterment）、先锋集团（The Vanguard Group）、嘉信理财（Charles Schwab Corporation）、私人资本（Personal Capital）。美国智能投顾的发展较为完善，已经覆盖了从通用型投顾到智能化自动交易三个层次。

据咨询公司艾特集团的报告显示，美国市场的智能投顾从2010年的51只产品管理金额20亿美元，迅速上涨至现今2148只产品、1400亿美元的资产。到2017年底，资产估计将翻番至2850亿美元。如果扩展到全球视野，商业智能（BI Intelligence）的一份报告预测，到2020年智能投顾将会占据全球10%的财富管理市场，也就意味着在三年以后全世界将有8万亿美元的资金会交给机器人打理。

2008年金融危机过后，美国传统金融机构还在忙于应对公众巨大的信任危机和严苛的监管政策之际，以改善和富裕阶层为代表的智能投顾创业公司迅速成长起来，它们通过互联网信息技术手段，降低投资门槛，为用户提供个性化、低费率、透明化、便捷化的财富管理服务，成为行业的一股清流。受益于人口结构变化、人工智能技术发展和监管法规等因素，智能投顾管理的资产规模从2010年以来复合增长率超过80%，预计到2020年，全球将有10%的资产由智能投顾管理，市场规模约合8.1万亿美元，其中亚洲市场规模将达到2.4万亿美元，美国市场规模将达到2.2万亿美元。

2. 美国智能投顾代表公司（如表3-2所示）

以美国著名智能投顾公司富裕阶层为例，相较于金融机构推荐三类产品（美国股票、其他发达国家股票和美国国债），富裕阶层的投资种类涵盖11类ETF，包括美国股票、其他发达国家股票、新兴市场股票、分红股票、房地产、自然资源、美国政府债券、公司债券、新兴市场债券、市政债券、通胀保值债券等。

改善于2016年3月获得1亿美元E轮融资，资产管理规模超40亿美元；另一家代表性的公司富裕阶层于2014年4月和11月分别获得3500万美元的C轮和6400万美元的D轮融资，目前资产管理规模在35亿美元左右。2015年度投资额达到23.9亿美元，伴随交易笔数持续增长。

2006年，薄荷（Mint）在硅谷诞生。客户可以把自己的银行账户、信用卡信息输入到薄荷中，这个软件就可以帮投资者了解自己的资产状况、每月开销，帮投资者进行账户管理和预算规划。薄荷在2009年以1.7亿美元的高价卖出，

表 3－2　　美国智能投顾公司一览

公司分类	公司	产品时间	美元	资产池	收费模式	资产规模
独立创新公司	Wealth Front（富裕阶层）	2008	500	美股、新兴市场股票、债券等十一大类资产	<1 万免费； >1 万 0.25%	2016 年 6 月，管理资产 35 亿
	Personal Capital（私人资本）	2009	2.5 万	股票、债券型 ETF 和现金等资产	从 2.5 万到 100 万分五档递减 0.89%～0.49%	2016 年 5 月，管理资产 34 亿
	Bellerment（改善）	2010	无	股票、债券型 ETF 和现金等资产	<1 万 0.35%； 1 万～10 万 0.25%； >10 万 0.15%	2016 年 6 月，管理资产 60 亿
传统金融机构	Vanguard（先锋集团）	Personal Advisor Services 2013.3	5 万	包括 Vanguard 自有 EFT 和 mutual fund 在内的资产	每年 0.3% 的管理费，0.14%～0.3% 赎回费	2016 年 6 月，管理资产 310 亿
	Charies Schwab（嘉信理财）	Schwab Intelligent Portfolios 2015.3	5000	包括股票、固定收益产品、房地产 20 个大类资产的 53 只 EFT	每年 0.08%～0.24% 的赎回费，不收管理费	2016 年 5 月，管理资产 66 亿
	Black Rock（黑石）	Future Advisor 2015.8	3000	股票、债券型 ETF 和现金等资产	每年 0.5% 的管理费，加 ETF 管理费	2016 年 6 月，管理资产 8 亿

续表

公司分类	公司	产品时间	美元	资产池	收费模式	资产规模
传统金融机构	Deutsche Bank（德意志银行）	Anlage finder 2016. 1	2. 5 万	主动管理型基金和被动的 EFT	每年 0. 49% ~0. 89% 的管理费	2016 年 3 月，管理资产 20 亿
	Goldmon Sachs（高盛）	Honest Dollar 2016. 3	无	Vanguard 股票和债券 EFT	每名雇员每个月 5 美元，附加投资产品费	n. a.
	Fidelity（富达资本）	Fidelity Go 2016. 7	5000	Fidelity 的指数基金和 iShares 的 ETF	每年 0. 35% ~0. 4% 的管理费，不收赎回费	n. a.
	Bank of America & Merrill Lynch（美银美林）	Guided Investing 2016. 10	2 万	主动管理型基金和被动的 EFT	每年 1% 的管理费，不收赎回费	n. a.
	TD Ameritrade（德美利证券）	Essential Portfollos 2016. 11	5000	每种组合包含 5 个 ETF 和现金	每年 0. 3% 的管理费，0. 06% ~0. 08% 赎回费	n. a.

资料来源：笔者自制

标志着大众投资者逐渐接受了通过 App 来管理财务状况，这为智能投顾行业出现奠定了基础。薄荷也逐渐开始为投资者提供一些理财的小建议，但还是停留在哪一张信用卡的奖励项目最适合使用者的消费习惯，哪一项开支超过预算，需要引起注意等小问题，还远不是提供投资理财的专业性服务和建议。

2008 年，改善在纽约和富裕阶层在硅谷陆续成立，2010 年未来顾问开始为美国 1000 家券商提供自动的投资和退休金账户管理方案。这些公司最大的共同点就是“智能”，投资者只需要填写一些关于风险偏好的调查问卷，这些平台就会根据自己基于现代投资组合等金融理论设计的算法，自动为投资者提供资产分配的建议或者帮助投资者进行投资。

在这个过程中，智能投顾公司尽量减少人对理财方案制订的干预，同时采取线上市场营销，从两方面降低成本，大幅降低了管理费。更为重要的是，这些基于现代投资组合理论、量化方法的资产规划服务过去只有机构投资者或者投资顾问才能接触到，现在智能投顾公司将这些服务提供给广大的普通投资者。随着投资策略的不断发展，智能投顾公司还加入一些“投资亏损收获”等避税策略，解决投资者最头疼的高赋税问题，进一步提高投资组合的实际收益。

从参与主体和进入时间的角度来看，美国的智能投顾公司可以分为独立创新公司和传统金融机构两类，前者以改善、富裕阶层和私人资本为代表，后者以先锋集团和嘉信理财为代表。改善和富裕阶层作为行业创新标杆，通过快速产品迭代，不断开发新的理财产品，来保持领先地位，到 2016 年中，它们管理的资产分别达到了 50 亿美元和 35 亿美元。

先锋集团和嘉信理财是布局智能投顾较早的传统金融机构，截至 2016 年 6 月，先锋个人顾问服务（Vanguard Personal Advisor Services）和智能组合（Schwab Intelligent Portfolios）管理的资产分别达到了 310 亿美元和 66 亿美元，成为市场最大的两家平台。除此之外，2016 年以来，德意志银行（Deutsche Bank）、美国德美利证券（TD Ameritrade）、美银美林（Bank of America & Merrill Lynch）以及高盛（Goldman Sachs）等也大举进入智能投顾领域，还有更多的传统金融机构跃跃欲试。可以看到，虽然这些传统金融机构的智能投顾平台成立较晚，但是依托其庞大的客户群体、强大的产品线、优质的品牌形象以及多元化而全面的服务，一方面吸收了公司原有平台客户以及新增客户，另一方面还为依托平台的传统投资顾问提供智能投顾产品以便于其更好地服务客户。

目前美国市场上有很多智能投顾服务机构，并且整个行业正在迅速发展。这里仅列出一些规模最大和最知名的智能投顾服务机构，并简要阐述他们的特点。

富裕阶层和改善是智能投顾领域的两大先锋机构。客户投资的前 10000 美元免收资产管理费，后续资产管理费率为0.25%。该服务为所有应纳税账户提供每日税收亏损收割，并为 10 万美元或更多的资金提供直接索引服务。

改善提供长达 1 年的免费管理服务，后续则收取 0.25% 的费用。对于希望采取半自动模式进行管理并至少拥有 10 万美元用于投资的客户，改善保险费（Betterment Premium）是很好的选择，它收取 0.40% 的管理费用，其中包括电话咨询服务。

富裕者（Wealthsimple）的独特之处在于它提供对社会负责的投资组合。该平台提供免费的税收亏损收割服务，并有两层结构的收费标准：账户余额在 10 万美元以下（含 10 万美元）费率为0.5%，账户余额在 10 万美元以上费率为0.4%。

维斯班尼亚（WiseBanyan）号称自己是“全球首家免费理财顾问机构”，虽然它仍会收取基本费用，但基本的智能投顾服务不会收费。如果客户需要税收亏损收割服务，维斯班尼亚会收取 0.25% 的费用，但总计每月不超过 20 美元。

施瓦布智能组合（Schwab Intelligent Portfolios）——施瓦布（Schwab）提供两种形式的智能投顾服务，并且都是免费的。施瓦布能够做到这一点，因为它可以通过将客户资产投资于自有资金来赚钱。对余额在 5 万美元及以上的应纳税账户提供税收亏损收割服务。

先锋个人顾问服务（Vanguard Personal Advisor Services）——作为目前市场上规模最大的智能投顾服务机构，它采取半自动化模式，能够不限次数地使用财务顾问（CFP）。客户如果投资超过 50 万美元，就可以享受专业的财务顾问服务。先锋的优势在于基金的低成本结构，正因为如此，在采取半自动化模式的机器人投顾中，它的综合成本是最低的。

施瓦布智能咨询（Schwab Intelligent Advisory）——施瓦布的半自动化智能投顾服务比起先锋来说，管理费用更低，对账户余额的要求也更低。税收亏损收割服务是免费的，最低账户余额为5万美元。作为一个半自动化智能投顾机构，客户能够通过CFPs得到无限次服务。

私人资本——在账户中使用个人证券价值20万美元，最大限度增加税收亏损收割。它的标准费率为0.89%，但超过100万美元的账户可享受优惠费率。私人资本的平均费用率为0.09%。所有的账户都可以获得一个财务顾问团队的服务，同时也能享受税收亏损收割服务，账户余额在20万美元以上的客户可以享有两名专职顾问通过电话、邮件或视频来进行咨询的服务。

富国银行直觉投资者（Wells Fargo Intuitive Investor）针对存款2.5万美元的账户或合计余额5万美元的账户，优惠费率为0.40%，投资选项包括贝莱德Ishares ETF（BlackRock iShares ETFs）和高盛集团（Goldman Sachs）的智能beta产品。由于面向市场的时间尚短，富国银行（Wells Fargo）的智能投顾服务还存在一些未知因素。

忠诚之旅（Fidelity Go）——Fidelity的智能投顾服务最独特之处是其总计投资费用的设计，其中包括基金开支，退休投资组合的0.35%费率，以及应税账户0.40%的费率。该服务使用富达（Fidelity）指数基金，但应纳税投资组合增加了贝莱德Ishares ETF（BlackRock iShares ETFs）。

必备投资组合（TDAmeritrade Essential Portfolios）——退税款（TD Ameritrade）的智能投顾提供免费的税收亏损收入服务，而且它的费率仅为0.06%~0.08%，处于同行业最低水平。

电子贸易适应性投资组合（E*Trade Adaptive Portfolio）——电子贸易（E*Trade）的智能投顾为客户提供由共同基金和ETF构成的投资组合，或者完全由ETF构成的投资组合。共同基金和ETF构成的投资组合的基本费率为0.20%~0.45%，而全部由ETF构成的投资组合费率为0.20%。不同于很多其他机构，电子贸易（E*Trade）不提供税收亏损收割服务。

（三）美国智能投顾发展探源

为什么智能投资软件已经存在多年，而真正的智能投顾行业却在美国最先发展呢？主要原因有以下几点：

1. 互联网金融得到普及

自薄荷在美国普及之后，分享财务信息，利用互联网平台进行财务管理的概念逐步被大众接受。如今美国的年轻人中要是谁还没有贝宝（PayPal）、文莫（Venmo）就太落后于潮流了，就连传统的银行也都纷纷上线网上银行、手机银行。智能手机（Smart Phone）的普及，更是极大地促进了各类 App 的开发和应用范围。一位金融互联网资深咨询师指出，文莫这样的软件提供的数据已经成为智能投顾了解投资者特别是年轻投资者消费行为的最佳工具。现在，富裕阶层等主要的智能投顾已经开始和类似文莫这样的支付软件对接，以更了解客户从而实现更全面的财富管理。

2. “智能”概念深入人心

在硅谷，从能下围棋的阿尔法狗（AlphaGo）到能够智能理财的罗布顾问（Robo - Advisor），各行各业都在被大数据和机器学习洗礼着，智能投顾出现的时机可谓恰到好处。过去，机器也许只是用于辅助运算。如今，投资者越来越相信基于数据、基于理论的投资方法，更加能够在长期投资中取得好的收益。富裕阶层的 CEO 亚当·纳什（Adam Nash）已经宣布将在富裕阶层 3.0 中加入人工智能的功能，使得智能投顾不仅可以自动化投资建议，更能够自动追踪账户动态，并根据这些投资者行为提供更好的服务和资产配置。

3. 手续费降低

传统的投资顾问收取的顾问费高达每年 1% ~3%，也就是说如果有 50 万美元的资产需要管理，手续费就有可能要付 1.5 万美元，而且手续费并不是一次性的，每年无论投资是否盈利，都需要支付这部分手续费。此时，智能投顾则由于理财策略制定的自动化，和营销手段的网络化，将资产管理费降低至 0.5%，甚至更低，这样使得普通投资者也可以接收到专业的资产管理。

4. 市场越来越有效透明

智能投顾主要关注资产规划，并投资于 ETF 这样的指数，而不是像传统的共同基金一样，将主要时间精力放在选股这件事上。这背后的一个重要原因是这些智能投顾相信市场总体来说是有效的，绝大多数基金经理都不可能长期跑赢大盘。这个话题一直是投资者和学术界争论不休的话题。市场到底是不是有效的呢？显然不是100%有效，但是随着交易平台的不断进步，市场流动性、交易频率、信息流通不断提高，市场也在变得更加有效。因此越来越多的投资者相信，与其花很贵的管理费买个股，不如直接投资代表市场大盘走势的ETF来得有效。[①]

（四）美国智能投顾公司技术特性

从服务对象和服务方式来看，美国的智能投顾又可以分为2C、2B以及综合性服务三大类，第一类直接为C端用户提供服务，第二类为金融机构提供智能投顾解决方案以更好服务其客户，第三类同时为用户以及顾问群体提供服务。根据线上服务和传统服务的结合程度，2C的智能投顾又可以细分为纯智能化平台、人工投顾协助平台两类。

纯智能化平台：这类平台通过完全自动化操作帮助客户完成用户画像、资产组合建议、组合交易、动态调整和分析报告，全过程无人工干预。其特点是智能化程度高、产品迭代快速、费率最低，其客户群体更多定位于年轻用户、科技爱好者。这一类平台的典型代表是富裕阶层和改善。

人工投顾协助平台：这类平台将智能投顾与人工投顾相结合，为所有用户免费提供财务状况分析、投资风险评估、投资组合建立与优化等服务，具有强大的工具属性，能很好地随时跟踪用户理财以及费用支出等方面的行为，可以帮助用户更好地实现理财目标，同时也向有需要的客户提供收费的私人投资顾问服务。这一类平台的典型代表是私人资本。

机构服务平台：这类平台为传统机构以及独立第三方财务顾问提供智能投顾解决方案，并不直接面对客户。其特点是满足第三方机构研发能力不足的需求，极大降低了自身获客成本，可以致力于研发更具创新型、智能型的投顾产品。这一类平台的典型代表是米德斯（Myvest）和下城区（nextcapital）。

传统金融机构的综合服务平台：传统金融机构利用自身资源以及规模优势，同时为用户以及顾问群体提供服务，不仅利用智能投顾作为特色吸收了公司原有平台客户以及新增客户，还可以为依托平台的传统财务顾问提供智能投顾产品以

---

① 刘震．金融普适化已来？Fintech：揭开专业投资工具的面纱［J］．当代金融家，2016（10）．

便于其更好地服务客户。其特点是，传统金融机构平台自身拥有丰富的产品线，可以自主发行和管理不同的ETF产品，提供交易、清算等一系列多样化服务，从而实现全产业链整合，为客户提供全方位周到的服务。这一类平台的典型代表是先锋和嘉信理财。①

（五）美国智能投顾发展趋势

随着传统金融机构的进入，行业竞争加剧，获客成本上升、价格竞争激烈，美国智能投顾行业发展呈现出一些新的发展趋势：

随着大数据、人工智能技术的发展，智能投顾技术将成为财富管理行业的基础设施；创新型2C平台竞争将更加激烈，除个别领先平台通过快速的产品迭代形成差异化优势并脱颖而出之外，大量平台面临死亡或转型；从单纯2C模式向2B2C模式转变——将原本用于客户营销的大量精力转移至产品创新以及研发。富裕阶层专门新成立的富裕阶层顾问（Betterment For Advisor）和瑞银、高盛等机构合作就是典型案例。

四、中国智能投顾发展概况

在国外智能投顾平台迅速发展的背景下，中国的智能投顾平台数量和规模也在不断扩张。但很多平台都还停留在对用户资产进行简单配置阶段，尚未达到国外先进智能投顾平台在个性化资产配置、实时跟踪调整、全面风险控制和税收亏损收割等方面的能力。

（一）发展背景

智能投顾的产生和发展植根于各类前沿信息技术与金融行业交叉发展的大背景下。之所以智能投顾能在中国获得迅猛的增长态势，主要是得益于以下因素：

---

① 莫涛．“智能投顾”的征战：传统与创新的竞合［J］．现代商业银行，2017（3）．

1. 金融科技的兴盛

中国金融科技是由技术驱动的金融创新以及其所创造的新业务模式，目前已经成为全球发展速度最快的行业领域之一，也因此获得了大量的资金支持。2018年上半年，全球金融科技产业投资约580亿美元，中国金融科技企业总共获得约150亿美元的投资，为智能投顾的发展提供了资金支持。

2. 人工智能的兴起

人工智能作为智能投顾的核心技术，被广泛运用到智能投顾服务过程中的用户画像、资产推荐、投资决策等环节。2017年7月，国务院印发《新一代人工智能发展规划》，提出到2030年人工智能核心产业规模超过1万亿元，带动相关产业规模超过10万亿元。当前，中国人工智能创业公司数量位居全球第二，仅次于美国，为智能投顾的发展提供了技术基础。

（二）从业机构类型

目前，国内智能投顾平台按照背景，可以分为银行系、券商基金系和互联网公司系。不同背景的智能投顾平台在战略定位、运营模式、产品种类方面差别很大。随着智能投顾业务的融合发展，不同类型企业联合推出智能投顾产品的情况开始出现，通过资源互补提升了业务创新的质量。

银行系智能投顾为各商业银行推出的智能投顾产品，主要投资对象为银行理财产品和代销的公募基金，为银行理财顾问业务的延伸。

券商基金系智能投顾是由券商和基金运营的平台，得益于在证券投资领域完善的业务牌照，几乎覆盖资本市场中所有资产种类，是资本市场财富管理业务的延伸。

互联网公司系智能投顾运营主体为互联网公司，目前投资对象不仅包括传统资本市场资产类型，还包括网络借贷等互联网理财产品；既涵盖了国内资本市场，也布局了海外资本市场。

（三）业务模式与投资标的

国内智能投顾平台在运营模式方面差别很大，按照为客户提供服务的方式，可以分为混合推荐型、独立建议型和一键理财型三种。

混合推荐型平台向客户推荐的投资组合中同时包括自有产品和外部产品。通过对用户的年龄、资产、投资期限和风险承受能力等方面进行分析，平台对各类产品占比进行配置。

独立建议型平台相较于独立开发理财产品，更加专注于为客户提出资产配置建议，并代销其他金融机构的产品。

一键理财型平台根据客户需求代客户完成资产配置，仅仅对客户提供预期收益率。

当前中国智能投顾平台的投资标的也呈现出多元化的态势，包括股票、债券、ETF、公募基金、另类投资等，如表3-3所示。

表3-3　中国智能投顾平台业务模式及产品表

序号	平台名称	业务模式	产品类别
1	平安一账通	混合推荐型	货币基金、股票基金、债券基金、混合基金、票据理财、P2P网贷产品等
2	京东金融	混合推荐型	固收理财、债券基金、股票基金、定期理财、票据理财、京东小金库
3	聚爱财plas	混合推荐型	P2P网贷产品、货币基金、A股、债券、期权等
4	宜信	混合推荐型	P2P网贷产品、全球ETF组合
5	雪球蛋卷	混合推荐型	A股、港股和美股
6	钱景理财	独立建议型	货币基金、股票基金、债券基金、混合基金、ETF
7	小金所	独立建议型	货币基金、股票基金、债券基金、混合基金
8	蓝海财富	独立建议型	多只国内ETF和QDII，多只海外ETF
9	投米RA	独立建议型	全球ETF
10	财鲸	独立建议型	多只海外ETF
11	摩羯智投	独立建议型	以公募基金为主
12	理财魔方	独立建议型	以公募基金为主
13	百度股市通	独立建议型	A股

续表

序号	平台名称	业务模式	产品类别
14	贝塔牛	独立建议型	A 股、ETF
15	同花顺 IFIND	独立建议型	A 股
16	懒财网	一键理财型	信托、现金等
17	钱大人	一键理财型	P2P 网贷平台"网银贷"旗下理财产品

资料来源：笔者自制

（四）热点地区

国内智能投顾平台主要分布在北京、上海、深圳、广州、杭州、南京、香港等金融业与互联网产业发达的地区。

（五）投资业绩

在 2018 年上半年 A 股市场震荡下跌的背景下，分析以 A 股作为主要资产配置对象的智能投顾产品的投资业绩，发现其投资收益均高于上证综指，也跑赢了采取传统策略的股票型基金的平均收益。但是，受制于市场大环境，大部分智能投顾产品并没有实现正收益，与市场中表现最好的股票型基金相比也有很大的差距，因此智能投顾对传统投资策略的替代还有很长的路要走，如图 3－2 所示。

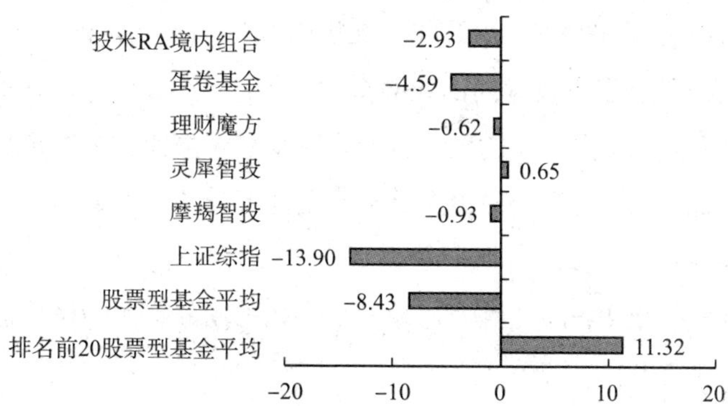

图 3－2　国内智能投顾收益情况

资料来源：笔者自制

（六）市场关注

通过分析智能投顾在 Google 和百度上的搜索量作为评价智能投顾在全球和国内的关注度。从全球来看，智能投顾从 2014 年起关注度持续攀升并屡创新高，如图 3－3 所示。

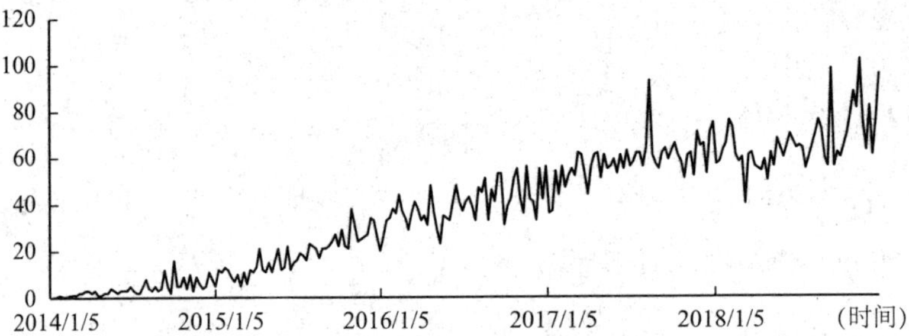

图 3－3　国际智能投顾关注度

资料来源：笔者自制

（七）中国智能投顾面临挑战

1. 缺乏确切的法律监管机制

虽然中国证券业协会 2015 年 3 月发布征求意见稿，拟规范证券公司投资咨询业务，并将代客理财业务合规化，但截至目前意见稿尚未正式实施。中国人民银行等五部委于 2017 年 11 月颁布的《关于规范金融机构资产管理业务的指导意见》对智能投顾业务的开展资质、业务模式作出了进一步规定，但具体执行细则有待进一步落实。

2. 现行法律限制了投资顾问的业务范围

根据现有规定，国内目前的独立智能投顾平台仅停留在为客户提供投资建议和交易策略方面，无法为客户提供全流程和全业务链的资产管理服务。

3. 智能投顾业务所需的牌照门槛很高

当前相当一部分互联网金融公司没有获得相关业务牌照，这抑制了智能投顾业务的活力和创造力。

4. 投资者保护相关制度供给不足

智能投顾向投资者推荐的是多项产品的投资组合，这要求从业机构告知投资者各项资产的风险情况；然而现有监管规则并没有对从业机构对投资者的告知义务进行详细规定。

5. 产品销售导向缺乏投顾的独立性和客观性

目前市场上部分互联网金融机构把自家平台的产品包装成智能投顾概念，行业从业者既从咨询业务中收取费用，又从金融产品销售中获取佣金收入，这样容易模糊投资咨询与产品销售之间的界限，从而难以保证投顾的独立性和客观性。

6. 短期理财产品为主，缺乏长期财富增值产品

当前国内智能投顾给投资者提供的产品主要偏向短期性的理财产品，而真正的人工智能资产配置体现的是长期投资理念。投资者在投资中为提高收益水平，实际上需要配置长期金融产品。

7. 外汇管制限制智能投顾的业务拓展

目前，不少智能投顾平台将目光转向海外资产配置以规避人民币预期贬值的风险，但进行海外资产配置将面临受限问题，一方面投资者每年仅有 5 万美元结售汇的额度，另一方面外管局对于分拆结售汇明令禁止。

第三节　智能投顾发展模式思考

本节通过具体论述智能投顾和传统投顾的区别，重点列举了现在金融机构在智能投顾方面的发展路径，并根据发展趋势提出了思考结果。

一、智能投顾与传统投顾的优劣势比较

与传统投顾相比，智能投顾最大的优势在于以有限或无人工服务取替一对一人工服务，大大降低了咨询顾问个人因素的影响；智能投顾能进行自动化资产配置，通过加以人工跟踪服务的辅助，对于数据的分析更为客观、全面，且比较注重风险，能够根据收益率设置止盈止损。相对于传统的投顾模式，至少有私人定制、智能调仓、风险分散、理性决策、超低费率等优势。

传统投顾投资门槛较高，主要客户群体为高净值人群。传统投顾一般是指投资顾问通过与客户的充分沟通，利用自身的专业水平，判断其风险偏好水平，并推荐制订相应的理财配置方案和投资建议。同时，由于受到金融机构的销售导向影响，在销售指标的压力下，传统投顾很难有效匹配用户的风险偏好，且个人投顾模式成本较高，很难大规模进行复制推广，目前在银行也主要是为高净值人群提供包括资产保值和增值等在内的财富管理服务。一般中产阶层和普通人群很难享受到传统投顾专业化、定制化的投资咨询服务。

智能投顾通过互联网技术有效地降低了投资服务的门槛，服务群体也从部分高净值客户扩展到了中产阶层及长尾客户。互联网金融平台普惠、共享的特点，吸引了众多中小微投融资主体，基于互联网提供服务的智能投顾可根据客户以问卷等形

式反馈的信息进行风险偏好判别，然后计算机后台利用算法自动计算出满足条件的投资组合，在全球范围内实现资产配置，本质上来讲节约了专业投顾的人力成本，且可以更高效、便捷、廉价地为C端中低净值客户提供投资理财、资产配置等服务，且起投门槛也明显低于传统投顾，如表3-4所示。

表3-4　　　　国内外智能投顾平台

	平台	起投门槛	目标客户
国外	Wealthfront（富裕阶层）	5000美元	目标客户群是20到30多岁的从事科技行业的、具有一定经济实力的中产阶级　如Facebook、Twitter、Skype等公司的职员
	Betterment（改善）	零门槛	目标客户收入大概在20万美元以上核心客户群体大部分是拥有高学历的美国职场人士
	Personal Capital（私人资本）		可投资资产在10万到200万美元，具有一定消费和投资实力的35~65岁的普通中产阶级
国内	投米RA	500美元	可投资产在30万~300万美元之间的客户
	蓝海智投	5万美元	目标客户定位为资产在100万~1000万美元的高净值个人
	弥财	5000美元	介于高净值与中产阶级之间的高端用户
	招行摩羯智投	20000元人民币	普通投资者

资料来源：笔者自制

智能投顾与传统投顾相比优势主要体现在以下几个方面：

1. 投资标的

智能投顾给用户呈现的是一个投资组合，投资标的为市场常见的投资品种，如图3-4所示。背后其实是全球范围内的股票、债券、基金、ETF以及自然资源、房产等传统的常见的标的。美国典型智能投顾平台投资标的大部分为ETF，目前国内的ETF产品太少，智能投顾也处于起步萌芽状态。招行摩羯智投当前阶段也只是根据用户自行选择的风险等级和投资期限，给出由多个公募基金构成的投资组合，与FOF比较相似。

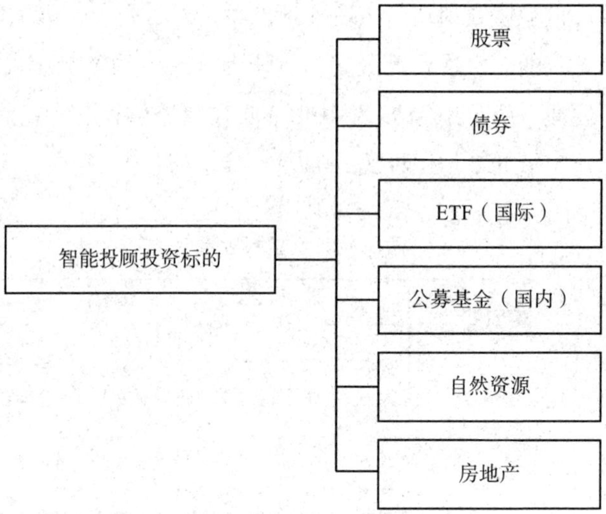

图3-4　智能投顾投资标的

资料来源：笔者自制

2. 投资组合分析

投资组合分析主要是智能投顾为客户提供的投资分析，一般包括：业绩展示、业绩归因、风险因子分析、组合描述性统计分析、回测和模拟等。在传统的投资工具中，对客户而言最重要的业绩归因、风险因子分析往往都是没有的。

3. 技术基础

智能投顾运用云计算、大数据、人工智能等技术将资产组合理论等其他金融投资理论应用到模型中（见图3-5），再将投资者风险偏好、财务状况及理财规划等变量输入模型，为用户生成自动化、智能化、个性化的资产配置建议，并对组合实现跟踪和自动调整。

4. 投资过程

智能投顾的投资过程基于传统的投资理论和方法策略，实质上是将传统投资理论的应用场景互联网化。大部分智能投顾平台会借助问卷等手段判别用户的风险承受水平、收益要求和投资期限等信息，部分智投平台更是直接让用户先后勾选风险等级和投资期限。无论是以问卷形式还是简单粗暴直接勾选风险承受等级和投资期限，都相当于是对客户的可投资资产风险和预期收益的分析，相当于给平台构建投资组合设定了约束条件。根据客户的风险水平与投资期限，计算机借

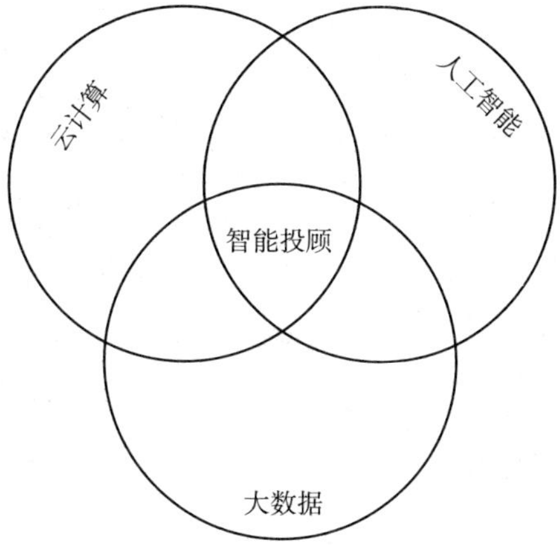

图 3-5　智能投顾技术基础

资料来源：笔者自制

助风险分散等传统的投资理论以及量化投资策略等方法构建投资组合，并在投后过程中实时跟踪宏观事件、市场和投资者偏好的变化等情况，进行自动风控和授权后的自动调仓。

5. 智能投顾主要优势和特点

传统投顾一对一的投资理财服务有成本高、服务对象少、知识储备不足、经验较少、存在道德风险等缺点。智能投顾将人工智能和大数据等技术引入投资顾问领域，可以处理海量的信息，快速应对时势。具有低门槛、低费用、投资广、操作简单、透明度高和个性化定制六大优势和特点，如图 3-6 所示。

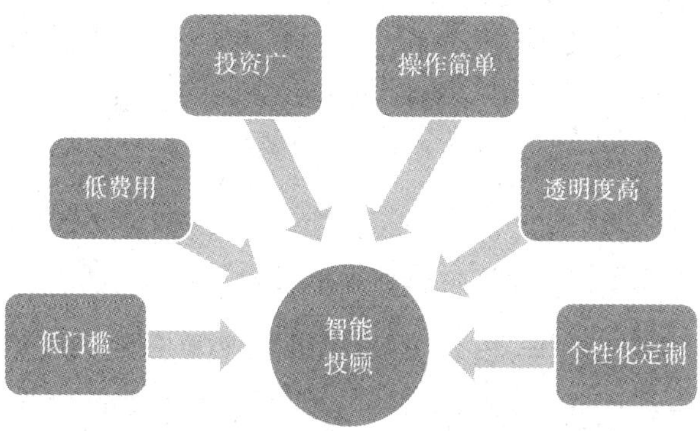

图 3-6　智能投顾优势

资料来源：笔者自制

特点一：低门槛使得中产及长尾客户全覆盖，实现全民理财。

传统的专业投资顾问的门槛在百万元以上，而私人银行理财起点多为600万元以上，部分私人银行甚至将门槛设定到1000万元，主要针对高净值客户。大部分中产及以下长尾人群很难享受专业化、定制化的投资咨询服务，而这类人群不仅基数大，在理财上也一直有着资产保值、增值的强烈诉求。智能投顾平台对客户的最低投资金额要求都很低，最低要求普遍在1万元至10万元之间，部分智能投顾如Betterment或钱景私人理财甚至实现了零门槛，这一设定为各层次的投资者打开了私人财富管理的大门，真正意义上实现了全民理财，从而将C端客户的数量指数级扩大，如图3－7所示。

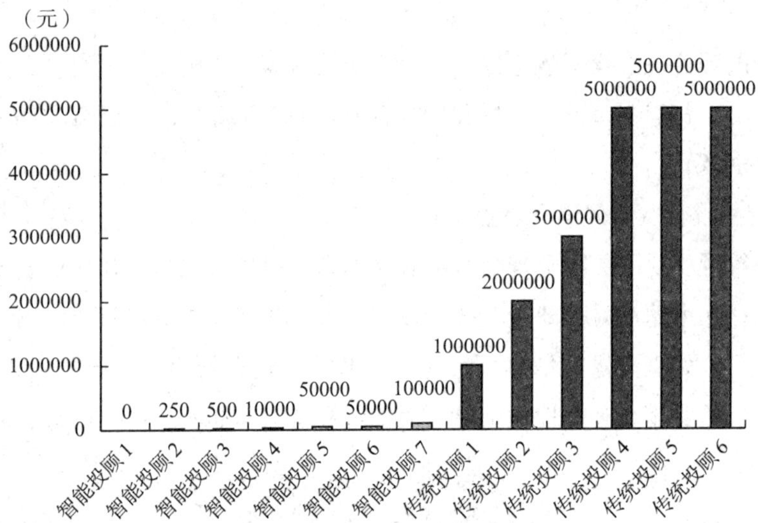

图3－7 传统投顾与智能投顾门槛比较

资料来源：笔者自制

特点二：相比人工投资顾问，收取更低的费用。

传统投资顾问由专业人士担任，主要针对高净值人群，由于人力成本高，传统投资顾问的管理费普遍高于1%，且边际成本下降不明显。基于计算机算法辅助的智能投顾，管理费普遍在0.25%～0.5%之间，边际成本随着客户的增多而下降，边际效应明显，如图3－8所示。

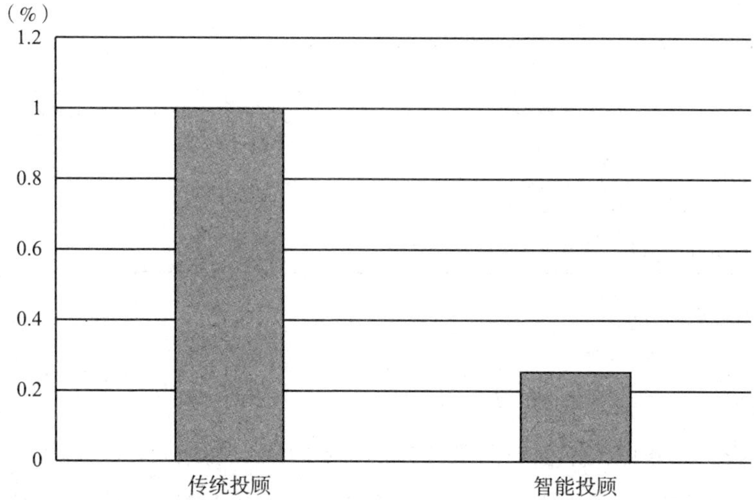

图 3－8　传统投顾与智能投顾费用对比

资料来源：笔者自制

特点三：投资标的范围广阔，可在全球范围内寻求最佳资产配置。

智能投顾平台往往通过与第三方 ETF 基金公司或国外金融机构合作的方式，为用户提供全球范围内的投资组合，若涉及税率问题还可自动选择最佳方案。例如 Wealthfront（富裕阶层）涉及多达 11 项资产类别，包括美股、海外股票、债券、自然资源、房产等，投资组合的载体为指数基金 ETF；投米 RA 为用户提供专门的美股账户用以投资美国股票，RA 账户用来投资智能投资组合，包含精选 ETF，分别追踪美国、中国、其他发达国家和发展中国家的股票、债券、房地产市场等相关指数，境内理财则是由投米 RA 提供国内固定收益类产品理财服务（P2P 理财），涵盖活期、短期、中期、长期产品，如表 3－5 所示。

表 3－5　　　　智能投顾投资标的

平台	资产类别
Wealthfront（富裕阶层）	十一大类：美股、海外股票、新兴市场股票、股利股票、美国国债、新兴市场债券、美国通胀指数化证券、自然资源、房产、公司债券、市政债券
Betterment（改善）	一般通过 ETF 进行配置

续表

平台	资产类别
弥财	包含国内外股票指数、企业/政府债券、黄金期货等在内的 ETF 投资组合产品
投米 RA	ETF 基金
蓝海智投	成熟及新兴市场股权、债券、商品及房地产
招行摩羯智投	公募基金为基础 全球资产配置

资料来源：笔者自制

特点四：简化服务流程，提高用户体验。

传统投顾服务以线下面对面服务为主，受时间、场地限制，通常还需要提前预约。以招商银行的私人银行为例，流程包括了解客户需求、给出理财方案、实施理财方案以及后期的跟踪调整，其中理财方案的敲定既需要客户与理财顾问面对面交流，也需要理财顾问评估客户的实际情况进行方案设计。此外，组合投后的定期跟踪还需要客户经理具备较强的市场分析能力。

智能投顾的服务流程较为简便。全流程均可以在互联网上实现，相对标准和固定，能大幅简化用户操作过程，一般只需几个步骤就可完成投资，省去分析和选择投资标的的过程。智能投顾平台一般都通过网页或 App 的形式，投资者只需要在平台上回答相应的投资调查问卷，智能投顾系统便可以评估出投资者的风险偏好水平、确定理财方案，自动生成相应的投资配置组合（如表 3－6 所示）。整个流程下来所花的时间仅需几分钟，达到高效、精准匹配用户资产管理目标。智能投顾就像一个贴身管家，7 天 ×24 小时随时响应客户需求，不间断智能化管理客户的专属投资账户。

表 3－6　智能投顾对服务流程的简化

平台	操作方式
Wealthfront （富裕阶层）	回答 8 个风险偏好问题系统即可推荐投资计划
Betterment （改善）	未设计用户风险偏好问卷，只需要了解年龄、投资目标和期限即可输出优化的投资组合

续表

平台	操作方式
Schwab Intelligent Portfolios（施瓦布智能投资组合）	用户回答 12 个风险测评问题便可立即生成合适的投资配置组合
投米 RA	用户需要回答 7 个风险测评问题，系统得出相应的风险评定级别并给出推荐组合
钱景私人理财	用户填写自己的财务计划，系统根据回答建议投资方案并推荐购买的基金组合等
弥财	用户回答 5 个问题获得自己的风险等级，系统会帮用户匹配一个最适合的投资方案

资料来源：笔者自制

特点五：投资组合、投资信息以及费用等信息完全透明，投资过程自动完成，客观公正。

传统投资顾问服务的信息披露晦涩，存在金融产品供应商与客户利益相冲突的问题，而智能投顾对投资理念、金融产品选择范围、收取费用等披露充分，且客户随时随地可查看投资信息。智能投顾给出的资产配置方案多数是基于经典的资产配置理论，具备较强的专业性和客观性。智能投顾严格执行程序或模型给出的资产配置建议，采取自动化策略为客户提供资产组合服务，不会为了业绩而误导客户操作而获得更高的佣金收入，相对传统投顾而言，智能投顾减少了道德风险，更加客观公正。

随着资本市场行情的变动，投资者的投资组合比例会发生偏移。对此，在考虑了交易成本后，多数智能投顾采用资产再平衡策略，当某一项资产的配置比例超过预定的限制时，系统便通过买入、卖出的操作调整资产配置比例，从而将投资组合的各项资产配置比例维持在较为稳定的水平。类似的投后组合管理技术，多数会在事先预设的条件下自动完成，避免投资顾问或客户因市场行情变动影响情绪，影响策略的有效运行，如图 3 -9 所示。

特点六：基于多元的理财目标提供丰富的定制化场景，针对客户的风险偏好及投资期限为其个性化定制最佳投资组合。

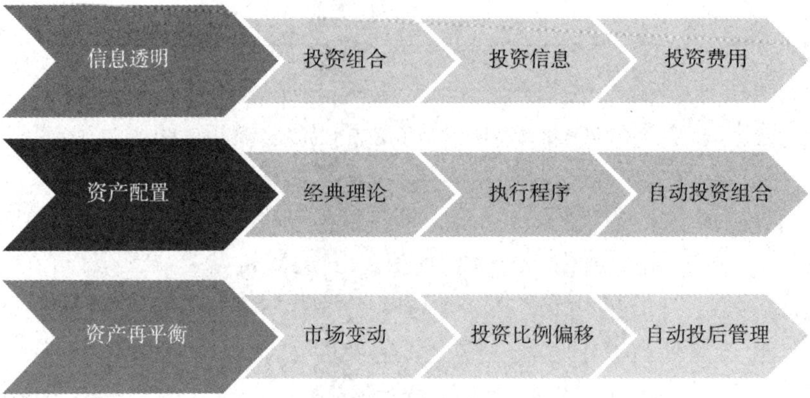

图 3－9　智能投顾投资流程

资料来源：笔者自制

基于多元的理财目标提供丰富的定制化场景。根据招商银行的《2013 年中国城市居民财富管理与资产配置调查报告》显示，在对来自 7 大经济区的受访者的调查中，受访者的理财目标包括了退休养老规划、子女教育、财富增值保值、突发事件的预防、购房购车、子女婚嫁等，这对财富管理行业提出了更高的要求。智能投顾为投资者提供了基于多种场景的资产配置计划，颠覆了传统投顾的单一的资产管理模式。以钱景私人理财为例，其为投资者提供了存钱购房、存钱结婚、存钱育儿、存钱养老和梦想基金五个理财目标，理财动机不同，定制的理财方案也各不相同。

针对客户的风险偏好及投资期限为其个性化定制最佳投资组合。传统投资顾问往往是一对一服务，给出的投资建议受个人主观影响带有比较大的不稳定性和投机性。相比之下，智能投顾能避免情绪影响，在用户主动提供或测评得出风险偏好及投资期限之后，为其个性化定制最佳投资组合，并且将详细方案清晰呈现，对用户而言透明度高。

以摩羯智投为例：若设定投资期限 1～3 年，风险承受级别 5，那么系统给出的投资组合是摩羯 14 号，查看详情可以看到主要分成 4 类产品组合：固定收益（48.58%）、股票类（26.61%）、现金及货币（13.42%）、另类及其他（11.39%），用户可以看到每一类各自包含的公募基金品种以及对应的资金配比，如图 3 - 10 所示。

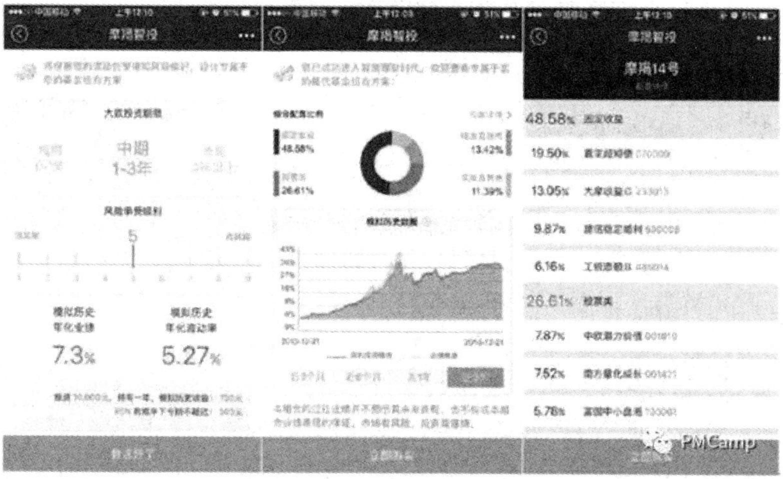

图 3 - 10　摩羯智投组合详解

资料来源：摩羯智投截图

二、智能投顾的投资流程与主要原理

依据美国金融业监管局（FINRA）的标准，智能投顾的服务流程一般包括客户分析、大类资产配置、投资组合选择、交易执行、投资组合再平衡、税收规则、投资组合分析等方面，如图 3 - 11 所示。其中投资组合分析仅面向专业用户。

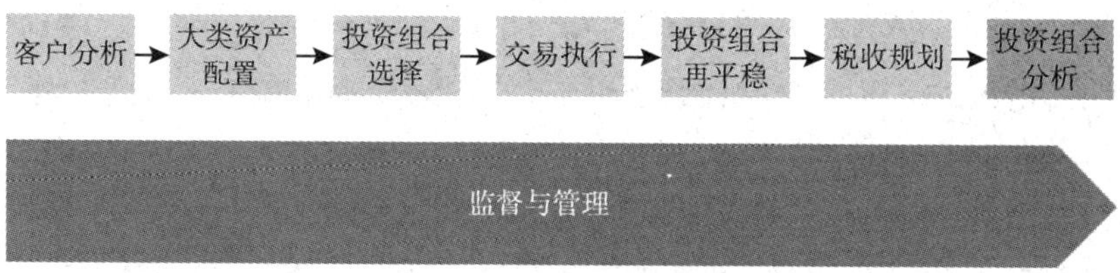

图 3 - 11　智能投顾服务链

资料来源：笔者自制

（一）客户分析

在投资决策中，投资机构的第一步往往是按照适当性管理的要求，先了解客户的风险偏好。但是实际上，客户的风险偏好是随着时间和市场而改变的，客户的风险偏好和投资风格很大程度上会发生改变和偏移。而传统投顾往往无法有效把握这种风险偏好，从而很容易产生客户需求与产品推送不匹配，而人工智能可以通过建立一个动态的、覆盖多影响因子模型来测量客户的风险偏好，从而做到高度匹配。

（二）大类资产配置

根据现代资产组合理论，如果能够有效把握客户的投资需求，同时又能有效掌控市场和产品风险，那么在确定性收益情况下是存在相对最优投资的。智能投顾服务可以充分利用投资原理和建立分散的投资组合，并且依据其不同的商业模式做出优化。

（三）投资组合选择

当客户分析和大类资产配置都已经明确后，投资组合选择将是实现的关键一步。其中，投资组合主要有两种类型可供选择，一种是由风险等级选择不同的投资组合，而另外一种是根据投资风格选择不同的投资组合。

（四）交易执行

当投资组合确定后，智能投顾的交易执行往往是通过各种技术手段来实现，一般都是利用券商或合作券商提供顺畅的交易软件来执行交易指令，而目前在交易执行层面上的创新由于受到监管条件限制，更多的是在刷新速度等技术层面进行创新。

（五）投资组合再平衡

投资组合再平衡是指随着市场环境和投资市值的变化，如果发生资产投资配置较目标资产配置偏离过大，智能投顾的投资组合再平衡功能就可以实施动态调整，促使动态资产配置向静态资产配置转换。

具体而言，投资组合自动再平衡（Portfolio Rebalance）策略是指当资产组合或投资组合因为市场变化而偏离目标投资配置时，智能投顾系统会定期自动下达买进或卖出，将投资组合占比重新恢复引导到目标投资配置比例，自动进行调整保证平衡。在调整投资组合方面，智能投顾有着传统投顾难以比拟的优势。传统投顾虽然也会结合用户意愿以及市场情况，对于投资组合和资产组合进行再平衡调整。但是由于大部分客户群体在时间、精力以及心态方面的问题，导致即使是专业和正确的建议，也很难帮助实现投资组合再平衡。但是，智能投顾的自动再平衡功能却可以根据市场情况，自动对投资组合和仓位进行调整，而无须投资者花费太多时间和精力，十分高效，这对一般投资者而言具有很强的吸引力。

通过这种自动化调整和再平衡，可以在市场产生大幅波动中，避免投资者做出不理性和不理智的投资决定，使投资者克服自身人性弱点，始终坚守已经制定好的长期理财目标。根据先锋（Vanguard）的相关研究报告指出，再平衡投资组合对于实现资产配置目标是十分关键的。对于大部分多元化投资组合，资产配置比率进行不断审视和修订，应该每隔一年或半年或当占比偏离目标5%时进行再平衡操作。通过调整和再平衡，投资组合再平衡能有效控制风险，避免由于不当操作或不理想操作导致市值大幅波动对资产组合价值产生不利影响，同时也有助于帮助投资者坚守中长期理财目标，避免不理性操作。

（六）税收规划

税收规划主要是针对美国市场的一项增值服务。虽然其不是智能投顾价值链的一项基础服务，但是其在美国市场使用广泛。税收规划主要是指智能投顾分析税收的特征和结构，优化资产配置，使客户获得最多的税后投资收益①。

1. 税收亏损收割（Tax - Loss Harvesting）

智能投顾一大创新功能在于税收亏损收割计划，是指利用美国税法中投资者出现亏损可以申报抵税这一条款，将当期亏损的证券售出，用确认的亏损额来抵

① 李涛．不懂智能投顾，看这一篇就够了［J］．恒生研究院，2016（8）．

扣投资收益应缴纳的资本利得税，这些节省下来的税款投资者可以进行再投资从而实现收益最大化。

税收亏损收割是一种延期纳税策略，主要受益于由于节省下来的税再投资，加之短期与长期资产所得税税率的不同，更加适用于长期投资，如图 3－12 所示。如果 ETF 的红利再投资收益较多和较高的押金率，Tax Alpha 会更大。根据 Wealthfront 的研究报告显示，税收亏损收割可以每年提高税后收益 1.55%。目前这项服务主要是针对持有 $500 万及以上资产的客户所设计，经过 20 年投资期，税收亏损收割可以为 10 万美元资产提供 7.6 万美元收益。此外，通过卖出之后买入不同但相关性很高的 ETF 组合，既保证了组合长期稳定性，也能够更好地避免“洗售”禁令（“洗售”禁令是指纳税人在30 天之内反复出售或购买一只相同的证券产品，任何用于抵税的亏损都不被认可）。

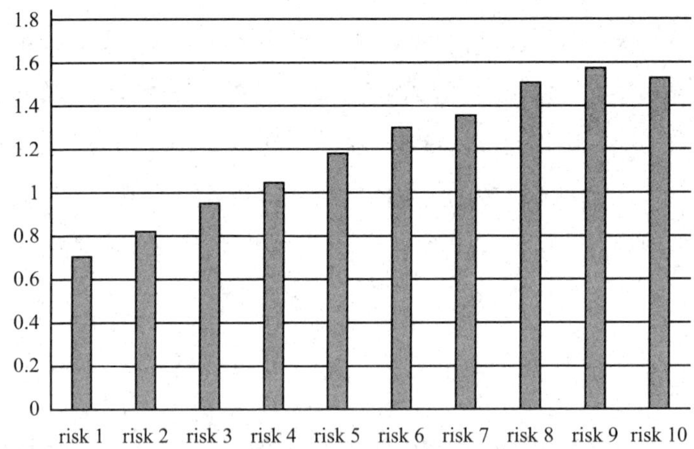

图 3－12　2000～2014 年税收亏损收割为用户带来收益

资料来源：笔者自制

2. 税收优化直接指数化（Tax－Optimized Direct Indexing）

税收优化直接指数化是指通过直接投资股票构建组合来代替间接购买 ETF，构建出来的组合在模拟 ETF 的表现的同时在个股层面上实现了税收亏损收割功能目的。税收优化直接指数化可以说是税收损失收割的升级版，Wealthfront（富裕阶层）的该服务只对账户规模在 10 万美元及以上的用户开放。具体方法是利用

100～1000只大盘股来对美股大中盘指数ETF进行模拟，同时配置1只小盘股指数ETF，实现对不同规模指数ETF的替代，如图3－13所示。

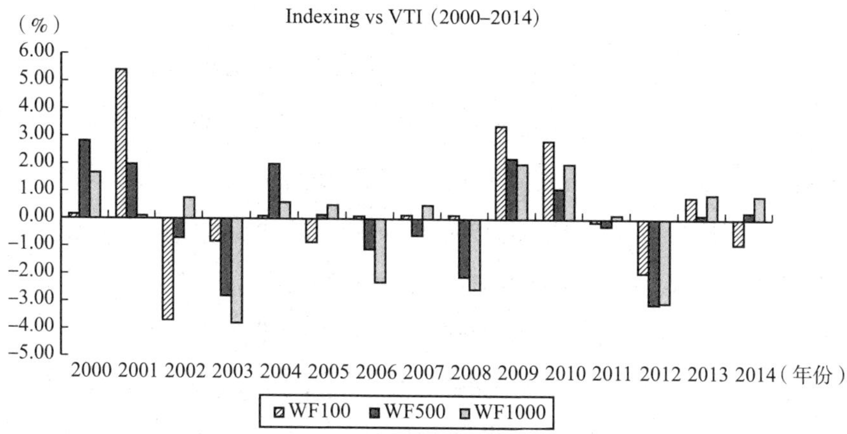

图3－13　三种直接化指数追踪误差

资料来源：笔者自制

（七）投资组合分析

投资组合分析主要是智能投顾为客户提供的投资分析，一般包括：业绩展示、业绩归因、风险因子分析、组合描述性统计分析、回测和模拟等。在传统的投资工具中，对客户而言最重要的业绩归因、风险因子分析往往都是没有的。借助于智能投顾，投资组合分析能够高效地进行投资分析，使效能大幅提高。

三、智能投顾发展最新潮流及展望

在金融科技创新、证券行业变革、社会结构变化和巨大市场空间等因素的驱动下，智能投顾将开启下一个财富管理万亿级蓝海市场，智能投顾将迎来爆发性发展，未来智能投顾主要将有以下几个发展方向：[①]

① 华泰证券．证券公司机器人投资顾问业务发展问题研究［D］．创新与发展：中国证券业2016年论文集，中国证券业协会，2017.

1. 海量数据时代来临，大数据为智能投顾发展奠定基础

（1）多维度+高频度大数据为智能投顾奠定基础。随着互联网、移动终端普及，以及物联网的兴起，全球迎来海量数据时代，数据规模将呈现几何级数增长。同时，数据源将越来越丰富、数据获取方式将更加多元、数据处理成本将持续降低。大数据的蓬勃发展将重塑投资领域格局。除了数据规模外，大数据的发展还包含维度、频度两个方面：①数据维度不断增加：即用户产生数据的类型、层次、场景越发丰富，诸如交易数据、社交数据、行为数据、信用数据等各类数据层出不穷；②数据频度快速提升：即数据的记录及发布频率持续提升，由低频数据向高频数据转化，例如，互联网平台流量、浏览有效时长、用户交易额等实时监测数据相对于传统的定期财务报告数据频率更高，能更加精确和前瞻地反映经营状况。

（2）大数据提升资产管理的响应速度和风险量化水平。在分布式计算、机器学习、大数据分析、量化建模等人工智能技术中，我们认为，大数据分析是未来投顾行业中相对更重要的核心技术。大数据分析将不断缩小不同金融机构之间以及机构投资者与个人投资者之间信息不对称的程度，成熟完善的数据分析方法采用包括行为和预测算法等先进的交易和风险管理手段，能够对实时的信息作出最快的关联分析，对所有的交易活动进行实时分析，从而更快发现投资机会和更好做出风控，吸引并留住更多客户，降低运营成本等。提高数据分析的复杂度以更好地辨识和量化风险是未来财富管理行业最重要和响应程度最积极的趋势。

（3）海量数据时代财富管理格局有望重塑。数据是智能投顾的基础，利用更丰富的数据源、覆盖面更广的数据信息以及更强大的数据分析处理能力，能够实现更准确的客户画像，从而更深入地描绘出客户投资目标、风险偏好、信用状况等一系列关键因素，以便于智能投顾给出最符合客户需求的资产组合及投资建议，提升用户体验。大数据的充分应用有望重塑现有财富管理的格局。

2. 海量数据时代来临，大数据为智能投顾发展奠定基础

近年来，依赖以大数据为基础的深度学习运用能力，以及云计算带来的计算能力大幅提升，人工智能再次取得突破性进展，已开始进入实用化的阶段。同时全球对人工智能领域的投资总额不断增长，2015 年已经达到 23.9 亿美元，且交易笔数持续增长，推动人工智能产业的蓬勃发展和在各行业的应用。美中英三国

融资规模为全球最大，但三者间的规模差距较大，美国为英国的 21.9 倍、中国的 6.96 倍。

回顾智能投顾的发展历史，不难发现其核心在于人力投入逐步减少、机器智能逐步提升。目前，越来越多的公司，开始尝试开发能够完全脱离人类参与投资管理链的人工智能投资系统，如国外的桥水基金、富裕阶层（Wealthfront）等，标志着智能投顾行业进入第三发展阶段。人工智能应用于数据应用量庞大的投顾领域是未来产业发展趋势，人工智能将成为智能投顾的核心技术。

大数据、人工智能等金融科技技术助力智能投顾登上舞台，并不断地进行产品和服务的创新。从目前市场来看，每个智能投顾主打其“智能”科技的着眼点并不相同，以投资理念来说，有些侧重于关注投资目标投资收益，有些倾向于根据投资者风险偏好，有些更注重于与投资者长期理财目标相结合，因此其背后算法与模型也大不相同。不过，值得肯定的是随着智能投顾行业不断的产品创新，能够更好地挖掘用户的潜在需求，提供用户在传统投资领域所不能获得的服务，而这些创新将有助于推动行业被更多用户所认可。其中，投资组合自动再平衡策略、税收亏损收割计划和税收优化直接指数化是普遍为行业所共识的创新服务，除此之外，每个智能投顾创新产品也都有所不同。

第四节　中国券商智能投顾发展

一、中国券商智能投顾发展概况

本节通过描述中国券商智能投顾面临的发展环境和竞争策略，全方位展现了中国作为新兴资本市场中的弄潮儿，券商是如何在中国智能投顾市场谋求发展壮大的。

（一）券商智能投顾面临的发展环境

本节主要通过券商经纪业务面临的发展困局和互联网对券商发展格局的冲击，全面体现智能投顾给中国证券市场带来的巨大变化。

据麦肯锡 2017 年第三季度对中国 44 个一至三线城市的 2070 名券商零售客户进行的调查结果显示：客户资产配置趋于多元化，对高收益专属产品需求大；逾八成客户愿为投顾付费，年轻人付费意愿更高；智能投顾概念广为接受，但券商客户不接受代客理财；富裕客群线上和线下渠道的使用频率都远高于大众客户；客户重视券商品牌和口碑。[①]

2015 年 4 月，中国证券登记结算有限公司发布通知，明确 A 股市场全面放开“一人一户”限制，即自然人与机构投资者均可根据自身实际需要开立多个 A 股账户和封闭式基金账户，上限为 20 户，表明投资者可同时在多家券商开户。

---

① 券商中国．券商经纪业务如何转型？客户需求呈五大趋势，八成客户愿为投顾付费［J］．证券时报，2018（4）．

新政策环境下，投资者数量、股票账户数量高速增长，且客户更换证券账户的壁垒被消除，潜在需求被有效激发。

2019 年 3 月起，网络销户即将开始正式实施，券商经纪业务的价格竞争一触即发，行业佣金率持续下降，倒逼着券商经纪业务加快转型，提升服务质量。佣金率较低且具有各类特色服务的券商竞争优势将更加显著，而差异化的投顾产品是不少券商的发展重点，据不完全统计，已有超过 30 家券商推出了基于智能投顾的 App 产品，不仅扩大了投顾业务的覆盖面，还能为客户提供个性化的服务。智能投顾在这一领域有望显著提升用户吸引力，满足客户需求。

互联网证券的兴起促使行业竞争格局发生改变，智能投顾业务是必争之地。互联网证券的兴起，证券行业原有的竞争格局被打破，传统大型券商、中小型券商以及致力于切分证券业市场的互联网企业，均有强烈的意愿在智能投顾领域取得先发优势。

智能投顾的投资过程基于传统的投资理论和方法策略，实质上是将传统投资理论的应用场景互联网化。大部分智能投顾平台会借助问卷等手段判断用户的风险承受力。

（二）券商智能投顾竞争策略

对于传统大型券商而言：佣金率持续下行、一人一户政策放开，长期积累的客户群体黏度显著降低，客户拥有更多选择空间，且新增投资者选择开户券商的标准不再是传统品牌形象，而更青睐佣金率、服务等方面。因此，传统券商为保持竞争力，将积极探索智能投顾，同时进一步发挥自身投研、产品设计等证券专业领域的能力优势。

对于中小型券商而言：传统的依靠营业部拓展市场规模的方式成本高、效率低，其动力不足，往往选择深耕区域市场。随着互联网证券的兴起，中小型券商迎来发展契机，通过建立互联网用户渠道低成本获取海量客户资源成为其发展主战略，为弥补其本身品牌、实力短板，中小型券商将更积极发展智能投顾等各类特色服务，提升客户吸引力。因此，中小型券商将成为最积极拥抱互联网证券、创新动力最足的证券公司。

对于致力于切分证券市场的互联网企业而言：由于其本身IT、技术优势显著，且凭借成熟的互联网思维，最为重视客户潜在需求的挖掘和产品服务的创新，必定会重视发展智能投顾等新兴业务。互联网企业目前切入证券市场存在两条路径：（1）收购或申请券商牌照，如东方财富、银之杰等；（2）与券商展开全面合作，如同花顺、奇虎360等，无论采用何种方式，智能投顾都将成为需要重点拓展的蓝海市场。未来互联网公司依靠大数据、人工智能等技术领先优势，有望在智能投顾领域率先取得突破。

少数龙头券商已成功探索转型，如中信证券通过大力服务机构客户维持领先，华泰证券借力互联网思维，先冲规模再提高黏性。这些券商之所以转型告捷，原因在于他们深度挖掘和了解了目标客户的需求，并围绕客户进行了一系列的变革。

也就是说，券商要在财富管理市场中形成真正的差异化价值定位，就必须秉持“以客户为中心”，深入理解客户的行为和需求。

二、现有主流券商智能投顾模式详解

近几年，广发华泰等头部券商纷纷入局智能投顾。2016年6月21日，业内首款智能投顾产品广发证券贝塔牛上线。随后，各大券商先后上线了自己的智能投顾应用，券商智能化热潮就此开启。据统计，仅仅在2017年就有8家券商推出了智能投顾，如华林证券、平安证券等。

在目前市场环境下，国内券商本身具有经营牌照齐全、可配置资产种类数量较多及股票投资群体交易投资较活跃等天然优势，相对来说是适合智能投顾生长发展的。结合当下阿尔法狗（AlphaGo）等人工智能、金融工程技术的蓬勃发展，不断增长的居民财富规模及资本市场持续深化改革，对我国券商智能投顾行业的发展都起到了推波助澜的作用；同时，市场上多家优秀的独立智投公司，业务模式由2C转向2B，在一定程度上也在帮助和激励传统券商进行互联网转型。

（一）券商智能投顾驱动因素

目前券商布局智能投顾主要有三方面驱动因素：

首先是为了适应新生代在线投资理财需求。研究报告显示，A 股新增客户主力年龄在 20～40 岁，在新增客户中占比 54.85%。“80 后”“90 后”正在成为社会财富的主要承载者，这部分人群更加倾向于线上理财方式；其次，机器人投顾服务有利于提升客户黏性，有效降低运营成本；最后这也是在整个行业佣金下滑背景下探索、谋求变局的一个突破口。

（二）券商行业开展智能投顾业务的优势

2016 年上半年，中国证券业协会发布《中国证券业协会 2016 年重点课题研究立项名单的公告》，确认 64 项重点课题研究项目立项。多家券商将研究课题聚焦“智能投顾”这项新兴业务，智能投顾俨然将成为互联网金融“新蓝海”。

毕马威中国发布的 2017 年中国证券业调查报告称：“在不久的将来，证券行业属于将金融科技与传统金融综合服务能力深度融合、以智能科技提升全业务链体系和改造效率的先行领军者。”

在金融行业里，证券行业的优势在于以下几方面：

（1）证券公司 App 已成券商标准配置，用户触达能力，分析能力都很强，很容易形成闭环。

（2）证券公司是全牌照公司，既有能力生产产品，也可以分发产品。从目前的情况来看，证券公司的理财销售已基本在线上完成，交易额占比达 90%，甚至更多。

（3）由于能更多地接触用户，证券公司比基金、保险行业对用户的理解都更深，并且有自己的技术团队、后勤运营团队，这是证券公司在财富管理中最大的核心优势。

（三）券商推动智能投顾带来的优势

智能投顾极具特色的服务模式，能给券商带来的益处包括：提高服务效率、利于线上传播推广及增加用户黏性等；同时也面临多维的挑战，用户层面中传统的股票投资者仍喜欢追涨杀跌、看中短期收益而忽略中长期的资产配置，投资者教育依然任重道远。此外，国内市场有配置意义的 ETF 标的少，监管政策的不确定性等，都预示了智投发展道路不会很平坦。

（四）中外券商智能投顾比较

与国外智能投顾相比，目前中国券商与外国券商智能投顾的发展差距主要体现在三个维度：

（1）监管层面，国内因代客理财未能放开，导致用户体验不佳。

（2）国外投顾机器人的投顾功能、投资标的、低成本优势特征一致、鲜明。国内的产品品类繁多，各有专攻。

（3）投资者的成熟度不同，海外投资者资产配置理念接受程度更高。

（五）中国现有主流券商智能投顾详解

1. 平安证券智能投顾

平安证券早在2014年底就开始布局智能投顾领域研究，组建了多达300人的技术研发团队，其中有近50人的大数据团队。除此以外，还有近40人的人工智能研究团队，近50人的产品投顾团队。因此，平安证券在科技研发、大数据分析、策略研发、产品评价、用户体验等领域都有专家资源把关。

除此以外，平安证券集合研究所分析师、投资顾问以及专业基金评价顾问资源，以强大的投研资源为支撑，为智能投顾打造了一整套完善的投资体系，覆盖宏观策略、大类资产配置策略、选股策略、选基策略、评价策略等，用专业投资资源支撑优秀的投资业绩。

平安证券智能投顾系统于2016年3月上线，是国内证券行业最早启动并成功问世的智能投顾产品。它根植于平安证券强大的投研能力及金融科技开发能力，运用“专家+智能机器人”的最强大脑组合为用户提供7*24小时的智能投顾服务，让普通投资者拥有自己的专属投顾，获得一站式的“炒股+理财”服务。据悉，该系统由平安证券完全自主研发，算法自主掌控，目前参与客户群体已达50万人以上。

平安证券智能投顾系统主要涵盖两大产品：智能投顾和智能资产配置。其中，智能投顾通过核心算法自研和大数据分析技术，对市场行情及客户投资特征实现智能分析，提供股票投资核心的仓位建议、持仓个股诊断、波段操作建议等功能，并对投资者投资能力进行深入分析，为普通投资者股票投资决策提供了重要的投资参考建议。

智能资产配置则运用大数据分析多维度精准了解客户需求，运用改良的金融投资模型智能计算风险与收益平衡点，为客户量身定制大类资产配置方案。借助机器人，投资顾问也可以线下协同，给客户提供更加定制化、个性化的投资方案。5000+金融产品由专业产品投顾团队优中选优，为客户投资保驾护航，从而达到分散风险、稳健投资的长期理财目标。

数据显示，凭借强大的资源投入和投研实力的有力支撑，平安证券智能投顾系统运营以来，相关产品业绩表现相当抢眼。其智能投顾能够为30万客户提供个股诊断、持仓分析、波段及换股策略等投资参考建议。其中7套自研波段模型算法经过长期数据回测，平均胜率达到70%。智能资产配置系统上线的12个标准组合全部超基准、低回撤，大幅跑赢市场。

依托成熟的智能投顾经验，平安证券已于2018年推出科学投顾服务，以科学投顾理论为基石，运用大数据分析和量化模型等金融科技手段，为客户提供全方位的投资服务，避免客户受个人错误交易习惯影响而大幅亏损，引导和帮助客户使用科学的投资方式实现财富保值增值。

2. 华泰证券智能投顾

华泰证券一直致力于打造金融科技核心竞争力，大力推动从技术支撑服务到技术驱动业务发展的跨越。从2016年起，华泰证券在金融科技领域便频频发力。2016年4月通过全资子公司收购美国统包资产管理平台——阿斯泰马克（AssetMark），借鉴其技术平台和服务、管理流程，优化投顾工作平台；2017年上半年，相继推出为专业投资者提供投资交易全流程个性化定制的终端平台——MATIC、专注于行情数据分析定制的行情服务平台——INSIGHT；2017年4月，正式组建“数字化创新实验室”，专注于创新项目，在大数据、人工智能、区块链、物联网等金融科技前沿领域推动数字化创新项目落地。

涨乐财富通App5.0版本的问世，不仅是华泰证券在人工智能领域的试水，其四大核心驱动更多展现出的是华泰证券对未来深度人工智能的战略布局。未来的涨乐财富通，将在深度人工智能高频次的机器学习中，发掘出更多的潜在客户需求，以全维度的技术服务，为金融理财客户提供量身定制的解决方案，以实现财富成长的智能化。

2009年开始，华泰证券就前瞻布局移动互联网平台；2014年，功能全面升级的新一代移动财富管理终端“涨乐财富通”面世，成为华泰证券近年来跨越式发展的核心竞争力之一。此次5.0版本的升级，全新推出了涨乐智能家族、全景行情、超级账户、严选理财四大核心模块，并对数十项基础服务进行更新升级，为客户提供全新维度的综合服务，采用了人工智能、云计算等前沿应用科学，是涨乐财富通与人工智能深度融合的里程碑。涨乐财富通App作为华泰证券提供全生命周期综合金融服务的重要载体，移动端涨乐财富通也在券商智能App中持续领航，截至2018年6月末下载量超4100万，据易观发布的2018年9月移动App排行榜，涨乐财富通以673.3万的月活跃人数稳居证券公司App第一名。

智能家族：作为本次5.0版本重点打造的智能产品应用体系，新上线的AI智能盯盘功能可以实时监控市场动态，九大盯盘策略，有效紧盯市场异动，为客户快速反馈个股及大盘变化；个股异动的捕捉功能通过七大维度，帮助客户发掘每日创新高、创新低、上破均线的个股，方便投资者把握投资机会；涨跌分析功能可实时显示沪深股市涨跌数据，清晰展现昨日涨停板，让客户一目了然市场整体行情；重磅功能成本神器，清晰统计市场筹码分布、平均持仓成本等重要指标，为客户交易决策提供海量数据支撑；自主研发的相似K线功能，提供近10年所有A股K线走势对比，为客户预判走势提供参考。

全景行情：作为5.0新版本的一大特色，凭借全新的市场首页、专业深度的市场大数据分析、超级盘口展示、闪电下单及融资融券体验，满足投资者个性化的炒股需求。其中，全新的市场首页将重点展示今日行情相关的指标，行情数据可视化将用户所关心的跌涨分析、个股异动一一呈现，为用户提供清晰直观的特色行情交易服务；市场核心大数据分析能够清晰呈现市场新开户数、市盈率、市净率等重要指标，智能检测个股热度，让客户实时掌握个股热度变化并智能分析市场热点股票；超级盘口提供一键查看盘口数据、概念板块、成本分析、资金流向等功能，全新F10数据以可视化的图表让客户快速简单了解个股基本面及其所处行业排名等信息；闪电下单功能中，行情页面无须跳转，即可直接输入价格、数量快速下单，缩短操作时间与步骤，极大方便了用户交易；而融资融券栏目全新设计的担保品划转和新增合约管理功能使投资者操作更加便捷。

超级账户：创造基于“人+平台”的动态生态环境，登录涨乐财富通，投资者就能轻松完成股票、理财产品等的买卖，实现一站式资产配置和账户管理，盈亏情况一目了然；超级账户栏目在界面布局、功能导航上更为清晰，公告、消息、资讯等可以个性化推送，还具备内在的持仓占比智能检测等功能，依托数据支撑开发的“昨日预估收益”功能更是一大亮点，客户可第一时间及时掌握所有资产及收益情况，用户体验大大增强。

严选理财：2017 年倾力打造全新的理财频道，依据大数据和风险评测，从海量产品中严选适合的产品供客户选择，凭借全面、清晰、生动地展示产品信息、深度解析产品特色，让客户更容易理解，操作更为便捷，真正实现了千人千面，不同风险等级理财产品一应俱全，覆盖基金、收益凭证、券商资管、柜台市场产品等市场主流投资品种。

2018 年 11 月 22 日，华泰证券发布了“涨乐财富通 6.0”版本。这是继涨乐财富通 App5.0 在一年前开启券商人工智能战略布局之后，华泰证券全面探索金融科技赋能财富管理转型的重磅力作。

新版涨乐财富通 App 依托华泰证券高效的全业务协同体系和行业领先的研发能力，通过人工智能、云计算等前沿应用科学深度挖掘潜在客户需求，全新推出“泰牛智投”“智能家族”“智能实时账户”“涨乐课堂”“专家”“涨乐 U 会员”六大核心模块，并对数十项基础服务进行更新升级，旨在将智能科技和财富管理紧密结合，为金融理财客户提供量身定制的解决方案。

科技新星“泰牛智投”通过大数据算法搭建模型，利用人工智能技术为客户提供以量化策略为主要内容的数据分析专区，主要提供精选策略、盯盘策略和大数据图表三个服务模块。精选策略是华泰证券投顾提供的可订阅的投资策略；盯盘策略根据智能算法，在满足触发条件时为投资者发送模拟交易信号，为投资者提供交易参考；大数据图表提供各类图表资讯信息，包括市场热度、中长期多空信号等，辅助投资者决策。

引领科技的“智能家族”，作为华泰证券长期以来着力打造的智能产品应用体系，新上线8大创新功能，包括股票股力值测试、智能图谱、主力追踪、短线精灵、主力风云榜、持仓透视、形态雷达、指纹登录。其中，股票股力值测试是根据华泰证券自主研发的算法进行大数据回测，展示股票各维度信息；智能图谱为投资者客观分析股票背后的产业关系；主力追踪提供市场主力资金流向、主动成交占比等数据，帮助客户更准确地把握主力动向；短线精灵则汇总了全市场异动信息，方便投资者第一时间捕捉主力操盘动向。

速度之星“智能实时账户”实现了收益数据每3秒实时更新，为投资者展示实时的账户资产今日收益（预估）、当前总收益（预估），并据此展示截至当日实时的投资者账户预估总资产，方便投资者实时知晓资产变动。账户综合多维度智能分析，帮助客户建立对自身账户的整体认知，日间实时清算的实现提高了客户的资金周转和使用效率。

助力投资的“涨乐课堂”作为“涨乐财富通6.0”首页3大频道之一，主打各种投教课程，覆盖股票、理财等领域，以课程学习的形式丰富投资者的专业知识，提升投资能力。

明星汇聚的“专家”模块，组织资深的研究员以及投资顾问在涨乐平台上提供对市场的解读，以专家视角拓宽投资者视野，实现不同客群的金融教育普及。

提供差异化精准服务的“涨乐U会员”全新升级，在原有U1、U2、U3会员之上新增“超级会员”层级——涨乐U+会员，U+会员可尊享专享理财、研究所路演等核心权益。不断丰富完善的会员权益有助于持续探索客户分类分层精准化服务，为客户持续创造价值。

未来的涨乐财富通，将继续凭借智能科技驱动业务发展，以华泰证券全业务链为支撑，以投顾专业服务为依托，以丰富的金融产品为手段，更高效、更便捷、更智能地满足客户多样化需求，打造专业化的财富管理业务体系。

3. 长江证券智能投顾

从2017年开始，长江证券在互联网之路的探索上，做了一些新的尝试，在传统经纪业务上，大规模实现获客线上化之后，在用户触达、唤醒、服务用户的闭环上做了大量的探索。

长江证券也通过零售数字化路径，走出了较为有特色的发展道路：

第一步：用户数字化

用场内和场外数据，对用户进行标签标注，“千人千面”服务提供用户侧基础。

第二步：产品与服务数字化

对公司提供的产品和服务标签化，为个性化提供产品侧基础。

第三步：分发的数字化

提升平台和渠道的分发能力，包括线上用户获取、触达、唤醒、服务自动化程度，以及线下客户经理个人分发、服务能力的数字化。

第四步：匹配智能化

在上述三步能力得到保证后，把合适的产品和服务，通过合适的触达（包括线下员工），分发给合适的用户，这看上去简单的方法论，实则需要大量的技术和运营支撑。

其中，iVatarGo 系统是实现这些功能的核心和有效载体。这就是长江证券目前正在推广的“阿凡达”智能营销引擎，这个产品在一定程度上解决了令很多人头疼的证券公司零售业务线上线下融合的难题。

据了解，iVatarGo 是国内首个券商智能财富管理系统，名字灵感来自卡梅隆导演的电影《阿凡达》，意在将投资者基因与金融产品基因结合。该平台基于 6 大类—106 个因子—231 个标签，在确保客户信息和资料绝对保密的前提下，对客户的投资行为数据、交易数据进行深度智能分析，为每名客户进行全面精准“画像”，希望通过它来帮助客户智能获取投资信息、分析投资情报，成为客户投研和决策的智能助手。

iVatarGo 的一个显著特征是真正“认识”用户，在确保客户信息资料保密的前提下，长江证券首次提取所有正常交易客户五年共 86.7 亿条交易数据，运用业内独有的量化方法评估客户的交易行为，每日计算 1878.5 亿次，来识别客户的投资偏好及投资能力。iVatarGo 利用这些大数据分析客户特征，并为每位投资者的每一个特征进行标签化标注，从而实现客户真正意义上的“千人千面”。

据了解，iVatarGo 所用到的客户标签体系，除年龄、性别基本特征外，还涵盖了投资特征、交易行为特征、投资能力、投资风格、投资策略、当前持仓等用户投资行为特征。iVatarGo 在识别用户后，使用数据获取、数据处理、智能分析、数据应用落地等一套工程化的方法，去理解客户真正的需求，从“认识”客户到“懂得”客户。并且持续跟踪分析客户资产状况、投资行为，随时调整标签，力求在任何场景、任何时间都能为客户提供最适合的服务和产品，帮助用户实现最大价值。这种模式的优点是响应即时、场景性强、结果直观，能够面向用户最核心的利益点。

在前端呈现方式上，iVatarGo 也并非单一对话框的查询交互，而是在具体业务场景中根据客户需要的直接效果呈现，做到了真正的伴随、懂得客户。长江 e 号上的“看资讯”“挑组合”“选产品”“找投顾”等模块所提供的内容，都由 iVatarGo 基于每位客户的标签进行智能呈现。

在 2017 年 8 月上线的 iVatarGo Ⅱ 中，长江证券对原版在基础功能、操作交互、用户视觉体验上进行了全面升级，广泛应用智能技术，推出众多新功能，包括机器人写稿、目标理财、智能股票诊断等，可谓科技感十足。“目标理财”产品的推出正是智能财富管理系统“千人千面”理念的延续。该产品与全球顶尖基金评级机构晨星合作，挑选包含海外资产标的在内的六大类资产，为每位客户智能规划专属理财方案，如子女教育、养老支出等计划。

三、券商智能投顾面临的挑战

尽管智能投顾具备一些天然的优势，但也面临着非常多的风险和挑战。智能投顾带来了效率提升，同时带来的风险也成倍上升，这种风险未来有可能会集中爆发，一个偶然的因素就可能引发大股灾，引发系统性的风险，这都对金融行业风险防范提出了严峻挑战。

（一）盈利模式的挑战

智能投顾的管理费和佣金仅相当于传统的 1/5，对以管理费、佣金为主要收入和盈利来源的传统业务和创新金融业务的盈利模式提出了挑战，对理财投资顾问和第三方理财机构造成极大的压力。

（二）投资者的挑战

中美投资理财市场的一个重要区别是，美国投资者大多是机构和大户，长期投资的理念被广泛接受，而中国更多的是一个散户市场，在暴富心理的驱动下，轻视风险，片面追求高收益。总的来说有以下几个不良习惯：心态更多的是投机而非投资；喜欢短期暴炒，追求一夜暴富，不喜欢长期持有；主动投资多于被动投资；缺乏理性思维，从众心理强，羊群效应明显，喜欢追涨杀跌；缺乏投资组合和资产配置的习惯。这些习惯的形成，是我国资本市场制度不完善、好的投资目的缺乏、理财市场鱼龙混杂、投资者教育缺失等多因素长期共同作用的结果。

（三）跨市场的挑战

我国投资市场一个最不成熟的现象就是“刚性兑付”。所谓刚性兑付，原本是指信托产品到期后，信托公司必须分配给投资者本金及收益，当信托计划出现不能如期兑付或兑付困难时，信托公司需要做兜底处理。虽然我国并没有哪项法律条文规定信托公司必须进行刚性兑付，但这个信托业不成文的规定却慢慢成了理财市场的潜规则。信托、私募等刚性兑付产品收益高企，民间借贷收益居高不下，成为以浮动型收益为特征的智能投顾在中国发展的巨大障碍。

2017 年 11 月 17 日，一行三会与国家外汇管理局联合发布的《关于规范金融机构资产管理业务的指导意见（征求意见稿）》第十八条明确提出了“打破刚性兑付监管要求”。刚性兑现危害甚深，不解决刚性兑付问题，智能投顾规模再大，都有可能重演互联网金融理财的各种悲剧故事。这可能是智能投顾顺利发展面临的最大挑战，相关智能投顾平台需要做好十年磨一剑的持久战思想准备。

（四）用户接受程度的挑战

在投资端，用户的接受度是一大挑战。智能投顾的底层资产可能是二级市场的证券、基金、股票、衍生品等，它们是净值化管理的产品，不可避免地存在波动。一旦发生亏损，用户可能非常快地失去对平台或者智能投顾模型的信任。

（五）资产端的挑战

在资产端，我国金融资产的品类和数量相较于国外都存在不足。以 ETF 为例，国内 ETF 仅不到 150 只，管理资产规模约为 4000 亿元人民币；美国 ETF 达到 4600 多只，管理资产规模可达 2 万亿美元，资产的可选范围大不相同。

（六）投资者保护的挑战

智能投顾对投资者保护的挑战，集中体现在投资者适当性测评难以到位、信息披露不充分、投资者保护缺失等三方面：

1. 投资者适当性测评难以到位

智能投顾向客户收集信息时，在财务状况适当性、持续性评估适当性和留痕处理机制方面存在一定欠缺。在财务状况适当性方面，智能投顾的风险测评问卷问题十分有限，且未考虑客户账户外资产状况，信息查证手段薄弱，无法全面涵盖客户的客观财务状况。在持续性评估适当性方面，智能投顾对于客户的风险测评大多为静态而非动态追踪，而在传统人工投资顾问中则建立了持续性评估制度，定期追踪与调整针对客户的投资建议和资产配置计划。在留痕处理机制方面，部分智能投顾平台未对客户风险测评记录进行保存，客户一旦退出该应用，再次登录就无法调阅自己的测评记录，而传统投资顾问则会进行留痕保存，同时将投资者信息录入评估数据库。

2. 信息披露不充分

智能投顾凭借算法等新兴科技为用户自动生成投资建议，但由于监管缺位或不明确，多数智能投顾并没有披露其算法函数、算法假设条件、算法源代码、外包服务商背景信息、收费信息、管理人员的背景信息等多项关键信息，而信息披露的缺失一方面会滋生智能投顾和客户的利益冲突，引发智能投顾服务的信任危机。另一方面也使得该市场鱼龙混杂，大量披着“智能”外衣的投资机构进入，打着人工智能的旗号，实则其自身算法质量低下，根本无法为投资者提供最优的投资建议，给投资者的收益乃至财产本身带来严重隐患。

3. 投资者保护缺失

投资顾问的工作职责要求其为客户的最佳利益行事，然而现实中有的智能投顾平台往往凭借格式合同中的不平等条款，对投资者利益造成侵害。主要包括：

（1）客户协议规定强制仲裁的条款，进而剥夺投资者向法院寻求救济的权利。使用智能投顾的客户大多为中小投资者，其在专业能力、财务状况上与智能投顾供应商相比明显处于劣势地位，而强制仲裁条款倘若被滥用，会限制投资者的诉权，不利于其权益保护，实际上违背了投资顾问为客户最佳利益行事的基本原则。

（2）客户协议中嵌入免责条款，严重侵犯投资者权益。智能投顾平台如果依靠完全免责条款规避各种风险，是严重的不平等条款；而其寻求限制责任的程度也表明，平台并不认为自己有义务根据客户的最佳利益行事，而是首先确保自身的损失最小化。完全免责条款问题在中美两国的智能投顾平台中均表现突出。

（3）实践中，智能投顾运营商普遍采用电子合同和客户签订协议，和传统投资顾问服务合同手签不同，电子合同使得免责条款更具隐蔽性，因而“霸王条款”凭借电子化合同的土壤，很有可能会形成智能投顾平台格式合同中的“常客”，损害投资者的利益，违背客户利益最大化的宗旨。

第五节　东吴证券智能投顾发展思考

一、业务定位

本节通过具体描述东吴证券对于金融科技在公司整体板块中的定位，明确了公司相关业务发展规划和实施路径，并重点列举了相关重点领域的重点工作。

东吴证券自成立以来，从苏州起步，积累区域经济动能，谋略全国布局发展。发展 26 年间，东吴证券资产迅速增长，客户总量超过 180 万户，在职员工数量超过 2700 人，连续多年在全国券商分类评级中被评为 A 类 A 级。在自身发展的同时，公司始终坚持服务实体经济、服务地方发展，为地方经济转型升级和实体企业发展壮大贡献力量。当前，金融科技风潮涌动，以大数据、云计算、区块链、人工智能为代表的“新科技”正以不可阻挡的趋势重塑全球金融业，不断推动“新金融”走向迭代发展。如何借助金融科技的力量实现转型，成为每一家金融机构最为迫切的课题之一。东吴证券已开始布局科技领域，与相关部门、优秀企业、科研机构等联手打造金融科技生态圈，促进共同提升、实现共享共赢。

站在新时代、新征程的历史当口，东吴证券确立了建设规范化、市场化、科技化、国际化证券控股集团的战略目标，力争通过科技变革，为客户提供智能化的金融服务，加快整体数字化转型。同时，通过推出东吴秀财 App 等金融科技手段，提升客户服务能力，促进传统经纪业务转型，赋能服务效率与能力的提升。此外，依托东吴金融科技（东吴证券旗下金融科技综合服务平台）与内部技术部门形成合力，不断加大技术开发资源和人力投入，下一代核心柜台系统、高速行情中心、智能运营等自主开发项目开展得如火如荼，自主开发能力显著提升。

智能投顾业务不仅是当前金融科技领域的重要方向之一，也是东吴在线金融科技路线的重要业务。相较于国内多数平台推出的智能投顾业务，东吴在线没有照搬国外路子，而是更多聚焦在技术手段和工具研发上，以辅助券商和分析师工作。

东吴在线于2016年初确定“科技改变金融”战略方向之后，公司就在内部成立了创新小组，开始研发基于算法、大数据、知识图谱等底层技术的智能投顾相关工具和产品。也就是说，主要通过对历史数据和实时热点抓取，利用知识图谱进行机器学习。一方面普通投资者可以利用该平台进行实时行情的分析；另一方面，专业的机构投资顾问可以通过平台的内容发布体系，将平台生成的大数据分析结果进行社区推广。

东吴在线在此基础上不断增加更多的智能成分，从辅助投顾逐步转向人工智能投顾。不仅加快研发相关产品或者工具，还实现了大量的相关技术输出服务。

作为东吴证券旗下的科技创新平台，目前东吴在线除了在智能投顾、人工智能方面布局和推进外，区块链也一直是其重要技术方向，还与股东之一嬴时胜共同出资设立链石公司，组建专业团队进行应用落地探索和研究。

东吴证券东吴秀财App中的智能投顾产品为“量身定制”。投资者可以在1万~10万元之间随意调整投资金额，并选择自身匹配的风险偏好，系统会随之生成包括1~6只股票的投资组合，点击组合详情后，就会出现不同股票间的投资比例，并显示数量、价格等。不需要过多的专业知识，“小白”客户就可以简单的一键跟买。组合时限可以分三个月、半年、一年三种，累计收益率即时体现，方便客户查阅。从收益率来看，针对最普遍的中低风险投资者，东吴秀财量身定制组合近一年的累计收益率能达到24.35%，如图3－14所示。

二、业务思路

东吴证券致力于提升公司信息技术、改善客户服务体验，继续加大对东吴证券秀财App财富管理平台、秀财网财富管理平台、微信、QQ公众服务平台、掌上营业厅、综合运营管理平台、新一代千万级用户高并发交易系统等研发投入，为其创新业务提供技术支持，每年研发支出3614.01万元。

在东吴证券官方App东吴秀财中，如果用户已在App上绑定和登录交易账户，在再次确认购买价格和数量后即可实现类似“一键购买”的功能。此外，用户可以查询该智能组合历史上推荐过的股票组合，并可以直观地查询该组合与沪深300指数累计收益曲线对比。

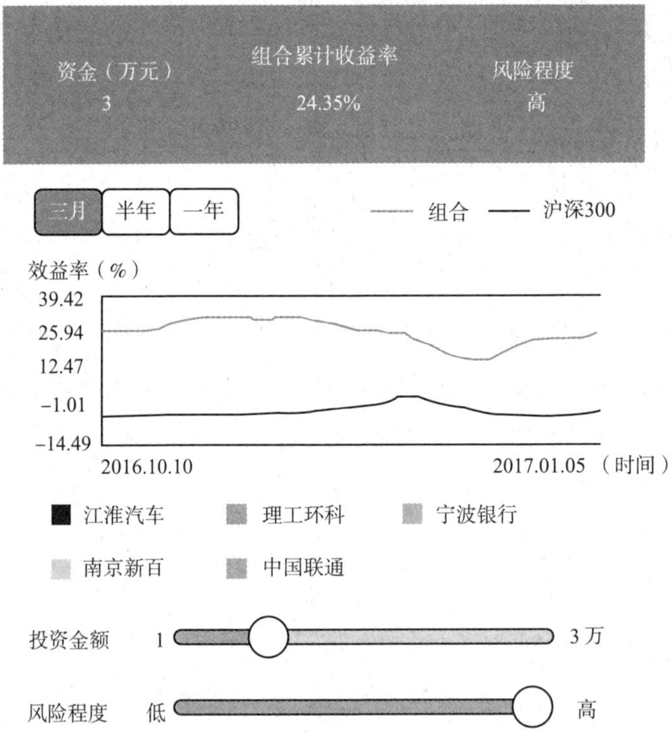

图3-14　东吴证券智能投顾五牛组合

资料来源：笔者自制

东吴秀财中“量身定制”产品由公司与高校金融实验室共同合作推出，包括投资策略、算法、建模等。同时该产品与东吴证券研究所实现了有机结合，即上述投资组合涉及的股票池主要来源于东吴证券研究所，并且每周根据市场情况进行更新。

东吴证券“东吴秀财”投顾服务定位于充分发挥移动互联网的社交群优势，

并结合自身的研究所资源和智能投顾平台的特点，朝社交化和智能化方向迈出了一大步。通过易用便捷的通道将科技前沿的智能化投顾产品带到了投资者面前。在普惠广大投资者的同时，提高了客户投资黏性，开辟了券商服务的新空间。

三、业务推动措施

未来东吴证券在金融科技方面的业务推动思路可以用八个关键词“拥抱、融合、赋能、笃行”来形容。拥抱：拥抱金融科技，拥抱互联网，拥抱数字经济。融合：金融科技和传统业务的融合，线上和线下的融合，不同业务条线的融合。赋能：科技为金融赋能，金融为科技赋能；总部向营业部和一线员工赋能，科技部门对业务部门赋能。笃行：唯有学思结合、知行合一、脚踏实地、百折不挠，才能实现证券行业的大踏步发展，“为实体经济增添活力，为美好生活创造价值”！

随着金融科技对资管行业影响越来越深、越来越广，预计未来几年智能投顾的资产管理规模有望每年翻倍增长，人机结合的投顾模式有望成为未来该领域的发展趋势。东吴证券重点在以下几方面积极推动人工智能发展：

1. 开展大运营咨询，勾画业务蓝图

2016 年下半年，东吴证券聘请国际知名咨询机构埃森哲公司，开展了大运营专项咨询，建立数字化转型的蓝图。

2. 完善组织架构

2015 年 3 月，东吴证券成立了互联网金融事业部，已搭建完成对外互联网金融平台体系。2016 年 6 月成立的东吴在线合力助推东吴证券以互联网为抓手的创新转型。未来公司还将启动东吴证券科技总部的建设，依托一流的基础设施，集聚一流的人才，与科技创新创业公司一起，共同促进金融科技生态圈的建立，持续推进东吴证券数字化的转型。

3. 打造东吴秀财 App 平台

东吴证券以金融科技为导向，加大技术投入，完善线上业务办理能力和投顾功能，优化智能投顾和客户交易体验，打造投资社交平台。东吴秀财 App 下载用户数和日活跃用户均实现大幅增长，掌厅、单向视频开户系统、运营平台等产品上线并顺利运营。

4. 推动建设金融科技实验室

根据公司金融科技发展战略，公司与东吴金融科技共同发起成立了金融科技实验室。金融科技实验室着眼于通过人工智能、区块链、大数据、云计算、技术驱动的业务创新与管理创新等方面研究，围绕公司主业营造金融科技土壤，打造金融科技战略高地。

5. 开展客户标签系统建设

公司以运营中心牵头，针对公司应用平台对客户所产生的大量数据分析客户在内部和外部的交易、行为、媒体偏好、社交内容等信息数据，可以形成客户画像的统一视图，更全面地了解客户的关键。通过对这些数据的深入分析，结合数据运营指标、提供精细化运营与营销支持，达到数据驱动运营以及不断优化产品设计和改善产品功能，提高客户体验的效果，增强客户归属感与黏性。

通过客户标签体系，将客户交易数据、用户行为数据、风险管理数据、线下收集的数据产生的指标和标签统一管理，对公司客户进行智能画像，快速精准的定位和营销新用户，为营销、运营、风险管理等活动的针对性开展和优化提供有力的数据抓手。

6. 打造大数据中心，不断升级 CRM 系统

公司不断整合公司原有数据仓库系统，打造公司大数据中心。公司客户的服务和营销工作无不需要坚持问题导向。坚持问题导向需要数字化智能化工具的支持。客户咨询等待，需要智能客服机器人的预处理；客户回访需要智能回访、页面回访提高效率；160 万公司客户的标准化服务也必须通过大数据、数字化、智能化体系的搭建才可能真正实现。当前服务营销问题导向，已经从传统的线下服务模式问题，转变为线上线下共进与数字化智能化服务模式需求的矛盾。公司大数据中心成立，CRM 系统不断升级，客户分层分类、精准营销、客户画像的愈加清晰，都在为未来的服务营销助力。

7. 与政府合作，打造金融科技园

公司与苏州工业园区政府合作，打造苏州工业园区金融科技产业集聚区。集

聚区以东吴金融科技园为主体，瞄准“金融 + 科技 + 文化”三大功能，将在阳澄湖边打造一座金融中后台服务“大本营”，为苏州金融业发展提供支撑，有效承载上海国际金融中心溢出效应。除金融业中后台枢纽外，未来，这里还将打造技术服务中心，降低技术研发运营成本；吸引标杆金融企业进驻，形成优势企业集聚效应；建设金融科技产业投资基金集聚区，全面支持高成长型科技企业发展；建成苏州首个国家级投资者教育基地，承载金融教育功能；打造苏州博物馆当代艺术馆，以现代化创意推广苏州现代艺术、激发金融与艺术的对撞火花。

四、未来努力方向

东吴证券未来在人工智能，尤其是智能投顾方面，将会在以下几个方面进行努力：

1. 投顾服务 App 化

得力于手机平台的快速发展，移动 App 应用已经融入了人们的工作和生活，移动应用是客户体验投顾服务的最佳形式。对于投资者来说，投顾服务如果可以随时随地获得并且可以方便地进行互动的话，应用黏性无疑会大大地增强。对于券商来说，移动应用能最大程度地覆盖客户的碎片化时间，同时也为将来的线上服务线下拓展提供了更多可能。

2. 增强客户与投顾间的互动

由于客户基数大，线上投顾相对较少，早期的客户与投顾沟通更多的是点到面的单向沟通，类似互联网早期的门户网站形式。随着微博和微信等 WEB2.0 产品的兴起，人与人之间的线上沟通形式已经基本确立，可以说投顾服务用户群体的使用习惯已经养成。互动是投顾服务的重要组成部分，良好的互动可以让客户更好地感知投顾服务的真实性，增强投顾信任感。在沟通形式上，早期的客户与投顾线上沟通主要通过文字。如今的移动互联网平台技术已经可以很好地支持文字、语音甚至视频互动和直播。投顾服务要积极拥抱新技术，争取给客户更完整的服务体验。

3. 多维度数据的融合

东吴证券的投顾服务中涉及的主要数据体包括互动问答、投资组合、投资观点以及评论等。这些数据之间本身是格式化的数据，可以通过数据外键建立联系，实现基本的数据整合。但是问答和评论等数据体中其实也包含了大量的非格式化数据，比如评论中涉及某只个股的观点。如果通过技术手段进一步对内容进行分析，这些关系就可以被挖掘出来，从而实现数据之间的弱关联。如果对这些弱关联关系再做进一步的梳理和分析，就可以对客户做出更全面的画像，从而实现更准确的适当性管理，完成后续的产品推荐。

4. 投顾服务标准化和产品化

证券经纪业务正在从过往“守株待兔”式的靠天吃饭转向“主动上门”式的专业服务，标配以投顾产品，开启了专业化、精细化服务时代。投顾服务可以说在券商行业正在经历着野蛮生长的阶段。在这一过程中，各家推出的投顾服务遍地开花，形式多样。客户在选择和使用投顾服务的过程中，难免晕头转向，无法判断是否就是自己需要的服务。

如何把投顾服务推向标准化，把更多的投顾资源产品化，是券商值得思考的问题。新的投顾平台需要呈现标准化的投顾服务，并实现多平台的产品互通，从而为客户提供更优质的服务，同时也为证券公司降低成本，创建良好的行业氛围。

5. 良好的投顾成长体系和环境

投顾以前更多的是在线下与客户接触。投顾水平本身也是良莠不齐，普通的投顾无法获得足够的客户信任，而资深的投顾更是显得神秘莫测，让人捉摸不透。让客户有机会了解和接触更多优质的投顾，对于广大投顾来说也是个成长的过程。参考互联网点评模式，投顾服务的质量可以让客户自行来判断，券商要提供的是一个公开公平竞争服务的环境。优质的投顾可以获得更多优质的客户，这是投顾平台必须为投顾考虑的事情。

6. 投顾自助分析工具

作为平台，需要最大可能地给平台用户提供自助服务的可能。投顾作为平台的重要用户，除了发布观点与客户互动等基本功能之外，还有更多的功能诉求。投顾可以方便地查看自己发布的组合产品的点击数、关注数以及历史趋势曲线。作为自助工具的一部分，投顾还可以查看自己的收费产品业绩报表，了解自己的产品热度和回报率。

投顾平台还引入了大数据分析技术的优势，让投顾进一步借助数据技术的手段，发掘优质客户。比如客户的互动时间、互动次数、关心的个股、关心的行业等等，可以对客户准确地画像，结合客户的投顾服务消费历史，投顾可以更好地了解客户的需求。

7. 实现线上智能风控

客户与投顾互动功能的引入需要内容审核机制来保证。券商行业的风控要求高于互联网行业的平均水平。除了必要的人工审核外，更多地需要借助最新的技术手段来完成智能的风控内容审核。内容审核之外，客户与投顾的行为也需要纳入风险管控。风险控制的智能化，有利于帮助平台提升对用户个人信用评估的信审效率，是建设一个高效的风控体系的基础。

第六节　中国券商智能投顾监管

与传统人工投顾相比，智能投顾具有高效率、低成本、低门槛、多元化等特点。但它毕竟是个新鲜事物，传统对投资顾问的监管方式，如许可制度、侵权责任、风险控制等方法，在管控智能投顾风险时显得力不从心，既有的事前、事中、事后相关监管措施的效果有限。

虽然中国目前尚未存在一部专门规范智能投顾的法律法规，但是在现行金融监管体系下，也有一些法律法规对智能投顾领域具有规范意义，主要包括：《证券法》、《证券投资基金法》、《证券公司监督管理条例》、《期货交易管理条例》、《证券、期货投资咨询管理暂行办法》、《证券投资顾问业务暂行规定》、《关于加强对利用"荐股软件"从事证券投资咨询业务监管的规定》、《证券期货投资者适当性管理》、《证券公司客户资产管理业务管理办法》和《关于规范金融机构资产管理业务的指导意见（征求意见稿）》等。通过对相关法规政策的梳理，我们可以从以下几个层面来思考智能投顾的合规风险和监管框架。

一、智能投顾存在的风险

任何一项新兴技术的发展初始期，都是鱼龙混杂、泥沙俱下的阶段。在这个阶段，噱头大于实际，概念大于实际应用。智能投顾也不例外，很多智能投顾产品并没有做到千人千面。智能投顾业务应用的人工智能和大数据技术并非万能，若某些机构存在技术实力有限、大数据质量和数量限制或设计疏忽大意等问题，则会出现重大技术局限和漏洞。此外，智能投顾还存在实际风险偏好与投资组合风险不一致、策略模型的有效性因市场因素而减弱等风险。

智能投顾主要面临着以下风险：

（1）原有传统投顾风险通过互联网平台呈现放大效应。比如市场风险、金融风险、利率风险、巨额赎回风险、管理风险等。

（2）由于智能投顾依托互联网提供服务，存在黑客攻击或者网络瘫痪等网络安全风险。

（3）数据和模型可能因为同质化导致顺周期行为、系统性风险；也可能因模型本身的缺陷而导致风险。

（4）法律合规风险。

①市场准入问题。尽管资管新规对智能投顾做了一定规范，但并未明确智能投顾是针对融资端的投顾服务，还是针对投资端的投顾服务。智能投顾的资质与基金、证券咨询的资质如何区分；投资顾问业务范畴和资产管理业务范畴的边界如何确定，目前都还没有明朗。

此外，投顾资质何时能够下发、申请流程是什么样的，这些都有待更多细则来明确。

②全权委托问题。资管新规提到金融机构利用人工智能开展资管业务时，要为用户建立账户，这是否能理解为全权委托？为用户提供的一键式理财服务如何定性？由于与证券法的规定存在一些冲突，这些问题到目前为止并无定论。

③投资者权益保护问题。智能投顾平台在提供服务的过程中会通过问卷、观察用户交易行为等方式获得大量用户信息，如何保护、利用、共享、转让这些信息，保障用户的知情权和选择权，这是值得关注的问题。

④信息披露问题。一个完整的信息披露需要在多大程度上披露算法，如何平衡商业秘密保护和投资者知情权的矛盾，这些问题有待逐步明确。

⑤利益冲突问题。当传统金融机构作为投资顾问提供服务的时候，可能会优先提供自己公司的产品来设置底层资产，也有可能会优先推荐关联公司的产品。

在互联网机构和金融机构合作的过程中，可能会达成某种利益上的默契，推荐特定金融机构的产品。这些情况下，智能投顾提供方均未以用户最大利益为出发点，可能会存在利益冲突。

⑥商业秘密保护问题。智能投顾基于模型和算法提供服务，这种模型和算法如何受到保护；如果作为商业秘密进行保护，模型开发者在跳槽过程中把商业秘密带到其他家公司，如何进行举证?

因为这些问题的存在，智能投顾领域需要更为明确、详细的监管规则。从而调动金融创新的活力、提高资本市场的效率；不断完善我国的金融监管体系，维护金融市场整体秩序的稳定。

（5）对被动长期投资模式接受度不高，养老金不能入市。散户为主的投资者，更关注短期回报，对智能投顾以被动长期投资模式为主的接受度不高。

智能投顾的发展顺应了资管行业的演进趋势，全球市场经历了散户为主、封闭式基金、主动型基金阶段。随着市场有效性不断提高，获取超越市场表现的 α 收益已经越来越难，受此影响被动投资管理的资产在不断增加，以美国为例，在过去的 20 年，美国被动投资管理的资产在不断增加，被动投资的占比在美国共同基金的占比也已由 1995 年的 3% 上升至了 2005 年的 9%，2014 年美国被动投资在总行业投资的占比已达 27%；另外，被动投资的费率也在不断下降，其平均数已从 2005 年的 0.9% 下降至 2014 年的 0.7%。因此以被动投资为主要理念的智能投顾被投资者接受也是水到渠成的事。

（6）投资顾问与资产管理分业监管，代客理财受到监管限制，多账户归集管理不可行。美国智能投顾公司受 SEC 监管，一旦获得投资顾问牌照，既可提供投资建议服务，也可以直接管理客户的资产。而我国投资顾问与资产管理两项业务分属不同的法律法规，这使得我国仅有投顾资格的公司无法代替顾客进行交易。另外，我国对开展资产管理的券商、基金、期货公司实行分类监管。受《证券投资顾问业务暂行规定》、《证券、期货投资咨询管理暂行办法》等法规约束，证券公司、证券投资咨询机构可以接受客户委托，辅助客户作出投资决策，但不能接受全权委托，从事资产管理服务。

目前美国智能投顾平台的大量业务是个人客户委托的养老金账户投资，客户一旦将其个人账户连接投顾平台、经过资金托管后，投顾平台就可以代替客户操作，且跨平台操作也很顺利。而国内个人客户的资金比较分散，通常持有多个账户，在国内分业监管下，现阶段还无法实现多账户的归集管理，个人单个投资账户随意便捷跨平台的操作几乎不具可行性。

（7）ETF 产品有限，金融产品和对冲工具匮乏，无法分散投资组合的风险。Business Insider 报告显示，ETF 是当下美国市场中成长最快的投资品种，美国 ETF 资产管理规模已占到全球的 73%，ETF 产品种类繁多，涵盖国内市场、国外市场、股指、债券、商品等多个类型。大量标准化的资产为智能投顾构建组合提供了养料。据美国投资协会（ICI）数据显示，截至 2016 年 4 月底，美国 ETF 管理的资产规模达 2.19 万亿美元，存量数量 1630 只。Wealthfront 能提供资产配置组合的原因是美国的金融市场中有对标全球各市场各种资产大类的 ETF 产品，而中国 ETFs 产品数量和体量都非常小，据 Wind 统计，截至 2016 年 5 月末，中国市场共有 131 只 ETF，资产规模仅为 4729 亿元，且主要是股票指数型 ETF，其中权益型 ETF 和货币型 ETF 合计 114 只，债券型 ETF、商品型 ETF 等品种较少，金融产品和对冲工具匮乏，无法分散投资组合的风险。此外，中国的股市波动大、T+1 的制度、缺乏做空机制等均限制了资本市场的创新发展。如果扩展投资标的到非标领域，则面临难以评估风险的问题。

（8）分类税制下难以进行税收规划与统筹，无法进行税收亏损收割。美国的个人账户种类繁多，税收规则各不相同，例如可减免税的退休金账户、应税经纪账户、联名账户等，由于采用综合所得税制，税务筹划空间大。目前中国的个税征收体系实行分类税制，按照工资薪金所得、个体工商户生产经营所得、劳务报酬所得等 11 个征税项目，每个项目采取不同的计征办法、适用不同的税率，缺乏对不同交易进行不同处理的相关规定，进而欠缺税收规划的基础和基于资本市场的避税方式，因此，国内智能投顾产品难以通过税收规避或税收收割等手段制约因素五，即风控体系的健全程度跟不上智能投顾的自动化程度，趋势投资模式不适应国内的散户市和政策市。

无论是大类资产配置或是投资策略智能投顾都必须设定严格的止损条件。智能投顾有自动化操作的特性，当市场发生突发情况的时候，系统可能无法正常地运行，建立起合理的应急预案和人工处理流程至关重要。此外，智能投顾依赖的是模型和算法，而任何一个模型的搭建都是建立在对长期规律的摸索之上，这就决定了由此设定的算法更适合长期的投资，比如趋势性规律。以中国市场为例，由于受到政策性因素的影响多一些，导致短期内模型的参数经常发生变化，所以很难做长期预测。此外，中国市场是以散户投资者主导的市场，通常有比较明显的追涨杀跌等短期行为，指数基金不能择时，对于风险较难控制，一旦遇到熊市，就会遭遇严峻的考验。

二、现有相关监管政策分析

目前，我国的投资顾问，包括智能投顾在内，都属于《证券法》证券咨询的概念，由证监会实施监管。此前，互联网平台谎称的“智能投顾”或以“智能投顾”等名义擅自开展公募证券投资基金销售活动等现象频发，资金池、信息不透明这些曾出现在P2P身上的老问题仍有待解决。

2017年5月15日，央行正式发文宣告金融科技（Fintech）委员会成立，旨在加强金融科技工作的研究规划和统筹协调。文中明确提出将组织深入研究金融科技发展对货币政策、金融市场、金融稳定、支付清算等领域的影响，切实做好我国金融科技发展战略规划与政策指引，并积极利用大数据、人工智能、云计算等技术丰富金融监管手段。

2018年4月，《关于规范金融机构资产管理业务的指导意见》（以下简称“意见”）发布，初步对智能投顾平台的经营资质、账户与报备等方面进行了规范。

新规的出台，为智能投顾的发展指明了方向。《意见》对智能投顾这一刚刚形成的资管产品运营模式进行定义和规范，“先规范再发展”体现了中国人民银行和金融监管部门在金融监管上的主动性和敏锐度的提高。此次正式稿似乎突出了监管有意将“金融归金融、科技归科技”的意向，让金融机构和科技公司对各自的职能边界有了更清晰的定位，这有利于互联网金融和金融科技行业的健康发展，同时也在一定程度上保护了传统金融机构。

（一）智能投顾的监管框架

一个新兴的领域——监管科技，值得我们注意。以前我们使用人工方式来形成投资策略，对其监管可以做现场检查，包括现场谈话、沟通。以后策略的生产和研究都是在机器里进行，即使去了现场，也不能打开机器看 CPU。现在，监管也采取了新技术，即监管科技。

那么监管科技的责任边界在哪儿？在云计算里，无论是程序化系统还是人工智能系统，策略生产、提供服务的系统都必须满足监管要求，这也是目前美国、中国等国都在研究的问题，即区别于传统的方式，利用监管技术来进行监管。

具体来说，在人工智能投顾方面，监管科技的核心理念是明确云计算里的程序——第一，输入情况；第二，输出情况；第三，按照监管的两大理念（微观审慎和宏观审慎）来制定监管标准。由于输出形成的投资策略会对市场产生影响，我们需要利用此监管标准来动态地监控行为。在讨论过程中，我们目前形成了一些简单的成果，但是还没有实际应用，因为监管部门现在也希望科技公司能够提出一些具体的要求——不是一个黑箱子，一定要赋予相对透明的数据。

（二）中美智能投顾监管对比

尽管我国智能投顾监管尚不完善，但美国模式是否可借鉴仍存疑，目前中美投顾行业在监管模式上处在两条不同的轨道。

美国明确表示机器人投顾与传统投资顾问一样，受到美国《1940 年投资顾问法》（Investment Advisers Act of 1940）的约束，并接受 SEC 的监管。美国的投资顾问监管牌照基本涵盖整个市场的资产管理和理财服务，这意味着机器人投顾同样能够同时提供投资顾问和资产管理两项服务，减少了获取不同牌照的麻烦。

而在我国，投资顾问与资产管理实施分业监管。若归属投资顾问业务模式，应当符合《证券、期货投资咨询管理暂行办法》、《证券投资顾问业务暂行规定》以及相关监管文件；若属于资产管理，则应当符合《证券公司客户资产管理业务管理办法》、《基金管理公司特定客户资产管理业务试点办法》等相关法律规定。监管仅允许智能投顾实现基于算法的资产配置化建议，而不能代为管理资产、实现自动化组合调整。

我国不仅将投资顾问与资产管理分开监管，还进而采取分类监管的方式。目前，券商、基金管理公司、期货公司及其子公司三类机构开展投资咨询和资产管理这两项业务分别适用不同规则，各项管理办法和规定五花八门，极易出现定位不清、重复管理的问题，相较之下，美国则实施“大一统”监管。

（三）世界各国对智能投顾的监管框架

从监管角度，以国际证监会组织对各国证券业监管机构进行的调研结果来看，在不大幅改变现行监管框架的前提下，美国、英国、中国香港、日本在内的国家和地区仍将现有监管规则直接适用于智能投顾业务模式。法国、荷兰和新加坡的证券市场监管主体正在评估是否需针对智能投顾制定补充性规则或保障性措施。除了沿用现行监管规则之外，部分国家或地区也针对智能投顾服务采取了一些具体监管措施和行动：

1. 针对智能投顾出台专门指引或规范性文件

截至目前，加拿大和澳大利亚在现有监管框架的基础上，针对自动化投资建议平台或服务发布了专项指引。

（1）加拿大证券管理局（CSA）于2015年9月发布《投资组合管理机构提供在线投资建议的指引》（31－342号通知），就投资组合管理机构通过网络方式提供投资建议服务如何符合NI 31－103规定的注册和行为要求进行了统一。

加拿大的线上投资顾问并非我们一般所理解的“智能投顾”，而是以提高效率为目标，借助网络平台为客户提供的混合服务，人工顾问仍需主动参与服务全流程，并对客户准入及后续相应投资决策承担责任，并仅允许投资EFT和低成本共同基金等相对简单的产品。

该指引的重点内容围绕注册投资组合管理机构（PMs）和投顾代表（ARs）通过网络形式提供投资管理服务需履行的义务。指引明确NI 31－103中规定的注册和持续行为要求具有“技术中立性”，规则同等适用于通过在线方式提供投资建议的PMs，同时进一步强化ARs的责任，需确保收集适当的KYC信息以确定投资者适当性，并审查和评估所推荐的投资组合是否真正适合特定客户。

此外，指引强调在线平台在进行KYC流程时需与用户进行交流，客户调查问卷在设计时需包含涉及客户行为的问题以评估风险容忍度，并在用户的答案不一致时进一步测试，在矛盾问题解决之前系统不能完成问卷调查。

同时，指引建议机构在网页上提供必要的解释和相关信息，协助客户更好地理解服务模式。最后，计划开展在线投资服务的企业，在改变业务模式之前，需告知 CSA 并提交相关材料，由 CSA 进行评估审查。

（2）澳大利亚证券与投资委员会（ASIC）于 2016 年 8 月发布《面向零售客户提供电子化金融产品建议》监管指引（RG255），针对智能投顾服务提出了较为全面、具体的监管要求。

指引出台的出发点在于鼓励能够为消费者带来好处的创新，内容包括监管范围、澳大利亚金融服务（AFS）许可证制度、智能投顾从业主体的一般义务、提供符合客户最大利益的投资建议四个方面。

从宏观监管框架上，秉承技术中立原则，智能投顾同样需遵守传统投顾领域的法律规范，需根据业务情况申请 AFS 牌照，但作为特殊服务类型，指引在智能投顾模式中的算法监督、人员组织、客户权益保护等方面提出了更高的要求。

比如人员组织方面，在完全依靠技术生成投资产品建议的流程中，指引规定持牌企业必须有至少一名满足投资顾问行业最低培训和能力标准的人工责任经理（RM），负责智能投顾模式中的日常决策和持续业务活动。

比如在一般义务方面，引入了适当补偿方案，持 AFS 牌照的服务提供商应为客户办理专业责任保险（PI 保险），在由于算法缺陷为客户造成损失时，可纳入保险赔偿范围。

2. 针对智能投顾服务市场进行专项审查

部分国家和地区金融监管机构已经开展或正在计划开展涉及智能投顾服务的专项审查。专项审查的范围和重点根据各国市场发展情况差异较大，许多审查项目仍处于持续进行中。

（1）2015 年 12 月，欧盟三大金融监管机构：欧洲银行业管理局（EBA）、欧洲证券及市场管理局（ESMA）、欧洲保险与职业年金管理局（EIOPA）以联合委员会形式，针对银行、保险、证券领域出现的自动化投资建议业务开展了专题调研，并发布了研究报告。

报告的重点内容包括目前金融领域应用的智能投顾工具的主要特征，从业机构的主要业务模式，这类工具可能对消费者和金融机构带来的潜在效益和风险，以及未来产业的演进路径等。

委员会分析认为，智能投顾工具对于消费者的潜在优势包括费率较低、覆盖群体更加广泛、自动化工具提供的投资建议更具一致性，而在潜在风险方面，包括由于消费者缺少必要信息，加之寻求信息和解释的途径有限，客观上可能导致消费者做出不符合自身情况的投资决策；

此外，由于对智能投顾信息处理流程和原理、算法和工具存在的偏见缺乏认知，消费者可能会获得不适当的投资建议。

（2）美国金融业监管局（FINRA）于2015年对智能投顾市场进行了专项调研，并于2016年3月发布的《数字投资建议报告》中公布了调研结论。

FINRA的调研对象包括面向普通零售客户和机构投资者的智能投顾工具，核心目标是确立部分领域的有效实践和原则。

报告指出算法在智能投顾工具中所发挥的核心作用，建议对算法和智能投顾工具所输出的信息进行定期测试，以评估信息是否符合预设目标。

同时，报告强调了客户画像功能在智能投顾业务流程中的重要性，确立了部分有效实践，比如确定所需信息的核心要素，以及评估客户的风险承受能力和风险承担偏好等。

此外，报告指出投资组合的设计是智能投顾工具的另一项核心功能，可通过特定投资组合进行监控，评估其市场表现和风险特征（如波动性）是否符合特定类型的客户的投资需求。

最后，在FINRA调研的面向零售客户的智能投顾工具中，绝大多数具备自动化账户再平衡（rebalancing）功能，需向客户确认是否接受此类功能，并明确披露自动再平衡工具的运作原理，包括触发条件等。

（3）2016年3月，英国金融行为监管局（FCA）和英国财政部发布调研报告《金融顾问市场回顾》（FARM报告），对英国市场中金融顾问服务的可得性和可负担性进行了评估。

虽然FARM报告并非是单独针对智能投顾市场的分析，但部分结论直接关系到智能投顾业务模式的发展。FARM报告认为，通过推动大众市场中的智能投顾模式发展，通过令普通投资者更容易地与专业投资顾问之间整合和分享财务信息，鼓励雇主支持员工主动进行财务规划和管理，某种程度上将有助于大幅降低投顾业务成本和服务获取门槛。

FARM 报告建议，需进一步厘清“一般信息”“以自动化方式提供的建议”等概念。此外，报告还建议，在 FCA 内部设立专门的投顾部门，围绕监管合规、最佳实践等问题，更积极地与从业机构进行交流，在充分保障消费者的各项权益的同时，给予技术更广泛应用于投顾服务市场的创新空间。

3. 成立金融科技部门或团队，密切跟踪金融科技领域变化

除了出台专门规范性文件、开展专项审查之外，部分国家和地区的监管机构成立了金融科技部门，跟踪智能投顾领域的市场发展情况。

包括澳大利亚证券与投资委员会（ASIC）、英国金融行为监管局（FCA）、香港证券和期货委员会（HKSFC）、荷兰金融市场监管局（AFM）、新加坡金融管理局（MAS）、加拿大安大略证券委员会（OSC）、美国金融业监管局（FINRA）等在内的金融监管主体，纷纷成立了专门机构或团队，监测和指导辖区内金融科技企业的发展，其中就包括提供智能投顾服务的企业。

总体来说，监管机构主导的金融科技管理部门通过为不熟悉金融监管规则的金融科技企业提供协助和指导，帮助其理解监管框架和授权流程，更好地满足现行监管合规要求。

比如，澳大利亚 ASIC 的创新中心（Innovation Hub）已经面向部分智能投顾初创企业提供了合规指导。

香港 SFC 成立的专门团队也正在计划协助金融科技企业理解监管框架。荷兰 AFM 开展的“创新与金融科技项目”，旨在通过降低不必要的门槛，适应创新企业的发展特征和需求。新加坡 MAS 于 2015 年 8 月成立“金融科技与创新小组”，并与国家研究基金会合作成立了金融科技办公室，是一个专为金融科技问题设置的一站式虚拟组织，积极推动新加坡成为全球金融科技中心。

2016 年 10 月，加拿大 OSC 发起成立“Launch Pad”专门团队，帮助智能投顾、P2P 借贷和众筹平台等金融科技企业的业务开展符合证券领域法律和监管要求。美国 FINRA 成立的跨部门金融科技咨询委员会，更加主动介入金融科技发展过程中出现的法规和监管问题。

英国 FCA 的创新中心（Innovation Hub）则计划在智能投顾领域先行一步，

成立专门投顾部门，为智能投顾企业提供支持，帮助企业评估业务模式，有效填补目前投顾市场中的空白。

（四）美国智能投顾监管经验

作为市场发育最为完善，监管较为成熟的智能投顾市场，美国对智能投顾的监管经验值得参考借鉴。截至目前，美国联邦层面的监管者已经出台了一系列的规范性文件，主要包括 SEC 与 FINRA 联合发布的投资者警示、FINRA 公告、SEC 监管指南、SEC 投资者公告；在州层面，马萨诸塞州在智能投顾的监管问题上回应较为积极，发布了该州智能投顾监管政策声明、智能投顾外包服务商监管政策声明等。

通过研读和梳理上述规范性文件，我们发现美国对于智能投顾的规制监管主要从两方面展开：一是针对智能投顾的营运人进行监管规范，二是从投资者保护角度入手，对于投资者进行必要的教育和风险警示。

1. 智能投顾的营运人监管

美国对于智能投顾营运人的监管，主要体现在 SEC 监管指南及马萨诸塞州相关监管政策声明中，从以下五个方面展开：市场准入、更高的信息披露要求、逃避信义义务的免责条款无效、建立内部合规程序、完善问卷测评。

（1）智能投顾的市场准入。2017 年 2 月，SEC《智能投顾监管指南》将智能投顾明确为投资顾问。这类公司需要按照美国《1940 年投资顾问法》第 203（a）条和第 203（c）条向 SEC 提供 ADV 表格，完成投资顾问的注册，这同时也说明在 203（b）条下予以豁免的投资顾问不在其列。由于智能投顾服务规模广、受众多，对其规制范围进行限缩表明了 SEC 的谨慎态度。

（2）更高的信息披露要求。SEC 要求智能投顾在向客户提供咨询服务时，除要履行投资顾问固有的披露义务之外，还需要披露若干项特殊的信息。

马萨诸塞州证券监管部门还关注到投资顾问与外包算法服务商一起为客户提供投资咨询服务的这一模式。该州智能投顾外包服务商监管政策声明要求，投资顾问利用外包算法服务商共同向客户提供资产配置、执行交易时，投资顾问至少应履行 5 项义务。

2. 投资者保护

（1）投资者警示。在其联合发布的《关于自动化投资工具的投资者警示》

中，SEC 与 FINRA 向投资者提示：尽管智能投顾具有低成本、使用便利和广泛的访问权限等优点，但在使用任何智能投顾之前，仍必须注意：

了解所有条款和条件：投资者必须事先审查智能投顾的所有相关披露信息，了解用户协议中的所有条款，明确使用智能投顾过程中相关的费用和开支信息；了解如何终止服务协议以及终止后兑现投资收益的期限；询问智能投顾是否收到任何形式的报酬，尤其是推荐或出售某些服务或投资的报酬。

关注数字化工具的局限性：由证券公司和个人提供智能投顾服务，投资者必须准确理解该提供商披露使用的标准和方法，包括数字化工具的局限性和主要假设。

认识到智能投顾的投资建议结果直接取决于客户：由于测评问卷中的信息将直接影响投资建议的结果，投资者在输入风险测评信息时应当谨慎专注。同时投资者也需要注意智能投顾投资建议可能不符合客户的财务需求与目标，因此对于投资建议也不能盲从。

（2）投资者教育。SEC 投资者公告旨在提醒投资者在面对智能投顾产品时，需要着重考虑的一些问题。其重点包括：投资者对于人机交互程度的接受程度、智能投顾的收费项目、投资建议的产生过程等信息。

此外，马萨诸塞州证券监管部门还将审查投资顾问向客户收取的所有费用，以确定顾问费是否过高。

投资顾问必须明确地向客户披露自己收取以及第三方收取的所有费用，监管部门将审查：a）投资顾问的服务水平是否与其收费水平相匹配；b）外包服务商向客户收取的其他费用；c）投资顾问利用其他外包服务商时所收取的费用。在审查中，投资顾问必须向监管部门证明为什么要收费，以及如何收费。

（3）逃避信义义务的免责条款无效。马萨诸塞州证券监管部门认为，智能投顾的运营商往往会在繁杂的服务协议中嵌入关于信义义务的免责声明，在提供服务之前要求必须由客户“签字同意”。

联邦法律确实允许投资顾问改变与客户之间信义义务的部分豁免。例如，《1940 年投资顾问法》和 SEC 允许投资顾问免除其默认忠诚义务，只要投资顾问得到客户的有效同意。

但是有些智能投顾供应商嵌入服务协议中的是对于整个信义义务的免责条

款，马萨诸塞州证券监管部门认为，这种就信义义务的全部免责声明是无效的。

（4）建立有效的合规程序。SEC 提出智能投顾需要构建内部合规程序，以满足投资顾问的信义义务。投资顾问应每年根据《1940 年投资顾问法》206（4）-7 规则，按照既定的内部合规程序进行审查，防止其违反法律相关规定。

同时，智能投顾还应配备一名熟悉相关法律法规的首席法律合规官，负责管理调整企业内部的合规程序与合规文件。

（5）完善问卷测评。SEC 同样注意到智能投顾在提供合适建议给投资者方面存在一定问题，因此提出希望智能投顾营运人在设计风险测评问卷时重点考虑：①问卷涉及的问题是否充足，提供的建议是否适合该客户的财务状况和投资目标；②在测评时，运用弹出框或者其他工具，更好地向客户提供额外的信息补充，提高问卷的清晰程度；③采取措施来应对客户的不一致反应。例如，研发问卷自动提醒功能，当客户的回答出现自我矛盾时，提醒投资者并建议其重新考虑该测评问题；建立自动标识系统，当客户提供的信息明显不一致时，由机器人顾问自动标记并进行审查。

三、相关监管建议

从业务链、产品链、客户链和专业程度而言，证券行业是中国金融监管最为严密的领域，在 2016 年开始的强监管环境中，对证券行业各个领域的监管可谓是无微不至。在相当发展比较靠前的业务领域，比如在智能投顾场景里，就横跨了好几个相关持牌业务：投资咨询、产品销售、资产管理等领域。当前人工智能在投顾业务的应用尚处于初级阶段，发展过程亟须相关政策引导支持，为规范智能投顾业务发展，我们建议相关监管部门针对智能投顾业务出台专门性的行政法规，并密切跟踪行业最新发展动态，并根据智能投顾创新活动进行适时评估，并根据相关情况制定相应的监管政策和指引，在推动智能投顾业务发展的同时，推动智能投顾业务的健康成长。

参照国际经验，并结合国内金融行业现阶段的发展特点，我们对智能投顾业务的监管规范提出了以下相关建议：

（一）开放包容与坚守底线并举

作为一项创新业务，为鼓励业务发展，对于智能投顾的创新，监管总体原则应保持包容态度，允许各个市场主体自我探索各种业务发展模式，并根据不同情况，采取渐进式监管方式，以确保监管规则的有序迭代和连续实施，切忌采取一刀切的方式，扼杀市场创新活力。

当前，中国智能投顾业务尚处于发展的起步阶段，主体不明确，基础不牢固、市场不成熟，技术不稳定，各个方面有待完善和加强，要避免出现一窝蜂，不能冒进发展，应考虑建立相关试点机制，在试点中逐步探索和完善规范标准。为鼓励智能投顾业务发展并确保风险可控，建议先期在部分领域开展业务试点工作，允许部分具备资质和能力的机构先试先行，以确立行业标准，打造行业标杆。

例如，智能投顾基金配置的目的不是与传统基金产品去比拼客户数量和手续费，而是应该通过技术手段去实现客户资产的最优配置，减少信息获取成本，有效控制市场风险，实现国家倡导的金融普惠发展战略。而对于证券行业应用范围较广的智能投顾业务，尤其是股票推荐业务，应严格资格管理，严禁未取得投资咨询牌照的机构和人员违规推荐股票，扰乱市场秩序。

（二）完善法规，强化监管

任何一项业务的发展，都脱离不了相关法律法规的约束，而目前由于智能投顾业务处于起步阶段，又横跨很多业务领域，造成了很多监管空白地带和监管漏洞，更易被一些违法分子打着智能投顾的旗号，行金融诈骗之实。所以为正本清源，由央行牵头，统筹智能投顾业务监管体系，并参考借鉴国际通行做法，尽早完善修订（制定）与证券投资顾问业务相关的行政法规和监管条例（现有投资顾问制度制定时间较早，而市场环境已经发生了巨大变化），并在制定和修订相关法规制度时将智能投顾业务纳入整体监管框架，同时授权相关行业协会（如中国证券业协会）对相关市场主体进行备案与自律管理，尤其要重点明确业务定义与范围、划清业务边界、规范市场主体参与资质及准入条件、统一制定适应全市场的合规要求，并规定从业人员禁止行为及相关罚则等，建立健全智能投顾监管体系，扎牢监管篱笆。

（三）明确业务范围，规范牌照发放

在明确业务范围方面，在目前中国仍处于行业独立监管的大背景下，既要考虑到统筹监管的要求，也要充分考虑到银行、证券等各个行业的现实监管要求，明确划分各自领域在智能投顾方面的业务边界，防止出现行业恶性竞争，而牌照管理就是一种很好的监管方式。同样，本着包容业务发展和鼓励业务发展的角度，在牌照发放方面，相关监管部门应明确目前市场展业机构开展智能投顾应具备业务牌照，明确相应的审核标准与流程等具体要求，禁止非持牌机构开展与智能投顾业务相关的任何活动，尤其要严厉打击借智能投顾名义进行非法集资的违法行为。同时要配合修订相关法律法规，明确制定对违法违规人员的处罚措施，加大对违法违规行为的惩戒力度，威慑各类违法违规行为。

（四）加强信息披露管理和系统管理

1. 加强智能投顾信息披露

信息披露作为现代金融市场重要的保障手段，意义十分重大，是维护金融市场正常秩序，接受监督，保障投资者合法权益的有效途径和方式，也是践行金融市场“三公”原则的必然过程。现阶段，对于证券市场的信息披露制度较为完善，尤其是上市公司的信息披露制度，从发行、交易和再融资等各个环节都有较为完备的信息披露要求。但是由于智能投顾业务整体分属不同业务领域，监管多头，同时参与主体也呈现多元化格局，整体而言，智能投顾的信息披露工作已经严重滞后于业务发展。

为强化监管，切实保障智能投顾投资者的合法权益，应该大力推动智能投顾业务信息披露工作。主要应该包括对智能投顾产品的披露，具体披露信息应该包括投资策略简介、投资标的、配置比例、历史表现等内容。同时，根据智能投顾的特殊性，要确保整体安全可控，避免由于分散监管而出现较大的风险敞口，还需要对下述事项做出特别信息披露要求：要求市场运营者对智能投顾投资的产品

一旦超过一定的阈值时就必须举牌提示；充分披露参与开发管理算法的技术公司的参与情况；充分披露算法所需要的第三方数据情况；充分向监管部门披露程序源代码和关键核心算法，对于所谓“黑箱技术”要保证监管可验证并保护商业秘密。

2. 加强对智能投顾系统的管理

《证券法》第一百七十一条明文规定投顾不能代理委托人从事证券投资，智能投顾不能代替客户下达交易指令，只能为客户提供辅助投资建议。而智能投顾系统由于技术的先进性，完全可以实现自动下单功能，而这明显违反相关法律法规规定。

因此，在现阶段，为有效防范合规风险，在设计智能投顾系统时，要在不影响系统整体功能的前提下，适当限制系统的自主化、自动化程度，避免技术超越监管成为“无人区”，从而造成监管漏洞。历史上已经发生过多次由于系统误判或者人为操作导致的市场风险，因此，为提高投资者对智能投顾产品的信任度，防控系统可能产生的系统性风险，限制系统自主、自动程度是十分必要的。

从技术层面看，应该将监管重点放在以下几个部分：

（1）服务环节。未来应利用智能投顾大数据分析的技术优势，具体细分相关业务流程，将传统投顾流程进行数字化并进行局部优化，但值得注意的是，按照相关监管要求，最终的投资决策仍应由投资者进行决策，智能投顾系统不能替代投资者做出投资决策。

（2）投资标的。目前市场上，各类打着智能投顾旗号的产品众多，使得投资者真假难辨。虽然从理论上，智能投顾可投资的产品可以是市场上现有的所有金融产品，但是按照投资者适当性管理的要求，必须在现阶段对智能投顾的投资标的进行一定程度的限制，具体原因如下：

一方面是因为智能投顾产生的投资组合本质是量化交易策略和投资组合策略，一般客户难以把控投资组合产品的风险，由于投资组合专业程度较高，整体并不适合直接向普通投资者推出。从平滑市场风险和平衡收益率看，现阶段通过采取多元化配置策略，通过智能投顾进行资产组合配置是更好的解决方法。另一方面是由于智能投顾的市场参与主体很多，也要防止其他领域资本通过掌握技术优势将集体垃圾资产或风险资产通过智能投顾方式向投资者进行倾销，损害投资者的利益。综上所述，管住了产品池的投资标的，就能有效把控行业风险。

（五）构建监管评价体系

1. 建立健全智能投顾风险评级机制

建议由央行牵头，银行、保险、券商、基金公司和第三方理财机构、互联网公司和证券业协会等行业监管机构和自律机构组成风险评价小组，统一制订智能投顾风险评级的指导意见，或者由有投资组合风险评级资格的第三方机构、由运营者建立的专业风险评价团队，对资产组合进行风险评级，以满足投资者适当性管理的要求。

2. 建立智能投顾监测指标体系

为区分传统金融产品，要对智能投顾产品做好产品标识，在现有的金融行业的银行账户或证券账户体系内建立智能投顾账户，为投资者适当性管理、账户交易监测、数据统计和风险管控等提供便利，通过账户这个入口有效协助监管部门掌握智能投顾业务的整体运行情况。同时，为强化监管，应由相关监管部门牵头，建立金融行业智能投顾核心指标体系，其中应包括宏观审慎指标、微观行为指标、服务品质指标、信用指标、流动性指标等，以防范系统性风险。

（六）增强风险管控能力

1. 用穿透式监管打击违法违规行为

因为金融行业的复杂性，目前智能投顾产品涉及面广，相关监管部门必须实现全方位监管，并实时监控各个维度和层面智能投顾产品的运行状态，同时，应该避免现在监管多头的情况，由央行牵头，在当前监管信息平台基础上，建立跨行业的智能投顾账号监控体系，实施穿透式监管，堵塞监管漏洞，消除监管空白，实现风险管控全覆盖。并从资金源头切实掌握各个智能产品的资金来源、中间环节与最终投向，加大对一致行动人等行为的监测，打击趋同交易和操纵市场等违法违规行为，有效保护投资者的合法权益。

2. 构建全技术领域责任体系

智能投顾涉及的业务链条非常长，包含系统开发、系统运营、系统销售、系统使用等环境，而智能投顾产品如果一旦出现安全问题，相关系统开发者、系统运营者和系统销售者等应该承担相应有限责任，通过细节拆分，有效厘清相关责任。当然，如果是智能投顾的用户在使用智能投顾产品时因使用不当造成的损失，则应由用户自身承担相应责任（如因自身原因导致的交易密码丢失等）。以此为监管基础，系统运营者需完善内部管控程序，建立合规监管体系，由理解人工智能并兼具金融知识的专业人员作为系统合规官，监督算法开发和产品风控，并承担相应责任。

（七）加强算法监管

算法是智能投顾的核心技术，出于各个技术公司本身技术开发和商业竞争的需要，对相关算法都高度保密。虽然这也符合知识产权的保护原则，但是任何事物都有两面性，如果一项技术不受控制，不受监管，始终在“黑箱”中运行，那么这种技术带来的风险是十分巨大的。

为有效管控算法风险，避免算法风险蔓延到其他领域，应要求智能投顾展业机构在申请业务牌照时，应向监管机构汇报算法相关的重要信息，论述算法应用的合理性和可行性，并提供算法的基本运算原理、系统测试文件及风险应对机制等报告；运行过程中，应定期或不定期地对算法的有效性进行回顾与检测。并及时向监管部门备案；审慎评估智能投顾的同质化可能导致的风险，设计一键终止功能，并制定相应的处理措施，防范市场极端情况下可能发生的系统性风险等等。

目前市场上的智能投顾的算法模型并没有统一的技术标准，各券商基本都是根据自身的研发实力和数据储存情况自行设计算法模型。为确保算法模型的可靠性及专业性，应做到以下几点：

（1）应确保算法模型的业务需求设计人员具备证券投资顾问执业资质，确保算法模型的业务需求合规专业。

（2）应当确保业务需求、制度规定、协议约定与算法模型、系统功能保持一致，使算法模型完全体现业务需求，并完全遵守制度规定和协议约定。

（3）建立算法模型定期调整、评估机制。应当定期对算法模型进行评估更新，以适应外部因素的变化情况。同时，应定期将智能投顾业绩与人工投顾业绩进行对比分析，评估智能投顾专业水平。

（八）明确券商在开展智能投顾业务过程中应遵守的相关义务

明确券商在开展智能投顾业务过程中应遵守的相关义务，并重点关注其中的信息披露和投资者适当性义务。此外，要健全归责与保障机制。

目前，针对传统渠道销售基金、理财产品的监管规定日趋严格，例如《银行业金融机构销售专区录音录像管理暂行规定》（银监办发〔2017〕110 号）规定，在柜面渠道销售基金、理财产品的，应在销售专区内进行，不得在销售专区外进行产品销售活动。在自助机具渠道销售基金、理财产品的，应在自助机具中对产品风险信息进行充分披露，且不允许销售人员介入营销推介等。对于客户经理提供理财顾问服务的监管同样也很严格，例如从业人员须充分了解所销售产品及客户相关情况，对客户进行评估，形成书面评估意见并由双方签字等。部分商业银行为了规避销售“双录”及理财顾问服务相关监管要求，未对客户进行必要的分层评估，就盲目引导客户通过智能投顾渠道接受理财顾问服务。此外，智能投顾推荐的投资组合中不同类别产品的风险评级也不同，其中部分产品的风险评级可能超过客户的风险承受能力，在相关监管规定履行投资者适当性义务方面，银行确实存在欠缺的地方。

央行认为，运用人工智能技术开展投资顾问、资管等业务，由于服务对象多为长尾客户，风险承受能力较低，如果投资者适当性管理、风险提示不到位，容易引发不稳定事件。而且，算法同质化可能引发顺周期高频交易，加剧市场波动，算法的“黑箱属性”还可能使其成为规避监管的工具，技术局限、网络安全等风险也不容忽视。

在目前监管态度尚不明朗的情况下，建议银行等尚未取得资产管理牌照的金融机构在涉及智能投顾服务名称时，尽量避免直接使用“智能投顾”“投资顾问”等表述。尤其是在没有基金投资顾问资质的情况下，业务设计中禁止出现“基金投资顾问服务”的类似表述和内容，避免给监管机构造成误解。业务开展前应与监管机构做好沟通工作，必要时可向监管机构进行书面备案。其中应重点做好以下两项工作：

1. 充分提示投资者重要事项

智能投顾应当在系统相关页面向投资者明确提示包括但不限于以下重要事

项：智能投顾可能存在的潜在技术局限以及由于技术局限可能导致的投资风险；智能投顾向投资者推荐的是多项产品的投资组合，并非任何形式的集合投资计划，投资者应当了解组合中各项产品的详细情况（尤其是风险水平）；智能投顾提供的投资组合建议，仅供投资者参考，投资者应基于自身独立判断决定是否购买该投资组合，并自行承担全部的风险投资。

2. 严格履行投资者适当性义务

首先，对客户进行必要的分层，在此基础上，确定客户是否适合通过智能投顾接受理财顾问服务。商业银行应当根据《商业银行个人理财业务风险管理指引》确定使用智能投顾的客户最低标准，并通过调查问卷、投资知识测试或模拟交易等方式对客户审慎评估分层，只有符合最低标准的客户才能使用智能投顾。

其次，严格遵守基金、理财投资者适当性相关监管要求。根据基金、理财投资者适当性的相关监管文件规定，商业银行要履行了解投资者信息、投资者分类（基金投资者分为普通投资者及专业投资者）、投资者风险评级、产品风险评级、投资者与产品匹配销售等法律义务。

（九）建立分类账户体系

建议在证券投资体系内建立分类账户体系，类似于银行的Ⅰ类、Ⅱ类、Ⅲ类账户。现在，交易所的账户体系无法区分人工下单、程序化交易下单和智能投顾下单，也无法进行相应的监管。因此，将来可以考虑对证券账户进行分类——如果证券账户使用智能投顾，那么就向交易所报告使用了机器算法服务，这样监管部门就可以根据账户统一监管行为和数据。同时在监管框架下，如果我们知道使用系统服务的用户数量，就可以避免量化交易、程序化交易过程中出现的风险。监管部门应该知道整个市场上普通账户和智能投顾账户的用户数量，便于之后的数据分析。同时，监管部门也应知道各家金融机构使用智能投顾的用户人数，从而在建立分析和监管算法的基础上，清晰地考察系统性风险或微观行为。

（十）加强业务报表报备制度

未来能否在智能系统里嵌入监管合规报告。如果在收盘后自动向监管部门发送报告，那么监管部门就可以看到更多的行为——这是监管科技在智能投顾方面的潜在能力。

（十一）建立行业内统一标准的金融大数据系统

国务院2017年7月发布的《新一代人工智能发展规划》就提出要推动人工智能与各行业的融合创新，其中点名指出金融行业，要求建立金融大数据系统，鼓励金融业应用智能客服、智能监控等技术和装备。因此，建立行业内统一而标准的金融大数据系统是完善监管，健全智能投顾监管的必要基础和保障。

第四章

智能客户分类

客户是证券公司最重要的资源。识别客户需求，为其提供差异化的营销服务是证券公司的工作重点。客户分类是差异化营销的基础。通过客户分类，证券公司可以提前识别出高价值客户，集中证券公司有限的资源，进行重点营销。

本章利用数据挖掘技术，采用了 Logistic 回归、线性判别分析、K－最邻、分类树、主成分分析、K－均值聚类六种方法，建立了一个客户购买金融产品的动态预测分类模型。根据这一模型，可以识别客户在面对特定产品时的偏好。在营销中，通过采用基于数据挖掘结果的特定营销策略，可以有效提高营销效率。

第一节　证券公司客户分类研究的背景、意义和现状

一、研究背景

（一）我国资本市场投资者构成

目前我国资本市场上的投资者主要分为机构投资者和个人投资者。

1. 机构投资者

在我国，机构投资者是指在金融市场从事证券投资的法人机构，主要有保险公司、养老基金和投资基金、证券公司、银行等。这些机构会雇佣专业的投资经理对其资产进行管理。与个人投资者相比，机构投资者的管理更加专业化，投资结构比较科学，通常会进行投资组合管理，投资行为也更为规范。

2. 个人投资者

个人投资者，俗称“散户”。根据中国证券登记结算公司的数据，我国个人账户数量占比超过 90%。我国股票市场的主要投资者仍以散户为主，这类投资者是证券公司经纪业务的主要客户。在个人投资者中，仍以中小投资者为主，根据深交所发布的《2017 年度个人投资者状况调查报告》，证券账户资产量低于 50 万元的投资者（中小投资者）占比 75. 1%。在年龄方面，投资者群体越来越年轻化，2017 年新入市投资者中，25 岁以下投资者占比 28. 2%，30 岁以下投资者占比 55. 8%，新入市投资者平均年龄 31. 2 岁。

主要研究对象是个人投资者，个人投资者与机构投资者相比，影响其投资行为的因素很多。投资者在个人决策过程中，会把不同的资产类别在心里进行区分，不同的期望收益、不同的风险偏好都会在他们心里形成行为经济学中所谓的“心理账户”。在进行投资时，不同的账户都会影响到他们的投资行为。除此之外，个人投资者的投资行为还受到其个人背景、性别、心情因素等影响。本书试图从投资者复杂的交易行为中提取有效的特征属性，对客户进行分类，以便在营销中采用不同的策略方法。

（二）证券公司客户分类管理分析

客户分类管理在证券行业由来已久，长期以来证券公司借鉴学习了银行和传统销售企业对于客户分类的方法，开发了一系列方法对客户进行细分，依据投资者不同的特征及细分因素对客户加以归类，从而确定了不同的细分客户群体。

1. 客户分类的重要性

证券公司的资源是有限的，而客户的需求是无限的。怎样将有限的资源发挥最大的作用，是客户分类的前提。由于客户自身特征的差异性，导致客户在不同营销场景下对于产品有不同的需求。识别客户不同的投资需求，也必须通过对客户进行分类才有实际的意义。因此，对于证券公司来说，建立一个合理的客户分类模型就显得尤为重要，本书认为，其重要性体现在以下几个方面：

（1）了解客户需求。客户在证券公司开户进行股票操作，其根本目的是获得投资回报。但是由于客户自身的千差万别，导致在获得收益之外，对投资还有其他许多个性化的要求。开展对于现有客户的分类工作，能够将客户按照风险偏好、资金规模、生命周期、盈亏情况等对客户进行分类，在不同的营销场景下，分类出特定的潜在客户，从而将有限的营销资源向潜在客户倾斜。针对不同群体的客户设计不同的服务策略和产品策略，将有利于激励客户为公司创造更多的贡献。

证券公司掌握了大量的客户交易行为，利用这些数据进行分析，可以直观地描绘出客户的基本画像，了解客户的风险偏好、交易风格等。证券公司可以根据这些信息，设计相应的产品，提供有针对性的服务。例如那些对流动性需求较高的客户，可以向其推荐现金管理类的产品，将能够获得较高的购买成功率。因此证券公司开展客户分类工作，找出同类客户所具有的共同特征，开展有针对性的营销服务工作，是维护现有客户，提升公司管理能力的重要举措。

（2）降低营销成本。对于证券公司来说，维护既有客户的成本远低于发展一个新客户的成本，做好对现有客户的维护，培养忠诚客户，能够大量节省证券公司的营销资源。随着金融科技的大力发展，越来越多的证券公司搭建了自己的大数据平台，并在此基础上进行智能营销。以客户的基本信息为基础，在此基础上进行数据挖掘，对客户进行精细化分类，识别客户的个性化需求。针对客户的个性化需求，通过线上线下的营销方式来进行展业，与传统大海捞针的营销方式相比，可以大大降低运营成本。

（3）体现对中小投资者的关怀。在过去以创造的收入为标准的客户分类体系中，中小客户往往会被忽视，客户经理在服务过程中往往对这部分客户群体的需求不是很在意。随着互联网金融在这几年的快速发展，越来越多的中小投资者通过互联网平台接入到了传统的证券经纪业务中。以大数据平台为基础的客户分类体系，可以有效降低信息获取成本。以很小的成本获取中小客户的投资需求，并利用数据挖掘结果，进行批量服务营销，覆盖了证券公司线上线下不同的渠道，扩展了证券公司的客户服务群体。

（4）降低客户流失率。随着证券行业的竞争越来越激烈，如何留住现有的客户成为当前许多证券公司，特别是中小型证券公司的一个重要工作内容。客户分类有助于提高客户的体验，更好地满足客户的需求。利用特定的客户分类模型，可以识别出潜在的流失客户，针对这些客户，客户经理可以增加联络频率，加大服务力度，提高服务体验。客户分类在降低客户流失率方面起到了重要作用。

（5）迎接市场机会。过去30年中国经济的高速增长为中国许多家庭带来了可观的财富，如何让这些财富保值增值，甚至传承给下一代成为一个热门的话题。未来，财富管理将成为包含证券公司在内的许多金融机构的重要职能。证券公司在此背景下也纷纷提出了向财富管理机构转型的目标。财富管理的第一步就是识别财富家庭的需求，不同的家庭的财富管理需求千差万别，谁能利用数据挖掘工作，识别出不同家庭的理财需求，谁就能尽早在财富管理时代抢占先机。

2. 客户分类的难点

尽管客户分类非常重要，但是在实务中，要想利用客户分类做出一些有价值的工作，还面临许多挑战：

（1）特征变量难以确定。在现实投资决策中，影响客户的投资需求的因素非常多，不仅包括客户的风险偏好、资产状况、过去的收益情况，还包括客户的心理因素，例如对于损失的恐惧程度。许多特征都难以量化，甚至难以获取，这给以数据挖掘为基础的客户分类带来了很大难度。

（2）客户的风险偏好、交易行为难以识别。当前许多证券公司都建立了大数据平台，拥有了海量的客户数据。如何对这些数据进行处理，还处在探索阶段。其中一个难点就在于如何根据客户的数据确定客户特定的风险偏好。尽管行为金融学的发展为研究投资行为提供了很多翔实的案例，例如投资者会表现出锚定效应、羊群效应、损失恐惧等。但是如何通过交易数据等量化指标识别出客户的行为模式在实务上进展缓慢。

（3）市场、投资者的不成熟。当前我们股票市场上投资者主流的价值观仍然是以短线炒作为主，价值投资仍然不是主流。在只关心短期涨跌的情况下，客户往往频繁操作，这给识别客户的投资需求带来了极大的困难。由于客户频繁在不同类型的股票中进行买卖，导致在判断客户的风险偏好时存在极大的偶然性和波动性。即使暂时将客户归为某一类，也可能失去长期的判断意义。

3. 行业内现有的客户分类方法

本书参考了包含东吴证券在内的几家证券公司的实际做法，总结了当前证券行业存在的几种客户细分方法：

（1）基于人口统计的分类。这种方法是最常用的客户细分方法，常用于电信、航空公司的客户分类。它以性别、年龄、收入、职业、教育水平、地域等为特征变量将客户划分为不同的群体。不同的年龄段在投资者中所占的比例不同，投资者的受教育程度、职业背景以及收入情况也不相同。将人口因素作为客户分类的依据，一个原因是投资者的需求、欲望常常跟随人口变量的变化而变化。另一个原因是人口变量比绝大多数其他变量更容易衡量，即使使用其他变量作为细分因素，也必须同时知道其人口特征，以便能够估计目标客户群体的规模。

（2）基于客户价值的细分。这种方法以价值为基础对客户进行细分，以客户能够为企业带来的利润的大小为标准进行评价。针对客户价值的大小，企业采取不同的营销资源配置。这一方法强调企业需要识别高价值客户，尽可能集中资源在高价值客户上。对于证券公司来说，衡量客户价值的标准主要是客户给公司创造的收入，即客户的佣金贡献。根据“二八法则”，企业80%的利润来源于20%的高价值客户，对于证券公司来说也是如此。一个营业部的大部分收入，常常是由少数客户创造的。

目前东吴证券根据客户的佣金贡献度，将客户分为低潜力客户、中间客户、高端客户。根据这种分类方法，客户经理应重点维护高端客户，关注中间客户，对于低潜力客户，在保持联系的基础上可以适当节约精力。

这种基于客户价值的分析方法的前提在于其衡量客户价值的指标是否长期有效，由于金融市场瞬息万变，证券行业的游戏规则、客户行为也一直在变动，以客户佣金贡献为标准的方法在财富管理的时代已经显得力不从心了，目前包括东吴证券在内的越来越多的证券公司开始采用销售金融产品的方式来替代过去依靠佣金的创收方式。随着未来证券行业的牌照放开，互联网金融企业的发展，证券行业很有可能进入零佣金时代，佣金贡献度的参考价值将变得很薄弱。

（3）基于客户的交易行为进行分类。根据客户交易行为的分类是指按照客户在股票市场的交易行为（买卖频率、股票集中度、止盈止损线的设置、仓位控制等），将客户分成不同的群体。

东吴证券也采用过根据客户交易行为对客户进行分类。根据客户的股票交易频率，将客户分成低频率客户、中频率客户和高频率客户。

对于高频率客户，即使这些客户资产规模不大，但是周转率很高，所以客户经理也应该多和这些客户交流，促使客户资金流入或者提高交易频次来增加客户的价值贡献。对于低频率客户和中频率客户，这类客户一般可能是上班族，没有较多时间来操作股票，也有一部分是价值投资者，不愿意频繁操作股票。对于这样的客户，在沟通过程中尽量减少不必要的打扰，以免引起客户反感。

除了按照交易频率来进行分类外，证券公司常见的基于交易行为的分类还有以下几种：

按照持股类型进行分类，不同类型的股票隐含的风险收益都会有所差别，可以用来间接地表达客户个人的风险偏好。

按照技术类型进行分类，将客户分成技术分析型和基本面分析型。技术分析型客户更关注股票的技术指标和趋势，而基本面分析型客户更看重公司的经营、财务状况，注重长期成长性。

按照风险偏好进行分类，在目前的行业监管要求下，证券公司在投资者开户时都会要求客户进行一个风险测评，根据风险测评结果，将投资者按其风险承受能力等级由低到高划分为五级。

无论是按照价值来对客户进行分类还是按照客户的交易行为来进行分类，都存在一些重大缺陷：

所采用的指标都是一些静态指标，这些指标一旦确定了不会改变。但是客户本身因为生命周期的变动其个人的资产状况、风险偏好会发生很大变化，而一味采用单一指标来指导客户经理进行服务会出现不匹配。客户经理迫切需要更为动态的数据支持其开展工作。

这些分类方法都是针对客户，而不是针对营销场景的。随着互联网企业的发展，越来越多的金融机构开始注重营销场景，事实上，即便是针对同一个客户，不同的产品、不同的营销渠道，采用的营销方式应该是完全不同的，传统的分类方法并没有把产品端和客户端结合起来考虑。

二、研究意义

正是在这样的背景下，本书提出了利用数据挖掘方法对证券公司的客户进行科学的分类，以提高证券公司的客户关系管理水平，并适应证券行业的适当性管理要求，最终为客户提供更好的服务。

（一）客户分类可以提高证券公司的客户关系管理水平

长期以来，证券公司对于推行客户关系管理缺乏足够的动力，由于精准营销和科学服务在短期内带给证券公司管理者的直接利益要少于粗放经营，所以在过去行业快速发展的30年，很少有证券公司会花费时间、金钱和精力去重点推进客户关系管理。大部分时候，即便什么都不做，也能靠天吃饭获得行业的红利。

证券公司客户关系管理比较薄弱的另一个原因是，行业内对于证券公司信息技术平台的不重视。目前证券公司在获取客户信息时，随意性比较强，还没有有效地运用客户信息，没有认识到客户信息积累和使用的重要性。公司各个部门条线之间的信息平台还没有打通，不能从总体上全面地把握客户需求。本书试图通过研究常用的数据挖掘方法对客户进行分类，以改善目前这种粗放式的客户关系管理方法。

（二）客户分类有利于提高服务水平

随着证券行业的快速发展，个人投资者的数量在大幅增加，特别是近年来证券公司的网络营业部客户群体出现了爆发式的增长。面对客户数量的迅速膨胀，不少证券公司客户服务人员储备和客户配套机制措施明显不适应客户规模扩张的需要，难以形成有效、快速的反应机制。很多证券公司的客户关系管理还仅仅停留在管理客户的资料信息和完成一些模式化的工作进程，进行一些事件提醒的工作。例如，客户中了新股进行电话通知等。这种标准化的客户服务是基于工作任务的性质。即使很多证券公司开发了自己的CRM（客户关系管理）系统，这些系统也仅仅是将过去手工操作的工作装在客户经理的手机里友好地表示出来而已，虽然节约了客户经理的时间，但是并没有改变服务的内容和形式，并没有做到真正意义上的“以客户为中心”。特别是在营销的过程中，缺乏与客户的双向沟通，大部分时候的营销手段都是以客户购买金融产品为目的，缺乏对投资者的深入关注。随着互联网金融的大力发展，这种以完成交易为目的的营销理念已经跟不上行业发展的要求。未来，以“客户为中心”的关系型营销才是证券公司经纪业务的核心竞争力。证券公司应该将营销看作一种与客户建立起合作共赢关系的渠道，从中捕捉客户个性化的需求，增进与客户之间的互动交流，以培养客户的黏性。精细化的客户分类管理体系正是关系型营销的基础。只有正确识别出不同类型的客户群体，才能在此基础上进行深入的客户服务。

第二节　客户分类相关理论与方法

一、客户分类相关理论

（一）客户细分的定义

客户细分理论是20世纪50年代由美国管理学家温德尔·史密斯（Smith）提出的，他认为客户细分是指企业的产品属性和营销活动能够更好地满足客户的需要。史密斯提出的客户细分概念相对含糊，布特（Boote，1981）认为客户细分的目的是为了分离出那些不同于整个市场人群的消费者，而他们是比较容易得到特定产品和营销手段营销的客户群体。在现代商业逻辑中，客户是一种极为重要的战略性资源，客户关系管理成为企业的战略重点。客户细分理论主要基于以下两个假设：

1. 顾客需求的异质性

市场上存在着海量客户，这些客户的需求并不是一样的。由于顾客的需求、欲望及行为是多元的，所以顾客需求满足呈现巨大差异。

2. 企业有限的资源和有效的市场竞争

任何一个企业不可能通过自身的产品来满足市场上所有的客户需求。因此，企业应该能够通过成本可控的途径有效地甄别客户不同的需求，寻找企业能够控制的最有利的细分市场，集中企业资源，制定科学的竞争策略，以取得和增强竞争优势。

（二）客户分类的过程

具体的客户分类包含两个过程：客户特征描述和客户划分。客户特征描述是客户划分的基础，它是指通过选择某些客户的特征属性对客户进行描述。客户特征描述完成之后就可以对客户的行为模式选择合适的方法建立模型，进而预测客户行为。

（三）客户分类方法回顾

目前在客户分类领域，有三种常用的方法：人口统计分类、行为分类、价值分类。

人口统计分类是最常用的分类方法，它以人口统计变量，例如性别、年龄、收入、职业、教育水平、地域等作为特征变量将客户划分为不同的客户群体。

行为分类的基本思想是可以用客户过去的行为来预测客户将来的行为。但是这种方法只能通过历史数据对现有客户进行分类，无法对潜在的客户进行评价。

价值分类指在对客户进行分类时，选择可以衡量客户价值的某一个标准作为依据，按照客户价值对客户进行分类。

二、行为金融相关理论

行为金融理论是现代金融理论发展的重要方向之一。其对传统金融理论中的理性人和市场有效假设提出了质疑。利用行为金融理论，可以解释为何会出现资产价格泡沫等非理性现象。行为金融理论将人类心理与行为纳入金融的研究框架，但是由于涉及人类心理与行为研究的难度，加上行为金融刚刚起步，因而其本身也存在很多缺陷。

（一）行为金融理论的发展

行为金融理论的发展历史可以简单概括为以下几个阶段：

1. 早期阶段

19 世纪古斯塔夫·勒庞的《乌合之众》和查尔斯·麦基的《大疯癫：非同

寻常的大众幻想和全民疯狂》是最早的两本研究投资群体行为的经典之作；凯恩斯是最早强调心理预期在投资决策中作用的经济学家，他基于心理预期最早提出股市“选美竞赛”理论和基于投资者“动物精神”而产生的股市“乐车队效应”；普莱尔是现代意义上金融理论的最早研究者，在其《以实验方法进行投资研究的可能性》（1951）论文中，开拓了应用实验将投资模型与人的心理行为特征相结合的金融新领域。后来的保罗、思诺维奇等人继续进行了一些人类决策过程的心理学研究。

2. 心理学行为金融阶段

这一阶段（从1960年至80年代中期）的行为金融研究以阿莫斯·特沃斯基（Amos Tversky）和丹尼尔·卡纳曼（Daniel Kahneman）为代表。特沃斯基（Tversky）研究了人类行为与投资决策模型基本假设相冲突的三个方面：风险态度、心理会计和过度自信，并将观察到的现象称为“认知偏差”。卡纳曼和特沃斯基（1979）共同提出了“期望理论”，期望理论后来成为行为金融研究领域的基本核心理论。但是当时的行为金融的研究还没有引起足够重视，一方面是由于当时的学术界普遍对于有效市场假说顶礼膜拜；另一方面是因为人们普遍认为研究人的心理、情绪对金融研究是不科学的。

3. 金融学行为金融阶段

这一阶段是从20世纪80年代中期至今，市场不断出现的一些非理性行为引起金融学术界的注意，大量的实践证据证明许多基于理性人假设的金融理论还存在问题；同时期望理论渐渐得到广泛认可和经验求证，所以这个时期是行为金融学快速发展壮大的时期。这个时期行为金融理论以芝加哥大学的理查德·塞勒（Richard Thaler）和耶鲁大学的罗伯特·希勒（Robert J. Shiller）为核心。塞勒（1987，1999）研究了股票回报率的时间序列、投资者心理会计等问题。希勒（1981，1990）主要研究了股票价格的异常波动、股市中的“羊群效应”（Herd Behavior）、投机价格和流行心态的关系等。此外，奥登（Orden，1998）对于趋向性效应（disposition effect）的研究，伊·R. 里特（Jay R. Ritter，1999）对于IPO的异常现象的研究，卡纳曼（1998）对反应过度和反应不足切换机制的研究都受到了广泛的关注。与上个时期相比，这个时期的行为金融理论研究是从投资策略上加以完善，注重把心理学研究和投资决策结合起来。

（二）投资者常见的非理性行为

1. 过度自信

过度自信指投资者对于自己的投资决策能力过于自信，超过了自己的实际投资能力。过度自信的投资者会将自己成功的投资归于自己的投资能力，将自己失败的投资决策归于运气、市场环境差等客观因素。过度自信的投资者会过度依赖自己已经掌握的信息，对于其他信息来源不加以重视。例如，投资者看好某只股票时，会不断寻找可以说明这只股票好的信息，而自动忽略那些暴露这只股票的风险的资讯。

2. 代表性偏差

代表性偏差是指当人们去思考一个复杂的含有因果关系的不确性问题时，大脑会自动偷懒，选择一个简单的相关性问题去替代原始问题。例如，我们在预测股票价格未来的走势时，往往不是分析影响股价的基本面因素，而是从股价近期的走势来推断股价未来的走势。

3. 处置效应

在市场上投资者往往对亏损的股票存在较强的惜售心理；而在盈利面前，投资者往往只看到眼前的收益就过早地卖出了股票。出现这种情况的原因是，投资者对于损失表现为风险厌恶特征，而对于收益则表现出风险偏好特征。投资者由于亏损导致的心理上的不快乐程度大于相同数量的盈利所带来的快乐程度，也就是说赚了钱虽然高兴，但亏钱却更刻骨铭心，所以除非觉得要血本无归了，否则是不愿斩仓的。处置效应反映了投资者回避现实损失的倾向，这种倾向削弱了投资者对投资风险和股票未来收益状况的客观判断，非理性地长期持有一些失去基本因素的股票。

4. 后悔厌恶

后悔是一种常见的心理状态。人们在做出选择时往往会考虑到该选择可能会带来的后悔程度，并倾向于做出后悔值最小的选择。如果有一种投资方案，可以有较高概率的高获利和较低概率的更大损失，大部分投资者并不愿意参与，因为较低概率的损失一旦发生后，其对投资者造成的精神后悔程度是巨大的。

5. 羊群效应

羊群效应，是在投资市场中非常普遍的一种现象，投资者在交易过程中存在学习与模仿现象，“有样学样”，盲目效仿别人，从而导致他们在某段时期内买卖相同的股票。

6. 锚定效应

投资者在对未来进行预测时，为了降低模糊性，往往会选取一个容易获得的信息作为参考点，然后基于整个参考点做出调整，得到最后的判断。例如投资者在是否卖出自己持有的股票时，往往以买入时的成本价作为参考点。

三、数据挖掘相关理论

数据挖掘是指使用统计、计算机、机器学习等各种方法从海量的数据中寻找某种模式和规律的过程，并在此基础上对未来进行预测。

数据挖掘伴随着海量数据库的快速扩张而发展起来。20 世纪 60 年代使用数字方式采集数据已经形成。80 年代，关系数据库随着能够适应动态按需分析数据的结构化查询语言发展起来。数据仓库用来存储大量的数据。90 年代以来，数据挖掘技术快速发展，出现了网络搜索引擎和人工智能等重大应用。

数据挖掘的过程具体可以分为：

1. 选择

由于原始的数据中包含了许多冗余和错误的变量，首先我们需要对数据挖掘的变量进行一定的筛选。

2. 预处理

在进行数据挖掘前，我们还必须对数据进行预处理，必须删除掉那些奇异的噪声数据和包含缺失数据的观测值。

3. 变换

由于大部分数据挖掘方法要求数据的属性是数值型，在进行数据挖掘前，还需要对数据类型进行一定的变换；有时候，为了处理方便，还会对数据进行标准化处理。

4. 数据挖掘

采用具体的数据挖掘方法，对数据进行分析。

5. 评估

一般在采用挖掘前，研究者已经有一个先验的判断或者目的，利用数据挖掘结果，可以验证这种先验的看法是否正确。

（一）常用的数据挖掘方法

1. 分类

分类是一种基本的数据挖掘方法，它通过建立一个分类器，将数据库中的对象划分为不同的类别。客户分类在商业分析中得到了广泛的应用，它可以应用到客户的分类、客户的属性和特征分析、客户满意度分析、客户的购买趋势预测等。

2. 回归分析

回归分析方法是最为传统的统计方法，它通过寻找研究的目标变量和其他自变量之间的函数关系，来对研究变量进行预测。它可以应用到市场营销的各个方面，如客户需求预测、客户流失预测、产品生命周期分析。

3. 聚类

聚类分析是把数据库中的数据分为几个类别，其目的是使得属于同一类别的数据间的相似性尽可能大，不同类别中的数据间的相似性尽可能小。它可以应用到客户群体的分类、客户背景分析、客户购买趋势预测、市场的细分等方面。

4. 关联分析

关联分析是通过数据挖掘来寻找数据库中不同变量之间的关联关系。在客户关系管理中，通过对企业的客户数据库里的大量数据进行挖掘，可以从大量的记录中发现有价值的关联关系，找出影响市场营销效果的关键因素，为产品定位、定价与定制客户群，客户寻求、细分与保持，市场营销与推销，营销风险评估和诈骗预测等决策支持提供参考依据。

5. 特征分析

特征分析是指从数据库中的一组数据中提取出关于这些数据的特征，这些特征表达了该数据集的总体特征。如营销人员通过对客户流失因素的特征提取，可以得到导致客户流失的一系列原因和主要特征，利用这些特征可以有效地预防客户的流失。

6. 变化和偏差分析

偏差包括很大一类潜在有趣的知识，如分类中的反常实例、模式的例外、观察结果对期望的偏差等，其目的是寻找观察结果与参照量之间有意义的差别。在企业危机管理及其预警中，管理者更感兴趣的是那些意外规则。意外规则的挖掘可以应用到各种异常信息的发现、分析、识别、评价和预警等方面。

（二）数据挖掘软件

本篇使用R语言进行数据挖掘。R语言是用于统计分析、图形表示和报告的编程语言和软件环境。

R语言是一套完整的数据处理、计算和制图软件系统。其功能包括：数据存储和处理系统；数组运算工具（其向量、矩阵运算方面功能尤其强大）；完整连贯的统计分析工具；优秀的统计制图功能；简便而强大的编程语言（可操纵数据的输入和输出，可实现分支、循环，用户可自定义功能）。

四、基于数据挖掘的客户分类的研究现状

目前，国内研究基于数据挖掘的客户分类和营销的相关文献比较少，研究成果并没有形成体系。大部分文献都是基于数据挖掘算法的改进，少有利用分类结果提出个性化的营销方案，也缺少市场的检验。

叶蕾（2004）针对电信公司的客户，采用K－均值聚类方法，根据客户呼叫特征、业务行为特征对客户进行了细分。

谭军（2005）利用神经网络算法构建了相应的数据挖掘构架，提出了物种不同的客户分类模型。

梁敏君（2009）利用分型聚类方法对证券公司的客户进行了分类。

张磊（2016）利用决策树方法对证券公司的目标客户和非目标客户进行了分类研究。

李燕仪（2017）利用 K－均值聚类法，KNN 分类法和决策树方法对汽车客户进行了客户画像的构建，并对客户流失情况建立了模型，进行了预测。

王丽菊（2018）针对航空公司的旅客，采用以客户价值为标准的分类方法，利用聚类分析，对旅客的客户画像进行了特征分析，提出了基于分类结果的营销措施。

第三节　客户分类管理体系设计

构建基于数据挖掘的东吴证券客户分类管理体系主要包含的几个实施步骤如图 4－1 所示。

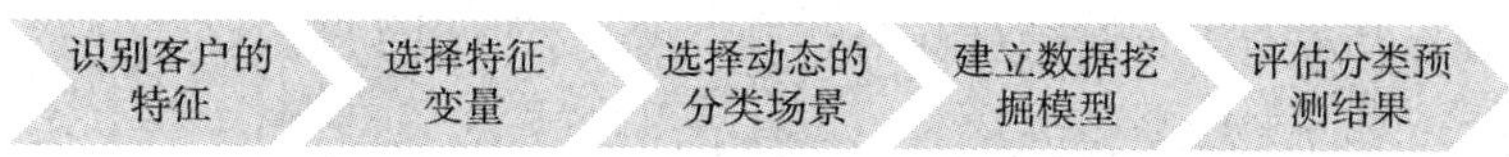

图 4－1　基于数据挖掘的客户分类实施步骤

第一步，识别客户的特征，筛选能够代表客户的特征变量，构建客户分类体系。本篇首先参考了行业和东吴证券现有的客户分类方法，借鉴了市场细分和客户分类理论的经典方法，确定了客户分类的特征变量的筛选标准。按照准确性、获取便利性、业务相关性、稳定性等标准，选取了 14 个客户的特征变量作为构建客户分类体系的基础。

第二步，选择客户购买“至尊宝”等金融产品作为营销场景，运用数据挖掘方法，采用了 Logistic 回归、线性判别分析、K－最邻、决策树、主成分分析、K 均值聚类分析 6 种数据挖掘方法对客户进行了分类，并对不同方法得出的结果进行了比较。

第三步，利用前一步得到的建模结果，对客户在将来是否会购买“至尊宝”进行了预测，将预测与客户的实际购买情况进行比较，评价分类模型的有效性。

第四步，通过分类模型，可以筛选出潜在的“至尊宝”购买客户，对这部分客户，提出营销管理策略，进行针对性营销，对针对性营销的效果进行总结。

一、证券公司客户的特征

客户是证券公司最重要的资源，证券公司只有充分了解客户的差异性，满足客户的需求，才能与客户建立长期稳定的客户关系，从而获得经营效益。因此，证券公司需要对客户进行深入分析，研究客户的特征和需求，从而根据客户的特征对客户进行分类，按照客户的类型进行差异化的营销。

对于证券公司的客户来说，其主要有以下几个特点：

1. 客户的投资目的是获得收益

因此，无论是客户买入单只股票还是购买金融产品，其投资的预期收益率是客户在决策时首要考虑的因素。除此之外，风险也是影响客户投资决策的重要因素，客户在选择投资方案时会选择与其风险承受能力相匹配的。

2. 客户的投资行为受到人口统计因素的影响

不同年龄、性别、职业、地域的客户在进行投资时，会表现出不同的倾向性。例如随着客户年龄的增长，客户在选择金融产品时，会倾向保守的低风险低收益型产品。

3. 客户的投资行为受到其个人的经验、心理因素影响

股票投资本质是人们对于金钱的态度，人们对于金钱的态度受到其个人的人生观、价值观、投资经历和心理因素的影响。例如，经历过几轮牛熊的客户往往对于股票投资更为谨慎。

二、选择客户分类的特征变量

在对证券公司的客户特征进行识别之后，接下来我们需要选择出可以代表客户特征的变量。目前，东吴证券已经搭建了包含所有客户在内的大数据平台。在该平台内，每一个客户的属性变量多达几百个。显然其中很多变量，对于识别客户需求并无多大作用。因此需要对客户的特征变量进行筛选。本篇在选择客户特征变量时依据以下几个原则：

1. 业务相关性

对客户进行分类的根本目的是为了在营销过程中做到更加精准，因此，并不是客户的特征变量越多越好。我们首先需要确认的是，选择的变量与客户的投资行为、服务和营销是否密切相关。

2. 可以量化

数据挖掘的方法本质上是各种统计学方法。这就要求其处理的变量是数值型的，或者可以转换成数值型的。例如，客户的职业多种多样，职业这个变量就难以量化。

3. 真实性

为了使数据挖掘的结果具有一定效力，其首先要求原始的数据真实有效，证券公司在收集客户的信息时，有些数据不一定真实有效。例如，客户在开户时，会在风险测评中填写自己的收入情况。但很多客户，出于担心自己的隐私暴露，往往不会填写真实的信息。以这种方式获得的变量就不能作为数据挖掘的基础变量。

4. 稳定性

建立客户分类模型的一个直接结果，是对潜在客户进行分类预测。这就要求模型具有一定的稳定性。模型的稳定性来源于数据的稳定性。在客户的所有变量中，其中一些变量具有一定的偶然性，例如客户近期的交易行为。这些变量受到市场等外生变量的影响，具有波动性，不适合作为能够代表客户长期可持续的特征变量。

为了能够对客户进行有效分类，本篇按照上述标准，结合行业经验和笔者自己在营业部一线对营销服务的理解，对客户现有的变量集合进行了选择，选取了 13 个变量作为代表客户的特征变量。下面对这 13 个变量进行详细的描述和分析：

1. 客户股票盈亏金额：客户在 2018 年 6 ~ 10 月的股票账户盈亏累计金额

盈利和亏损给客户带来的感受体验是完全不同的，一般情况下，客户在盈利的情况下，心态比较乐观，对于证券公司的客户经理是不反感，甚至抱有好感的。在这种盈利的情况下，对客户进行营销，往往有比较好的效果。

2. 客户持仓市值：客户在 2018 年 10 月 31 日收盘后的股票市值

客户的持仓市值首先可以反映客户的资产规模。持仓规模比较大的客户，常常就是我们所谓的“高净值”客户。这部分客户，一般具有丰富的投资经验，自身的风险承受能力比较强，了解市场上常见的金融产品，能够独立做出投资决策。而且高净值客户往往有多种理财渠道，在证券公司进行投资的只是其可投资资产的一部分。如何将客户在银行、信托等其他理财机构存放的资产向证券公司导流是证券公司客户经理的重点任务。因此，一个有效的分类模型必须要考虑到该变量。

3. 资金余额：客户在2018年10月31日收盘后账户上的现金余额

客户在证券公司的现金余额也是客户资产的一部分。拥有大量现金资产的客户，显然也是高净值客户。除此之外，通过资金余额还能够判断客户的流动性偏好。一般来说，长期持有大量现金的客户，流动性偏好比较强。客户经理向其营销流动性强的金融产品，成功率比较高。

4. 转入资金：客户在2018年6~10月从银行账户转到股票账户的累计金额

在一段时间内频繁多次转入大金额的客户往往是潜在的高净值客户，这些客户也许在资产规模上不是很大。如果仅仅从资产规模进行考虑，这些客户可能会被忽视，但考虑转入资金变量后，可以有效地把这部分客户包含在内。

5. 转出资金：客户在2018年6~10月从股票账户转到银行账户的累计金额

在一段时间内累计转出大量资金，表明客户极有可能会流失。挽留潜在的流失客户是客户关系管理中极为重要的环节。

6. 是否是至尊宝客户：客户是否购买过东吴证券的理财产品“至尊宝”

至尊宝系列产品是为东吴证券重点打造的一款理财产品。它是东吴证券自营的固定收益凭证，保本保收益，安全性高，无认购赎回费用，且产品稳定，有品牌保障，且每天滚动发行，期限灵活，有7天、14天、21天、28天、56天、91天、182天及364天期产品，产品多、选择多，可以满足投资者对于现金管理的各类要求。

7. 性别：客户的性别

行为金融学的研究成果告诉我们，性别会影响人们的投资行为。具体来说，男性往往比女性更容易表现出过度自信，在股票投资中，男性往往比女性更容易出现大额亏损。

8. 学历信息：客户在开户填写资料时预留的学历信息

一般来说，学历较高的客户往往是比较成熟的投资者。这类客户对于自己投资的期望收益设定的较为理性，对于金融产品也比较了解。在营销过程中，对于客户经理的联络沟通，接受度比学历低的客户高。

9. 所在地区：客户所居住的地区

客户所在地区对客户的投资行为也具有影响，特别是在金融产品的购买上差别明显。在北上广深等一线城市，客户对于金融产品的认识要远远高于其他城市。在东部沿海地区，往往由于经济发达，家庭的财富水平比较高，所以理财观念上也领先于内陆地区。不同地区人们的性格也影响客户的投资决策。在上海、深圳，人们往往倾向于高风险高收益的金融产品；而在北京等地区，低风险的固定收益率产品销量比较好。

10. 年龄：客户年龄

客户的年龄与其资产规模、投资行为有密切的联系。客户的生命周期对其个人的财富管理起着决定性因素。根据笔者所在东吴证券某营业部的数据，年龄在40～50岁之间的客户，其持有的资产规模最大。

11. 股龄：从客户首次开立证券账户至今的年数

股龄是判断一个投资者是否成熟的标准之一。一般来说，股龄较长的投资者，往往至少经历过市场的一轮牛熊交替，能够理性地看待市场短期的涨跌波动。股龄较长的客户在长期的投资实践中，往往发现自己的投资收益率比不上股票市场指数的收益率，所以他们通常比新进入市场的客户，对金融产品的购买意愿更强一些。

12. 客户是否购买过国债逆回购

所谓国债逆回购，即投资者通过国债回购市场把资金借出去的一种操作。国债逆回购本质上是一种短期借款，做逆回购的投资者借出资金获得利息，做正回购的投资者借入资金付出利息。证券公司的客户通过国债逆回购，可以有效地管理自己的现金资产。通过客户是否购买国债逆回购，一方面可以衡量客户的流动性需求，另一方面可以判断客户是否对股票市场有一个基本的了解。

13. 是否购买过开放式基金：客户是否购买过开放式基金

开放式基金是我国证券市场上最为常见的金融产品。它包含股票型基金和债券型基金。通过客户是否购买过开放式基金，可以判断出客户对于金融产品的接受度。曾经购买过基金产品的客户，在接受客户经理对其进行新产品的营销时，比从来没有购买过基金产品的客户，较少地出现反感。

上述这些变量，既包含了年龄、地区这些人口统计学方面的因素，也包含了与客户资产状况、交易行为相关的指标，能够比较全面地反映与营销有关联的客户特征。

三、数据的准备

（一）数据的来源

本书在撰写过程中，得到了东吴证券运营中心大数据系统的大力支持。本书所使用的数据为笔者所在东吴证券 Y 营业部的客户数据，导出的数据格式为 CSV。

（二）数据的结构

客户特征变量数据的结构见表 4-1。

表 4-1　　客户特征变量数据结构表

字段名	字段含义	备注
Khh	客户号	
Ykje	客户股票盈亏金额	
Gpsz	客户持仓市值	
Zjye	资金余额	
Zrzj	转入资金	
Zczj	转出资金	
zzbkh	是否是至尊宝客户	1 是　0 否
Xb	性别	1 男性　0 女性

续表

字段名	字段含义	备注
Xldm	学历代码	1 博士　2 硕士　3 学士　4 大专　5 中专　6 高中　7 初中及其以下　8 其他
Province	所在地区	
Age	年龄	
Gl	股龄	
Buyback	是否购买过国债	1 是　0 否
ofskh	是否购买过开放式基金	1 是　0 否

本书所使用的数据包含了两个文件：一个是用来做数据挖掘的训练样本，一个是用来测试数据挖掘结果的测试样本。我们选取了营业部 6～10 月的数据作为训练样本，11 月的数据作为测试样本。

（三）数据的清理

一般来说，进行数据挖掘前需要对数据进行清理，删除一些特征值缺失的客户和一些特征值比较奇异的客户（某些变量特别大）。

由于东吴证券的大数据平台在导出数据时，根据预先设定的条件已经对原始的数据进行了清理。因此，笔者不对数据做进一步的清理。在训练样本中，一共得到观测数量为 20755 个。在测试样本中，一共得到客户的观测数量为 18887 个。

（四）传统的客户分类分析

在进一步对客户数据挖掘进行分类时，我们首先使用传统的分类方法，按照单变量对客户进行了分类。

1. 按客户盈亏进行分类

投资收益是影响证券公司客户体验的最重要因素。营销工作能否成功很大一部分原因取决于客户的心理因素、投资体验。客户处于盈利状态时，投资体验较好，比较容易接受客户经理的营销建议。因此，盈利的客户属于证券公司的优质客户。

根据对客户盈亏金额（ykje）这个变量进行统计分析，可以发现：

```
      Min.    1st Qu.    Median        Mean   3rd Qu.       Max.
-371285714    -30815     -6260     -209091      -878   62169631
```

在营业部所有的客户中6～10月最大盈利为6216万元，最大亏损为3.7亿元，平均来说每个客户亏损了约21万元。

根据表4－2所示，从客户构成比例来看，只有8%的客户处于盈利状态，92%的客户是亏损的。总体来看，在当前市场情况下投资者普遍亏损，营销难度很大。

表4－2　　客户盈亏情况分类表

	盈利客户	亏损客户
数量（户）	1652	19103
占比（%）	7.96	92.04

2. 按资产规模进行分类

高净值客户比低净值客户具有更大的营销潜力。将高净值客户分离出来，建立区别于普通客户的服务策略，有利于保持证券公司的经营效益。按资产规模进行分类，是获取高净值客户的有效方法。

具体来说，资产规模在100万元以上的，属于高净值客户群体，这部分群体是客户经理重点的服务对象，是金融产品销售重点推介的对象。

资产规模在50万元到100万元之间的客户，属于中高净值客户，这部分客户在股票投资上的资产往往只是其个人资产的一部分，是潜在的高净值客户群体，针对这部分群体，客户经理的营销策略往往是说服客户将其他财富管理机构的资产转移到证券公司。

资产规模在20万元到50万元之间的客户，属于中等净值客户，这部分客户有一定的投资知识，对于金融产品接受度也较高，是公募基金产品的重点销售对象。

资产规模在10万元到20万元之间的客户，属于中低净值客户，这类客户资产规模较少，但是通常都频繁操作，是人们熟知的股市“散户”的典型。这类客户对营业部的佣金收入贡献很大。

资产规模在10万元以下的客户，属于低净值客户，这类客户在传统营销过程中很少会被客户经理关注。但实务中，由于这类客户群体规模庞大，常常会出现一些自发购买金融产品的行为，本篇利用数据挖掘对客户进行分类的一大目的，也是希望从这个客户群体中筛选出一部分潜在的客户。

对客户按照股票市值（gpsz）规模进行统计，得到如下结果：

```
Min.  1st Qu.  Median    Mean  3rd Qu.       Max.
   0     7781   30734  623752   116701  660829486
```

营业部平均每个客户的股票市值规模为63万元，而中位数只有3万元，这说明了50%的客户都是资产规模在3万元以下的低净值客户。大客户中，资产规模最大的客户股票市值达到了6.6亿元。

如表4-3所示，从客户的资产规模分布来看，资产规模在10万元以下的低净值客户占到了营业部所有客户的72.4%，10万元以上的客户占到了27.6%。比较符合我们常说的“二八定律”。中高净值客户群体的分布较为平均。50万元以上的客户中高净值客户群体只占到营业部所有客户的7.7%。

表4-3　　　　客户资产规模分类表

客户类型	股票市值	客户数量（户）	占比（%）
低净值客户	0~10万元	15037	72.4
中低净值客户	10万~20万元	2150	10.3
中等净值客户	20万~50万元	1980	9.6
中高净值客户	50万~100万元	804	3.9
高净值客户	100万元以上	783	3.8

3. 按年龄进行分类

客户的年龄是影响客户投资决策的重要人口统计因素。一般来说，60岁以前，人处于财富积累的阶段，客户的投资金额与年龄成正相关关系，年龄越大，拥有的财富越多，可用于投资的资金也越多；人进入退休年龄，收入减少，养老支出增加，用于投资的资产也减少了。

根据客户的生命周期与可投资资产金额的相关性，我们可以将客户分成以下几类：

第一类是22岁以下的青少年客户，这类客户大部分为在校大学生，基本或者没有收入，所以其投资金额较少。

第二类是22~35岁的青年客户，这类客户群体处于家庭财富的原始积累阶段，家庭收入不高，但是支出很多，可用于投资的资产也比较有限。

第三类是35~55岁的中年客户，这类客户往往处于事业发展的顶峰阶段，收入较高，风险承受能力较强，一般是客户经理重点的营销对象。

第四类是55~70岁的中老年客户，这部分客户往往已经处于退休或者半退休状态，时间很充裕，可用于投资的金额也比较多，投资兴趣强，非常愿意与客户经理沟通。

第五类是70岁以上的老年客户，这部分客户一般数量不是很多，一般会购买一些固定收益类产品。客户经理在服务这部分客户时，常常会劝导其离开市场。

按客户的年龄（age）进行统计，结果如表4-4所示。

表4-4　　客户年龄分类表

客户类型	年龄（岁）	数量（户）	占比（%）
青少年客户	18~22	6	0.03
青年客户	22~35	4234	20.4
中年客户	35~55	13068	62.96
中老年客户	55~70	2467	11.89
老年客户	70以上	980	4.72

从客户的年龄分布来看，东吴证券该营业部的客户质量非常好。大部分客户的年龄在35~55岁之间，这部分客户财富管理需求强，是证券公司的核心客户。

4. 按客户是否购买过开放式基金进行分类

客户是否曾经购买过开放式基金产品可以反映出客户对金融产品的态度。一般来说，曾经购买过开放式基金产品的客户投资理念较为成熟，对市场上的金融产品有一定理解。从来没有购买过基金产品的客户，往往缺乏科学的投资理念，客户经理在沟通过程中，往往会花费较多时间进行投资者教育。

按客户是否购买过开放式基金产品对客户进行分类，结果如表4－5所示。

表4－5　　客户购买开放式基金分类表

客户类型	数量（户）	占比（%）
购买过开放式基金	6768	32.6
没有购买过开放式基金	13987	67.4

从结果上看，东吴证券该营业部的客户对金融产品有一定的接受度，客户较为成熟。

5. 按客户学历进行分类

一般来说，接受过高等教育的人，在逻辑思维能力、学习能力、自制力、情绪控制能力方面表现得较好。学历较高的客户，收入稳定，财富管理需求强。同时，学历较高的客户往往是比较成熟的投资者。这类客户对于自己投资的期望收益设定的较为理性，对于金融产品也比较了解。在营销过程中，对于客户经理的联络沟通，接受度比学历低的客户高。

对东吴证券该营业部按照客户的学历进行分类，得到的结果如表4－6所示。

表4－6　　客户学历分布情况表

学历	人数	占比（%）
博士	86	0.4
硕士	889	4.3
学士	6953	33.5
大专	5165	24.9
中专	1313	6.3
高中	1847	8.9
初中及其以下	812	4.0
其他	3690	17.7

从客户的学历占比来看，接受过高等教育的客户占到了38%。特别是新进入市场的投资者，大多具有本科以上学历。但同时应该注意到，大部分55～70岁的客户，由于历史原因都没有接受过较好的教育，而这部分客户本身由于改革开放等历史机遇迅速积累起大量财富，是证券公司的优质客户。值得注意的是，有17.7%的客户学历属于其他类型，其主要原因是一部分客户在填写个人学历时，出于个人原因不愿意填写真实信息。

四、基于数据挖掘的客户细分过程及其结果

本书主要研究利用数据挖掘方法对客户进行分类，根据训练样本的数据，建立客户的二元分类模型，并对未发生的事件进行预测，给预测客户进行分类。其主要逻辑如图4－2所示。

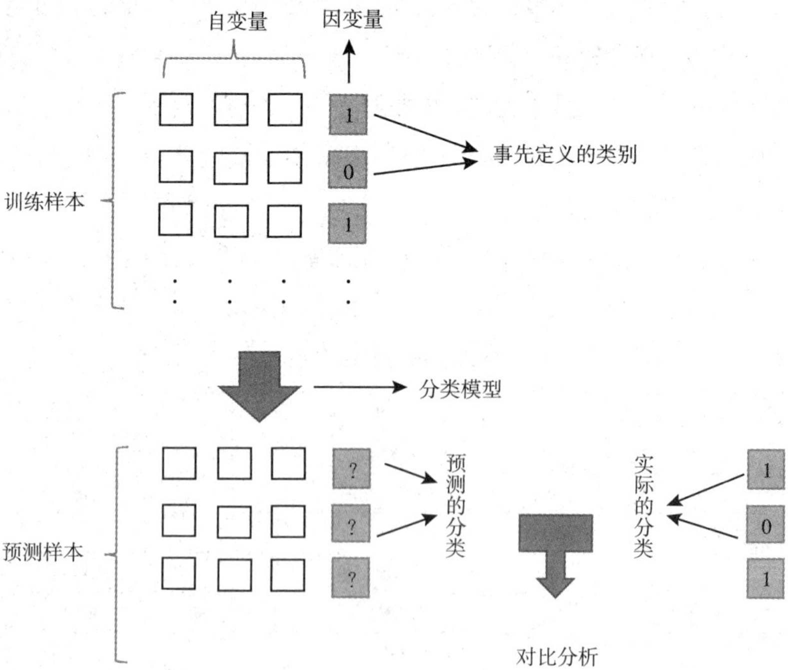

图4－2 基于数据挖掘的客户分类模型的运作逻辑

第一步，我们选择客户是否购买“至尊宝”这款产品作为本书分类的因变量，选择上面提到的 13 个变量中剔除掉客户是否购买至尊宝（zzbkh），即余下的 12 个变量作为自变量。

第二步，利用数据挖掘方法，分别采用 Logistic 回归、线性判别分析、K-最邻方法、分类树、主成分分析、聚类分析这 6 种方法建立客户分类模型，对预测样本中的客户进行了分类预测。

第三步，根据预测样本中客户实际的情况与预测结果进行对比，评估分类的正确率和效率。在评估分类的准确性时，我们使用正确率来作为评价标准，即

$$\text{正确率} = \frac{\text{正确数}}{\text{待判别的客户总数}}$$

其中，待判别的客户总数即为测样样本的所有客户，正确数即为使用各种分类模型判别的正确数量。

（一）“至尊宝”简介

至尊宝系列产品是东吴证券重点打造的一款理财产品。它是东吴证券自营的固定收益凭证，保本保收益，安全性高，无认购赎回费用，且产品稳定，有品牌保障，且每天滚动发行，期限灵活，有 7 天、14 天、21 天、28 天、56 天、91 天、182 天及 364 天期产品，产品多、选择多，可以满足投资者对于现金管理的各类要求。

之所以选择客户是否购买“至尊宝”作为分类的因变量，原因有以下几点：

（1）本书突破传统的按照变量进行静态分类的方法，选择按照营销场景动态地进行客户分类。购买金融产品是证券公司日常最基本的营销场景，选择对客户的购买意愿进行预测，具有重大的实践意义。

（2）至尊宝为东吴证券重点打造的现金管理类产品。在证券市场行情低迷的背景下，推介一款固定收益类产品，有利于将客户在其他金融机构的理财资金导入证券公司，提高证券公司的托管资金规模，为证券公司将来的多元化财富管理打好基础。

（二）Logistic 回归

Logistic 回归是数据挖掘的一种常用方法，可以用来对数据进行分类，特别

是对数据进行二元分类特别有效。它的设计思路简单，易于实现，且训练起来很高效。在研究中，通常以 Logistic 回归模型作为基准，再尝试使用更复杂的算法。由于其简单且可快速实现的原因，Logistic 回归是一个很好的基准，可以用它来衡量其他更复杂的算法的性能。

Logistic 回归模型的主要思想是通过建立一个线性模型，来赋予某一特定客户是否属于某一客户群体的概率。在本书中，我们将客户分成两类，一类是购买至尊宝的客户，一类是没有购买至尊宝的客户，并通过 zzbkh 来代表客户是否购买这个属性：

$$zzbkh = \begin{cases} 1，购买至尊宝 \\ 0，未购买至尊宝 \end{cases}$$

将 zzbkh 这个变量作为因变量，在特征值集合中选取一定数量的特征值作为自变量，建立广义线性模型。通过回归结果，我们会得到具体某一个客户是否会购买至尊宝的概率，即 p(zzbkh = 1 | 某客户的数据)，并选取一个特定的阈值，例如 0.5，如果客户购买至尊宝的概率大于 0.5，我们就将这个客户归为至尊宝客户。具体的实现过程如下：

首先，我们要找到一个合适的 Logistic 回归模型，用来预测客户是否会购买至尊宝。在 R 语言中，glm（）函数可以用来生成广义线性回归，而 Logistic 回归就是广义线性回归中的一种。如上面所述，本书使用的客户数据信息里面包含了 13 个客户特征值，并不是所有这些特征值都与客户是否会购买至尊宝相关。如果我们使用所有这些特征值来进行回归，会出现算法没有聚合和拟合概率算出来的数值为 0 或 1 等问题。根据逐步调试，本书选取了 zjye（资金余额），age（年龄），gl（股龄），buyback（是否购买国债），ofskh（是否购买开放式基金）作为自变量来预测客户 zzbkh（是否购买至尊宝）。

```
>glm. fit = glm(zzbkh ~ zjye + age + gl + buyback + ofskh,data = table1,family = bi-
nomi)
>summary(glm. fit)
```

```
Call:
glm(formula = zzbkh ~ zjye + age + gl + buyback + ofskh, family = binomial,
   data = table1)

Deviance Residuals:
Min       1Q       Median   3Q    Max
 -1.9429     -0.1302      -0.0919      -0.0753      3.5087

Coefficients:
      Estimate Std. Error z value Pr( > |z|)
(Intercept) -7.080e+00  2.040e-01    -34.716 <2e-16 ***
zjye      4.175e-07 7.698e-08   5.424 5.83e-08 ***
age      2.661e-02 4.406e-03   6.040 1.54e-09 ***
gl     2.116e-02   1.332e-01   1.588   0.112
buyback     4.010e+00 1.328e-01   30.197 <2e-16 ***
ofskh     2.224e+00 1.758e-01   12.651 <2e-16 ***
---
Signif. codes:0' *** '0.001' ** '0.01' * '0.05' * '0.1"1
(Dispersion parameter for binomial family taken to be1)

   Null deviance:3486.7   on   20754 degrees of freedom
Residual deviance:2193.6   on   20749 degrees of freedom
AIC:2205.6

Number of Fisher Scoring iterations:8
```

根据回归结果，我们可以使用 predict（）函数来预测在给定的数据表下，客户购买至尊宝的概率值，我们这里给出了 10 个客户的预测概率值。

```
> glm. probs = predict( glm. fit, type = " response" )
> glm. probs[ 1 : 10 ]
          1           2           3           4
0. 009223927 0. 011096021 0. 005302204 0. 007513443
          5           6           7           8
0. 005425006 0. 305735046 0. 007680004 0. 008077859
          9          10
0. 083151036 0. 006183828
```

本节使用 0. 5 作为阈值，即

$$zzbkh = \begin{cases} 1, & p > 0.5 \\ 0, & p \leqslant 0.5 \end{cases}$$

在设定好阈值后，我们就能得到我们的训练结果：

```
> glm. pred = rep( 0 ,20755 )
> glm. pred[ glm. probs > . 5 ] = 1
> zzbkh <- table1[ ,8 ]
> table( glm. pred, zzbkh )
     zzbkh
glm. pred   0    1
     0 20374  279
     1    39   63
> mean( glm. pred = = zzbkh )
[ 1 ]0. 9846784
```

从训练结果来看，在所有 20413 位没有购买至尊宝的客户中，20374 个被正确的分类为不会购买的类型，39 个错误的分类为会购买的类型。在所有 342 个购买至尊宝的客户中，有 279 个被分类为不会购买的类型，63 个被正确的分类为会购买的类型。整体上来说，该分类模型的正确率为 98. 46%。模型整体的结果不错，缺陷在于对于购买至尊宝的客户，模型的识别效率较差，只有 18%（63/342）。

根据训练结果来判断分类的好坏是有误导性的，因为我们是在同一个数据集合的基础上对数据进行训练测试，更为合理的方法是用训练样本进行训练，用另一个测试样本进行测试。利用前文我们提到的测试数据，重新进行预测，结果如下：

```
> glm. probs = predict( glm. fit, table2, type = "response" )
> glm. pred = rep(0,18887)
> glm. pred[ glm. probs > . 5 ] = 1
> zzbkh. test = table2[ ,8]
> table( glm. pred, zzbkh. test)
        zzbkh. test
glm. pred    0    1
        0 18710  119
        1    43   15
```

从表 4 -7 测试的结果来看，该分类模型的正确率为 99. 14%［（18710 + 15）/18887］，分类是有效率的。在所有购买至尊宝的客户中，有 11%［15/（119 + 15）］被该模型识别出来了。在该模型识别的 58 名（43 + 15）潜在购买至尊宝的客户中，有 15 名真正购买了至尊宝，换句话说如果对这 58 名客户进行营销，成功率为 25. 86%。

表 4 -7　　Logistic 回归分类预测结果

测试样本结果	zzbkh（客户实际是否购买至尊宝）		
glm. pred（根据模型预测客户是否购买至尊宝）		0	1
	0	18710	119
	1	43	15

（三）线性判别分析

线性判别分析是一种经典的线性数据挖掘方法，在二分类问题上最早由

Fisher 在 1936 年提出，亦称 Fisher 线性判别。线性判别的思想非常简单：给定训练样本，设法将样本投影到一条直线上，使得同类样本的投影点尽可能接近，异样样本的投影点尽可能远离；在对新样本进行分类时，将其投影到同样的直线上，再根据投影点的位置来确定新样本的类别。

在 R 语言中，lda（）函数可以用来对线性判别分析（linear discriminant analysis）进行建模。

```
>library(MASS)
>lda.fit = lda(zzbkh ~ zjye + age + gl + buyback + ofskh, data = table1)
>lda.fit
Call:
lda(zzbkh ~ zjye + age + gl + buyback + ofskh, data = table1)

Prior probabilities of groups:
         0          1
0.98352204 0.01647796

Group means:
       zjye      age       gl    buyback     ofskh
0  21501.67 31.50290 7.601719 0.02787439 0.3229315
1 166964.04 39.36123 9.724006 0.65789474 0.5146199

Coefficients of linear discriminants:
                 LD1
zjye    6.706415e-07
age     1.550164e-02
gl      1.607071e-02
buyback 5.321139e+00
ofskh   1.078978e+00
```

在建模前，我们可以对训练样本中所有客户做一些基本分析，有 98.35% 的客户没有购买至尊宝，有 1.6% 的客户购买了至尊宝。且这两类客户在 zjye、age、gl、buyback、ofskh 这几个特征值中有显著差异。在没有购买至尊宝的客户中客户的平均资金余额是 2.15 万元，而购买至尊宝的客户平均资金余额是 16.7 万元；购买至尊宝的客户在年龄和股龄上显著大于没有购买至尊宝的客户；在没有购买至尊宝的客户中只有 2.7% 的客户有过购买国债回购的经验，而在购买至尊宝的客户中有高达 65% 的客户曾经做过国债回购；同样地，在购买至尊宝的客户中有更高比例的购买基金的习惯。根据 LDA 的结果，我们可以构建我们的决策规则，即：

$$6.71\times10^{-7}zjye + 0.016age + 0.16gl + 5.32buyback + 1.0e0fskh = \begin{cases} >0.5\ 购买至尊宝的客户 \\ <0.5，不购买至尊宝的客户 \end{cases}$$

根据训练结果，我们对测试样本进行预测：

```
> lda.pred = predict (lda.fit, table2)
> lda.class = lda.pred $ class
> table (lda.class, zzbkh.test)
      zzbkh.test
lda.class  0   1
      0 18208  84
      1 545   50
> mean (lda.class = = zzbkh.test)
[1] 0.9666967
```

从表 4 - 8 所示结果来看，利用 LDA 模型进行分类的正确率为 96.67% [(18208 + 50)/18887]，比 Logistic 回归模型的结果差了点。但是在所有 134 名购买至尊宝的客户中，有 37%(50/134) 的客户被该模型识别出来了，大大高于 Logistic 回归模型（11%）。但在该模型识别的 595 名潜在购买至尊宝的客户中，有 50 名真正购买了至尊宝，如果用在营销上，成功率不如 Logistic 回归模型。

表 4－8　　线性判别分析分类预测结果

测试样本结果	zzbkh. test（客户实际是否购买至尊宝）		
Lda. pred（根据 LDA 模型预测客户是否购买至尊宝）		0	1
	0	18208	84
	1	545	50

（四）K－最近邻方法

K－最近邻（K－Nearest Neighbors）分类算法是数据挖掘分类技术中最简单的方法之一。所谓 K 最近邻，就是 k 个最近的邻居的意思，说的是每个样本都可以用它最接近的 k 个邻居来代表。KNN 算法的核心思想是如果一个样本在特征空间中的 k 个最相邻的样本中的大多数属于某一个类别，则该样本也属于这个类别，并具有这个类别上样本的特性。该方法在确定分类决策上只依据最邻近的一个或者几个样本的类别来决定待分样本所属的类别。

在 R 语言中，我们用 knn（）函数来实现 K－最近邻算法。

```
> train.yyb = table1[ ,c( -1, -4, -8, -17)]
> test.yyb = table2[ ,c( -1, -4, -8, -17)]
> train.zzbzh = table1[ ,8]
> set.seed(1)
> knn.pred = knn(train.yyb,test.yyb,train.zzbzh,k = 1)
> table(knn.pred,zzbkh.test)
        zzbkh.test
knn.pred   0    1
       0 18600  121
       1 153    13
> knn.pred = knn(train.yyb,test.yyb,train.zzbzh,k = 2)
> table(knn.pred,zzbkh.test)
        zzbkh.test
```

```
knn. pred   0    1
       0 18551   115
       1 202    19
 > knn. pred = knn( train. yyb , test. yyb , train. zzbzh , k = 3 )
 > table( knn. pred , zzbkh. test )
       zzbkh. test
knn. pred   0    1
       0 18637   123
       1 116    11
```

在 KNN 算法中，我们使用了客户除了 KHH，JYRQ，ZZBKH，ROWNU 的所有特征值，并逐步调试 K 的值，根据调试，作者发现当 K = 2 的时候结果较好，K 更大时，结果没有显著提高。

根据 K = 2 的结果，

从表 4 - 9 来看，利用 KNN 算法进行分类的正确率为（18551 + 19）/18887 = 98.3%。但是 KNN 算法在识别客户是否会购买至尊宝方面，比 LDA 和 Logistic 回归都显得差。

表 4 - 9　　　　K - 最邻方法分类预测结果

测试样本结果	zzbkh. test（客户实际是否购买至尊宝）		
knn. pred（根据 knn 模型预测客户是否购买至尊宝）		0	1
	0	18551	115
	1	202	19

（五）分类树方法

分类树（classification tree）就是根据训练数据集构造一个类似树形的分类决策模型，然后用这个模型来辅助决策。他是一种描述对实例进行分类的树形结构。在使用分类树进行分类时，从根结点开始，对实例的某一特征进行测试，根据测试结果，将实例分配到其子结点。这时，每一个子结点对应着该特征的一个取值。如此递归地对实例进行测试并分配，直至达到叶结点。最后将实例分到叶结点的类中。

例如，图4-3是一个简单的是否购买至尊宝的决策树（分类树）：

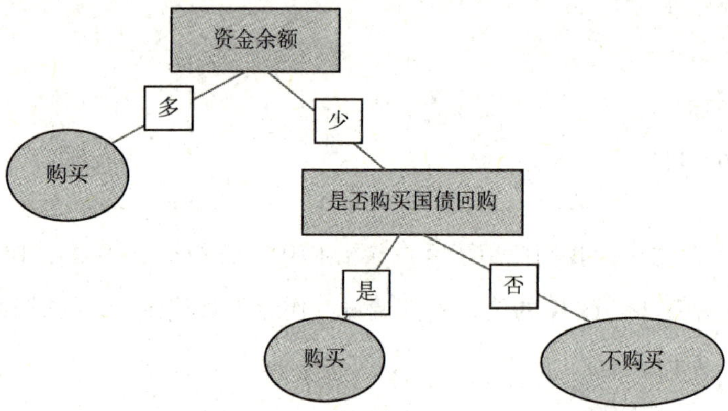

图4-3　分类树的基本结构

使用分类树进行分类，具有以下几个优点：

计算复杂度不高；对中间缺失值不敏感；解释性强，在解释性方面甚至比线性回归更强；与传统的回归和分类方法相比，决策树更接近人的决策模式；可以用图形表示，非专业人士也可以轻松理解；可以直接处理定性的预测变量而不需创建哑变量；决策树的预测准确性一般比回归和分类方法弱，但可以通过用集成学习方法组合大量决策树，显著提升树的预测效果。

在R语言中，我们使用tree（）函数来生成决策数。为了方便分类树的实现以及方便展示，我们对原始数据进行置换，用Buy和Not Buy来替代原始数据中zzbkh特征值中的1和0。

```
>train. yyb = table1[ ,c( -1, -4, -17) ]
>Buy = ifelse( zzbkh = =1,"Buy","Not Buy")
```

然后我们生成决策树：

```
> train. yyb = data. frame( train. yyb, Buy)
> tree. train = tree( Buy ~ .  - zzbkh, train. yyb)
> summary( tree. train)

Classification tree:
tree( formula = Buy ~ .  - zzbkh, data = train. yyb)
Variables actually used in tree construction:
[1] "buyback" "zrzj"   "zjye"   "ykje"   "xb"   "gpsz"   "ofskh"
Number of terminal nodes: 13
Residual mean deviance: 0. 06881 = 1427/20740
Misclassification error rate: 0. 01055 = 219/20755
```

根据生成的分类树结果，实际在构建树的过程中，只用到了"buyback"（是否购买国债回购),"zrzj"（转入金额),"zjye"（资金余额),"ykje"（盈亏金额）"xb"（性别),"gpsz"（股票市值),"ofskh"（是否购买开放式基金）这几个变量。这几个特征值的选择是算法自动选择的，并没有人为的干预，但是从直观上这些变量确实在实际中与客户购买至尊宝的意愿有关。通过 R 中的图表我们还能进一步直观感受决策过程：

```
> plot( tree. train)
> text( tree. train, pretty = 0)
```

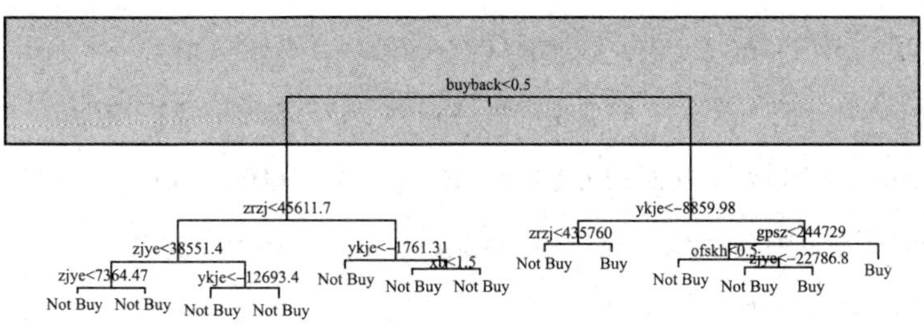

```
> tree.train
node, split, n, deviance, yval, (yprob)
      * denotes terminal node

 1) root 20755 3487.00 Not Buy(0.0164780 0.9835220)
   2) buyback <0.5 19961 1436.00 Not Buy(0.0058614 0.9941386)
     4) zrzj <45611.7 19376 824.60 Not Buy(0.0031482 0.9968518)
       8) zjye <38551.4 17893 270.60 Not Buy(0.0009501 0.9990499)
        16) zjye <7364.47 15014 57.11 Not Buy(0.0001998 0.9998002) *
        17) zjye >7364.47 2879 177.10 Not Buy(0.0048628 0.9951372) *
       9) zjye >38551.4 1483 396.20 Not Buy(0.0296696 0.9703304)
        18) ykje <-12693.4 949 28.64 Not Buy(0.0021075 0.9978925) *
        19) ykje >-12693.4 534 294.20 Not Buy(0.0786517 0.9213483) *
     5) zrzj >45611.7 585 369.20 Not Buy(0.0957265 0.9042735)
      10) ykje <-1761.31 414 141.80 Not Buy(0.0410628 0.9589372) *
      11) ykje >-1761.31 171 183.60 Not Buy(0.2280702 0.7719298)
        22) xb <1.5 113 67.58 Not Buy(0.0884956 0.9115044) *
      23) xb >1.5 58 80.41 Not Buy(0.5000000 0.5000000) *
   3) buyback >0.5 794 946.60 Not Buy(0.2833753 0.7166247)
     6) ykje <-8859.98 407 270.30 Not Buy(0.1031941 0.8968059)
      12) zrzj <435760 386 200.80 Not Buy(0.0725389 0.9274611) *
      13) zrzj >435760 21 26.73 Buy(0.6666667 0.3333333) *
     7) ykje >-8859.98 387 535.40 Not Buy(0.4728682 0.5271318)
      14) gpsz <244729 262 324.10 Not Buy(0.3091603 0.6908397)
        28) ofskh <0.5 175 160.40 Not Buy(0.1714286 0.8285714) *
          29) ofskh >0.5 87 118.00 Buy(0.5862069 0.4137931)
```

```
    58) zjye < 22786.8 42 46.11 Not Buy(0.2380952 0.7619048) *
    59) zjye > 22786.8 45 27.00 Buy(0.9111111 0.0888889) *
  15) gpsz > 244729 125 119.40 Buy(0.8160000 0.1840000)
```

在树型结构中，每一个节点都有一个分类的标准，满足条件就进入左侧的枝干，不满足就进入右侧的枝干。进一步的，我们还列示了每一个枝干对应的分离标准，该枝干上的样本数量，方差，该枝干的预测结果（买或者不买），以及该枝干上购买和不购买至尊宝的客户比例。

接下来我们用生成的分类树模型对测试样本进行预测：

```
> tree.pred = predict(tree.train, test.yyb, type = "class")
> table(tree.pred, zzbkh.test)
       zzbkh.test
tree.pred    0     1
  Not Buy 18701   126
  Buy        52     8
```

从表 4 - 10 来看，分类树的预测正确率为（18701 + 8）/18887 = 99.1%。对于识别购买至尊宝的客户来看，决策树方法的效果很一般。但是决策树方法为我们筛选影响客户购买至尊宝的特征值方面提供了一种科学有效的方法，并且可以通过树型结果直观地表示出来。而且在实务中，分类树提供的各个分离条件，在实务中可以用来进行简单的判断，具有一定的操作便捷性。

表 4 - 10　　分类树分类预测结果

测试样本结果	zzbkh.test（客户实际是否购买至尊宝）		
tree.pred（根据分类树模型预测客户是否购买至尊宝）		0	1
	0	18701	126
	1	52	8

（六）各种方法的对比

如表4－11所示，通过比较各个模型分类预测的正确率，可以发现Logistic回归的分类效果更好，其次为分类树，接下来为K－最邻方法，表现得最差得是线性判别分析。

表4－11　各分类模型正确率对比

模型	正确率（%）
Logistic回归	99.14
线性判别分析	96.67
K－最邻方法	98.3
分类树	99.1

但是单纯从正确率判断模型的好坏存在一个问题，就是在本节研究的这个分类问题中，相对于不购买至尊宝的客户来说，购买至尊宝的数量很少，以至于大量不购买至尊宝的客户被“分类”为不购买至尊宝的客户，导致模型的正确率虚高。而且对于分类为不购买至尊宝的客户，营销中没有实际意义，本篇认为有必要引入另一个评判标准，来衡量模型的有效性。作者称该标准为营销成功率，定义如下：

$$营销成功率 = \frac{在所有预测会购买的产品的客户中实际购买产品的客户数}{所有预测会购买产品的客户数}$$

根据营销成功率，对模型进行对比，结果如表4－12所示。

表4－12　各分类模型营销成功率对比

模型	营销成功率（%）
Logistic回归	25.86
线性判别分析	8.4
K－最邻方法	8.6
分类树	13

从各模型的对比结果，可以看出 Logistic 回归模型的成功率是最高的，且显著高于其他三种模型。

（七）对模型的进一步改进

本节之前所使用的所有数据挖掘方法，均为有监督学习。所谓监督学习就是给定一堆样本，每个样本都有一组属性和一个类别，例如每个客户都有包含其资产状况的各种特征值以及其是否属于至尊宝客户这个类别。这个类别是实现确定的，我们通过数据挖掘得到一个分类器，并通过这个分类器对新出现的客户给出正确的分类。在这里，由于这个类别属性是人为确定的，导致监督学习的分类效果不是很好，从上述各个方法的结果就可以发现，在识别潜在购买至尊宝的客户中，各个模型的正确率大概在10%～20%。其根本原因，可能在于我们选择的变量并不足以对现有的客户群体做出分类。或者是因为事实上购买至尊宝和不购买至尊宝的客户没有本质上的显著区别。无论是出于什么原因，都受到作者先验想法的影响。而无监督学习可以有效避免这个问题。无监督学习将客户的所有特征值包括客户是否购买至尊宝都作为客户的特征值，不对客户是否购买至尊宝进行预测，反之可以将客户的特征值进行可视化，并且研究是否所有客户群体下还有某种规律的子类存在。

为了对客户分类有进一步的深刻理解，本节使用了主成分分析和聚类分析来对客户进行无监督学习。

（八）主成分分析

主成分分析是无监督学习的一种常用方法，用来对原始数据中的重要变量进行压缩，也就是降维。降维是将高维度的数据保留下最重要的一些特征，去除噪声和不重要的特征，从而实现提升数据处理速度的目的。

降维具有如下一些优点：

（1）使得数据集更易使用；（2）降低算法的计算开销；（3）去除噪声；（4）使得结果容易理解。

主成分分析方法（principal component analysis），是一种使用最广泛的数据压缩算法。在 PCA 中，数据从原来的坐标系转换到新的坐标系，由数据本身决定。转换坐标系时，以方差最大的方向作为坐标轴方向，因为数据的最大方差给出了数据最重要的信息。第一个新坐标轴选择的是原始数据中方差最大的方法，第二个新坐标轴选择的是与第一个新坐标轴正交且方差次大的方向。重复该过程，重复次数为原始数据的特征维数。

通过这种方式获得的新的坐标系，我们发现，大部分方差都包含在前面几个坐标轴中，后面的坐标轴所含的方差几乎为 0。于是，我们可以忽略余下的坐标轴，只保留前面的几个含有绝大部分方差的坐标轴。事实上，这样也就相当于只保留包含绝大部分方差的维度特征，而忽略包含方差几乎为 0 的特征维度，也就实现了对数据特征的降维处理。

在对客户进行数据挖掘时，我们常常遇到的问题是特征变量太多了。客户的资产数据、个人背景、交易信息数据各式各样，在选择特征值进行进一步分析时，往往手足无措。其实其中不少变量是冗余的。利用 PCA 的降维技术，我们可以将变量降维。下面我们将利用 PCA 方法对训练样本数据库进行处理。

```
> pr. out = prcomp(table1[ ,c( -1, -4, -17)])
> pr. out$rotation
                PC1            PC2            PC3            PC4            PC5
ykje     -3.618972e-01 -9.321974e-01 -3.034380e-03 -5.367518e-03 5.027091e-04
gpsz     9.322071e-01 -3.618947e-01 -4.478022e-03 1.414339e-03 -2.905115e-04
zjye     4.395254e-03 1.563377e-03 5.168020e-01 -8.544592e-01 4.648693e-02
zrzj     5.841980e-04 -2.308738e-03 3.417163e-01 2.604604e-01 8.807146e-01
zczj     7.709109e-04 -5.692449e-03 7.849307e-01 4.491848e-01 -4.141347e-01
zzbkh    1.163080e-11 -4.115698e-10 4.343688e-08 -1.665970e-08 1.242611e-07
xb       2.412920e-09 -4.178121e-09 -1.702036e-08 3.527307e-08 -7.571246e-08
xldm     -1.172947e-08 8.338057e-09 -1.364640e-07 2.186546e-07 2.905900e-07
province 2.362139e-04 -1.478783e-04 3.915185e-04 -1.618789e-02 2.251063e-01
zydm     1.472731e-07 -3.615048e-08 -1.483002e-06 -1.104957e-07 -1.045767e-05
age      -6.770550e-08 5.233142e-08 2.557402e-07 -9.733462e-07 2.944017e-05
```

```
gl        -7.845336e-09 6.992456e-09 3.689420e-08 -7.080571e-07 7.501524e-06
buyback   -3.614273e-11 -2.184104e-10 3.625832e-08 -2.004605e-08 1.014497e-07
ofskh     -7.107154e-10 -1.437172e-10 3.107219e-08 3.021457e-08 -6.130087e-07
此处其余 9 个成分
```

通过 procomp（）函数我们获得了主成分分析的 rotaion 矩阵，该矩阵的每一列就是通过主成分分析得到的新的主成分向量。通过观察第一个主成分 PC1 在原始特征值的系数我们可以发现，第一个主成分主要是受 yjke 和 gpsz 这两个变量影响，我们可以把这个主成分看成是解释了客户股票账户的资产及盈亏情况。因为第一个主成分解释了原始数据方差中的绝大多数，换句话说第一个主成分是最可以区分各个客户区别的变量。也就是说，在实务中，每个客户的情况千差万别，但是影响客户行为的最基本的两个变量是 yjke 和 gpsz。

```
>pr.var = pr.out$sdev^2
>pve = pr.var/sum(pr.var)
>pve
[1]9.398233e-01 5.918123e-02 4.434113e-04 2.639970e-04 1.500455e-04
[6]1.380494e-04 7.677011e-12 7.985537e-13 7.274865e-14 2.463437e-14
[11]1.549108e-15 2.545146e-16 1.334294e-16 6.970559e-17
>plot(pve,xlab="主成分",ylab="解释的方差比例",ylim=c(0,1),type='b')
```

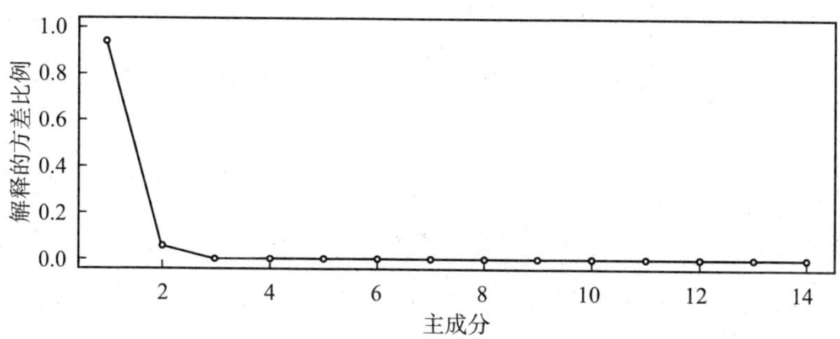

```
>plot(pve,xlab="主成分",ylab="解释的方差比例",ylim=c(0,1),type='b')
```

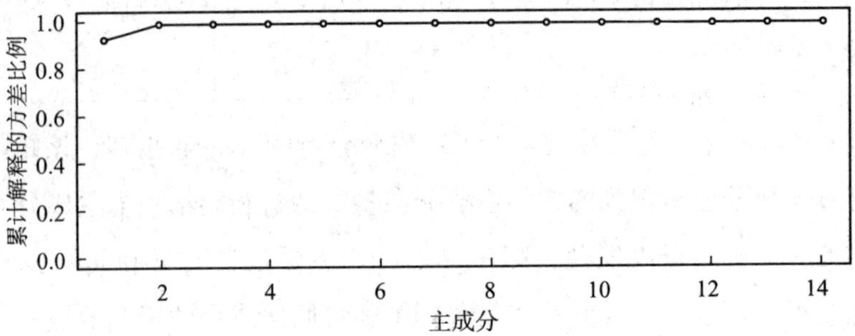

进一步分析各个主成分的方差，我们发现第一个主成分解释了所有方差中的93.98%，前6个主成分解释了所有方差的99.9999%。换句话说通过降维技术，我们可以将原始的13个变量简化为6个变量，甚至在某些情况下，我们只需要第一个主成分就能对客户状况进行区分。

（九）聚类分析（K均值算法）

聚类分析（clustering）是一系列用于找出数据样本的观察值中子群或聚类的数据挖掘技术。当我们对观察值进行聚类分析的时候，我们试图将观察值分别放入不同的子群中，在各个族群内部的观察值具有明显的相似性或共同点，而在不同的子群间的观察值则有极大地差异性。当然，为了实现聚类分析，观察值间的所谓相似性或差异性如何定义是聚类的关键所在。通常这需要研究者对于所有研究的问题及数据有专业领域的知识储备，从而能预设出可能的子群。

在有监督学习中，数据的建模分析的主要目标是预测，有监督的分类方法通过预测来将观察值分入预先设定的不同类别即子群中。而无监督学习的聚类则可能发现并挖掘出一些直觉上被忽略或不容易被预设的子群，或者可以说是对研究对象的“结构”的挖掘。

聚类分析和主成分分析都试图通过一些对数据的“总结”，来将复杂的数据简单化。但他们的机制有本质的区别：主成分分析通过较低维度的表示方式来对应变量进行一个较好的表达。而聚类分析则试图找到观察值中具有内部共性的子群。

聚类分析在营销中的运用是非常有效且广泛的。我们可以获得客户的一系列测量值，如前述所提到的股票交易年数，盈亏情况等。聚类在营销中的目标主要是对市场进行细分。比如：客户对于不同形式的销售模式或广告的偏好性进行聚类，或者对不同产品的购买偏好和意愿进行聚类。

K-means 算法是最为经典的基于划分的聚类方法，其基本思想是：以空间中 k 个点为形心进行聚类，对最靠近他们的对象归类。通过迭代的方法，逐次更新各簇的形心的值，直至得到最好的聚类结果。在进行聚类分析前，需要确定 K 的数量，由于我们采用的是无监督学习，所以我们对于所有客户的分类数目并没有先验的预设，需要根据算法寻找最优的 K 值。在应用中，最为简单的寻找 K 值的算法为拐点法。拐点法的核心思想是：随着聚类数 k 的增大，样本划分会更加精细，每个簇的聚合程度会逐渐提高，那么误差平方和 SSE 自然会逐渐变小。并且，当 k 小于真实聚类数时，由于 k 的增大会大幅增加每个簇的聚合程度，故 SSE 的下降幅度会很大，而当 k 到达真实聚类数时，再增加 k 所得到的聚合程度回报会迅速变小，所以 SSE 的下降幅度会骤减，然后随着 k 值的继续增大而趋于平缓，也就是说 SSE 和 k 的关系图中的拐点对应的 k 值就是数据的真实聚类数。

```
>table.kmeans = table1[ ,c( -1, -4, -10, -11, -12, -17)]
>wss <- (nrow(table.kmeans) -1)*sum(apply(table.kmeans,2,var))
>for(i in 2:10)wss[i] <- sum(kmeans(table.kmeans,centers = i)$withinss)
>plot(1:10,wss,type = "b",xlab = "聚类数目",ylab = "组内方差和")
```

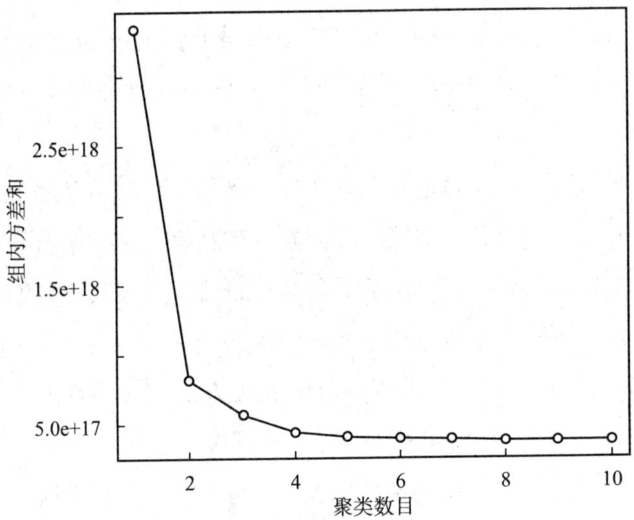

在观察随着聚类数目组内累计方差和后，我们可以看到在 K =2 和 K =4 时，出现了拐点，也就是最优的 K 值。考虑到当 K =2 是，只能将客户分成两类，在实务中操作意义不大。本节选取 K =4 进行聚类分析：

```
> km. out = kmeans( table. kmeans, 4, nstart = 20)
> km. out
K - means clustering with 4 clusters of sizes 24, 20713, 8, 10
Cluster means:
   ykje   gpsz   zjye   zrzj   zczj   zzbkh   xb
1  -21528045. 2 76508848. 0 2080727. 94 504166. 67 552083. 333 0. 04166667 1. 583333
2  -64141. 4 233922. 3 20554. 17 12858. 71 9781. 303 0. 01646309 1. 415198
3  -128447974. 6 221736887. 2 208523. 67 0. 00 0. 000 0. 00000000 2. 500000
4  -146685897. 8 449062740. 6 1867105. 46 0. 00 0. 000 0. 00000000 2. 400000
   age   gl   buyback   ofskh
1 16. 19625 5. 761667 0. 04166667 0. 2916667
2 31. 67511 7. 642177 0. 03828513 0. 3263651
```

```
3 6.87625 3.760000 0.00000000 0.1250000
4 0.00000 3.873000 0.00000000 0.0000000
Within cluster sum of squares by cluster:
[1]5.302444e+16 4.525330e+16 4.983202e+16 2.939645e+17
(between_SS/total_SS = 86.8%)
```

根据聚类结果，K-means 方法将所有客户分成了 4 类，且主要的客户都分在了第二类。

尽管聚类分析是无监督学习中一种非常实用的数据分析工具，但是聚类分析同时也存在着一些局限性和问题值得思考。

（1）在进行聚类分析时，是否要将所有变量都进行标准化处理，即将变量都转化为均值为 0、方差为 1. 是否标准化处理数据，可能产生截然不容的聚类结果。

（2）在 K 均值方法下，如何选取或确定 K 值，也就是将观察值数据具体分成几类。K 值得选取是至关重要的，直接关系到聚类的结果和效率。我们希望选取的 K 一定是解释性最强且最有效的值。

（3）采取聚类分析对数据进行处理，得到的总是将数据聚类后的结果，即将观察值归入不同的子集。然而聚类分析是否真的将样本中具有代表性的子集划分出来，或仅仅只是聚类了样本中的“噪音”是我们真正想要去了解的。比如，我们通过聚类分析得到了观察值中一个独立的子群，那么对这个子群再一次进行聚类分析时会不会得到和总体一样的聚类结果。尽管我们可以采取一系列方法，例如用 p 值来判断是否有“显著”的聚类还是聚类结果只是一个偶然。但目前还没有一种完全正确、简洁的方法来做出有效地判断。

（4）K 均值及其他的一系列聚类分析方法都是将观察值判别后归入一个子群中，但有时这些方法表现的并不是那么优异，比如，绝大多数的观察值属于个别几类子群，而有一部分观察值与他们之间有着本质的区别且互相之间也不存在明显的共性。而聚类分析将所有的观察值都进行了聚类处理以后，这些异常值的存在会使得聚类的有效性被严重的破坏。

第四节　客户分类管理在营销策略中的应用

一、东吴证券客户服务现状

目前，东吴证券主要通过以下几种模式来实现客户服务和维护客户关系。

1. 电话客服中心

客服中心属于公司总部的后台支持部门，客服中心的客服人员会通过电话解决客户的一系列常见的问题。客服人员的日常工作属于流程化作业，对于客户的提问都有标准的话术进行回答。客服人员根据客户的需求，为客户提供咨询、投诉、建议等不同类别的个性化服务，并通过电话录音等方式对客户档案进行记录。这种服务方式属于比较被动的方式，在互联网时代，由于客户搜索信息的成本大大降低。通过电话进行咨询的客户也越来越少。

2. 短信、邮件服务

这一类服务也是通过客户预留的联系方式，为客户提供的标准化服务，通常包括给客户推送新股信息、新股中签后提醒客户、为客户提供生日祝福、节日祝福短信。

3. 客户经理专人服务

客户经理的日常工作就是为其维护的客户提供专人的一对一服务，客户经理通常通过电话、微信、上门拜访等方式了解客户的投资需求，解答客户在投资方面的疑问，为客户提供投资建议。

4. 投资沙龙和投资策略会

营业部会定期举办投资沙龙和投资策略会。以作者所在的营业部为例，该营业部每月会举行一次与投资主题有关的沙龙，会邀请要对该主题感兴趣的客户来参加。每一季度会举办一个季度的投资策略会，邀请知名投资机构的投资经理和研究员为客户讲解当前的市场走势和行业研判。

二、基于数据挖掘的客户分类在至尊宝营销中的应用

在没有采用本篇所述的基于数据挖掘的客户分类方法前，作者主要是采用观察客户资金余额的方式来寻找潜在的至尊宝客户的。一般来说，如果客户账户上超过 3 天持有 10 万元以上的现金，那就可以判断客户有一定程度的现金管理的需求，作者会通过电话、微信等方式为客户进行产品推介，让客户对于至尊宝产品有一个基本认识。一般来说会有，30% 左右的客户表示愿意考虑下，10% 的客户表示愿意直接购买。这种营销方式，存在着一定的局限性：第一，仅考虑现金余额这个变量。通过上文的数据挖掘我们发现，客户购买至尊宝的可能性不仅和现金余额相关也和客户股票市值相关。高净值的客户往往会成为多个财富管理机构服务的对象，其在证券公司账户上没有现金并不代表没有现金管理的需求。数据挖掘技术可以帮助我们托管潜在的营销群体。第二，营销针对性不强。客户经理日常工作任务繁杂，为提高营销质量，客户经理应该有针对性地首先对最有可能购买的客户进行营销。传统的依照客户经理的经验进行判断的方法不能形成一套可复制的、有效的机制，利用数据挖掘算法可以给出每一个客户购买至尊宝的概率。客户经理可以按照概率大小排列，优先对概率较大的客户进行营销。

笔者对自己在营业部维护的 1033 名客户，采用了前述得到的 Logistic 回归模型，对客户进行了分类。

表 4-13　利用 Logistic 回归对某客户经理维护的客户进行分类预测

预测结果	0	1
人数	1010	23

根据表 4-13 的预测结果，作者首先对预测购买至尊宝的 23 名客户进行了

营销。首次电话营销结果如表 4－14 所示。

表 4－14　　利用 Logistic 回归对客户进行第一轮电话营销结果

客户反馈	人数
直接购买	8
表示愿意考虑一下	11
拒绝	4

对 15 名没有购买的客户进行第二次电话持续营销后，结果如表 4－15 所示。

表 4－15　　利用 Logistic 回归对客户进行第二轮电话营销结果

客户反馈	人数
直接购买	4
表示愿意考虑一下	9
拒绝	2

两轮电话营销之后，客户的购买率达到了 12/23＝52.2%，营销效率远高于传统方法。

三、基于数据挖掘的东吴证券客户分类管理的不足

在金融科技时代，作者相信未来将会有越来越多的券商利用数据挖掘技术，对客户的投资行为进行分析，本篇也使用了多种数据挖掘算法对客户的购买行为进行了预测，但是我们必须认识到，由于客户环境的不断变化，影响客户行为的因子越来越复杂，即便是使用最前沿的数据挖掘算法，也只能对客户的行为进行概率上的预测。在营销上，数据挖掘技能也只能帮助我们提高营销效率，营销服务的质量还需要客户经理通过日积月累的服务去提高。

第五节　客户分类管理的营销建议

一、采用多种营销方式的立体化营销

东吴证券目前针对客户的营销手段较为单一，大部分还是通过客户经理自发通过电话、微信进行营销，覆盖的客户有限，一些传统意义上的低价值客户很少会受到关注。

利用数据挖掘，可以按照客户的潜在购买概率从大到小排列，对排名不同分位的客户采用最为经济有效的营销方式，从而在总体上提高营销结果。

二、侧重营销场景，采用差异化营销

本篇利用数据挖掘方法，建立了一个客户购买金融产品的动态预测模型。根据这一模型，可以识别客户在面对特定的产品时偏好。所谓差异化营销就是合适的产品推荐给合适的客户，如在实务中采用数据挖掘技术进行预测，可以在营销前就将客户进行了分类、排序。在营销中，客户经理可以集中资源优先营销特定的面向该产品的高价值客户。

三、根据客户需求，设计不同的产品

当前，客户经理在营销过程中的难点在于公司的产品线同质化严重，过于单

一。在证券公司经纪业务竞争日益激烈的背景下，开展产品创新是业务发展的前提。通过数据挖掘可以发现，任何一款产品只能满足小部分客户的需求，只有扩展证券公司的产品线，才能覆盖更广泛的客户需求。

四、加强圈层服务，提高客户黏性

圈层服务、圈层营销是近年来在互联网上最为火热的营销手段。圈层通常指一个社会群体，这个群体一般具有相同的社会阶层、相似的经济条件、生活方式、审美品位。在同一个圈层内的人们会有更多的、更深入的互动交流。而圈层营销就是指针对这样的小圈子，进行精准营销。常见的跑友会、车友会就是典型的圈子。当前，很多证券公司都认识到圈层营销的重要性，举办了很多相关活动。以作者所在营业部为例，由于客户中存在大量书法爱好者，营业部会定期举行书法交流会，邀请知名书法大师进行讲课，对客户进行现场指导。

但是理论界和实务界都没有给如何划分圈层或者如何找到新的圈层提供科学的方法。作者认为数据挖掘中的聚类分析方法是一种寻找客户圈层的有效工具。

利用聚类分析，可以根据客户的人口统计变量、交易行为对客户进行无监督的分类，利用分类结果可以寻找潜在的客户圈层。从而拓宽原先依靠客户的兴趣来建立圈子的方式，增强客户服务的灵活性。

第六节　案例分析：客户细分及适当性管理

2017 年以来，协会和证监会连续出台多项风控和投资者适当性相关的法规，各家券商纷纷遵照监管法规条文新建系统或者对现有信息系统进行改造以满足风控及证券投资者保护的相关规定，包括新建用户分级分类和产品分级分类系统或者体系方案，对现有的客户账户系统、客户关系管理系统、柜台交易系统和交易终端进行升级改造等。

用户标签及画像系统就属于上述举措中的一项。客户标签画像系统能够服务于客户适当性管理和客户分级分类的需求，对客户和产品的分级分类场景有比较直接的帮助。《证券期货投资者适当性管理办法》中明确指出，证券公司能够“识别投资者并提供适当的服务”，其本质就是用户标签和画像的一种功能体现。

本节使用机器学习算法技术和客户标签画像系统对客户进行细分。

一、场景分析

有关投资者和产品的等级对应关系如图 4－4 所示。一般按照风险承受能力可以将普通投资者按照由低到高的顺序分为 C1～C5 五个等级；按照基金产品或者服务的风险等级由低到高可以划分为 R1～R5 五个等级。普通投资者等级和产品风险等级存在对应关系：比如承受能力中等的 C3 型投资者可以购买风险等级 R3 及以下的基金产品，如果购买了 R4、R5 的产品则违反了相关管理规定。

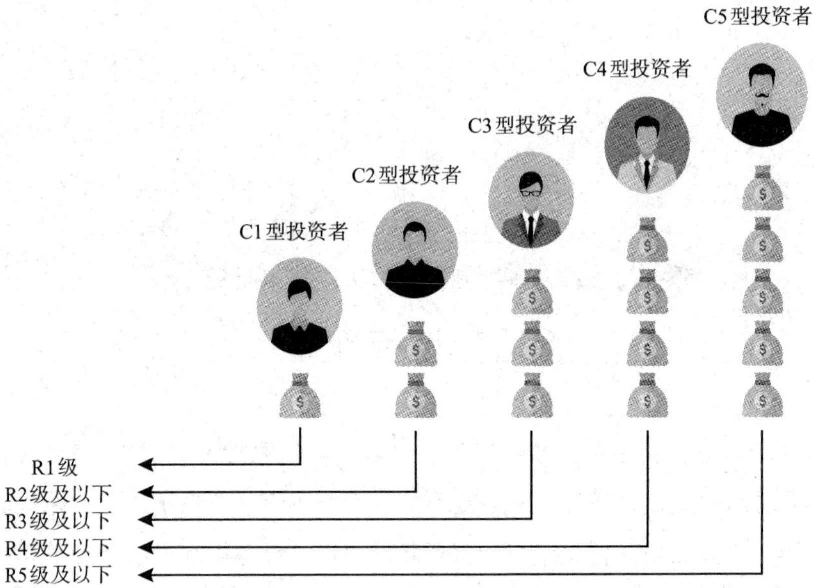

图4-4　客户细分、产品分级及适当性对应关系

资料来源：笔者自制

另外，使用客户画像系统可以将客户的风险承受能力、资金实力和投资经验等指标转变为标签，风控和合规部门人员就可以根据这些标签进行投资者适当性管理的相关工作。如果投资者执意购买高于其风险承受能力产品或服务的，证券经营机构要向投资者告知和揭示投资风险，由投资者自行承担投资风险。

二、传统实践

传统的基于RFM模型对客户进行群体划分的做法非常简单，一般是使用SQL分析来实现，即在SQL中将业务逻辑对应的查询条件表达出来，由此得到的各种不同角度的客户群占比，如图4-5～图4-9所示。

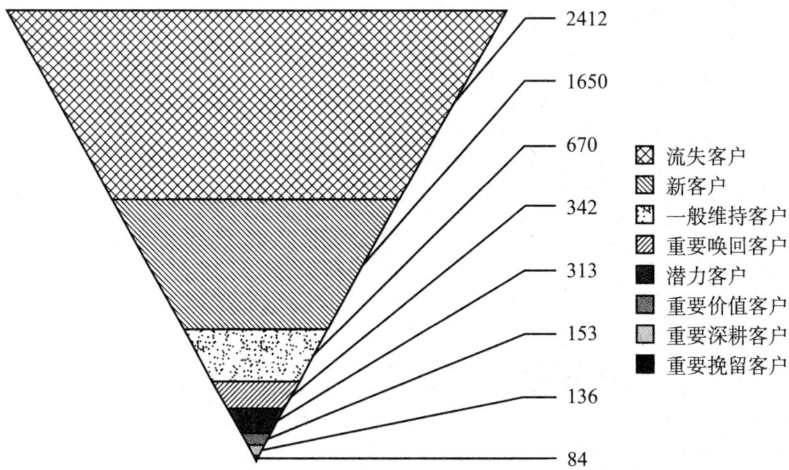

图 4-5　各类客户的人数分布

资料来源：笔者自制

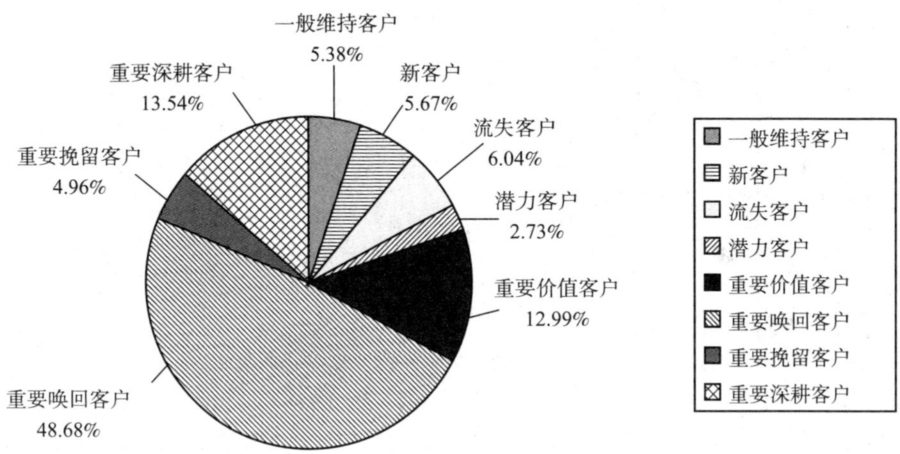

图 4-6　客户分群后的交易额占比

资料来源：笔者自制

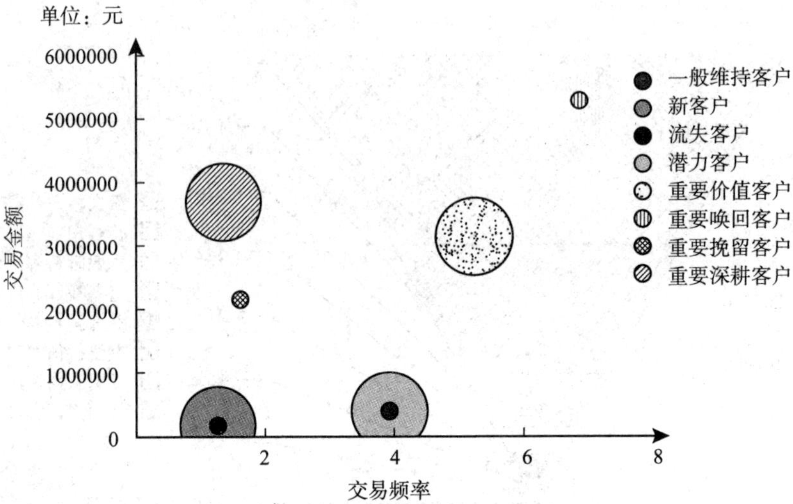

图4-7　从交易频率和交易金额维度进行客户划分

资料来源：笔者自制

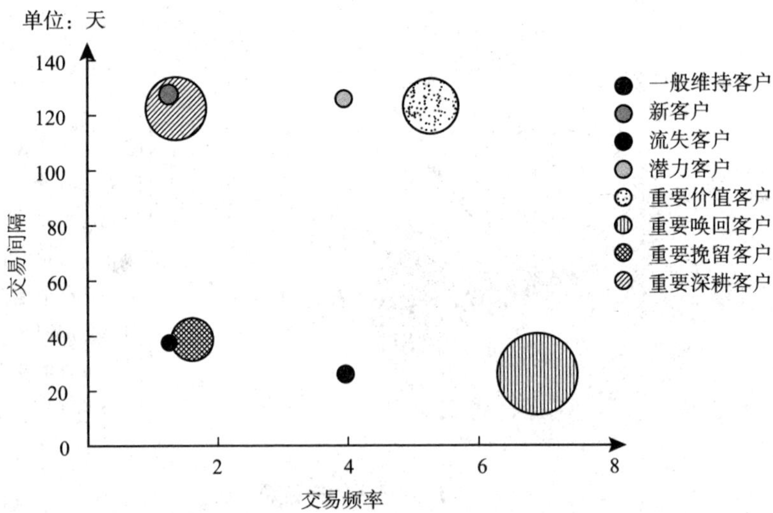

图4-8　从交易频率和交易间隔维度进行客户划分

资料来源：笔者自制

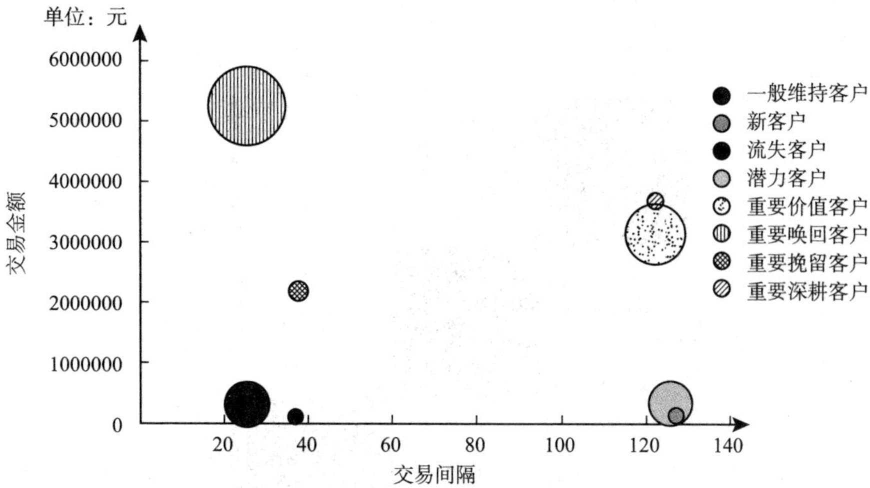

图4-9　从交易间隔和交易金额维度进行客户划分

资料来源：笔者自制

三、基于RFM模型的客户聚类

（一）变量描述性统计（见表4-16）

表4-16　　　　变量描述性统计

类别	R（最近一次交易时间）	F（近半年的交易频率）	M（近半年的净资产均值）
Min	1	1	0
1st Qu	3	4	13880.00
Median	21	14	48600.00
Mean	43.49	64.36	356500.00
3rd Qu	72	56	147900.00
Max	178	5477	1266000000.00

资料来源：笔者自制

（二）F、R、M 的维度相关性分析（见图 4－10）

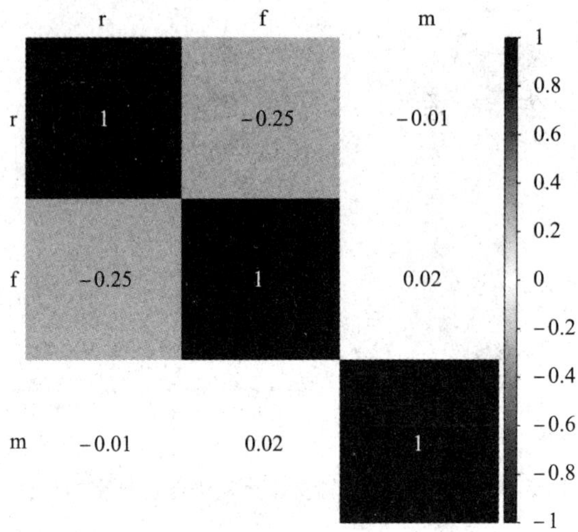

图 4－10　F、R、M 的维度相关性分析

资料来源：笔者自制

可以明显看出 F 和 M 呈正相关，相关系数接近 1。相关系数矩阵如表 4－17 所示。

表 4－17　相关系数矩阵

	r	f	m
r	1.000	-0.249	-0.015
f	-0.249	1.000	0.019
m	-0.0148	0.019	1.000

资料来源：笔者自制

（三）K－means

1. 确定最优 K 值（见图 4－11）

我们发现 K＝4 时，曲线趋于平滑，故我们取 K＝4。

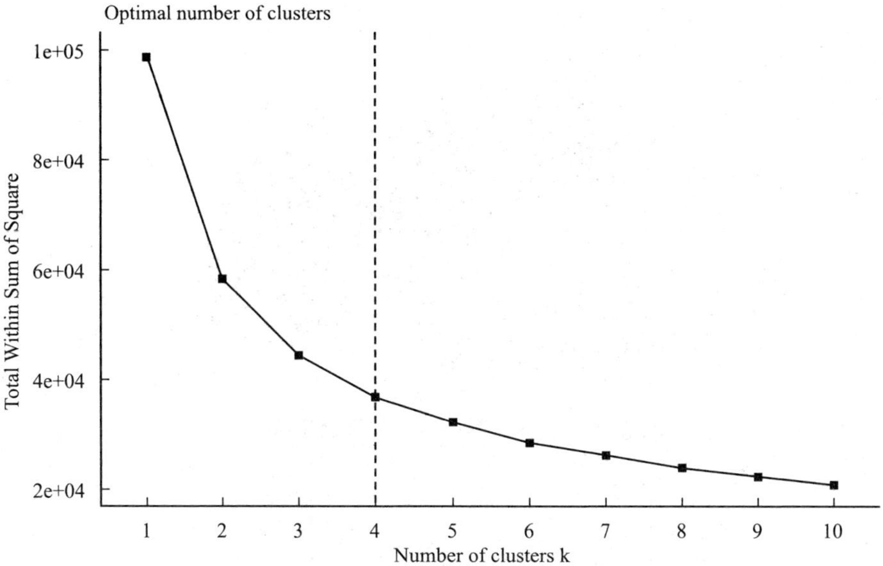

图 4-11　K-Means 算法聚类簇个数对算法性能的影响

资料来源：笔者自制

2. 聚类结果

聚类结果如表 4-18 所示。

表 4-18　聚类结果

簇	簇 1	簇 2	簇 3	簇 4
数量	1750	3216	2446	2383
百分比（%）	17.87	32.83	24.97	24.33

资料来源：笔者自制

3. 可视化

根据 Kmeans 聚类结果，我们得到各簇 R、F、M 的均值如表 4-19 所示。

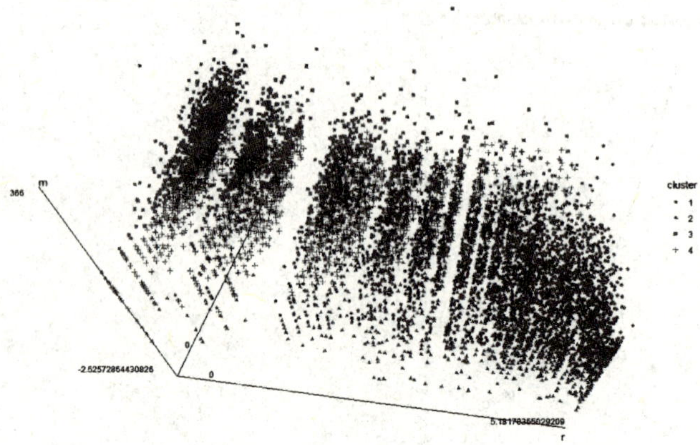

图 4-12　K-Means 聚类可视化结果

资料来源：笔者自制

表 4-19　　RFM 的均值

簇	人数	R_AVG	F_AVG	M_AVG
1	1750	86.96343	5.717714	5039.952
2	3216	72.26275	8.491915	225200.6
3	2446	4.289452	190.3234	1098586
4	2383	12.9807	53.51364	30141.82

资料来源：笔者自制

分成的四类客户特征如下：（1）高价值客户：簇 3，交易频繁，资产大；（2）重要客户：簇 4，交易较频繁，资产不高；（3）待挖掘客户：簇 2，交易不频繁，资产高；（4）挽留客户：簇 1，基本不做交易，资产很低。

（四）K-Mediods

1. 聚类结果（见表 4-20）

表 4-20　　聚类结果

簇	簇 1	簇 2	簇 3	簇 4
数量	1938	2465	2827	2565
百分比（%）	19.79	25.17	28.86	26.19

资料来源：笔者自制

2. 可视化结果（见图4－13）

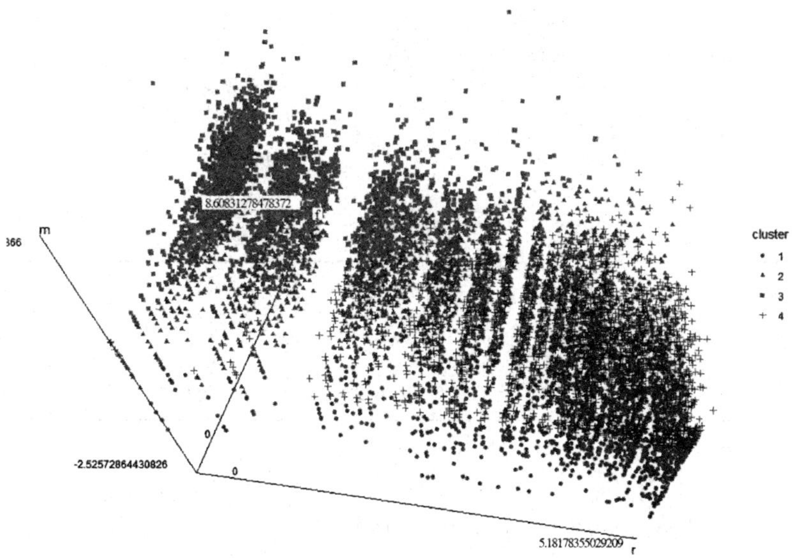

图4－13　K－Mediods聚类可视化结果

资料来源：笔者自制

3. 聚类均值（见表4－21）

表4－21　　　　聚类均值

簇	人数	R_AVG	F_AVG	M_AVG
1	1938	88.97059	4.839525	6749.969
2	2465	20.98377	41.48844	38843.35
3	2827	3.405377	177.0513	939812.9
4	2565	74.94386	7.094737	283178.7

资料来源：笔者自制

K－Mediods是对Kmeans的优化，其聚类结果的边界也比较明显：（1）高价值客户：簇3，交易频繁，资产量高；（2）重要客户：簇2，交易较多，但资产量不高；（3）待挖掘客户：簇1，交易不太频繁，资产量高；（4）挽留客户：簇3，基本不做交易，资产量也较低。

（五）层次聚类

1. 聚类结果（见表4－22）

表4－22　　聚类结果

簇	簇1	簇2	簇3	簇4
数量	2774	2569	2211	2241
百分比（%）	28.32	26.23	22.57	22.88

资料来源：笔者自制

2. 可视化结果（见图4－14、图4－15）

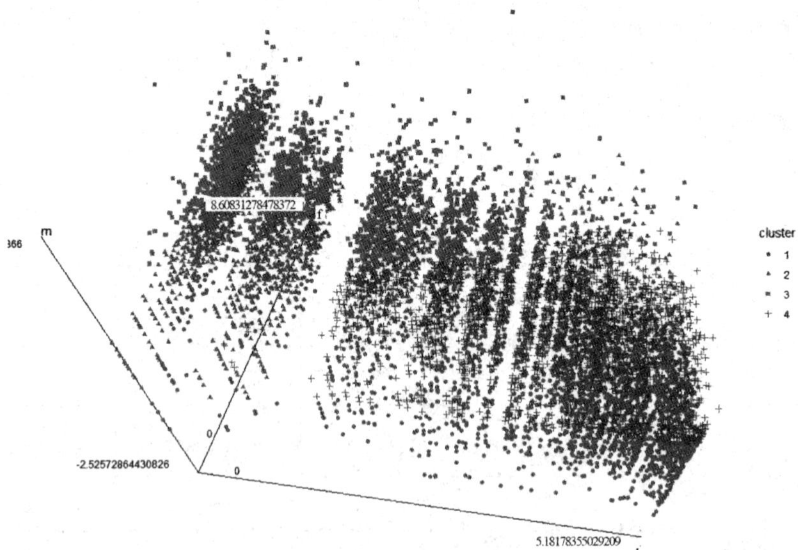

图4－14　层次化聚类可视化结果

资料来源：笔者自制

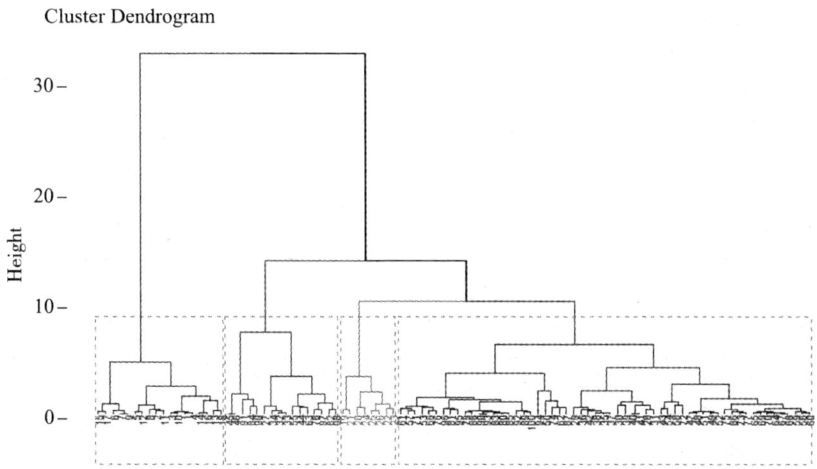

图 4-15　层次化聚类可视化结果

资料来源：笔者自制

3. 聚类均值（见表 4-23）

表 4-23　　聚类均值

簇	人数	R_AVG	F_AVG	M_AVG
1	2774	82.20476	6.558399	12694.76
2	2569	12.92916	65.2281	47037.04
3	2211	7.774763	192.4523	1290089
4	2241	65.84873	8.520303	215794.4

资料来源：笔者自制

分成的四类客户特征如下：（1）高价值客户：簇 3，交易频繁，资产量高；（2）重要客户：簇 2，交易较多，但资产量不高；（3）待挖掘客户：簇 4，交易不太频繁，资产量高；（4）挽留客户：簇 1，基本不做交易，资产量也较低。

（六）密度聚类

1. 聚类结果（见表4-24）

表4-24　　聚类结果

簇	簇1	簇2	簇3	簇4	簇5
数量	1325	928	5223	1348	971
百分比（%）	26.41	59.35	8.16	5.66	0.42

资料来源：笔者自制

2. 可视化结果（见图4-16）

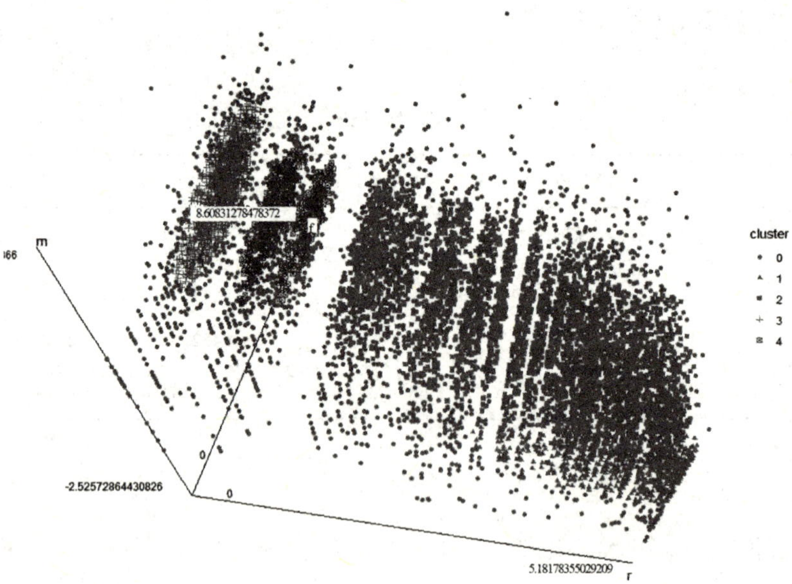

图4-16　密度聚类可视化结果

资料来源：笔者自制

3. 聚类均值（见表4－25）

表4－25　　聚类均值

簇	人数	R_AVG	F_AVG	M_AVG
0	1325	30. 59547	112. 166	1885500
1	928	106. 0938	1	73541. 17
2	5223	54. 25081	24. 38694	94466. 5
3	1348	1	196. 7448	224458. 5
4	971	2. 38311	90. 8723	133400. 3

资料来源：笔者自制

从图形和簇的分布可以看出，聚类的效果不是很好，边界不明显。基于密度的方法（Density-based methods）：k-means 解决不了不规则形状的聚类。于是就有了 Density-based methods 系统解决这个问题。该方法同时也对噪声数据的处理比较好。基于密度聚类的思想：思路就是定一个距离半径，最少有多少个点，然后把可以到达的点都连起来，判定为同类。其原理简单说画圈儿，其中要定义两个参数，一个是圈儿的最大半径，一个是一个圈儿里最少应容纳几个点。最后在一个圈里的，就是一个类。

（七）总结

聚类的结果，可以看出 Kmeans、K－Mediods 和层次聚类的各簇的边界较为清晰，各簇的特征也较为明显，故客户的分级分类可以选取前 3 种聚类的结果。

四、证券业实例分析

大数据和人工智能在证券行业的体现最多的就是网上证券交易 App，网上交易 App 是“互联网＋证券”的典型代表。

互联网证券交易 App 不同于其他金融类 App，其具有一些明显区别于其他金融类 App 的特点。支付类和银行类 App 虽然在客户活跃度上远高于证券类应用，但证券类应用的客户平均使用时间普遍更长一些，且客户转化率较高，所以证券类 App 的变现能力更强。此外，证券交易类应用具有资讯、行情、股吧等具有一定社交性功能的版块，所以也是金融服务类应用中客户黏性最高的。

证券类 App 中一个具体的实例就是针对存量客户的分类分级以及基于客户细分的精细化服务，这部分内容近年来尤其受各家互联网证券公司的重视。比如在“龙头券商”队伍中，华泰证券在涨乐财富通 App 中设计了涨乐 U 会员体系，如图 4－17 所示。国泰君安在君弘 App 中上线了君弘星级会员体系，平安证券的是勋章类会员体系，等等。

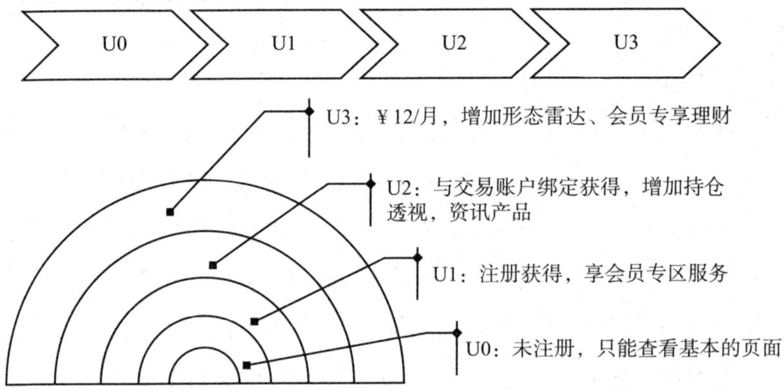

图 4－17　华泰证券涨乐财富通 U 会员体系

资料来源：笔者自制

东吴证券秀财 App 中的会员体系基于积分体系，App 中设计了“牛币”这种虚拟积分的资产，体现用户在东吴秀财 App 中的忠诚度和贡献度。用户可以使用牛币兑换真实社会中的资产，如油卡、话费等，以此来刺激客户使用该 App 进行交易，提高用户黏性。

无论是什么形式的证券 App 会员体系，其后端多数都是基于客户标签系统进行业务涉及：比如华泰涨乐 U 会员体系，是否注册移动 App 端、是否绑定交易账户、是否缴纳月费等特征都属于客户标签范畴。而客户标签系统则是一种集成了大数据和人工智能两种技术领域的系统；对于东吴证券秀财 App 而言，于 2018 年上线的客户标签及画像系统一期，使用到了 Hadoop、Spark、Kafka、Elasticsearch 等大数据技术，同时也用到了 Spark ML 中的各种机器学习算法。可以说，当前的证券类移动端 App 是金融科技在证券行业应用最为集中的产品。

第七节　案例分析：客户理财精准营销

进入 2018 年以来，受中美贸易战等因素的影响，全球经济呈现出不景气的态势，上证指数经过短暂的攀升之后持续震荡下跌，甚至一度跌破 2500 点，导致股民对于股市的信心起伏不定。受此影响，券商的经纪、投行等业务同比普遍出现较大降幅。

2018 年下半年以来，以几家龙头券商为代表的证券公司开始发力个人金融领域，将经纪业务的重点转向了针对中高净值客户的理财产品营销领域；东吴证券在 2019 年初也通过组织架构的调正做出响应，将传统的经纪业务部拆分成为针对个人投资者的零售客户部、针对高净值客户的财富管理部、针对机构客户的机构客户部以及运营管理部，通过组织架构的细化来有针对性地实现经纪业务向财富管理业务和精准化营销的转型。

本节结合东吴证券进行至尊宝产品精准营销的业务需求，开展了一些机器学习方面的尝试。

一、场景分析

在股市行情萎靡期加大对理财产品的营销力度对证券公司的营收和运作有诸多益处：首先对于个人投资者而言，可以通过销售门槛较低的理财产品来实现获客并快速入金，提高客户对客户经理和证券公司的信任程度，在留住客户资金的同时可以避免客户流失现象加重；对于机构投资者而言，可以起到吸引机构客户开户的作用，证券公司可以以此为契机增加与机构客户之间的互动交流，为开展其他深层次的业务（如股票质押等）打开机会的大门。

对于传统经纪业务收入在利润总额占比较多的中小型券商而言，更是意识到加快发展客户理财投资业务的重要性。为此，东吴证券接连推出了具有较高收益率的收益凭证产品，比如固定收益凭证产品——“至尊宝”、浮动收益凭证产品——“如意宝”等。

至尊宝产品具有安全系数高、期限灵活（有长期、中期、短期产品可用选择）、收益高（收益高于同期银行理财）、门槛低（5 万起头）等特点。另外，为了吸引客户开户，推出了 7 天期、收益率高达 6.66% 的“新手礼”。

如意宝产品属于非定制的、面向全体客户的浮动收益凭证，投资门槛低、操作灵活性较高、风险也相应较高的产品，浮动收益率上限比较可观。以 2018 年 3 月份的如意系列产品为例，“如意牛差”（看涨指数产品）和“如意熊差”（看跌指数产品）最高年化收益率达 8%，“如意鹰式”（牛皮式、保守型产品）最高年化收益率达 10%，“如意双鲨”（牛皮式、激进型产品）的最高年化收益率达 30%。

传统的产品营销手段存在盲目性，一方面营销命中率比较低，另一方面营销成本又控制不下来。这就需要借助人工智能技术来提高营销的准确性，减少不必要的成本投入，继而改善营销效果。

（一）目标一：提高营销命中率

受客户资产、客户风险承受能力、客户年龄等诸多因素的影响，不同的客户会倾向于购买不同期限的理财产品。

如图 4－18 所示，至尊宝产品按照投资期限的不同分为三大类 6～8 个产品，人工智能技术要做的就是实现人到产品的精准营销，将合适的产品推荐给合适的客户。

提高营销命中率能够提高公司营销活动的效能，传统的营销活动的转化率往往很低，借助人工智能技术，营销人员就能有目的性地对不同类别的客户采用不同的话术推送不同层次的产品。同时，对于通过转化率的高低来考核营销人员绩效的公司部门而言，精准营销也提高了营销人员的工作成就感和绩效情况。

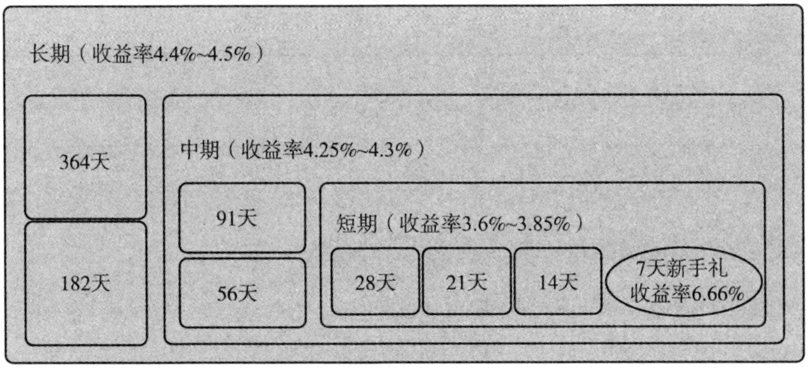

图4－18　2018年11月东吴争取拿至尊宝收益率情况

注：2018年11月9日星期五的至尊宝收益率情况，收益率每周更新，但高于同期银行固定收益产品的收益率和大多数市场低风险理财产品收益率

资料来源：笔者自制

（二）目标二：降低营销成本

证券公司在做产品营销时，要考虑对营销成本进行控制。传统的营销活动中，营销人员为了尽快完成指标可能会造成对公司不尽责的情况，比如为开户人员盲目赠送礼品、随意挑选潜在客户，从而引入了很多“羊毛党”。借助人工智能技术实现客户分类分级后，销售人员只对预测出来的潜在客户进行营销，比如征信情况优良、资产较高、单位质量较好的人群进行产品营销，这样的做法一改之前盲目营销的模式，从而可以达到控制营销成本的目的。

二、特征工程

特征工程的实施要结合业务场景，在预测客户是否会购买收益凭证产品之前，需要思考并解决以下问题：

（1）影响购买理财的指标有哪些？如何避免不必要的维度？

（2）指标的数据获取途径是什么？选择过去多长时间内的数据是合理的？

（3）如何对获取的数据进行二次加工以满足模型学习的要求？

对于第一个问题，通过和业务人员的沟通我们得知，可能会购买至尊宝理财和如意宝理财的客户具有以下几个明显特征，如表4－26所示。

表 4－26　　　　东吴证券至尊宝、如意宝产品对比

理财产品 客户特征	至尊宝	如意宝
准入条件	绑定了东吴证券的移动端 App——东吴秀财，并开通 OTC 权限	
目标客户	购买人为专业投资机构或者风险承受能力等级为（C5 C4 C3 C2 C1）的个人投资者	风险承受能力等级为 C1 等级风险以上的个人投资者
风险偏好	偏好银行理财、国债逆回购等低风险理财产品	偏好低风险理财产品，同时又希望博取一定概率较高收益的投资者
投资偏好	股票账户有较可观的闲置资金并暂时不用于股市投资	风险偏好低且对大势判断比较准

资料来源：笔者自制

在大概理解购买了理财产品客户的特点之后，我们总结出以下几个特征，如表 4－27 所示。

表 4－27　　　　特征列表

特征编号	特征名	数据来源	数据计算难度
1	客户号	CIF 系统	*
2	年龄	CIF 系统	*
3	性别	CIF 系统	*
4	股龄	CIF 系统	**
5	职业	CIF 系统	*
6	省份	DMP 系统	*
7	是否购买过理财产品	OTC 系统	**
8	是否是国债逆回购客户	A2 交易系统	***
9	是否购买了开放式基金产品	A2 交易系统	***
10	过去一段时间的盈亏金额	DMP 系统	*****
11	过去一段时间的市值	DMP 系统	**
12	过去一段时间的账户资金余额	DMP 系统	**

续表

特征编号	特征名	数据来源	数据计算难度
13	转入资金额	DMP 系统	**
14	转出资金额	DMP 系统	**
15	客户过去一段时间的交易		***

资料来源：笔者自制

三、样本描述

样本描述如表 4－28 所示。

表 4－28　　样本描述

序号	指标名称	单位	反映	计算公式
1	盈亏金额	元	客户的盈利能力和投资水平	对过去七天每日的盈亏金额求均值
2	股票市值	元	反映的是客户当前的仓位	对过去七日的客户持仓市值求均值
3	资金余额	元	反映的是客户当前可用资金状况	对过去七日的客户资金求均值
4	转入资金	元	反映的是客户的资金状况	对过去七日的客户转入资金求均值
5	转出资金	元	反映客户转出资金的情况	对过去七日的客户转出资金求均值
6	性别	无	客户的基本信息	数据来自客户信息表
7	学历代码	无	客户基本信息	数据来自客户信息表
8	省份	无	客户基本信息	数据来自客户信息表
9	职业	无	客户基本信息	数据来自客户信息表
10	年龄	年	客户基本信息	数据来自客户信息表
11	股龄	年	客户基本信息	数据来自客户信息表
12	是否购买过国债逆回购	无	客户是否买过理财产品	计算得到
13	是否购买过开放式基金	无	客户是否买过理财产品	计算得到

资料来源：笔者自制

我们根据已经理财产品的特性并结合当前股票市场的实际情况选取了几类特

征：客户的基础信息（年龄、股龄、性别等因素，这些因素可能决定了客户对风险的不同承受力），客户的盈亏情况（此特征是对股票市场的反映，当客户遇到较差的市场环境，是否会配置理财来规避），客户自身是否有理财意愿（客户之前是否已经购买过理财产品、对理财产品的了解可能是决定其购买理财的重要因素），客户自身的资产状况（客户自身的资产状况，也往往是决定客户是否购买理财产品的重要因素）。客户理财模型我们一共选择了14个特征，并对特征值进行了处理、转换。

我们发现客户的学历、所在省份、职业等信息存在误填或乱填现象，故在模型训练前就舍弃了这3个特征，至于其他的特征值，可以在建模过程中，根据其重要度，来决定是否舍弃。

异常值大概包括缺失值、离群值、重复值，数据不一致等。客户理财的场景，根据描述性统计的结果发现，存在一些缺失值，故我们需要对缺失值做处理。此外还可能存在一些离群值，但我们认为这些离群点并不是数据错误导致，而是真实情况，故暂不处理。

通过数据的描述性统计，我们发现过去七天的资金余额、资金的转入、资金的转出等特征存在缺失值的情况，发现是数据关联时，未做空值判断，故需要将空值替换为0。

为了加快梯度下降的求解速度，提升模型的收敛速度，也为了提升模型的精度，我们对现在的特征值进行数据标准化处理，R里原理是计算每组的平均值和标准差，再将组内各数值与其平均值的差，与其标准差的比值，作为该数值在组内的相对数值。

数据描述性统计如表4－29和表4－30所示。

表4－29　　数据描述性统计

	过去七天盈亏金额均值	过去七天的股票市值均值	过去七天的资金余额均值	过去七天转入资金均值	过去七天转出资金均值
Min.	－1109380	0	0	0	0
1st Qu.	－370	9383	249	0	0

续表

	过去七天盈亏金额均值	过去七天的股票市值均值	过去七天的资金余额均值	过去七天转入资金均值	过去七天转出资金均值
Median	-62	33472	1269	0	0
Mean	1283	591181	23597	23211	9226
3rd Qu.	0	119131	10469	0	0
Max.	11651478	862389554	15881081	58000000	18521700
NA			232	232	232

资料来源：笔者自制

表 4 - 30　　数据描述性统计

	至尊宝客户	性别	年龄	股龄	是否购买过国债	是否购买过开放式基金
Min.	0:10000	0:8	0	0.47	0:9856	0:10461
1st Qu.	1:758	1:6407	34	3.28	1:902	1:297
Median		2:4332	41	3.79		
Mean		3:11	43.41	7.437		
3rd Qu.			51	10.89		
Max.			92	24.92		
NA						

资料来源：笔者自制

数据清洗及数据标准化之后表的描述性统计情况如表 4 - 31 和表 4 - 32 所示。

表 4 - 31　　清洗后数据描述性统计

Freq	过去七天盈亏金额均值	过去七天的股票市值均值	过去七天的资金余额均值	过去七天转入资金均值	过去七天转出资金均值
Min.	-6.9023	-0.03922	-0.12456	-0.03725	-0.0468
1st Qu.	-0.01027	-0.0386	-0.1234	-0.03725	-0.0468
Median	-0.00836	-0.037	-0.11828	-0.03725	-0.0468
Mean	0	0	0	0	0
3rd Qu.	-0.00797	-0.03132	-0.07068	-0.03725	-0.0468
Max.	72.40098	57.17151	85.5527	95.09435	95.9741

资料来源：笔者自制

表 4 - 32　　清洗后数据描述性统计

	性别	年龄	股龄	是否购买过国债	是否购买过开放式基金	至尊宝客户
Min.	0:8	-3.4004	-1.1533	0:9856	0:10461	0:10000
1st Qu.	1:6407	-0.7371	-0.6882	1:902	1:297	1:758
Median	2:4332	-0.1888	-0.6037			
Mean	3:11	0	0			
3rd Qu.		0.5945	0.5715			
Max.		3.8061	2.8938			

资料来源：笔者自制

四、相关性分析

特征之间的相关性分析如图 4 - 19 所示。

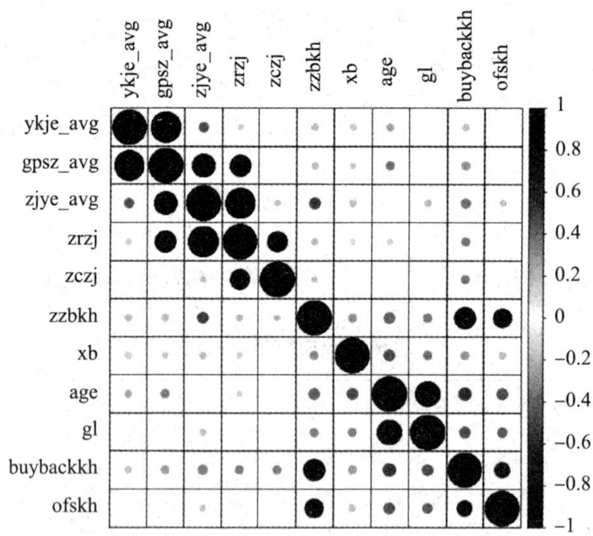

图 4 - 19　特征之间的相关性分析

资料来源：笔者自制

相关性矩阵如表 4 - 33 所示。

表 4-33 相关性矩阵

项目	过去七天盈亏金额均值	过去七天的股票市值均值	过去七天的资金余额均值	过去七天转入资金均值	过去七天转出资金均值	性别	年龄	股龄	是否购买过国债	是否购买过开放式基金	是否至尊宝客户
过去七天盈亏金额均值	1	0.726141	0.080878	-0.03278	-0.00138	-0.03629	-0.04108	-0.01227	0.038805	-0.003092194	0.048957634
过去七天的股票市值均值	0.726141	1	0.434253	0.379435	0.002451	-0.02299	-0.06227	-0.01255	0.05729	-0.002189337	0.049780987
过去七天的资金余额均值	0.080878	0.434253	1	0.767602	0.034299	0.037369	0.005095	0.045363	0.077977	0.033444305	0.110913581
过去七天转入资金均值	-0.03278	0.379435	0.767602	1	0.357557	0.025783	-0.02731	-0.00109	0.07012	0.011289882	0.038025673
过去七天转出资金均值	-0.00138	0.002451	0.034299	0.357557	1	-0.01144	-0.00327	0.012045	0.069094	0.012879555	0.034830979
性别	-0.03629	-0.02299	0.037369	0.025783	-0.01144	1	0.106726	0.071294	0.054698	0.036750425	0.052750022
年龄	-0.04108	-0.06227	0.005095	-0.02731	-0.00327	0.106726	1	0.497858	0.132379	0.101685795	0.098411666
股龄	-0.01227	-0.01255	0.045363	-0.00109	0.012045	0.071294	0.497858	1	0.102881	0.08313387	0.066764286
是否购买过国债	0.038805	0.05729	0.077977	0.07012	0.069094	0.054698	0.132379	0.102881	1	0.206945672	0.393739939
是否购买过开放式基金	-0.00309	-0.00219	0.033444	0.01129	0.01288	0.03675	0.101686	0.083134	0.206946	1	0.312736032
是否至尊宝客户	0.048958	0.049781	0.110914	0.038026	0.034831	0.05275	0.098412	0.066764	0.39374	0.312736032	1

资料来源：笔者自制

相关性矩阵如图 4 –20 所示。

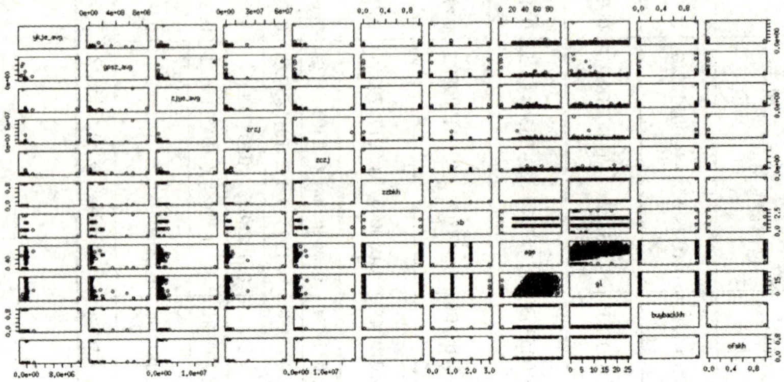

图 4 –20　相关性矩阵

资料来源：笔者自制

相关系数表示不同变量之间的统计关系强弱，其取值范围在［ –1，1］之间，即强负相关（ –1）、完全不相关（0）、强正相关（1）。我们根据上面的相关系数矩阵和图表可以得知，股票市值和股票盈亏存在着较强的相关性、相关系数为0.7。

五、各模型结果

（一）决策树

1. 树形图

决策树模型如图 4 –21 所示。

2. 混淆矩阵

分类模型总体判断的准确率为：

$$\text{Accuracy} = \frac{TP + TN}{TP + TN + FP + FN}$$

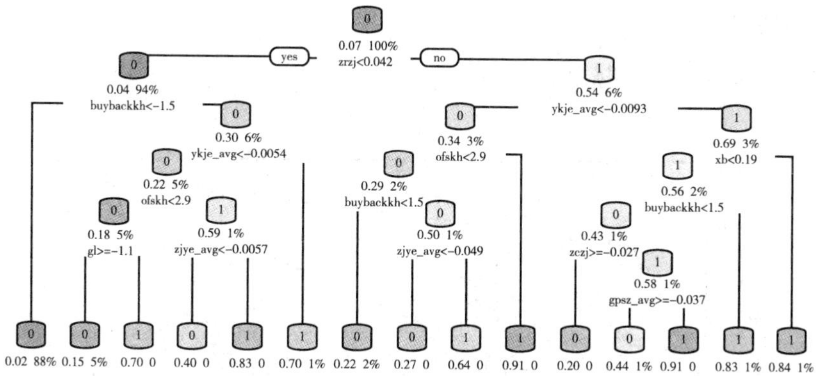

图 4－21　精准营销决策树

资料来源：笔者自制

召回率为：

$$\text{recall} = \frac{\text{TP}}{\text{TP} + \text{FN}}$$

精准率为：

$$\text{percision} = \frac{\text{TP}}{\text{TP} + \text{FP}}$$

混淆矩阵如表 4－34 所示。

表 4－34　　混淆矩阵

Predicted_Class/Actual_Class	0	1
0	9405	205
1	595	301

资料来源：笔者自制

根据混淆矩阵我们可以得出：

准确率＝(9405＋301)/(9405＋205＋301＋595)＝92.39%

召回率＝(301)/(205＋301)＝59.49%

精准率＝(301)/(301＋595)＝33.59%

AUC：0.827

3. ROC

ROC 结果如图 4－22 所示。

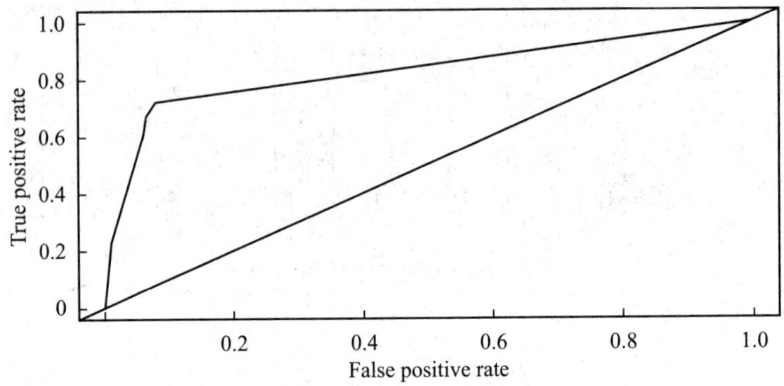

图 4－22　ROC 结果

资料来源：笔者自制

（二）朴素贝叶斯

1. 混淆矩阵

混淆矩阵如表 4－35 所示。

表 4－35　　混淆矩阵

Predicted_Class/Actual_Class	0	1
0	9607	292
1	393	214

资料来源：笔者自制

根据混淆矩阵我们可以得出：

准确率 =（9607 +214）/（9607 +214 +393 +292）=93.48%

召回率 =（214）/（292 +214）=42.29%

召回率 =（214）/（214 +393）=35.26%

AUC：0.79

2. ROC

ROC 结果如图 4－23 所示。

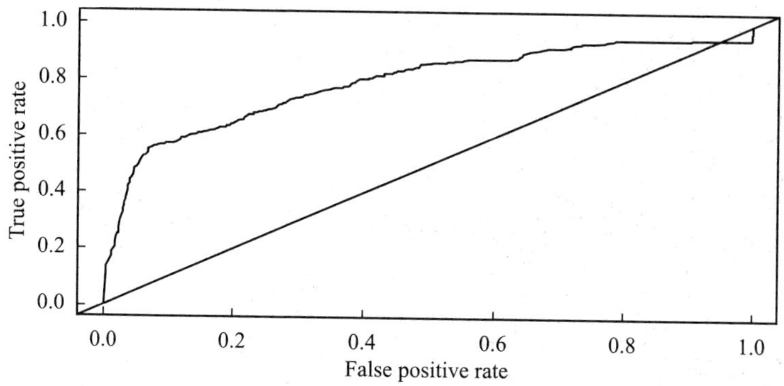

图 4－23　ROC 结果

资料来源：笔者自制

（三）随机森林

1. 混淆矩阵

混淆矩阵如表 4－36 所示。

表 4－36　　混淆矩阵

Predicted_Class/Actual_Class	0	1
0	9428	183
1	572	323

资料来源：笔者自制

根据混淆矩阵我们可以得：

准确率＝(9428＋323)/(9428＋323＋572＋183)＝92.81%

召回率＝(323)/(323＋183)＝63.83%

召回率＝(323)/(323＋572)＝36.09%

Auc：0.87

2. ROC

ROC 结果如图 4－24 所示。

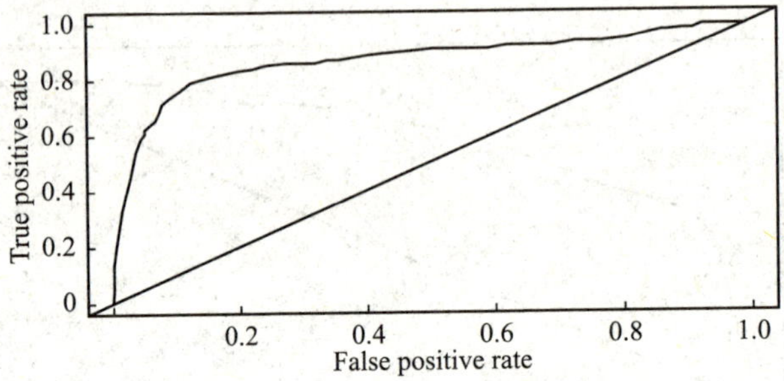

图 4－24　ROC 结果

资料来源：笔者自制

（四）Bagging

1. 混淆矩阵

混淆矩阵如表 4－37 所示。

表 4－37　　混淆矩阵

Predicted_Class/Actual_Class	0	1
0	9376	175
1	624	331

资料来源：笔者自制

根据混淆矩阵我们可以得出：

准确率＝(9376＋331)/(9376＋331＋624＋175)＝92.39%

召回率＝(331)/(331＋175)＝65.41%

召回率＝(331)/(331＋624)＝34.66%

AUC：0.8689

2. ROC

ROC 结果如图 4－25 所示。

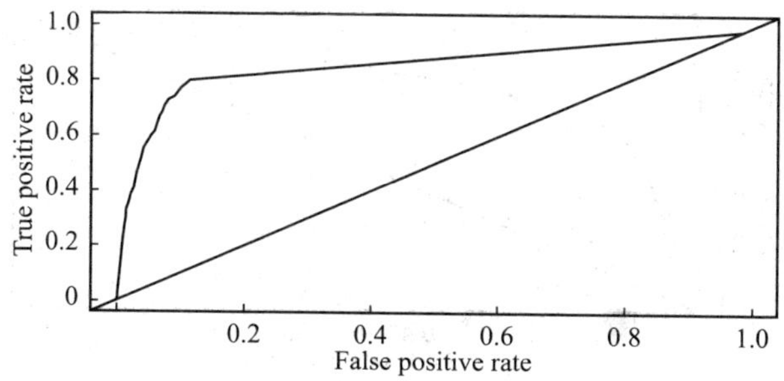

图 4-25　ROC 结果

资料来源：笔者自制

（五）逻辑回归

1. 混淆矩阵

混淆矩阵如表 4-38 所示。

表 4-38　逻辑回归混淆矩阵

Predicted_Class/Actual_Class	0	1
0	9954	426
1	46	80

资料来源：笔者自制

根据混淆矩阵我们可以得出：

准确率＝(9954＋80)/(9954＋426＋46＋80)＝95.51%

召回率＝(80)/(80＋426)＝15.81%

召回率＝(80)/(80＋40)＝66.67%

AUC：0.80

2. ROC

ROC 结果如图 4-26 所示。

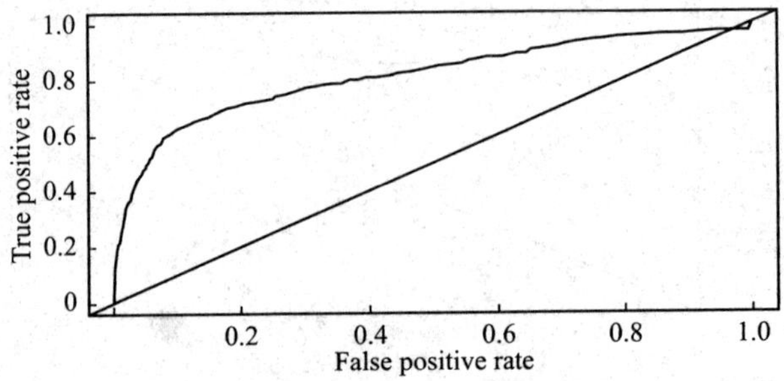

图 4-26　ROC 结果

资料来源：笔者自制

（六）Boosting

1. 混淆矩阵

混淆矩阵如表 4-39 所示。

表 4-39　Boosting 模型混淆矩阵

Predicted_Class/Actual_Class	0	1
0	9129	144
1	871	362

资料来源：笔者自制

AUC：0.933

根据混淆矩阵我们可以得出：

准确率 =(9129 +362)/(9129 +144 +362 +871) =90.34%

召回率 =(362)/(362 +144) =71.54%

召回率 =(80)/(80 +40) =66.67%

2. ROC

ROC 结果如图 4-27 所示。

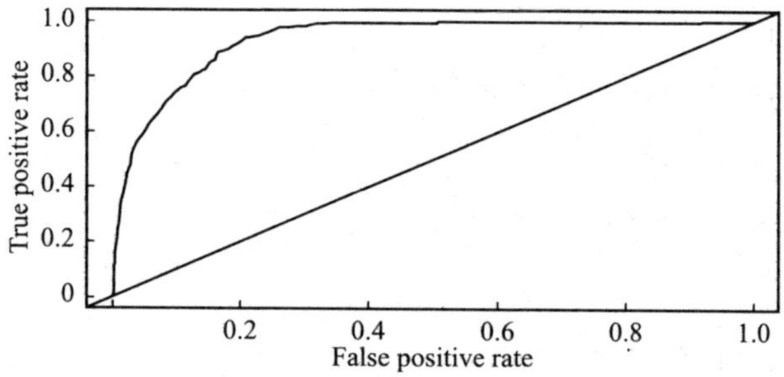

图 4 - 27　ROC 结果

资料来源：笔者自制

（七）神经网络（如图 4 - 28 所示）

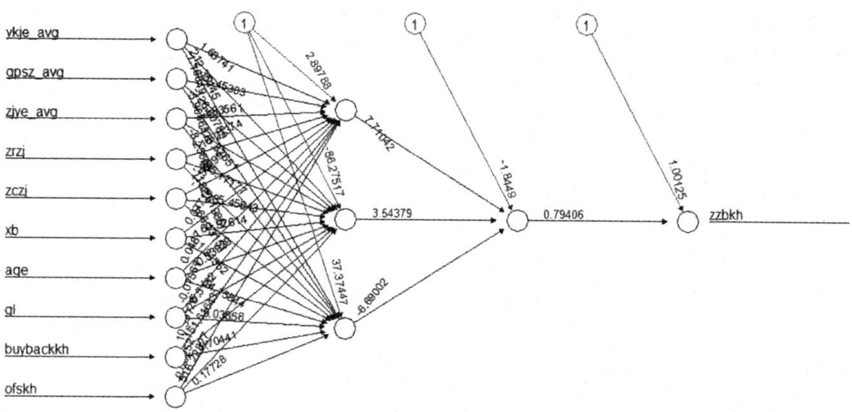

图 4 - 28　神经网络

资料来源：笔者自制

混淆矩阵如表 4 - 40 所示。

表 4 - 40　　神经网络模型混淆矩阵

Predicted_Class/Actual_Class	0	1
0	9597	403
1	258	248

资料来源：笔者自制

根据混淆矩阵我们可以得出：

准确率 =(9597 +248)/(9597 +248 +403 +258) =93.71%

召回率 =(248)/(248 +403) =38.09%

召回率 =(258)/(258 +248) =66.67%

六、各模型性能对比

(一) ROC 对比和 PR 对比

各算法的 ROC 对比如图 4 -29 所示。

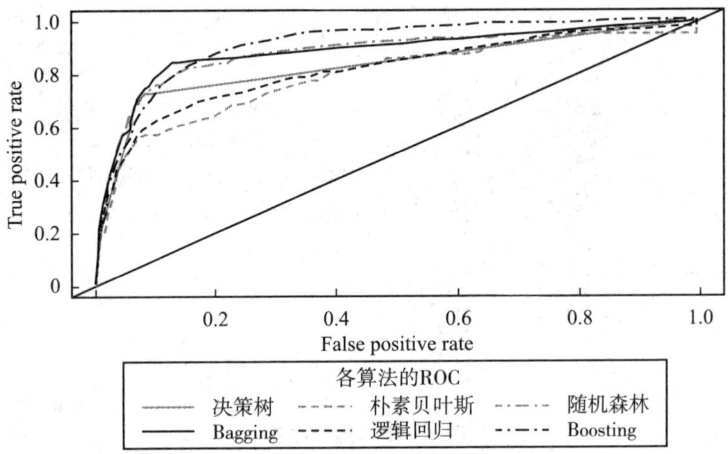

图 4 -29　各算法的 ROC 对比

资料来源：笔者自制

各算法的 PR 对比如图 4 -30 所示。

ROC 是反映敏感性和特异性连续变量的综合指标，ROC 曲线上每个点反映着对同一个信号刺激的感受性。

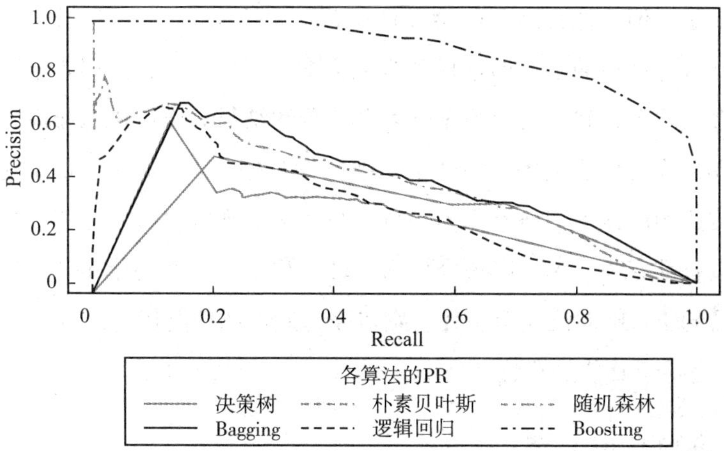

图 4－30　各算法的 PR 对比

资料来源：笔者自制

横坐标：Specificity，伪正类率（false positive rate，FPR），预测为正但实际为负的样本占所有负例样本的比例。

纵坐标：Sensitivity，真正类率（true positive rate，TPR），预测为正且实际为正的样本占所有正例样本的比例。

TPR 与 FPR 相互影响，而我们希望能够使 TPR 尽量地大，而 FPR 尽量地小。当阈值为 0 时，所有的样本都被预测为正例，因此 TPR = 1，而 FPR = 1。此时的 FPR 过大，无法实现分类的效果。随着阈值逐渐增大，被预测为正例的样本数逐渐减少，TPR 和 FPR 各自减小，当阈值增大至 1 时，没有样本被预测为正例，此时 TPR = 0，FPR = 0。

PRP－R 曲线刻画查准率和查全率之间的关系，查准率指的是在所有预测为正例的数据中，真正例所占的比例，查全率是指预测为真正例的数据占所有正例数据的比例。

即：查准率 P = TP/(TP + FP)　查全率 = TP/(TP + FN)

查准率和查全率是一对矛盾的度量，一般来说，查准率高时，查全率往往偏低，查全率高时，查准率往往偏低，例如，若希望将好瓜尽可能多选出来，则可通过增加选瓜的数量来实现，如果希望将所有的西瓜都选上，那么所有的好瓜必然都被选上了，但这样查准率就会较低；若希望选出的瓜中好瓜比例尽可能高，则可只挑选最有把握的瓜，但这样就难免会漏掉不少好瓜，使得查全率较低。

在很多情况下，我们可以根据学习器的预测结果对样例进行排序，排在前面的是学习器认为最可能是正例的样本，排在后面的是学习器认为最不可能是正例的样本，按此顺序逐个把样本作为正例进行预测，则每次可计算当前的查全率和查准率，以查准率为 y 轴，以查全率为 x 轴。如果一个学习器的 P－R 曲线被另一个学习器的 P－R 曲线完全包住，则可断言后者的性能优于前者，显然，Boosting 算法要远优于其他的算法。

（二）各模型 AUC 值

各模型 AUC 指标如表 4－41 所示。

表 4－41　　各模型 AUC 指标

模型	AUC
决策树	0.83
朴素贝叶斯	0.79
随机森林	0.87
Bagging	0.87
逻辑回归	0.80
Boosting	0.93

资料来源：笔者自制

各模型精准率、召回率对比如表 4－42 所示。

表 4－42　　各模型精准率、召回率对比　　单位：%

模型	准确率	召回率	精准率
决策树	92.39	59.49	33.59
朴素贝叶斯	93.48	42.29	35.26

续表

模型	准确率	召回率	精准率
随机森林	92.81	63.83	36.09
Bagging	92.39	65.41	34.66
逻辑回归	95.51	15.81	66.67
Boosting	90.4	71.54	66.67

资料来源：笔者自制

通过 AUC 的对比，我们可以得到 Boosting 算法 AUC 值最大，通过混淆矩阵及通过混淆矩阵计算得出的召回率、精准率的对比，我们发现 Boosting 模型的召回率和精准率的值是最大的，故我们认为 Boosting 模型的预测效果是最好的，选取 Boosting 模型来分析客户理财产品。

第八节　案例分析：客户沉默及流失预警

客户沉默和流失是绝大多数企业需要面临的问题，从表面上看，证券公司存量客户的规模都是比较可观的，尤其是对龙头券商而言，通常客户的规模量在千万量级，而根据行业数据，活跃客户的占比通常低于一半，在行情不佳的情况下，可能会更低，甚至不足 10%，如何激活这些沉默客户，如何防止潜在的客户流失，对于没加券商而言都是亟待解决的问题，尤其是在证券行业同质化愈加激烈的大背景下显得更加迫切。

本节使用机器学习算法技术结合证券行业客户流失的业务场景进行了实践。

一、客户全生命周期管理理论

客户流失管理的理论基础是客户全生命周期管理理论，客户全生命周期管理对一家公司的经营以及声誉至关重要，同时也具有较高的难度。这是因为一方面当企业发展到一定规模时，其存量客户数会比较可观，大量的客户提高了客户生命周期管理的难度；另一方面因为客户之间千差万别，客户的多样性同样会让客户全生命周期管理的难度变大。

在移动互联网技术高速发展的背景下，越来越多的传统企业上线了自己的App。虽然移动互联网技术为企业带来了大量的线上客户，短期内增加了企业营收，但同时也将企业和客户之间关系变得更加扁平化，公司运营很大程度上变成了客户运营。如何对大量的线上客户进行长期有效的全生命周期管理逐渐成为现代化公司企业需要着重考虑的内容。

为了形成一套行之有效的客户全生命周期方法论，工业界发展总结出了

2A3R 的客户全生命周期管理模型，用于帮助运营人员按照一定的方法论来管理客户生命周期。

所谓 2A3R，具体指的是：（1）获取客户（Acquisition）；（2）提高活跃度（Activation）；（3）提升留存率（Retention）；（4）获取收入（Revenue）；（5）自传播（Refer）。

可以将 2A3R 模型进行形象化的表示，如图 4－31 所示。可以发现 2A3R 模型整体呈现为“漏斗”状，意味着客户数量会随着客户生命周期的深入发展而层层减少，每一段生命期之后都会存在客户流失的情况。这是因为每个阶段相对于上一阶段而言对客户有着更高的要求，就像漏斗一样“宽进严出”。

2A3R 模型适用于绝大多数行业，具体到证券行业而言，“拉新”过程主要包括新客开户营销和客户引流等。证券营业部通常的做法是以实物或者油卡、话费等激励的方式刺激开户，或者是对引流导入的或者购买的第三方优质客户进行“精准”开户营销，但是这些方式都会导致较高的获客成本。其实不少客户在后续为证券公司贡献的价值远低于引入成本。

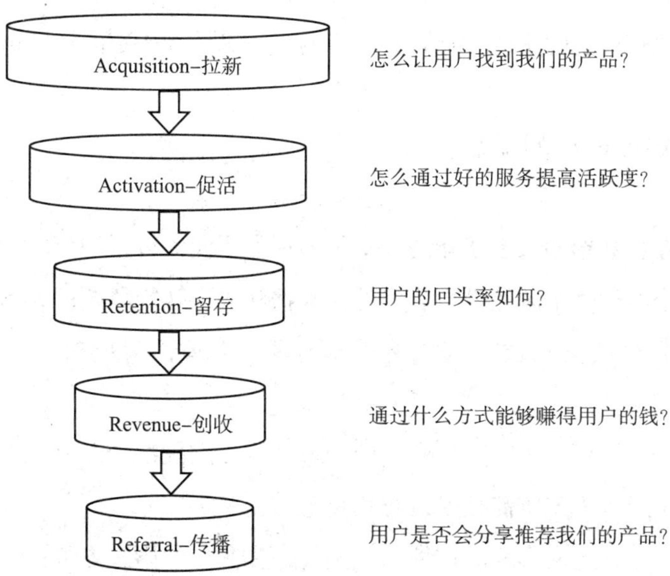

图 4－31　客户生命周期 2A3R 模型

资料来源：笔者自制

从“促活”过程开始，每家企业就需要亮出各自的“硬实力”来刺激新客交易；具体到移动端交易的客户，他们会着重关注于以下一些问题，如 App 的客户体验怎么样、App 提供的资讯质量如何、App 是否具备一定的社交性和趣味性、App 除传统交易功能外是否提供了较为丰富的证券类金融理财产品，等等。如果公司在促活阶段无法吸引住客户，则会导致相当一部分客户极有可能在该阶段就流失掉。

“留存”过程能够反映出客户对产品有了初步的认可度，如果客户能够自觉反复使用该产品，则表示这些客户已经具有了一定的黏性，当前出于留存阶段。客户的留存时间越长，就越有可能为公司贡献更多的价值。作为企业而言需要不断对产品进行优化完善，绑住更多的客户，延长客户这一阶段的持续时间。

“创收”阶段是公司运营人员发挥能动性和想象力的关键阶段，客户的生命周期是有限的，如何让客户在有限的时间内为企业带来尽可能多的利润是企业相关人员在该过程需要努力的目标。

“传播”阶段是客户在认可公司产品的基础上自发或者有偿推广企业产品，这是运营活动的终极目标。一般而言，能够自发推广公司产品的客户都已经为公司贡献过了比较可观的价值，且具有较高的客户黏性和一定的社交影响力。

二、2A3R 模型的新定义

对于处在大数据和人工智能的背景下的证券行业而言，2A3R 模型仍然有效，但需要为该模型的每个阶段融入更多的大数据和人工智能科技的元素，以此支撑日益增长的客户数量和越来越复杂多样的客户群体，满足越来越复杂的业务需求。

如图 4 – 32 所示，在客户生命周期的每个重要阶段都可以借助特定的一些大数据分析技术或者人工智能技术进行优化支撑：

举例来说，首先在客户获取期，我们将潜在客户的第三方数据，比如客户的银行交易记录、客户的信用评级数据等导入到大数据平台，通过基于 Hadoop 的海量数据分析计算能力和 NLP 自然语言处理、文本分析等技术，借助于机器学习中的分类预测模型算法，最终可以得到存在较高开户可能性的潜在客户名单，从而能够进行精准获客。使用大数据和人工智能技术可以在客户获取阶段极大地节省获客成本并提高获客效率。在生产实践中，技术层面通常不存在难点和问题，但因为监管层面的约束，出于对公民隐私进行保护的目的，跨行业的企业之间很难获取对方的数据，这是我们在实践中尤其需要注意的一点。

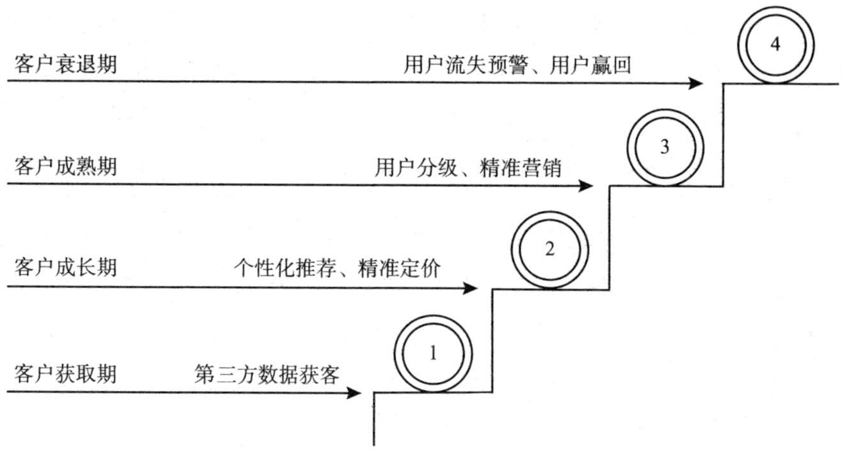

图 4-32　客户声明周期阶段中人工智能场景举例

资料来源：笔者自制

客户成长期：在客户新开户之后的阶段，客户对公司产品和前台服务的认可度和满意度非常重要，如果客户无法得到较好的体验就会存在销户的风险。为此我们一方面可以推动前台客户经理和营销人员借助客户画像系统全方位地了解客户，尤其是较高净值的客户，使得中前台部门对这些客户有全面精准的了解，从而可以有针对性地提供服务，如精准定价、个性化推荐等，让客户感觉享受到了一对一的高质量服务，从而提高客户满意度。另一方面，后台数据部门可以使用大数据实时平台将客户的电话投诉数据进行导入，通过实时分析、语音分析等技术，实时监测客户的不满情绪和销户倾向，推送给中前台人员及时进行挽客操作。

客户成熟期：处在该阶段的客户其大体特点已经基本可以确定，因此我们可以针对这一部分客户进行分层分级或者称为客户细分，即将客户按照既定的标准划分成不同层次、不同类型的群组，对什么样的客户提供什么样的服务。比如在进行理财产品精准营销的场景中可以借助标签系统，针对那些被打上购买过至尊宝标签的客户进行重点营销，因为通过数据分析我们发现这部分客户极有可能会再次购买理财类产品，而对于同时具有高净值标签的客户我们可以优先推荐理财金额较大的产品。

客户衰退期：对于处在衰退期的客户，需要实时监测和沉默或销户相关的特征，比如交易活跃度、资产流入流出、配售权益等特征。如果处在衰退期的高净值客户的某些特征如配售权益指标下降突破了既定阈值，我们可以借助实时系统进行报警，提醒对应的客户经理进行判断，如果真正存在销户风险则进行挽客，延长其在本公司的生命周期。在2019年3月开始推行的网上销户规定的背景下，有效地使用实时系统、标签系统和机器学习技术进行客户流失预警发挥出越来越重要的作用。

如前所述，“漏斗”模型意味着每一个阶段都存在客户流失的情况，只有将大数据和人工智能技术嵌入客户生命周期管理的每一个阶段，切实做好客户流失预警，在每一个环境进行把控，才能有效地拉新、促活、维系以及挽客。

三、网销和对证券公司影响分析

据悉，证券公司从2019年上半年开始，对非现场开户的投资者必须提供见证销户或网上销户的便利，填补只能在线开户而不能在线销户的政策短板。虽然无法从相关权威机构获此发文，但出于保护投资者权益的目的，相信在线销户政策的上线只是时间问题，在投资者获得在线销户的权利之后，对于服务质量和产品质量都逊色于大型和龙头券商的中小券商而言，可能会面临比较大的客户流失风险，在安信证券2018年9月发布的《券商经纪业务的转型之路：券商新周期系列之二》一文中，分析师根据佣金率和市占率的高低，将国内各家券商划分在了四个不同的象限，分别是高佣金率高市占率的第一象限、低佣金率高市占率的第四象限、高佣金率低市占率的第二象限和低佣金率低市占率的第三象限，以2018年上半年的数据为准，即纵坐标轴的分割点位行业平均佣金率万分之三点五，横坐标轴的分割点为市占率的中位数1.5%，按照此标准，可以得到坐标图，如图4－33所示，第一象限靠右上方的券商属于行业内品牌和综合服务能力靠前的券商，其相对较高佣金和较高市占率以商誉和实力作为基础，代表券商为中信证券；位于第四象限的券商目前位数不多，通常具有鲜明的互联网特点，以“互联网＋证券”型券商华泰证券、东方财富证券为代表，华泰证券在技术上的投入和技术人员占比在行业内都处于领先地位，技术能力的提高反作用于一线业务，取得了非常积极的反馈，形成了强者越强的良性循环，东方财富证券全称为西藏东方财富证券股份有限公司，是东方财富信息股份有限公司占比99.89%（2018年12月18日数据）的证券公司，具有鲜明的互联网公司特点，其强大的互联网技术能力使得其能在给出所有券商最低佣金率的前提下仍能够拥有较高的市占率；第二象限券商具有较高佣金率和较低的市占率，面临着降佣和提升市占率的双重压力，是当前券商聚集的一个象限；第三象限券商市占率同样较低，但佣金率也不高，位于该范围的券商也比较多，东吴证券公司就位于第三象限中接近原点的位置，相比第二象限，第三象限的券商短期内不会有更大的降佣压力，但需要在保证合理的有竞争力的佣金率基础上，加快提升市占率，以较平缓的方式向右下方移动，向第四象限靠拢，除了第一象限的个别券商外，其余券商未来都应该积极转型，逐步向第四象限逼近，避免如客户在线销户等对券商而言不利环境所带来的冲击。

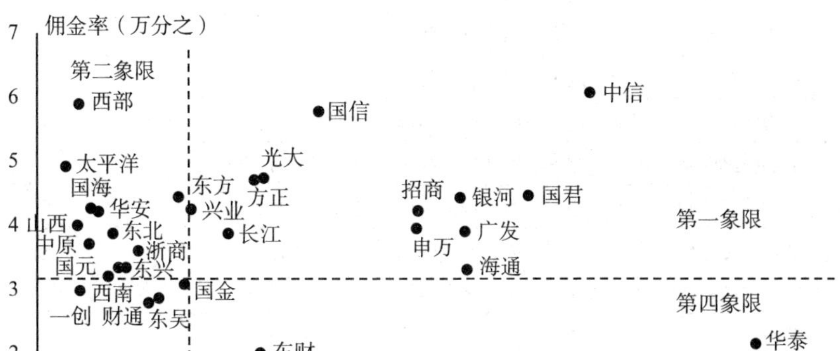

图4－33　国内证券公司市占率和佣金率分布象限

资料来源：笔者自制

四、数据准备

用于模型训练的数据情况如表 4 - 43 所示。

表 4 - 43　　客户流失训练集特征

特征编号	特征名
1	客户号
2	客户姓名
3	性别
4	年龄
5	股龄
6	职业
7	学历
8	开户日期
9	销户日期
10	日（平均）盈亏（当天、过去一周、过去两周、过去一个月）
11	平均净资产（当天、过去一周、过去两周、过去一个月）
12	平均账户余额（当天、过去一周、过去两周、过去一个月）
13	平均账户余额（当天、过去一周、过去两周、过去一个月）
14	平均持仓市值（当天、过去一周、过去两周、过去一个月）
15	平均转入资金（当天、过去一周、过去两周、过去一个月）
16	平均转出资金（当天、过去一周、过去两周、过去一个月）
17	平均委托笔数（当天、过去一周、过去两周、过去一个月）
18	平均成交笔数（当天、过去一周、过去两周、过去一个月）
19	平均委托数量（当天、过去一周、过去两周、过去一个月）
20	平均成交数量（当天、过去一周、过去两周、过去一个月）
21	平均佣金（当天、过去一周、过去两周、过去一个月）
22	平均沪市普通业务配售权益（当天、过去一周、过去两周、过去一个月）
23	平均深市普通业务配售权益（当天、过去一周、过去两周、过去一个月）
24	平均沪市两融业务配售权益（当天、过去一周、过去两周、过去一个月）
25	平均深市两融业务配售权益（当天、过去一周、过去两周、过去一个月）

资料来源：笔者自制

五、各模型结果

（一）决策树

分类模型总体判断的准确率为

$$\text{Accuracy} = \frac{TP + TN}{TP + TN + FP + FN}$$

召回率为：

$$\text{recall} = \frac{TP}{TP + FN}$$

精准率为：

$$\text{precision} = \frac{TP}{TP + FP}$$

混淆矩阵如表 4－44 所示。

表 4－44　决策树混淆矩阵

Predicted_Class/Actual_Class	0	1
0	9405	205
1	595	301

资料来源：笔者自制

根据混淆矩阵我们可以得出：

准确率 =（9405 +301）/（9405 +205 +301 +595）=92.39%

召回率 =（301）/（205 +301）=59.49%

精准率 =（301）/（301 +595）=33.59%

AUC：0.827

AUC 是 ROC 曲线下的面积、AUC 直观反映了 ROC 曲线表达的分类能力。

AUC =1，代表完美分类器，采用这个模型预测时，存在至少一个阈值能得出完美的预测，在实际的预测场合中，不存在完美的分类器。

0.5 < AUC <1，优于随机分类器，这个分类器设置合理的阈值，能有预测价值。

0 < AUC <0.5，差于随机分类器。

（二）朴素贝叶斯

混淆矩阵如表4－45所示。

表4－45　　朴素贝叶斯混淆矩阵

Predicted_Class/Actual_Class	0	1
0		
1		

资料来源：笔者自制

根据混淆矩阵我们可以得出：

准确率＝(9607＋214)/(9607＋214＋393＋292)＝93.48%

召回率＝(214)/(292＋214)＝42.29%

精准率＝(214)/(214＋393)＝35.26%

AUC：0.79

（三）随机森林

混淆矩阵如表4－46所示。

表4－46　　随机森林混淆矩阵

Predicted_Class/Actual_Class	0	1
0	9428	183
1	572	323

资料来源：笔者自制

根据混淆矩阵我们可以得出：

准确率＝(9428＋323)/(9428＋323＋572＋183)＝92.81%

召回率＝(323)/(323＋183)＝63.83%

精准率＝(323)/(323＋572)＝36.09%

Auc为0.87。

（四）Bagging

混淆矩阵如表4－47所示。

表 4 - 47　　**Bagging 模型混淆矩阵**

Predicted_Class/Actual_Class	0	1
0	9376	175
1	624	331

资料来源：笔者自制

根据混淆矩阵我们可以得出：

准确率 = (9376 + 331)/(9376 + 331 + 624 + 175) = 92.39%

召回率 = (331)/(331 + 175) = 65.41%

精准率 = (331)/(331 + 624) = 34.66%

AUC 为 0.8689。

（五）逻辑回归

混淆矩阵如表 4 - 48 所示。

表 4 - 48　　**逻辑回归混淆矩阵**

Predicted_Class/Actual_Class	0	1
0	9954	426
1	46	80

资料来源：笔者自制

根据混淆矩阵我们可以得出：

准确率 = (9954 + 80)/(9954 + 426 + 46 + 80) = 95.51%

召回率 = (80)/(80 + 426) = 15.81%

精准率 = (80)/(80 + 40) = 66.67%

AUC：0.80

（六）Boosting

混淆矩阵如表 4 - 49 所示。

表 4-49 Boosting 模型混淆矩阵

Predicted_Class/Actual_Class	0	1
0	9129	144
1	871	362

资料来源：笔者自制

AUC：0.933

根据混淆矩阵我们可以得出：

准确率 =(9129 +362)/(9129 +144 +362 +871) =90.34%

召回率 =(362)/(362 +144) =71.54%

精准率 =(80)/(80 +40) =66.67%

（七）神经网络

混淆矩阵如表 4-50 所示。

表 4-50 神经网络混淆矩阵

Predicted_Class/Actual_Class	0	1
0	9597	403
1	258	248

资料来源：笔者自制

根据混淆矩阵我们可以得出：

准确率 =(9597 +248)/(9597 +248 +403 +258) =93.71%

召回率 =(248)/(248 +403) =38.09%

召回率 =(258)/(258 +248) =66.67%

六、各模型性能对比

（一）ROC

客户流失场景各算法 ROC 性能对比如图 4-34 所示。

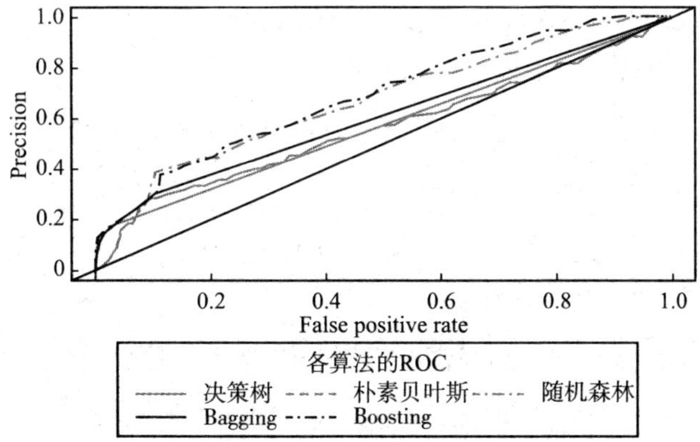

图 4－34　客户流失场景各算法 ROC 性能对比

资料来源：笔者自制

客户流失场景各算法 PR 性能对比如图 4－35 所示。

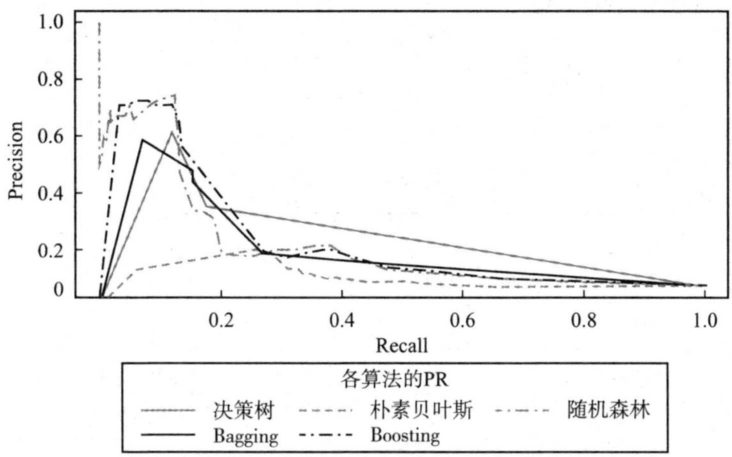

图 4－35　客户流失场景各算法 PR 性能对比

资料来源：笔者自制

从 PR 图可以看出，当选择较高的召回率时，各模型的精准率都会大幅度下降，大部分模型的精准率都在 20% 左右。目前造成这个因素的主要原因：

（1）模型的特征值选取有较大的问题，没有找到真正影响流失的关键特征。

（2）数据不平衡的情况很严重，流失客户占未流失客户的比例很低。

ROC 是反映敏感性和特异性连续变量的综合指标，ROC 曲线上每个点反映着对同一个信号刺激的感受性。

横坐标：Specificity，伪正类率（False positive rate，FPR），预测为正但实际为负的样本占所有负例样本的比例；

纵坐标：Sensitivity，真正类率（True positive rate，TPR），预测为正且实际为正的样本占所有正例样本的比例。

TPR 与 FPR 相互影响，而我们希望能够使 TPR 尽量地大，而 FPR 尽量地小。当阈值为 0 时，所有的样本都被预测为正例，因此 TPR =1，而 FPR =1。此时的 FPR 过大，无法实现分类的效果。随着阈值逐渐增大，被预测为正例的样本数逐渐减少，TPR 和 FPR 各自减小，当阈值增大至 1 时，没有样本被预测为正例，此时 TPR =0，FPR =0。

（二）各模型 AUC 值

各模型 AUC 对比如表 4 -51 所示。

表 4 -51　　各模型 AUC 值

模型	AUC
决策树	0.83
朴素贝叶斯	0.79
随机森林	0.87
Bagging	0.87
逻辑回归	0.80
Boosting	0.93

资料来源：笔者自制

第五章

智能客服

第一节　客服业务之现状

广义而言，在商业组织中所开展的一切能提升客户满意度的服务内容，都属于客户服务范畴，因此客户服务成为商业实践中不可或缺的组成部分。客户服务根据不同阶段分为三类：售前服务、售中服务和售后服务。售前服务指企业在销售产品之前为顾客提供的一系列活动如市场调查、产品设计、提供业务介绍、提供咨询服务等；售中服务指在产品交易过程中，销售者向购买者提供的服务，如接待服务、商品包装服务等；售后服务指后续连带的一切服务，包括产品的送货、质保、维修、售后评价管理等。这些工作都需要大量的人力资源提供支持与服务。然而客户服务行业在当下却面临着巨大的压力与挑战。

通常而言，客户服务在企业之中以客户联络中心作为独立部门存在，负责相关的售前售后业务咨询应答及部分的业务办理职责。随着科技与时代的发展，客户联络中心也从单一的电话呼叫中心转变为结合电话、微信、电子邮件、传真、微博等全套远程互动中心；全行业服务时长方面的需求也由每日八小时增长至

7×24 的全覆盖。顾客不断增长的需求与企业客户服务能力的不匹配渐渐成为众多企业不得不面对的巨大问题。

客户服务成为企业的管理痛点，往往是多方面因素造成的。总体而言，分为从业者因素和客服管理因素两大方面。从业者因素主要包括对于从业者自身属性及工作满意度方面，而客服管理因素则包括成本、效率、体系建设等方面。

一、从业者现状

1. 客服行业从业者平均年龄偏低、平均学历偏低、收入偏低。根据 2016 年中国电子商务协会客户联络中心专业委员会发布的《客服行业现状白皮书》中所阐述的数据而言，75% 的客服从业人员集中在 21～30 岁的年龄段，77% 的客服人员平均工作年限在 3 年以内。大专及以下学历的比例占 70%，本科及以上学历占比约为 30%。71% 左右的客服年收入在 8 万以下，仅有 3% 左右的客服从业人员年薪能达到 20 万以上。

2. 客服行业的工作满意度差。从业人员平均工作时长较高、工作强度较大。据材料中数据表明，47.9% 的网店客服工作时间超过 12 小时，24.9% 的人在 10～12 小时之间；81% 的客服专员会存在加班情况。同时，由于客服人员往往面对的是客户投诉等方面事务，多数情况下面对客户刁难，还要谨记客服话述标准微笑服务，导致工作中的负面情绪积累，常年以往得不到正确的心理疏导，很容易产生健康问题。

3. 工作内容重复枯燥。客服人员日常的工作中会回答大量重复性的标准问题。一方面耗费大量的时间和精力进行重复劳动，另一方面丧失了学习新内容的机会。客服从业人员仅有的学习机会在于企业为其安排的为数不多的业务培训。长此以往，导致企业中客服从业人员的整体素质提升缓慢，从而团队内部容易产生劣币驱逐良币的效应，致使优秀人才竭尽全力跳出客服领域，进一步加剧了企业客服团队的不稳定。

4. 职业上升路线不明确，前途渺茫。绝大多数的客户联络中心往往不是企业的核心业务部门，因此部门所占用的公司整体人才晋升名额比例通常较低。优秀的从业人员得不到好的上升空间，则会选择离开并前往具有良好发展前景的领域。从《客服行业现状白皮书》中的数据表明，51.1%的受调研客服从业者对未来的职业规划是转行，21.9%的人是维持现状，而仅有20.7%的客服从业者希望在行业内深耕，期望晋升为资深客服或成为客服主管。

二、客服管理现状

1. 客服人员招聘难度大、培养成本高。由于上述客服工作满意度不高、工作强度大、直接收益和附加值收益均不高、上升通道狭窄的问题，导致行业内优秀的客服从业者非常稀缺，而大多数从业者往往以客服工作为跳板，寄希望于工作一段时间积攒一定的行业经验，便跳槽至其他岗位，因此导致巨大的招聘难度和培训成本。另一方面，客服工作与企业业务及产品的相关知识相关性非常高，员工需要耗费较长时间进行各种知识点的消化学习，不同的企业也有不同的知识内容，进一步增大了客服人员行业间转换的成本，进而加剧了企业招聘和人员培训的难度。

2. 人员利用率偏低。调研结果显示客服行业员工中，女性员工占比高达68%。并且平均年龄为27岁，正值生育高峰时期，加之二胎政策开放女性员工集中生育的现象，除增加企业人力资源管控的压力之外，更降低了全员人均产出水平，降低了企业人员利用率。

3. 服务水平勘测度低，质量保证难度大。以传统电话客服为例，对于服务过程的监察方式无非通过两种形式：质检员过程监听与后期抽样监听。这两种方式虽然一定程度上提供了品质保证，但由于摆脱不了人耳监听这一核心，导致生产率较低。如果需要达到非常高的服务质量，则需要企业投入大量的资源，一方面提高客服人员工作水平；另一方面加大质检环节人力投入，提升抽检覆盖度。但尽管如此，反而又要增加质检员的培训与考核成本，导致问题循环往复不断扩大下去。

三、客服业务系统现状及趋势

从服务方式的角度，客服业务系统可以分为呼叫中心系统、在线客服系统两大领域。其中呼叫中心系统是最为传统的客服形式。呼叫中心的服务方式以电话客服为主，通过主被动呼叫的方式实现非现场客户触达。另一方面，在线客服系统可以细分为网页端客服系统和移动端客服系统。随着 PC 时代互联网的发展和普及，网页端客服结合浏览器、QQ 等 PC 端桌面软件的普及和发展率先发展起来。近些年来，移动互联网异军突起，用户的需求呈现爆炸性增长。消费者对于移动端沟通、消费、娱乐的习惯催生了客户服务方式的升级，迎来了移动端客服系统的大时代。

然而，各企业客户联络中心在紧跟时代发展的过程中似乎显得有些力不从心。不同社交工具的兴起导致企业需要在不同的平台上设置服务的窗口才能满足客户在不同平台得到服务的需求。然而，不同社交平台服务后台均各自独立，往往导致服务数据留存是割裂的，系统层面数据无法打通的同时，导致客户服务经验无法归集并集中管理。客服管理者不得不通过手工方式进行数据归集整理，才能从日常的工作中提取出有效的知识进行沉淀。此外，平台割裂带来服务人员的分渠道配置，不同的人员被培训为不同的工具平台的客服人员，增加了公司整体的培训成本和人员复用成本。

因此为满足移动互联网时代的客服服务需求的要求，提升客户触达，降本增效，在传统客服呼叫中心基础上，将现有所有服务渠道整合，形成统一接入、多渠道协同的一体化客服体系，成为必然。相应的 IT 支撑系统层面，传统客服呼叫中心系统向多媒体智能客服系统转型成为必然。

多媒体智能客服系统着力打造的客户服务模式为“自助 + 人工帮助”的模式，更加注重客户自助解决问题，原有客服中心人力资源将更多地集中于如何支撑并引导客户自助解决问题，同时人工客服重点则专注于应对较为复杂的服务请求。传统客服系统相比，在渠道覆盖方式方面，由单一语音渠道转变为多种渠道覆盖；在服务运营方面，由话务运营转变为协同运营；在质量控制方面，由人工抽样检查转变为全量智能监测；在人力资源使用方面，由单一的语音座席、座席质检转变为多媒体座席、知识运营及系统运维相结合的结构，如图 5 - 1 所示。

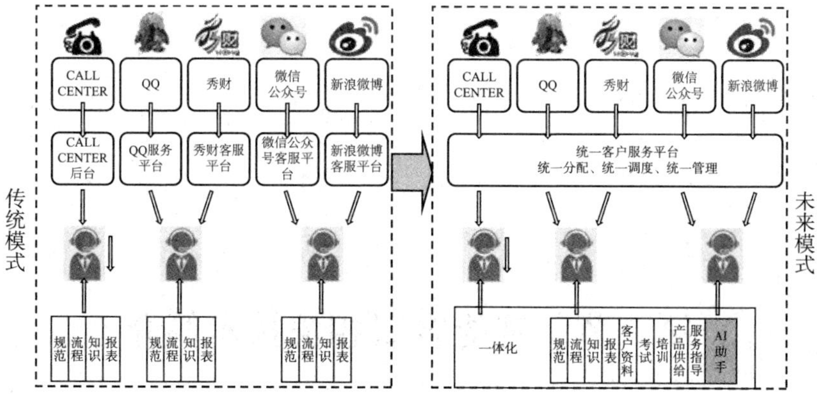

图 5-1　客服业务模式变迁

资料来源：笔者自制

第二节 智能客服相关技术简介

一、自然语言处理技术

近些年，随着计算机技术与机器学习理论的发展，基于经验主义的统计自然语言处理得到了长足的进展，使得众多商业应用场景成为可能，其中人机对话系统可应用于信息查询、票证自动预订和电话自动转接等领域，成为解决客服行业痛点的有效手段。

本章将依次从以下四个方面，对自然语言处理技术这一智能客服领域的核心底层技术作简单介绍：一、自然语言处理的基本方法；二、统计自然语言处理的主要工具，包括语言模型与统计学习模型；三、人机对话系统的主要技术构成，包括语音识别、自然语言理解与自然语言生成；四、当前人机对话系统的局限性。

（一）自然语言处理的基本方法

“明窗半掩小庭幽，夜静灯残未得留。风冷结阴寒落叶，别离长望倚高楼。”——清张芬《虞美人》。

自然语言是人类表达感情与思想的基本工具，从婴儿出生时的第一次啼哭，就在使用语言（声音）来表达自己的情感。黄伯荣等（1991）[①] 认为，语言的两个基本组成是语音和文字，语音是语言的声波形态，文字则是语言的符号表达。

① 黄伯荣，廖序东．现代汉语（增订二版）下册［M］．北京：高等教育出版社，1997.

自然语言处理作为一门学科，主要研究人类能够理解自然语言的底层机理。在众多关于这门学科的定义中，美国计算机科学家 Bill Manaris（1999）① 给出了一个比较好的定义："自然语言处理是研究人与人交互中以及人与计算机交互中的语言问题的一门学科。自然语言处理研究用以表示语言能力和语言应用的模型，建立计算框架来实现这样的语言模型，提供相应的方法来不断地完善这样的语言模型，根据这样的语言模型设计各种实用系统，并探讨这些实用系统的评测技术。"根据这个定义，自然语言处理既要研究语言，又要研究计算机，因此，它是一门交叉学科，它涉及的学科主要有语言学、计算机科学、数学、自动化技术等。

理性主义与经验主义被认为是自然语言处理中主要的两种基本方法。从有人类哲学的第一天起，其自身就包含着一个深刻的矛盾：哲学来自经验，但它又是超越经验的；哲学思想的发展是理性和概念的运动，但又只有经验才能推动它。经验与理性的这种矛盾实质上就是经验主义和理性主义的矛盾，它作为存在和思维的矛盾在认识论方面的一个表现，自开始的时候起，就是人类哲学思想发展的内在动力之一。

理性主义是这样的一种哲学方法，它认为人的理性是能够认识知识的，人的理性是高于并独立于人的感官感知的。理性主义方法认为，人的语言知识很大部分是天生的。在实际研究中，理性主义方法主要是通过构建基于符号的系统，人为梳理语言知识的规则，定义匹配的推理逻辑，将自然语言理解看作符号结构。按照这样的步骤，自然语言处理首先是通过词法规则对句子进行单词的词法分析，然后进一步进行句子的语法分析，最后再转换为语义符号。基于规则的理性主义方法在处理深层次的语言现象和长距离依赖关系时，更能发挥优势，它延续了哲学中理性主义的传统，常使用演绎法而较少地使用归纳法。

自然语言处理中，使用基于规则的理性主义方法发展起来的技术有：扩充转移网络、框架网络、语义网络、一阶谓词演算、依存语法、合一运算、复杂特征分析法、富田算法、CYK 算法、Earley 算法、左角分析法、自顶向下剖析、自底向上剖析、短语结构语法、递归转移网络、有限状态转录机、有限状态转移

---

① Manaris B. Natural language processing: A human-computer interaction perspective [M]. Advances in Computers. Elsevier, 1998, 47: 1-66.

网络等。

经验主义的方法认为，人的语言知识并不是天生的，而是基于感官输入逐渐掌握了自然语言规则的。在具体方法上，经验主义方法主要是首先建立复杂广泛的数学模型，然后利用统计学方法训练模型得到模型参数，从而适应广大语言规模。所以基于经验主义的自然语言处理，也被称为统计自然语言处理。在统计自然语言处理中，因为需要训练模型，所以需要首先建立经过加工和标记的大量文本组成的语料库。基于统计的方法适用于处理近距离的依存关系和浅层次的语言现象，多使用归纳法而很少使用演绎法。

自然语言处理中，使用基于统计的方法发展起来的技术有：支持向量机、加权自动机、双向搜索算法、A 搜索算法、Viterbi 算法、最小编辑距离算法、贝叶斯方法、噪声信道理论、概率上下文无关语法、n 元语法、最大熵模型、隐马尔可夫模型等。

理性主义方法的优点主要有：适用于处理句法分析中的长距离依赖关系；语言规则明白易懂，表达清晰；可以在语言知识的各个维度上使用，既能应用于语音分析，也能应用于语义、语用与篇章分析。

理性主义方法的缺点主要有：语言模型鲁棒性较差，一些微小的偏离就会使得模型整体无法工作；需要各个领域的专家进行配合工作，研究工作进展缓慢；针对特定领域而设计的自然语言处理系统，很难泛化到其他领域，而且随着系统的不断扩大，改动的成本会越来越高。

经验主义方法的优点主要有：根据训练数据得到的统计知识，可以快速有效地建立语言模型；提高目标语言语料库的规模，可以大大提高自然语言处理系统的准确性；容易与理性主义方法相结合。

经验主义方法的缺点主要有：计算机训练统计模型的时间是随着模型中参数的数量成比例线性增长的，因此系统的运行效率有较大的限制；经验主义方法的效果，取决于训练数据语料库的质量，语料库的建设是一件费时费力的工作；随着训练语料库规模的扩大，数据的稀疏问题会越来越严重，需要使用各种技术来平滑数据。

20 世纪 20 ~60 年代，经验主义方法是自然语言处理领域里的主要方法，人们都是从客观记录的语言数据出发，进行统计和归纳。随后从60年代到80年代中期，理性主义研究方法开始成为主宰，人们更关心语言思维本身。80年代后期，人们开始重新认识经验主义方法，这得益于计算机存储技术、计算技术以及机器学习理论的快速发展。随着时间的推移，人们逐渐发现，如果只是使用理性主义方法或者经验主义方法，许多自然语言处理的复杂问题都无法被完美解决，只有将两种方法结合起来，甚至建立一种新的方法才是自然语言处理研究的不二法门。

（二）统计自然语言处理的主要工具

1. 语言模型

在自然语言处理中语言模型是极为重要的，无论是在语音识别领域，还是在汉语分词或句法分析中。目前主要的语言模型是构建简单直接的n元语法模型。

语言模型表达了字符串s的概率分布p(s)，字符串s作为句子出现的频率就是p(s)。一个具体的例子是，如果一个人每说100句话里大约有两句是Thank you，于是p（Thank you）≈0.02。而对于句子“An dog can fly”可以认为其概率几乎等于0，因为并不符合现实生活的常识，几乎无人会这样讲话。假设一个句子s的构成为$s = w_1, w_2, \cdots, w_t$，其中$w_i$表示构成句子的基本单元。则其概率p(s)可以表示为：

$$p(s) = p(w_1)p(w_2 \mid w_1)p(w_3 \mid w_1 w_2), \cdots, p(w_i \mid w_1, \cdots, w_{i-1})$$

式中，产生第i个词的概率是由前i－1个词$w_1, w_2, \cdots, w_{i-1}$决定的。随着长度的增加，模型中的自由参数会指数倍的增加，这使得模型参数的估计变得几乎不可能。但在实际中，第i个词的概率可能仅与距离较近的前n个词有关，通常取n＝3的情况比较多。当n＝1时，即第i个词w_i独立于之前的词，此时被称为一元文法。当n＝2时，即w_i仅与它前面的一个词w_{i-1}有关，此时被称为二元语法模型，也称为一阶马尔可夫链。以此类推，当n＝3时，即出现的第i个词w_i仅与$w_{i-2}w_{i-1}$有关，此时被称为三元语法模型，也称为二阶马尔可夫链。

以一阶马尔可夫链为例，可以近似地对式p(s)重新表达为：

$$p(s) = p(w_1 \mid BOS)p(w_2 \mid w_1)p(w_3 \mid w_2) \cdots p(w_i \mid w_{i-1})$$

其中，BOS 是在句首添加的一个标记。

$$p(w_i \mid w_{i-1}) = c(w_{i-1}w_i) \Big/ \sum c(w_{i-1}w_i)$$

$c(w_{i-1}w_i)$ 表示 $w_{i-1}w_i$ 在给定文本中出现的次数。在构建语言模型的过程中，需要使用大量的文本，这些文本被称为训练语料。

在模型的估计当中，会出现个别 $p(w_i \mid w_{i-1}) = 0$ 的情况，这是由于语料库中的数据不平滑造成的，实际中 $w_{i-1}w_i$ 是有可能出现的，理论上应该大于零。为了解决这个问题，出现了几种平滑方法，包括：加法平滑、古德—图灵（Good - Turing）估计法、Katz 平滑方法、Jelinek - Mercer 平滑方法、Witten - Bell 平滑方法、绝对减值法、Kneser - Ney 平滑方法、Church - Gale 平滑方法、贝叶斯平滑方法、修正的 Kneser - Ney 平滑方法等。

史蒂芬·陈（S. F. Chen）和基·古德曼（J. Goodman）曾利用布朗语料、广播新闻语料、北美商务新闻语料，对加法平滑方法、Jelinek - Mercer 平滑方法、Katz 平滑方法、Witten - Bell 平滑方法、绝对减值平滑方法和 Kneser - Ney 平滑方法以及修正的 Kneser - Ney 平滑方法做了全面系统的对比测试，根据他们的对比测试，不管训练语料规模多大，对于二元语法和三元语法而言 Kneser - Ney 平滑方法和修正的 Kneser - Ney 平滑方法都好于其他所有的平滑方法。在稀疏数据的情况下，Jelinek - Mercer 平滑方法优于 Katz 平滑方法；而在大量数据的情况下，Katz 平滑方法则优于 Jelinek - Mercer 平滑方法。

2. 统计学习模型

本节主要简介贝叶斯网络、马尔可夫模型与隐马尔可夫模型的基本内容。

（1）贝叶斯网络。贝叶斯网络又称为信念网络，是一种基于概率的数学模型，贝叶斯公式是其理论基础，最早是由犹太·佩尔（Judea Pearl）在 1985 年提出的。

从图形上看，贝叶斯网络是有向的无环图，结点代表随机变量，结点之间的有向边代表依赖关系，箭头处的点依赖于箭头发出的结点。每个结点与一个概率函数联系，该结点的父节点所表示的随机变量的一组值作为概率函数的输入，当前结点表示的随机变量的概率值作为输出，概率函数值的大小是结点之间依赖强度的度量，图 5 - 2 是贝叶斯网络的一个实例。

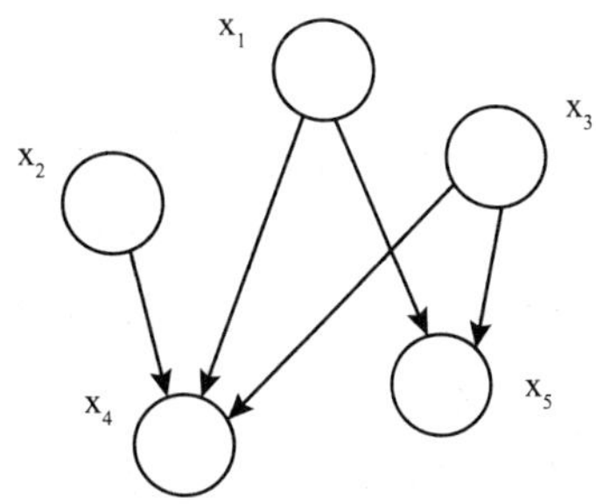

图 5-2　一个贝叶斯网络图的实例

资料来源：笔者自制

科勒（Koller）和弗里德曼（Friedman，2009）① 阐述了，因为涉及表示、推断和学习问题，所以构造贝叶斯网络是一项复杂的任务。贝叶斯网络广泛应用于故障诊断和维修决策等领域，是因为贝叶斯网络是一种不定型的因果关联模型，能够在已知有限、不完整、不确定信息的条件下进行学习和推理。

（2）马尔可夫模型。随机过程描述了，随机变量随时间而随机变化的过程。马尔可夫模型是随机过程的一种，描述的是一连串的随机变量序列，这个序列上的随机变量是相互联系的，每个随机变量的值依赖于前一个随机变量的状态。

假设一个系统有 M 个状态，组成的状态集 $S=\{s_1, s_2, \cdots, s_M\}$，$Q=(q_1, q_2, \cdots, q_T)$ 为一个序列化的随机变量，随机变量的取值来自状态集 S 中的某个状态。假定在 t 时刻的状态为 q_t，系统在时刻 t 处于状态 s_j 的概率依赖于其在时间 1，2，…，t-1 的状态，该概率为：

$$P(q_t=s_j \mid q_{t-1}=s_i, q_{t-2}=s_k, \cdots)$$

在特殊情况下，系统在 t 时刻的状态只与其在时间 t-1 的状态相关，即：

$$P(q_t=s_j \mid q_{t-1}=s_i, q_{t-2}=s_k, \cdots)=P(q_t=s_j \mid q_{t-1}=s_i)$$

则该系统就是一个离散形式的一阶马尔可夫链（Markov chain）。

状态集中 M 个状态之间，相互转化的概率，共有 M^2 次的状态转移关系，于是可以组成一个 M 阶的状态转移矩阵。例如，一段文字中名字、动词、形容词三类词出现的情况可由三个状态的马尔可夫模型描述：

① Koller D，Friedman N，Bach F. Probabilistic graphical models：principles and techniques［M］. MIT press，2009.

状态 s1：名词

状态 s2：动词

状态 s3：形容词

假设状态之间的转移矩阵如下：

$$A=[a_{ij}]=\begin{matrix}0.2 & 0.2 & 0.6\\ 0.3 & 0.1 & 0.6\\ 0.6 & 0.1 & 0.3\end{matrix}$$

如果某句子的第一个词为名词，则根据上述模型 N，该句子中三类词的出现顺序为 O = “名动形名”的概率为：

$$\begin{aligned}P(O|N)&=P(s_1,\ s_2,\ s_3,\ s_1|N)\\&=P(s_1)p(s_2|s_1)p(s_3|s_2)p(s_1|s_3)\\&=1\times a_{12}\times a_{23}\times a_{31}\\&=0.2\times0.6\times0.6\\&=0.072\end{aligned}$$

在前面介绍的 n 元语法模型，当 $n=2$ 时，实际上就是马尔可夫模型。但当 $n\geqslant3$ 时，可以通过将状态空间描述成多重状态的交叉乘积方式，将其转换成马尔可夫模型。

（3）隐马尔可夫模型。在马尔可夫模型中，每个状态是可以被观察到的，所以马尔可夫模型又被叫作可见马尔可夫模型，因为模型的状态始终是可见的，所以该模型的适用场景就受到了限制，当无法观察到状态时，就可以使用隐马尔可夫模型（HMM）。

在隐马尔可夫模型中，观察者是不知道随着时间变化的具体状态序列的，只知道各个状态的概率函数，观察者看到的序列结果是状态的随机函数的一个结果，图 5－3 说明了隐马尔可夫模型的基本原理。

一般一个 HMM 可以表示为一个五元组 U =（S，K，A，B，π），其中，S 为状态集，K 为输出符号集，π，A 和 B 分别是初始状态的概率分布、状态转移概率和符号发射概率。

HMM 中有三个基本问题：估计问题，序列问题和参数估计问题。

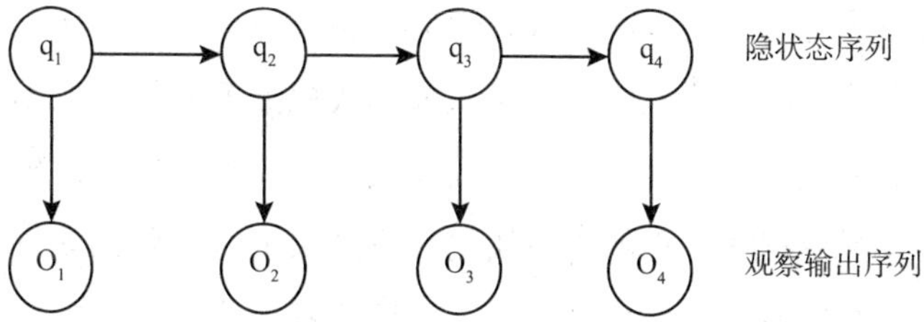

图 5－3　HMM 图解

资料来源：笔者自制

估计问题是给定了观测序列和模型（A，B，π），如何计算得到观测序列 O 的概率。序列问题是给定了观测序列和模型（A，B，π），如何选择一个最优的状态序列 Q，使得该状态序列下产生观测序列的概率最大。参数估计问题则是给定一个观测序列 O，如何根据最大似然估计来求模型的参数值问题。关于这三个问题的解决方法，本节不再赘述。

（三）人机对话系统的组成

人机对话系统又称口语对话系统（spoken dialogue system），现阶段人机对话系统的组成模块如图 5－4 所示。

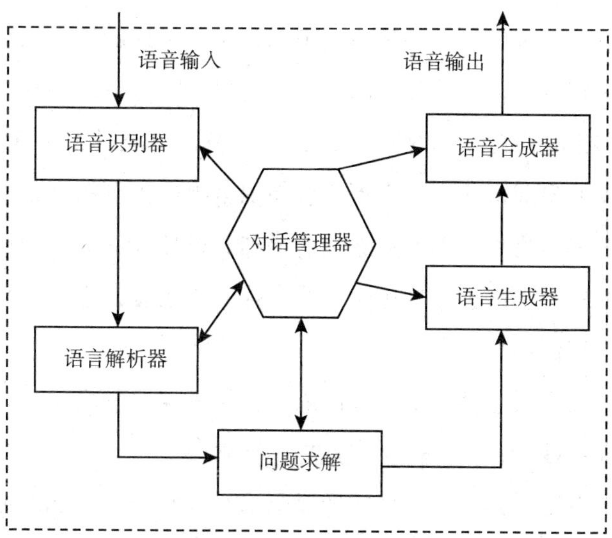

图 5－4　人机对话系统组成

资料来源：宗成庆．统计自然语言处理［M］．清华大学出版社，2013.

语音识别模块将用户输入的语音转换为文字。语言解析模块对语音识别结果进行分析，获得用户的对话意图。语言生成模块根据解析模块的结果，在对话管理机制的作用下生成自然语言。语音合成模块将生成模块生成的句子转换成语音输出。问题求解模块根据语言解析模块的分析结果进行问题的查询，给出用户问题的答案。人机对话系统的核心模块是，对话管理模块。对话管理器，在理想的情况下，具备以下几方面的功能：首先能够基于对话历史辅助语言解析器对语音识别结果进行更加准确的理解，同时又能为问题求解提供帮助，并指导语言的生成过程。

从现在的发展情况看，人机对话系统所面临的主要问题是如何提高系统的鲁棒性和可移植性。鲁棒性具体是指系统的语音识别器对于噪声的抗干扰能力、口音的适应能力，对话管理机制对于话语主题变化、交互模式的运用以及对话过程中应对各种情况的能力。可移植性主要是指系统在不同的领域相互移植的难易程度。

本节将主要介绍人机对话系统中的语音识别、自然语言理解和自然语言生成这三大模块。

1. 语音识别

语音识别（Automatic Speech Recognition）指利用计算机实现从语音到文字的自动转换任务，其本质上是一种模式识别系统。早期的语音识别技术多基于信号处理和模式识别方法。随着技术的进步，机器学习方法越来越多地应用到语音识别研究中，特别是深度学习技术，它给语音识别研究带来了深刻变革。同时，语音识别通常需要集成语法和语义等高层知识来提高识别精度，因此和自然语言处理技术息息相关。另外，随着数据量的增加和机器计算能力的提高，语音识别越来越依赖数据资源和各种数据优化方法，这使得语音识别与大数据、高性能计算等新技术产生广泛结合。

语音识别研究主要包括如下三方面内容：语音信号的表示，即特征抽取；语音信号和语言知识建模；基于模型的推理，即解码。

人说话的语音经过话筒后，被转换成电信号加在识别系统的输入端，首先经过预处理，再根据人的语音特点建立语音模型，对输入的语音信号进行分析，并抽取所需的特征，在此基础上建立语音识别所需的模板。而计算机在识别过程中要根据语音识别的模型，将计算机中存放的语音模板与输入的语音信号的特征进行比较，根据一定的搜索和匹配策略，找出一系列最优的与输入语音匹配的模板。然后根据此模板的定义，通过查表就可以给出计算机的识别结果。

语音识别中的建模包括声学建模和语言建模。声学模型是对声音信号的特性进行抽象化。自 20 世纪 70 年代中期以来，声学模型基本上以统计模型为主，特别是隐马尔可夫模型结构和高斯混合模型（GMM）①。最近几年，深度神经网络和各种异构神经网络成为声学模型的主流结构。

声学模型需要解决如下几个基本问题：如何描述语音信号的短时平稳性；如何描述语音信号在某一平稳瞬态的静态特性，即特征分布规律；如何应用语法语义等高层信息；如何对模型进行优化，即模型训练。

语言建模是对语言中的词语搭配关系进行归纳，抽象成概率模型。这一模型在解码过程中对解码空间形成约束，不仅减少计算量，而且可以提高解码精度。传统语言模型多基于 N 元文法，近年来基于递归神经网络（RNN）的语言模型发展很快，在某些识别任务中取得了比 N 元文法模型更好的结果。语言模型要解决的主要问题是如何对低频词进行平滑。低频词很难积累足够的统计量，因而无法得到较好的概率估计。平滑方法借助高频词或相似词的统计量，提高对低频词概率估计的准确性。

解码是利用语音模型的语言模型中积累的知识，对语音信号序列进行推理，从而得到相应语音内容的过程。早期的解码器一般为动态解码，即在开始解码前，将各种知识源以独立模块形式加载到内存中，动态构造解码图。现代语音识别系统多采用静态解码，即将各种知识源统一表达成有限状态转移机，并将各层次的有限状态转移机嵌套组合在一起，形成解码图。解码时，一般采用 Viterbi② 算法在解码图中进行路径搜索。为加快搜索速度，一般对搜索路径进行剪纸，保留最有希望的路径。

语音识别的一个主要困难在于语音信号的复杂性和多变性。一段看似简单的

---

① Bilmes J A. A gentle tutorial of the EM algorithm and its application to parameter estimation for Gaussian mixture and hidden Markov models [J]. International Computer Science Institute, 1998, 4 (510): 126.

② Forney G D. The viterbi algorithm [J]. Proceedings of the IEEE, 1973, 61 (3): 268 – 278.

语音信号，其中包含了说话人、发音内容、信道特征、口音方言等大量信息。不仅如此，这些底层信息互相组合在一起，又表达了如情绪变化、语法语义、暗示内涵等丰富的高层信息。如此众多的信息中，仅有少量是和语音识别相关的，这些信息被淹没在大量其他信息中，因此充满了变动性。语音特征抽取即是在原始语音信号中提取出与语音识别最相关的信息，滤除其他无关信息。

2. 自然语言理解

自然语言理解包括了对语言不同层次的理解，本节将主要介绍自动分词、命名实体识别、词性标注与语义分析相关技术。

（1）自动分词。汉语的自动分词问题具体是指，利用计算机系统在汉语文本中的词与词之间自动加上标记，达到分词的目的。汉语自动分析主要面临的难点有：分词规范、歧义切分和未登录词的识别。

刘开瑛（2000）[①] 讲到，关于什么是“词”一直是学界在争论的问题。一些专家的调查表明，在母语为汉语的参与实验者之中，对汉语中出现的词语，大家达成共识的比例大约只有70%，黄昌宁等（2003）[②] 指出从严格的计算上讲，自动分词是一个没有明确定义的问题。国家标准局在1992年颁布了《信息处理用现代汉语分词规范》[③]。在这个规范中，大部分规范都是通过举例和定性描述来体现的，这样的情况下使得规定的尺度难以把握，受主观因素影响较大。

歧义在汉语文本中普遍存在，因此，如何分析歧义是汉语自动分词研究中的一个不可避免的部分。梁南元（1987）[④] 最早对歧义字段进行了比较系统的思考。他定义了两种基本的切分歧义类型，交集型切分歧义以及组合型切分歧义。侯敏等（1995）[⑤] 认为汉语自动分词中的歧义现象并不能简单划分为交集型和组合型两种，至少还可以分出一种“混合型”。在汉语语言中，混合类型的歧义并不少见，它集交集型与组合型的特点于一身，而且情况更加复杂。

---

① 刘开瑛．中文文本自动分词和标注［M］．北京：商务印书馆，2000.

② 黄昌宁，高剑峰，李沐．对自动分词的反思［J］．语言计算与基于内容的文本处理，2003.

③ 刘源，谭强，沈旭昆．信息处理用现代汉语分词规范及自动分词方法［M］．清华大学出版社，1994.

④ 梁南元．书面汉语自动分词系统—CDWS［J］．中文信息学报，1987，1（2）：46－54.

⑤ 侯敏，孙建军，陈肇雄．汉语自动分词中的歧义问题［J］．语言文字应用，1996，1（996）：1.

未登录词是指已有的词表中没有收录的词，或者指在训练语料中没有出现过的词。未登录词的情况比较复杂，基本上学界将其分为以下几种类型：新出现的词汇，如博客、斯哥儿、给力、房奴等；专有名词，主要指人名、地名和组织机构名；专业名词和研究领域名称，如三聚氰胺、阿尔法狗等。对于大规模真实文本来说，未登录词对于分词精度的影响远远超过了歧义切分。计算机网络和各种媒体技术的快速发展为新词的创造和传播提供了极大便利，同时很多新词语的生存周期也非常短暂，如昙花一现。

目前汉语自动分词的方法已经比较成熟，很多专著和论文已经对汉语自动分词方法作了详细介绍①②，包括使用 HMM 和 n 元语法的分词方法，本章不再赘述。总之，随着技术整体水平的提高，尤其是机器学习方法和大规模计算技术的出现，分词系统的性能一直在不断提高。但是系统的跨领域拓展依然是个难题，在计算机领域的测试集测试用医学领域的数据训练出来的模型效果很差。

（2）命名实体识别。命名实体识别，是指确认文本中具有特定意义的实体，比如说人名、地名、专有名词等，还有时间、数量、货币等。一个命名实体一般代表唯一一个具体事物个体。最早是 Lisa F. Rau（1991）③ 进行了命名实体识别的研究工作，该项工作是从文本中识别和抽取公司名称的研究。

早期的命名实体识别大都是使用基于规则的方法，这样造成的后果就是系统的实现代价高昂，而且可移植性一般。进入 21 世纪以来，基于大规模语料库的统计方法逐渐成为自然语言处理的主流，一系列的机器学习方法被应用于自然语言处理的各个方面。根据使用的方法不同，可以粗略地将使用机器学习处理命名实体识别问题的具体方法分为以下四种：有监督的学习方法、半监督的学习方法、无监督的学习方法和混合方法。

很多命名实体识别工具已经在网上开源，供人们自由下载使用。其中 BANNER 是美国亚利桑那州大学开发的面向生物医学领域的英语命名实体识别系统。Stanford NER 是美国斯坦福大学自然语言处理研究组开发的基于条件随机场模型

---

① 揭春雨，刘源，梁南元．论汉语自动分词方法［J］．中文信息学报，1989，3（1）：3－11.

② 朱巧明，李培峰，吴娴，等．中文信息处理技术教程［J］．中文信息学校，2005.

③ Rau L F. Extracting company names from text［C］//Artificial Intelligence Applications，1991. Proceedings，Seventh IEEE Conference on. IEEE，1991，1：29－32.

的命名实体识别系统。MALLET 是美国麻省大学阿姆斯特分校开发的一个统计自然语言处理开源软件包，在其序列标注工具的应用中能够实现命名实体识别。加拿大渥太华大学使用半监督学习实现的命名实体抽取和分类系统 YooName。

上海交通大学的赵海和微软亚洲研究院都开发了一套针对汉语命名实体识别系统，并在网上开源共享。BaseNER 是赵海（2008）① 开发的是基于 CRF + + 模型实现的，使用 n 元语法特征设置进行参数训练。微软亚洲研究院发布的 S - MSRSeg 命名实体识别工具是基于 Gao 等人（2005）② 的工作实现的。

（3）词性标注。词性是词汇基本的语法属性，通常也成为词类。在给定的句子中为每个词的语法范畴作分类，确定其词性并标注的过程就是词性标注。刘开瑛（2000）指出汉语词性标注主要的难点可以归纳为如下三个方面：汉语的词的类别不像印欧语那样，直接从词的形态变化上来判别，汉语相对缺乏词形态变化；一词多类现象比较厉害，常用的一些词，不同的用法有很多，造成在汉语文本中词类歧义排除的任务量大，复杂多样；语言学界在词性划分的目的、标准等问题上还存在分歧。一方面，各研究单位各持己见，重复进行大量的低水平劳动，另一方面，大量的标注语料得不到充分利用和共享，从而造成了极大的人力、物力和资源的浪费。

CLAWS（Constituent - Likelihood Automatic Word-tagging System）是由 LMarshall 在 1983 年建立的 LOB 语料库词性标注系统，该系统使用了 n 元语法与一阶马尔可夫转移矩阵，实现了 133 个词类标记的合理标注。该系统利用 100 万词的布朗标准英语语料库测试，CLAWS 系统的标注正确率已经超过 96%，随后 CLAWS4 系统完成了对 1 亿词汇规模的大不列颠国家语料库的标注工作。基于规则的词性标注是早期的一种标注方法，它的基本思想是按兼类词搭配关系和上下文语境建造词类消歧规则。刘开瑛（2000）③ 曾按兼类词的搭配关系构造了词类

① Zhao H, Kit C. Unsupervised segmentation helps supervised learning of character tagging for word segmentation and named entity recognition [C]//Proceedings of the Sixth SIGHAN Workshop on Chinese Language Processing. 2008.

② Gao J, Li M, Huang C N, et al. Chinese word segmentation and named entity recognition: A pragmatic approach [J]. Computational Linguistics, 2005, 31 (4): 531 - 574.

③ 刘开瑛. 中文文本自动分词和标注 [M]. 北京：商务印书馆，2000.

识别规则库，针对动名词兼类现象，归纳出了 9 条词性鉴别规则。

分词、命名实体识别与词性标注是三个密切相关的技术，相互交织构成了中文信息处理的基本技术。一方面，高质量的分词结果是准确进行命名实体识别和词性标注的前提，另一方面，自动分词是需要命名实体识别技术来提供支持，命名实体识别方法也需要利用词性特征。

（4）语义分析。自然语言处理的最终目的是在理解语义的基础上，实现相应的操作。但是，自然语言的语义分析问题是非常困难的，如何模拟人脑思维的过程，建立语言、知识与客观世界之间可计算的逻辑关系，并实现具有高区分能力的语义计算模型，至今仍是个未能解决的难题。也就是说，如今的自然语言处理依然无法实现基于因果的逻辑推理，而只是一些统计和归纳，并不具备真正的智能。对于不同的语言单位，语义分析的任务是不同的。在词的维度上，语义分析的基本任务是进行词义消歧，在句子层面上人们主要关注的问题是语义角色标注。

词义消歧也称为词义标注，具体的含义是在一个给定的上下文语境中确定一个多义词的具体含义。任何一种自然语言中一词多义的现象都是很常见的，在汉语中“打”字，既可以做量词“一打鸡蛋”，还可以用作动词，用作动词时就有 25 种不同的意思。因此，要让系统能够根据特定的上下文环境，确定某个多义词的真正意义，是非常重要，又非常困难的。

早期的歧义消解研究一般采用基于规则的分析方法。20 世纪 80 年代以后，基于大规模语料库的统计机器学习方法在自然语言处理领域得到了广泛应用，机器学习的方法同样的在词义消歧中得到了应用。因为机器学习方法一般分为有监督的学习方法（supervised learning）和无监督的学习方法（unsupervised learning），所以词义消歧的方法也就有有监督的消歧方法（supervised disambiguation）和无监督的消歧方法（unsupervised disambiguation）。有监督的消歧方法中，训练数据是已知的，意思是说每个词的语义分类是已经被标注了的，相反在无监督的消歧方法中，训练数据是未经标注的。

统计消歧方法的基本观点是，一个词的不同语义一般发生在不同的上下文中。在有监督的消歧方法中，可以根据训练数据得知一个多义词所处的不同上下文与特定词义的对应关系，那么，多义词的词义识别问题实际上就是该词的上下文分类问题，一旦确定了上下文所属的类别，也就确定了该词的词义类型。因此，有监督的学习通常也称为分类任务。在无监督的词义消歧中，由于训练数据未经标注，因此，首先需要利用聚类算法对同一个多义词的所有上下文进行等价类划分，如果一个词的上下文出现在多个等价类中，那么，该词被认为是多义词。然后，在词义识别时，将该词的上下文与其各个词义对应上下文的等价类进行比较，通过上下文对应等价类的确定来断定词的语义。因此，无监督的学习通常称为聚类任务。另外，由于语言学家提供的各类词典是获取词义消歧知识的一个重要来源，因此，人们也常把基于词典信息的消歧方法作为一种专门的词义消歧方法而加以研究。

为了测试消歧算法的效果，需要大量的测试数据，如果这些数据全部根据真实的语料而来，那么需要费时费力地花费大量人力劳动来进行数据标注。为了避免这种低效，通常采用计算机制造人工数据的方法来获取大规模的测试数据，这些由计算机生成的人工数据被称为伪词。

语义角色标注是以句子为单位，不深入分析句子所包含的语义信息，而只是分析句子的谓词—论元结构，主要的理论基础是菲尔莫尔（Fillmore，1968）[①] 提出的格语法。具体讲的就是以句子的谓词为中心，研究句子中各成分与谓词之间的关系，比如：二十国集团领导人今早在瑞士出席 G20 峰会。其中“出席”是谓词，是一个事件的核心；“二十国集团领导人”是施事者，“G20 峰会”是受事者，“今早”是事件发生的时间，“瑞士”是事件发生的地点。通过这个例子发现，语义角色标注就是要分析出句子所表述的事件的参与者、发生时间、地点和原因等。

语义角色标注的方法分为基于短语结构树的语义角色标注方法、基于浅层句法分析结果的语义角色标注方法和基于依存句法分析结果的语义角色标注方法。尽管方法不同，但是基本的流程是相似的，如图 5 – 5 所示。

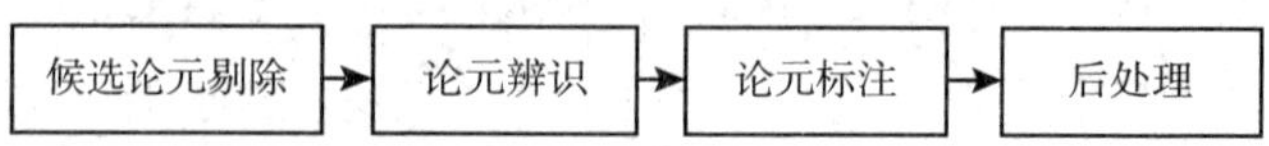

图 5 –5　语义角色标注流程

资料来源：笔者自制

① Fillmore C J. The case for case［J］. 1967.

实际的研究中，都是假定谓词是已知的，然后找出给定谓词的各个论元。一个论元经常是由连续几个词组成的，可能成为论元的连续词序列成为一个候选项。一个句子中候选项往往很多，候选论元剪除的目的是从众多的候选项中剔除掉那些不可能成为论元的项。论元辨识阶段主要是从剔除后的候选项中识别出哪些是真正的论元，这个过程通常被看作是分类问题来解决。论元标注要为论元辨识阶段识别出来的论元标注语义角色。论元标注实质上是一个多值分类问题，类别集合就是所有的语义角色标签。因为句子中的候选项数目很大，即使经过剔除，也还有很多的候选，而真正的论元是非常少的，所以在论元识别阶段，比较容易犯的错误就是将不是论元的候选项误判为论元。为了尽量避免这种错误，在论元标注阶段，一般会向类别集合里增加一个“NULL”标签，表示一个待标注的论元不是一个真正的论元。最后的后处理阶段并不是必须的，它的作用是对前面得到的语义角色标注结果进行处理，包括删除语义角色重复的论元等。

目前语义角色标注的研究问题，主要体现在鲁棒性的两个方面。第一，因为句法分析的准确率不高，所以依赖于句法分析结果的语义角色标注方法的准确率也受到很大制约。第二，由于人工标注语料的成本太高，大部分训练数据主要来自命题语料库，命题语料库又大部分来源于《华尔街日报》，所以语义角色标注方法的领域适应性太差。鉴于上述原因，当前如何提高语义角色标注的鲁棒性已经成为当前研究的首要问题。

3. 自然语言生成

自然语言生成（natural language generation，NLG）是指从非语言输入构造自然语言输出的处理。自然语言生成可以看作是与自然语言理解相反的过程，NLG 是从意义到文本的映射，而 NLU 是从文本到意义的映射。在实现这个映射时，生成采用的许多方法与理解相同，但方向相反，使得它的方法与自然语言理解的那些方法有两个重要的不同。首先，每个生成系统面对的是带有不同输入规范的不同应用。一个系统可能是数值表的复杂集的解释，另一个系统可能是用面向对象的软件工程模型的结构组成。所以，生成系统必须要抽取驱动生成处理所需要的信息。其次 NLU 最关注的是歧义，而 NLG 最关注的是选择。主要的选择有：内容选择、词汇选择、句子选择以及话语结构。内容选择是指决定在文本中置入哪些资讯；词汇选择是指选用表达概念的文字；句子选择是指合并句子让文本更可读、更自然；话语结构是指传递资讯的整体组织。

当前一个通用的 NLG 体系结构如图 5－6 所示。

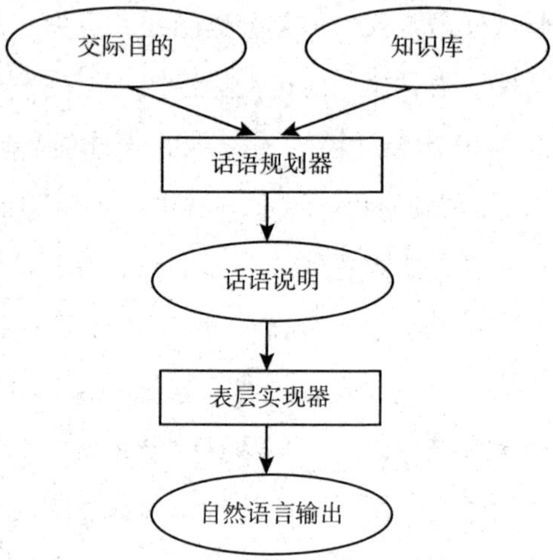

图 5－6　NLG 体系结构

资料来源：笔者自制

其中，话语规划器根据交际目的，实施所有的选择，从知识库里选择内容并使这些内容具有正确的结构。表层实现器完全接受指定的话语规划，并生成由句子词汇和语法知识源约束的单个句子。

在早期的 NLG 研究中，系统输出的品质是由系统开发者自己来评估的。如果一个输出看起来还不错，系统即被判断为成功。对系统的品质而言，这不是一个非常有效的测试。另一种方式是召集一个专家小组，对生成器的输出与人类作者写出的文本进行比较。这其实就是图灵测试，专家并不知道哪些文本是由系统生成的，哪些是由人类作者写出的。最后，用于判断生成的文本是否有效的方法就是看用户的真实反馈，如果大量的用户在听完输出的文本后均不满意或者没有完成用户的触发目的，那么该文本生成系统的品质就是不好的。

（四）当前人机对话系统的局限性

尽管基于统计的自然语言处理技术，取得了很大的发展，人机对话系统已经有一些辅助类的商业应用，但当前的人机对话系统仍然有一些明显的局限性，包括：歧义消解、未知词汇以及非因果推理。

1. 歧义消解与未知词汇

歧义消解是当前自然语言处理领域面临的首要困难，也是人机对话系统的局限性之一，自然语言中无论是在词法维度、句法维度，还是在语义维度，都存在大量的歧义现象。

比如下面的例句：

“金融调控研究所取得的成就”，可以划分为“金融调控研究所/取得的成就”，也可以划分为“金融调控研究/所取得的成就”，两种划分的含义完全不同。“喜欢一线城市的孩子”可以理解为“喜欢一线城市的/孩子”，也可以理解为“喜欢/一线城市的孩子”

另外还有大量的句子是似是而非的，模棱两可的。比如说句子“咬死赵二的狗”既可以理解成一只咬死了赵二的狗，也可以理解成赵二的狗被咬死了。我们讲“今天中午吃食堂”并不是说今天中午要把食堂吃了，而是要在食堂吃午饭。我们夸奖一个人说“这个人真牛”时，并不是说他是一头牛，而是指这个人有能耐。这些存在于汉语中大量的歧义现象，目前并没有一个好的解决办法来消除歧义。

另外，对于一个特定的系统来讲，总会遇到未知的结构与词汇等各种意外的情况，而且随着社会的发展，每种语言又在动态变化着，新的词汇（特别是一些新的专用词汇、人名、组织机构名、地名）、新的词义、新的用法，甚至新的句子结构都在不断出现，尤其在计算机即时通讯（MSN、QQ、Skype 等）、微博中，各种奇怪的词语和语言结构更是层出不穷。因此，一个实用的自然语言处理系统必须具有对各种可能输入形式的容错能力，而且有较好的对未知语言的处理能力。

2. 非因果推理

我们在众多大厂的人机对话系统中，包括 Google Assistant、Apple Siri、Microsoft Cortana、腾讯叮当作了测试。提了一个看似简单的需求：“推荐餐厅，不要西餐”，所有各家的 AI 助理都会给出一堆餐厅推荐，只不过全部是西餐。有如此结果是因为当前人机对话系统只能做到识别对话意图以及分词，AI 助理们识别了要订餐的意图，以及抓取了西餐的关键字后，全部推荐了西餐，而忽视了

“不要”这个前置逻辑。从这次的测试中看到，只要我们提出的需求，稍微加一些逻辑进去，系统就会失灵，系统是无法跟人一样进行基本的因果推理，从而给出不是西餐的结果。

人机对话系统，虽然能依靠统计方法，“识别”出你说的是哪些字，它却不能真正“理解”你在说什么。基于统计学的自然语言处理天然的局限在于，人类并不总是从概率角度思考，而是从因果效应的角度思考，因果的思维很难用概率的语言描述。事实上，因果关系才是作为物理现实和人类对现实理解的根本基石，概率关系只是推动我们理解世界因果机制的表层现象。

二、人脸识别技术

（一）人脸识别问题描述

人脸识别利用摄像机或摄像头采集含有人脸的图像或视频流，并自动在图像中检测和跟踪人脸，进而对检测到的人脸图像进行一系列的相关应用操作。技术上包括图像采集、特征定位、身份的确认和查找，等等。简单来说，就是从照片中提取人脸中的特征，比如眉毛高度、嘴角等，然后再通过特征的对比输出结果。人脸识别技术应用背景广泛，可用于公安系统的罪犯身份识别、驾驶执照及护照等与实际持证人的核对、银行及海关的监控系统及自动门卫系统等。

人脸识别技术原理简单来讲主要是三大步骤：一是建立一个包含大批量人脸图像的数据库；二是通过各种方式来获得当前要进行识别的目标人脸图像；三是将目标人脸图像与数据库中既有的人脸图像进行比对和筛选。从广义上来说，人脸识别技术主要包括以下几种不同的任务：人脸检测与跟踪、面部特征检测与提取、人脸属性分类、基于人脸图像比对的身份识别、基于人脸图像对比的身份验证。

人脸检测任务是指让计算机判断读取的图像资料中，是否有人脸存在。假设存在的，需要定位出人脸在图像中的具体位置、区域大小等信息。人脸跟踪将人脸检测的过程，在时间维度上连续化。人脸检测中主要会受几个方面因素的影响，包括：图像大小、图像分辨率、拍摄光照环境、人脸遮挡程度、人脸拍摄角度等。

面部特征检测与提取是指在人脸检测任务之后，确认图像人脸中眼睛、鼻子、嘴巴等器官的位置，因为人脸主要是由眼睛、额头、鼻子、耳朵、下巴、嘴巴等部位组成，对这些部位以及它们之间的结构关系都是可以用几何形状特征来进行描述的，也就是说每一个人的人脸图像都可以有一个对应的几何形状特征，它可以帮助我们作为识别人脸的重要差异特征。

人脸属性分类就是将面部特征提取的结果与面部图像中的亮度分布信息相结合，图像检测得到的人脸的年龄、性别、种族等属性做出判断。

基于人脸图像比对的身份识别就是通过将采集到的人脸图像与数据库中的人脸图像通过计算相似度，并对其排序来给出输入人脸的身份信息。这包括两类识别问题：一类是假定输入的人脸一定是人脸库中的某个个体；另一类则要首先对输入的人脸是否在已知人脸库中做出判断，如果是则给出其身份。

基于人脸图像比对的身份验证就是通常意义上的人脸确认问题。系统在输入人脸图像的同时输入一个用户宣称的该人脸的身份信息，系统对该输入人脸图像的身份与宣称的身份是否相符作出判断。

（二）人脸识别的主要方法

人类依靠感觉器官包括视觉、听觉、嗅觉、触觉等进行人脸识别，一般情况下人脸的识别可以用单个感官完成，也可以是多感官相配合来存储和检索人脸，而计算机的人脸识别所利用的则主要是视觉数据。计算机的人脸识别的进展受制于对人类本身识别系统的认识程度。在人的识别系统中，人脸的检测是一个整体识别和特征识别共同作用的结果①。首先是从远处辨认人，主要是整体识别，在近距离更重要则是特征部件的识别。另外人脸的各部件对识别的贡献是不一致的，一般来说鼻子的重要程度不如眼睛和嘴巴，人脸上半部分的重要性大于人脸的下半部分。在现行的识别算法中，特征脸方法②和神经网络方法③是基于整体

---

① Chellappa R, Wilson C L, Sirohey S. Human and machine recognition of faces: A survey [J]. Proceedings of the IEEE, 1995, 83 (5): 705-740.

② Turk M A, Pentland A P. Face recognition using eigenfaces [C]//Proceedings 1991 IEEE Computer Society Conference on Computer Vision and Pattern Recognition. IEEE, 1991: 586-591.

③ Valentin D, Abdi H, O'Toole A J, et al. Connectionist models of face processing: A survey [J]. Pattern recognition, 1994, 27 (9): 1209-1230.

人脸的识别，而基于提取眼睛等部位特征而形成特征向量的方法就是基于人脸特征的识别。

1. 基于特征脸的方法

特征脸的方法是一种比较经典而又应用比较广的人脸识别方法，其主要原理是把图像做降维算法，使得数据的处理更容易，同时速度又比较快。特征脸的人脸识别方法，实际上是将图像做KL变换，把一个高维的向量转化为低维的向量，从而消除每个分量存在的关联性，使得变换得到的图像与之对应特征值递减。图像经过KL变换后，其具有很好的位移不变性和稳定性。所以，特征脸的人脸识别方法具有方便实现，并且可以做到速度更快，以及对正面人脸图像的识别率相当高等优点。但是，该方法也具有不足的地方，就是比较容易受人脸表情、姿态和光照改变等因素的影响，从而导致识别率低的情况。

2. 基于几何特征的方法

基于几何特征的识别方法是根据人脸面部器官的特征及其几何形状进行的一种人脸识别方法，是人们最早研究及使用的识别方法，它主要是采用不同人脸的不同特征等信息进行匹配识别，这种算法具有较快的识别速度，同时，其占用的内存也比较小，但是其识别率也不算高。该方法主要做法是首先对人脸的嘴巴、鼻子、眼睛等人脸主要特征器官的位置和大小进行检测，然后利用这些器官的几何分布关系和比例来匹配，从而达到人脸识别。

基于几何特征的识别的流程大体如下：首先对人脸面部的各个特征及其位置进行检测，如鼻子、嘴巴和眼睛等位置，然后计算这些特征之间的距离，得到可以表达每个特征脸的矢量特征信息，例如眼睛的位置，眉毛的长度等，其次还计算每个特征与之相对应关系，与人脸数据库中已知人脸对应特征信息来做比较，最后得出最佳的匹配人脸。基于几何特征的方法符合人们对人脸特征的认识，另外每幅人脸只存储一个特征，所以占用的空间比较小；同时，这种方法对光照引起的变化并不会降低其识别率，而且特征模板的匹配和识别率比较高。但是，基于几何特征的方法也存在着鲁棒性不好，一旦表情和姿态稍微变化，识别效果将大打折扣。

3. 基于支持向量机的方法

将支持向量机的方法应用到人脸识别中起源于统计学理论，它研究的方向是如何构造有效的学习机器，并用来解决模式的分类问题。其特点是将图像变换空间，在其他空间做分类。支持向量机结构相对简单，而且可以达到全局最优等特点，所以，支持向量机在目前人脸识别领域取得了广泛的应用。但是，该方法也和神经网络的方法具有一样的不足，就是需要很大的存储空间，并且训练速度还比较慢。

4. 基于深度学习的方法

深度学习的出现使人脸识别技术取得了突破性进展。人脸识别的最新研究成果表明，深度学习得到的人脸特征表达具有手工特征表达所不具备的重要特性，例如它是中度稀疏的、对人脸身份和人脸属性有很强的选择性、对局部遮挡具有良好的鲁棒性。这些特性是通过大数据训练自然得到的，并未对模型加入显式约束或后期处理，这也是深度学习能成功应用在人脸识别中的主要原因。

深度学习在人脸识别上有 7 个方面的典型应用：基于卷积神经网络的人脸识别方法，深度非线性人脸形状提取方法，基于深度学习的人脸姿态鲁棒性建模，有约束环境中的全自动人脸识别，基于深度学习的视频监控下的人脸识别，基于深度学习的低分辨率人脸识别及其他基于深度学习的人脸相关信息和识别。

其中，卷积神经网络是第一个真正成功训练多层网络结构的学习算法，基于卷积神经网络的人脸识别方法是一种深度的监督学习下的机器学习模型，能挖掘数据局部特征，提取全局训练特征和分类，其权值共享结构网络使之更类似于生物神经网络，在模式识别各个领域都得到成功应用。卷积神经网络通过结合人脸图像空间的局部感知区域、共享权重、在空间和时间上的降采样来充分利用数据本身包含的局部性等特征，优化模型结构，保证一定的位移不变性。

（三）人脸识别常用数据库

1. FERET 人脸数据库

由 FERET 项目创建，此图像集包含大量的人脸图像，并且每幅图中均只有一个人脸。该集中，同一个人的照片有不同表情、光照、姿态和年龄的变化。包含 1 万多张多姿态和光照的人脸图像，是人脸识别领域应用最广泛的人脸数据库之一。其中，的多数人是西方人，每个人所包含的人脸图像的变化比较单一。

2. CMU Multi－PIE 人脸数据库

由美国卡耐基梅隆大学建立。所谓“PIE”就是姿态（Pose），光照（Illumination）和表情（Expression）的缩写。CMU Multi－PIE 人脸数据库是在 CMU－PIE 人脸数据库的基础上发展起来的。包含 337 位志愿者的 75000 多张多姿态，光照和表情的面部图像。其中，姿态和光照变化图像也是严格控制的条件下采集的，目前已经逐渐成为人脸识别领域的一个重要的测试集合。

3. YALE 人脸数据库

由耶鲁大学计算视觉与控制中心创建，包含 15 位志愿者的 165 张图片，包含光照、表情和姿态的变化。

Yale 人脸数据库中一个采集志愿者的 10 张样本，相比较 ORL 人脸数据库 Yale 库中每个对象采集的样本包含更明显的光照、表情和姿态以及遮挡变化。

4. MIT 人脸数据库

由麻省理工学院媒体实验室创建，包含 16 位志愿者的 2592 张不同的姿态（每人 27 张照片），光照和大小的面部图像。

5. ORL 人脸数据库

由英国剑桥大学 AT&T 实验室创建，包含 40 人共 400 张面部图像，部分志愿者的图像包括了姿态、表情和面部饰物的变化。该人脸库在人脸识别研究的早期经常被人们采用，但由于变化模式较少，多数系统的识别率均可以达到 90% 以上，因此进一步利用的价值已经不大。

ORL 人脸数据库中一个采集对象的全部样本库中每个采集对象包含 10 幅经过归一化处理的灰度图像，图像尺寸均为 92 × 112，图像背景为黑色。其中采集对象的面部表情和细节均有变化，例如笑与不笑、眼睛睁着或闭着以及戴或不戴眼镜等，不同人脸样本的姿态也有变化，其深度旋转和平面旋转可达 20 度。

6. 年龄识别数据集 IMDB－WIKI

包含 524230 张从 IMDB 和 Wikipedia 耙取的名人数据图片，应用了一个新颖的化回归为分类的年龄算法。本质就是在 0 ~ 100 之间的 101 类分类后，对于得到的分数和 0 ~ 100 相乘，并将最终结果求和，得到最终识别的年龄。

7. CAS－PEAL 人脸数据库

该人脸库包含了1040名中国人共99450幅头肩部图像。所有图像在专门的采集环境中采集，涵盖了姿态、表情、饰物和光照四种主要条件变化，部分人脸图像具有背景、距离和时间跨度的变化。

8. AR 人脸库

该人脸库是由西班牙巴塞罗那计算机视觉中心于1998年创建的，包括116人不同光照、表情、遮挡和老化的人脸图像共3288幅。

9. XM2VTS 多模态生物特征数据库

该数据库包括295人在4个月时间内4次录制的人脸和语音数据。每次采集都包括2个头部旋转视频片段和6种不同语音视频片段。另外，其中293人的3D模型也是可以得到的。

（四）人脸识别技术的优势与不足

与其他生物特征识别技术相比，人脸识别在可用性方面具有独到的技术优势，这主要体现在：

1. 可以隐蔽操作，尤其适用于安全监控

这一特点适用于解决重要的安全问题、罪犯监控与网上抓逃等应用，这是指纹、虹膜、视网膜等其他人体生物特征识别技术不能比拟的。

2. 非接触式采集，没有侵犯性，容易被接受

因此，不会对用户造成生理上的伤害，另外也比较符合一般用户的习惯，容易被大多数的用户接受。

3. 具有方便、快捷、强大的事后追踪能力

基于面相的身份认证系统可以在事件发生的同时记录并保存当事人的图像，从而可以确保系统具有良好的事后追踪能力。例如，用于考勤系统时候，管理人员就可以方便地对代打卡进行事后监控和追踪；这是指纹、虹膜等生物特征所不具有的性质。

4. 图像采集识别成本低

目前，中低档的USB CCD/CMOS摄像头价格已经非常低廉，基本成为标准

的外设，极大地扩展了其实用空间；另外，数码相机、数码摄像机和照片扫描仪等摄像设备在普通家庭的日益普及进一步增加了其可用性。

5. 更符合人类的识别习惯，可交互性强

例如，对于指纹、虹膜等识别系统，一般用户对识别往往是无能为力的，而对人脸来说，授权用户的交互和配合可以大大提高系统的可靠性和可用性。

然而，人脸识别技术也有其固有的缺陷，这主要表现在：

1. 人脸特征稳定性较差

尽管面部通常不会发生根本性的变化（故意整容除外），但人脸是有极强可塑性的三维柔性皮肤表面，会随着表情、年龄等的变化而发生改变，皮肤的特性也会随着年龄、化妆乃至整、意外伤害等发生很大变化。

2. 可靠性、安全性较低

尽管不同个体的人脸各不相同，但人类的面孔总体是相似的，而且地球上人口如此众多，以致很多人的面孔之间的差别是非常微妙的，技术上实现安全可靠的认证是有相当难度的。

3. 图像采集受各种外界条件影响很大，因此识别性能偏低

图像的摄制过程决定了人脸图像识别系统必须面对不同的光照条件、视角、距离变化等非常困难的视觉问题，这些成像因素都会极大影响人脸图像的表现，从而使得识别性能不够稳定。

（五）产品应用中的若干问题

经过三十多年的发展，尤其是近十年来的研究，人脸识别技术已经取得了长足的进步。目前最好的人脸识别系统在注册和认证环境条件比较一致、用户比较配合的情况下已经能够达到令人满意的效果，对 1000 人左右的识别系统，其正确识别率可以在 95% 左右；验证系统的等错误率性能也在 2% 以下。然而，这并不意味着人脸识别技术已经非常成熟了，恰恰相反，因为更大量的人脸识别应用系统需要在更大大规模人脸库、摄像环境不可控、用户不配合的情况下使用，目前最好的识别系统在这样的情况下识别性能下降非常快。因此，现有的人脸识别系统尚未成熟，尤其需要针对性的解决在非理想摄像条件下（光照变化、背景变

化、摄像设备差异）和用户不配合（视角变化、表情变化、饰物乃至化妆）时必然遇到识别性能下降问题。

目前人脸识别系统在产品应用中主要面临的问题包括：

1. 鲁棒、准确的特征定位问题

面部关键特征的自动定位是人脸识别系统的关键环节之一，在很大程度上影响着人脸建模的精度和最终识别系统的识别性能。而现有的多数特征定位算法的定位精度都随着光照、姿态等外界条件变化而快速下降，因此，特别有必要大力研究鲁棒、准确的特征定位问题。

2. 识别算法的泛化能力和自适应学习问题

统计和学习是目前最成功的人脸识别算法的主流方法，因此数据量和数据的覆盖情况往往是成功的关键，遗憾的是已知的数据往往不能覆盖不同应用中的实际数据的分布情况，因而出现严重的有偏性，亦即泛化能力差的问题。可以考虑两种不同的解决思路：一是研究如何提高学习算法的泛化能力；二是研究对新的环境或者数据在线自适应的方法。

3. 光照变化问题，尤其是室外光照变化。

大量的实用系统是需要室外 24 小时全天候工作的，摄像时的光照条件必然有剧烈的变化。经典的评测也表明，即使是最好的商业系统，其性能也会在室外光照环境下急剧下降，尽管研究人员已经提出了部分解决方案，但多数基于实验室条件下的点光源和简单的 Lambert 模型假设，因此并不实用。可行的解决思路是对其进行包括光照强度和方向、人脸反射属性的量化，面部阴影和照度分析等，尝试建立数学模型，以利用这些光照模型，在人脸图像预处理或者归一化阶段尽可能地补偿乃至消除其对识别性能的影响，将固有的人脸属性和光源、遮挡及高光等非人脸固有属性分离开来。

4. 人脸姿态问题

与光照问题类似，姿态问题也是目前人脸识别研究中需要解决的一个技术难点。姿态问题涉及头部在三维垂直坐标系中绕三个轴的旋转造成的面部变化，其中垂直于图像平面的两个方向的深度旋转会造成面部信息的部分损失。针对姿态的研究相对比较的少，目前多数的人脸识别算法主要针对正面、准正面人脸图像，当发生俯仰或者左右侧而比较厉害的情况下，人脸识别算法的识别率也将会急剧下降。面部幅度较大的哭、笑、愤怒等表情变化同样影响着面部识别的准确率。一种可行的解决思路是，基于姿态不变特征的方法，即寻求那些不随姿态的变化而变化的特征。中科院计算所的思路是采用基于统计的视觉模型，将输入姿态图像校正为正面图像，从而可以在统一的姿态空间内作特征的提取和匹配。

5. 人脸信息采集设备带来的问题

摄像头是目前主流的人脸信息采集设备，它们的种类、型号、传感方式（比如 CCD 或者 CMOS）、采样和量化精度等各不相同，采集时刻的焦距、光圈、增益、白平衡等参数设置区别也很大。这些变化因素使得获取的人脸图像数据的变化更大。

6. 低质量照片的识别问题

人脸图像的来源可能多种多样，由于采集设备的不同，得到的人脸图像质量也不一样，特别是对于那些低分辨率、噪声大、质量差的人脸图像（如手机摄像头拍摄的人脸图片、远程监控拍摄的图片等）如何进行有效的人脸识别是个需要关注的问题。

7. 遮挡问题

对于非配合情况下的人脸图像采集，遮挡问题是一个非常严重的问题。特别是在监控环境下，往往被监控对象都会戴着眼镜，帽子等饰物，使得被采集出来的人脸图像很有可能不完整，从而影响了后面的特征提取于识别，甚至会导致人脸检测算法的失效。

8. 年龄变化问题

随着年龄的变化，面部外观也在变化，特别是对于青少年，这种变化更加的明显。对于不同的年龄段，人脸识别算法的识别率也不同。一个人从少年变成青年，变成老年，他的容貌可能会发生比较大的变化，从而导致识别率的下降。对于不同的年龄段，人脸识别算法的识别率也不同。

9. 化妆、整容带来的问题

现代社会中，面部化妆和整容技术日臻成熟和普遍，因此带来人们面孔表现的更大可变性，这对目前的识别系统而言还是难以解决的，需要从信号传感方式、特征提取等多个环节共同考虑解决该问题。

10. 样本缺乏问题

基于统计学习的人脸识别算法是目前人脸识别领域中的主流算法，但是统计学习方法需要大量的训练。由于人脸图像在高维空间的分布是一个不规则的流形分布，能得到的样本只是对人脸图像空间中的一个极小部分的采样，如何解决小样本下的统计学习问题有待进一步研究。

自动人脸识别研究经过近四十年的研究发展，近年来取得了长足的进步。对于已知人脸数据库规模在 1000 人左右、成像条件理想、用户比较配合的场合，目前最好的人脸识别系统的性能已经达到了 90% 以上，并已经在限定范围内得到了一些应用。但这并不意味着人脸识别已经是一个被解决了的成熟技术问题，相反，人脸识别研究目前仍旧面临诸多挑战性的问题，研究更加鲁棒、实用的人脸识别核心算法，提供更加有效的影响识别性能的关键问题解决方案，仍将是相关领域内的重点研究内容。

第三节 人工智能在客服领域的应用简介

一、统一在线多媒体智能客服

统一在线多媒体智能客服，顾名思义是指不局限于电话通道的客服系统，它覆盖包含电话、E-mail、Web、手机App、IM工具等当下所有多媒体通道，实现企业与客户的全渠道智能化互动。近年来，各领域的金融机构纷纷布局客户服务智能化建设，上线了各有所长的在线多媒体智能客服系统。

招商银行App7.0推出了智能助理服务，该服务是以语音交互、精准识别为基础，减少用户的操作路径，同时，其客服机器人支持包括问答、转账、账务查询、理财等场景，可为复杂的金融交易场景提供解决方案；光大银行的手机银行新增“智能文字服务”，反应速度在毫秒级，回答准确率达90%以上；工行则早在2016年就推出智能客服“工小智”，通过不断增强自然语义理解及上下文交互等技术水平，目前“工小智”的客户需求识别率已达到98%。

券商领域也更是如火如荼，国泰君安证券早在2015年便推出旗下智能客服产品“灵犀”，此后，长江、华泰、中信建投等券商也相继上线以在线多媒体客服为核心的智能助手。此外，“同花顺”作为证券投资领域科技服务企业，也针对其平台巨大的客户咨询工作量，建立自主知识产权的智能助手，以提高其C端客户的服务满意度，降低服务成本。

有数据显示，中国建设银行发布的智能客服系统“小微”每日可完成的工作量等同于9000个人工客服人员；招商银行与针对客户的日常问答咨询也大致需要3000人来完成，而在推出智能客服系统之后，只需要20人左右的运维团队保证知识体系稳步扩展、系统运行稳定即可。不难看出，智能客服系统已经可以代替人工完成绝大多数简单、重复的客户服务工作，为企业节约大量的人工成本，此外智能客服系统全天候全时段的响应能力也是人工客服无法做到的，此外最主要的，智能客服系统，尤其是底层采用云架构部署方式的智能客服系统，应对因行情波动产生的服务量波动也更得心应手。企业无须平日储备大量人员应对短时高峰，只需在高峰到来时增加云服务器等硬件设施，扩充智能客服系统的负载能力即可。

（一）智能客服系统架构

基于以上思路，更结合人工智能技术，需设计4层架构，分别是交互层、接入层、视图层、支撑层，如图5－7所示。

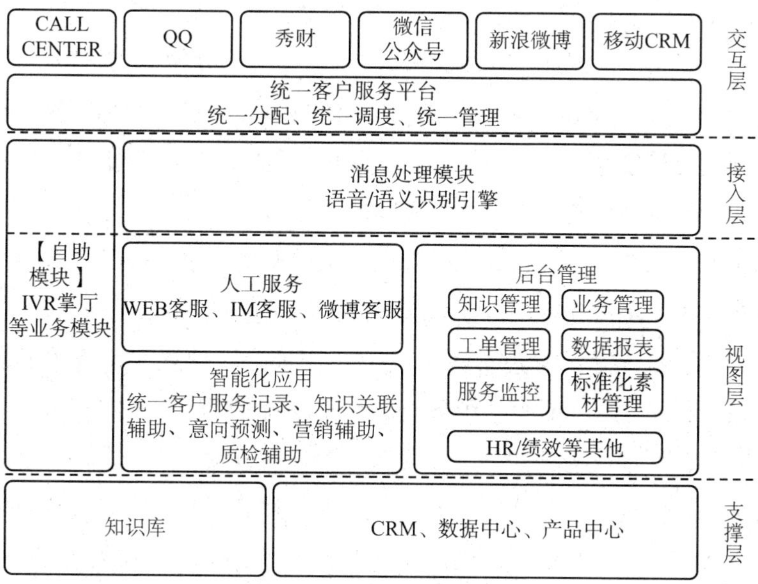

图5－7　统一智能客服系统架构

资料来源：笔者自制

交互层负责消息的封装与解封装，对内统一接口协议类型，对外适应不同渠道要求。接入层负责对交互层提交的消息进行处理。这正是人工智能中的语音识别技术与语义识别技术在客服领域应用的关键节点。未来需要留有图像处理等技术的接口，以适应潜在的以视频流为主流的沟通时代需求。对于技术尚无法完全处理的消息，则在此环节控制进入人工队列，对接工单系统，完成人机配合。视图层负责针对现行业务进行门户化整合，为上层提供门户式的基础服务，例如：内容发布、应用集成。其中内容发布泛指由内容服务器提供的内容统一发布；应用集成泛指通过 url 链接、Iframe、WebService、Portlet 等方式实现的业务功能集合。支撑层则是企业内部其他能力单元所构成的能力支撑平台，包含客户关系管理系统 CRM、数据仓库、产品管理平台等。

（二）人机切换规则

具备机器学习能力的人工智能像个孩子，需要家长、老师手把手的教育，才能逐渐掌握技能独立开展工作，并且在独立开展工作的过程中还会不断发现自己的短板，向家长和老师提问。在企业中，智能客服的老师就是人工客服团队，需要用心栽培人工智能。因此，在服务海量的客户需求过程中，适当的人机切换规则必不可少，一方面以客户为中心提供全方位服务，减少可能的服务不到位情况，另一方面通过良好的人机协作设置，优化智能客服话述与业务规则库，为训练更优秀的智能客服系统积攒更多更实际的教学素材。

总体来说，在线智能客服的人机切换规则遵循几项原则：（1）尽可能多地覆盖场景而且尽可能多地让客服机器人与客户接触，通过实际提供的服务，获取珍贵的训练机会，积累宝贵的训练素材。（2）当客户明确表示需要人工进行服务时，如果在人工座席服务时段，则务必及时通过调度切换至人工座席，如果在非人工服务时段，则进行问题保存并反馈客户“将尽快处理”，然后生成工单派发给服务人员，督促其尽快受理。（3）智能客服的服务过程需做到实时可监控，尤其对于高净值或 VIP 客户的来访则需要重点关注，实现客户无感的人工切换。

二、基于语义识别的扁平化智能 IVR

IVR 系统是互动式语音应答系统的简称，是传统企业客服中心系统的重要组成部分。通过将企业所提供的所有电话渠道的服务进行归类和分层管理，可以生成树形结构的功能体系，供呼入客户通过按键进行选择，并最终找到所需的内容。早在2002年，我国电信运营商首先推出IVR语音导航系统，扩展了服务在线的时长，率先达到24小时随时服务的目标；另一方面，将原有纯人工作业自动化，节省了大部分人力成本，降低了人员负荷；此外，通过IVR系统的引入，也改善了客服高峰期客户呼入队列堵塞的问题，通过语音播报自助服务，在高峰期纾解了一些标准化诉求的“堰塞湖”，同时，通过IVR系统的分类分流，也有助于企业客户服务团队进行专业化分工，将固定的业务类型主要分配至专业对应的小组，极大降低了全员全体系培训的管理成本，提高了专业度和解决问题的效率。

然而，传统IVR系统也带来了许多新的课题。第一，IVR系统的业务核心是将企业在电话渠道所提供的服务能力进行树形管理，使得客户通过自助方式根据语音引导，自行选择业务。因此，能力树建设的合理性直接决定IVR系统的服务效果以及客户满意度。我们所接触过的很多企业，能力树建设往往是以企业为中心的，换句话说，企业有哪些板块，板块有哪些部门，部门有哪些服务，服务又是哪些这样一层又一层地罗列起来。这样，客户拨打客服电话进入总线之后，往往迷失在一层又一层的能力树的介绍之中。第二，客户对于自己的问题虽然大多数情况是可以概括并确认在能力树中找到对应位置，但每位客户仍有小部分的情况会遇到较为复杂的问题，而自身无法准确地进行分类，进而导致在语音导航中不断地尝试，一层又一层反复查找，才最终找到最适合的版块或者索性失去耐心，要求直接转人工或者挂断电话。这样一来，即便是转入人工的客户往往因为受挫而产生负面情绪，对企业的满意度会随之降低；挂断电话的客户则需求没有被满足，不仅损失了客户满意度，更导致企业丧失了宝贵的与客户接触的机会。第三，由于是通过语音的方式开展业务，客户服务过程受到通信信号、周边环境的影响相对较大。语音播报内容的质量既受到播报描述的准确性影响，也受到语音录制或合成技术的影响。只有文案内容描述准确且无歧义，语音制作清晰悦耳、通俗易懂，才可以保证传达的信息较为准确地被听者所获悉。第四，语音播报的效率不及文字，正常人视觉读取文字获取含义的效率远远高于通过听觉，一段同样的内容语音播报往往比视觉传达花费更多的时间。另外，企业处于营销及推广的考虑，往往热衷于在 IVR 语音播报正式开始工作时，播放欢迎词或广告，进一步降低了 IVR 导航的服务效率。通常客户不仅需要全神贯注地聆听各业务模块的语音介绍，更时不时收到企业语音广告的干扰。有的企业 IVR 系统树形结构设计的不够友好，语音导航更是让客户一层又一层找了一大圈，听了一大堆广告介绍，花费了很长时间却办不了业务，客户筋疲力尽，需求却没有得到满足，所谓优秀的客户体验更无从谈起。

（一）扁平化智能 IVR 方案

扁平化智能 IVR 方案，中台引入了 ASR 语音识别技术与 NLP 自然语言处理技术，后台将原有客服人员人工查询的服务进行系统化重构，以微服务架构进行搭建。这样一来，能够将传统 IVR 树形结构及客户按键过程转化为扁平化的自然语言对话过程，有效地缩短服务过程中不必要的聆听等待环节的耗时，从原本的客户自主寻找路径的过程转化为系统推测及检索过程，为客户提供“想要的，现在就要”的服务。

具体而言，客户通过电话呼入，进入扁平化智能 IVR 处理中台。中台系统负责通过提示“请用普通话说出您的诉求，智能助手将迅速为您接入对应服务模块。”“××证券智能客服助手为您服务，按＊号键后请说出您要咨询的问题”一类的语音播报，引导客户进入对话环节。

语音识别引擎将对客户的语音信息实时翻译成文字信息，并通过纠错及重点关键词等权重调节算法，调整并产出翻译成果。智能机器人模块负责针对文字类的信息进行解读，分析出关键信息含义并提交给对应的后台微服务模块。同时，将翻译结果反馈给客户，确认系统的语义理解是否正确：如果正确，则立刻得到后台微服务业务系统反馈的执行结果；如果错误，则为异常流程环节，进入人机切换决策模块，如图 5－8 所示。

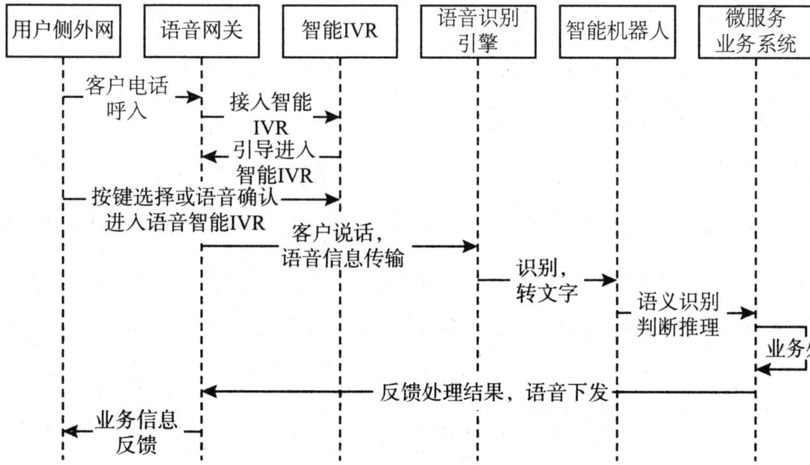

图5-8 扁平化智能IVR逻辑

资料来源：笔者自制

（二）人机切换规则

与多媒体在线客服不同，电话客服对实时性的要求更为苛刻。因为多媒体客服通过文字录入方式进行沟通，双方在文字录入等方面本身有时间消耗预期。另外，通过在线方式文字或语音沟通本身可以是多线程工作的，沟通双方可以一对多地并行处理多个事务，这一点，客户和服务人员也有心理预期，因此，降低了对多媒体在线客服应答时效性的要求。然而，在一对一的对话服务中，客户对于应答时效要求非常敏感，智能 IVR 的响应速度、话术内容也极容易影响到客户的情绪及满意度。因此，好的智能客服系统需要在合适的场景下让人工座席与机器人实现切换，这也是客服系统建设的难点之一。

实际情况下，如果转人工的入口设置得过于隐蔽，或者触发门槛较高，会导致客户与机器人的沟通过程中受挫情绪增加，对于服务的满意度降低。如果人工介入设置的入口过多且门槛较低，则难以有效降低人工座席的工作量，也降低系统建设的意义。正如此，当我们设计人机协作规则之时，需要分多个维度去考虑：

1. 场景维度

机器人转人工服务的场景概括来说一般有三种。其一是系统失效或响应超时时。由于智能客服本质是由大量的计算运算而成，当网络出现波动、运算出现异常等情况发生之时，智能客服便无法正常服务。由此，客户一侧的直观体验便是服务响应超时。需制定人机协作规则，并非耦合地体现在系统之中，避免用户在电话的另一端茫然地等待回应。

除了响应超时的情况之外，还需要针对在语音识别、语义识别环节得出结论的置信度过低时，进行适当的人工介入考虑。置信度偏低则代表智能客服系统已认识到对于客户所提交的内容理解不够充分，可能存在问题。因此，此时如果不进行人工介入，则智能客服将大概率地答非所问，甚至引发客户投诉。

第三种场景，是处于营销和服务的考虑，在特定服务需要升级的时候自动切换。这种场景下，人工客服在机器人收到客户需求之后，便可同时查阅沟通内容，在了解上下文之后，可适时进行切换。当然，直接切入有点粗暴了，机器人客服需要播报类似于“稍后将由主管人员与您联系，我现在将电话转接过去，您看可以吗?”的话术，征得客户同意后，完成人工转接。

2. 客户身份维度

当客户致电来访时，对客户的身份进行识别。为了保证高净值客户或者 VIP 客户的服务体验，往往会一开始便由人工进行服务。

此外，如果是短时间内曾对机器人有过投诉的客户，也应加快人工客服介入的步骤。

3. 情绪维度

当智能客服给出的答案解决不了客户问题时，往往会让客户产生不满的情绪，此时，系统应及时通知人工客服人员，可以避免用户情绪暴躁。但如何识别答案是否符合可以解决客户的问题，不令其心生不满呢?通常可以通过检测问题与答案的重复次数。即当客户传达的语音被重复解析为一句话，即表明客户在反复问一样的内容。此时就是值得引发人工客服关注的时刻了。

三、智能外呼系统

随着运营成本和服务竞争压力的升级，传统的客户联络中心在传统被动客户服务的基础上普遍增加了主动外呼的职能。例如，银行信用卡业务，需要针对部分客户，不定时地进行催、还款提醒；证券经纪业务，需要针对股票配股、新股中签等场景下，向特定的投资者及时进行通知服务。这些业务都对时效性要求非常高并且对客户利益息息相关。一般的短信及 App 消息推送无法达到很好的触达效果。然而人工的电话服务需要占用大量客服人员时间精力，一方面增加了人工成本，另一方面也增添了许多隐性的管理成本。

随着人工智能技术的发展，金融机构逐渐推出了智能外呼系统，以解决上述困局。该系统可以通过设定真人语音交互，模拟专业的电话客服及销售，与客户进行“沟通”。尤其在客户回访和电话营销等重复性极高的服务领域，具有非常大的应用价值。智能外呼系统根据回访或电销的实际流程进行定制，通过预先设定的外呼流程，设计制作不同环节的话术录音，并按照实际“沟通”内容，在服务流程中选择对应的环节话术进行播报。同时，系统在沟通过程中，将客户所说的语言信息进行实时处理，通过 ASR 及 NLP 等技术迅速地捕获用户意图，对话决策模块则根据分析出来的用户意图，敏捷分析进行下一步流程。优秀的智能外呼系统还充分考虑到在实际的电话交流过程中会有出现异常打断的情况，并在客户表达打断意愿之后，灵活切换至新的话题进行“沟通”。新话题结束后，系统自动平滑地回到上一主干话题。例如在新股中签的服务场景下，外呼机器人说“恭喜您中签新股，请在明日下午三点前……”，此时客户打断并咨询“是哪只股票，需要多少钱?”外呼机器人需立即暂停上一句的播报，立即回答“股票名是××××，目前还差××××元”。等待客户确认“好的，了解了”，然后继续播报刚才的话题：“那么，请您在明日下午三点前补充缴款，不然会新股认购失败。”

智能外呼系统使用自然流畅清晰的普通话，“对话”如同真实的座席人员一样，轻松完成原本由人工承担的大部分的重复外呼工作，并且可以实时与人工外呼进行切换互补，实现“智能营销外呼机器人+人工外呼座席”结合的模式极大地降低运营成本，提升营销效率。

目前，智能语音外呼机器人系统除了应用在以服务为目的外呼领域之外，还可以在潜客激活和新客营销等多业务层面展开应用。我们可以大胆预言，未来的企业外呼服务方式，是基本属于智能语音交互模式的。借助日渐成熟的自然语言处理、语音识别和语音合成等技术，打造更为优秀的语音交互机器人，使客户在不知不觉中得到全方位的有效触达。最终通过科技手段，解决服务行业覆盖度与人力资源紧密依赖的历史难题。

四、智能质检系统

随着云计算的快速发展，业务量和客户量的迅速增长，呼叫中心的电话录音、在线客服系统的文本资料，以及其他各类渠道的信息，汇总成了庞大的服务数据。在庞大的多媒体服务数据中，如何判断服务人员的服务水平和质量？他们所提供的服务是否符合服务规范？这些数据中是否隐含着业务机遇？是否内含着舆情和风险信息？是否可以提供发现具体业务问题的方法？

针对以上问题，绝大多数企业的客户联络中心都成立了质检团队。然而，2～3名的质检人员往往需要应对每月上万级的服务数据。传统质检方式下，质检人员只能通过抽检的形式，随机抽取服务数据进行复核检查，凭经验人工筛选出可能存在问题的电话录音、对话文本和其他数据。抽样比例低，漏检风险大，更难以发现潜在的业务机会与舆情风险。

智能质检系统基于语音识别、语义解析处理等技术，能针对全渠道客服场景所产生的客服数据进行自动化质检。按照提前设定好的质检范围及规范，实现准实时的语音、文本100%全覆盖检查，确保每一处客服行为都在企业可以监控到的范围内。语义解析技术能够根据上下文内容实现模糊内容质检，在关键词质检基础上大大提升质检内容深度、广度、准确率。

此外，质检全覆盖的另一个好处是客服过程数据全掌控，将全部客服数据自动化生成报表和质检报告，可以辅助企业及时发现潜在业务机会与舆情风险。在取代传统质检人员重复劳动的同时，为企业挖掘数据金矿，发觉潜在的盈利点，帮助企业客服联络中心减能增效，发挥更大价值。

五、声纹认证及人脸识别的身份确认

在客户服务过程中，第一个重要的环节就是用户身份确认，即让客户证明

“我是我”的环节。不管是信息查询、业务受理或其他，一切涉及信息资料以及业务的变更都需要身份确认。在传统电话客服的场景中，往往是通过电话按键的方式让客户输入账号或密码，进行验证。随着声纹识别技术的广泛应用，越来越多前沿企业的呼叫中心系统中集成声纹认证的身份确认方式。

声纹认证的过程是通过对声音进行有效语音检测技术处理且分段，再采用不同的噪声聚类技术识别出原始声音语料中的人声、非语音、音乐、背景噪音等片段进行特征采样提取，获取其人声学特征，形成特征向量，这些向量由已经声纹识别模型与客户数据库中已存储并处理过的声纹资料进行比对，根据对比的结果进行判断，以置信度最高的选项进行输出，从而实现客户身份的认证。

根据目前的技术进展，声纹识别引擎通过数据训练以及算法优化，可以已经可以极高的声纹识别率。声纹识别技术作为先进的身份认证手段，已经被比较领先的服务型企业所应用。

另一项可以帮助客户快速证明“我是我”的技术手段，是人脸识别技术。近年来，人脸识别技术的发展也越发迅猛，行业应用趋于普遍化。人脸识别的应用率先在公安系统所重点管辖的领域进行切入，先后布局于网吧及酒店登记、治安监测摄像等领域。后来向其他民用领域拓展。最直观的变化是铁路系统的升级改造——2018 年全国各大中型城市进站检票口陆续实施改造，由保持了几十年的人工目视检票形式转变为乘客自助身份证加人脸识别的检票形式。大大降低了人力资源成本的投入，也很大程度上提高了检票口的吞吐能力。原本人工目视检票口出于人工并行作业能力的限制，增加吞吐量的方式只能靠新增检票窗口的方式，而客流高峰期经常由此引发排队阻塞等问题。改造后的火车站检票处，原有一个窗口的位置可以改造为三个自助检票闸机，同时支持三名乘客检票进站。效率大幅提升，长期看，企业成本也大幅降低。

人脸识别技术在金融领域的应用同样显著。在银行、券商的数字化营业部建设中，人脸识别技术结合 VTM 等自助业务办理平台，可以实现快速客户身份认证，同时，数字化营业部的探索中，人脸识别还在安防领域起到重要作用。通过与公安系统联网，可以在潜在危机发生之前，识别出危险分子，采取定向关闭服务等方式防止其违法行为得以实施。此外，人脸识别技术在非现场业务办理领域更有成果显著的应用。众所周知，金融机构在监管趋严的大环境中对于客户适当性的管理尤为重视，很多业务需要在客户充分理解且充分授权的条件下才可以进行开展。由此，通过人脸识别技术对客户身份进行确认，并通过业务流程留存其确认凭证，则可以充分解决非现场业务办理场景下，关于是否为本人办理的纠纷产生。

第四节 金融行业智能客服系统发展建议

一、组织建设

如今，金融行业在新形势下面临一定的问题与挑战。以智能客服系统为代表的人工智能应用需要用到大量时代前沿科技技术，具有极强的专业深度。然而许多金融机构对所涉及的专业技术无法做到深刻理解。所以，各金融机构应该积极开展合作研发和人才储备，着力于金融业务和信息技术交叉学科的复合型人才的培养。另一方面，通过市场化接轨，做好复合型的人才吸引与储备是金融机构实现快速、健康、可持续的发展智能化的重要保障。

金融机构要充分认识人工智能技术的两面性，更要充分地认识目前各人工智能技术的优势和不足，树立正确的智能化、信息化发展理念，不能对人工智能技术盲目吹捧，也不能过分忽视人工智能技术应用过程中产生的风险。金融机构要做好打持久战的准备，合理规划，稳步推进金融行业的智能化进程。借力人工智能技术创造金融行业的发展新时代。

二、严守合规底线

新的时代有新的挑战与新的机遇，作为金融机构，要加快步伐紧跟时代。在这样一个信息爆炸、渠道多元化的当下，金融监管的手段与能力也需要因地制宜有的放矢地进行转化。我们需将先进的科技技术视为合作伙伴，在深刻理解技术能力的前提下，加快制定相关的行业标准和监管制度，以及人工智能在客户服务、营销方面的行为规范。

作为金融机构人工智能产业的践行者，我们应确保系统模型的业务需求符合政策要求，设计人员具备相应的执业资质，确保系统内看不见的算法逻辑仍旧符合法律法规的要求；做好申报和评估工作，及时与企业内部合规部门同步科技领域进展，共同推动人工智能与金融行业的融合。

相信在不远的将来，人工智能将与金融业务更加深度融合，在新时代客户服务领域做出辉煌的贡献。

参考文献

[1] Aalst W M P V D, Rubin V, Verbeek H M W, et al. Process mining: a two-step approach to balance between underfitting and overfitting [J]. Software & Systems Modeling, 2010, 9 (1): 87 –111.

[2] Abdel-Qader I, Pashaie-Rad S, Abudayyeh O, et al. PCA – Based algorithm for unsupervised bridge crack detection [J]. Advances in Engineering Software, 2006, 37 (12): 771 –778.

[3] Agapitos A, Brabazon A, O'Neill M. Controlling Overfitting in Symbolic Regression Based on a Bias/Variance Error Decomposition [M]// Parallel Problem Solving from Nature-PPSN XII. 2012.

[4] Aggarwal C C, Yu P S. Data Mining Techniques for Associations, Clustering and Classification. [C]// Methodologies for Knowledge Discovery & Data Mining, Third Pacific-asia Conference, Pakdd –99, Beijing, China, April. 1999.

[5] Aggarwal C C. Data classification. Algorithms and applications [M]// Data Classification: Algorithms and Applications. 2014.

[6] Allison P D. Logistic Regression Using the SAS System: Theory and Application [M]. 1999.

[7] Andrews J L. Addressing overfitting and underfitting in Gaussian model-based clustering [J]. Computational Statistics & Data Analysis, 2018, 127: S0167947318301245.

[8] Arlot S, Celisse A. A survey of cross-validation procedures for model selection [J]. Statistics Surveys, 2010, 4: 40 –79.

[9] Barton D. , Woetzel J. , Seong J. , Tian Q. Artificial Intelligence: Implications for China [R]. McKinsey Global Institute, Discussion Paper, 2017.

[10] Bauer E, Kohavi R. An Empirical Comparison of Voting Classification Algorithms: Bagging, Boosting, and Variants [J]. Machine Learning, 1999, 36 (1-2): 105-139.

[11] Berchtold S, Böhm C, Kriegal H P. The pyramid-technique: towards breaking the curse of dimensionality [C]// Acm Sigmod International Conference on Management of Data. 1998.

[12] Bergstra J, Bardenet R, Bengio Y, et al. Algorithms for hyper-parameter optimization [C]// International Conference on Neural Information Processing Systems. Curran Associates Inc. 2011.

[13] Bergstra J, Bengio Y. Random Search for Hyper-Parameter Optimization [J]. Journal of Machine Learning Research, 2012, 13 (1): 281-305.

[14] Bilmes J A. A gentle tutorial of the EM algorithm and its application to parameter estimation for Gaussian mixture and hidden Markov models [J]. International Computer Science Institute, 1998, 4 (510): 126.

[15] Breiman, Leo. Bagging predictors [J]. Machine Learning, 1996, 24 (2): 123-140.

[16] Chellappa R, Wilson C L, Sirohey S. Human and machine recognition of faces: A survey [J]. Proceedings of the IEEE, 1995, 83 (5): 705-740.

[17] Chen T, Guestrin C. XGBoost: A Scalable Tree Boosting System [J]. 2016.

[18] Dagher I. Incremental PCA - LDA algorithm [C]// IEEE International Conference on Computational Intelligence for Measurement Systems & Applications. 2010.

[19] Dash M, Liu H. Feature Selection for Classification [M]. 1997.

[20] Denison D G T, Mallick B K, Smith A F M. A Bayesian CART algorithm [J]. Biometrika, 1998, 85 (2): 363-377.

[21] Dietterich T G. An Experimental Comparison of Three Methods for Constructing Ensembles of Decision Trees: Bagging, Boosting, and Randomization [J]. Ma-

chine Learning, 2000, 40 (2): 139 -157.

[22] Dietterich T. Overfitting and undercomputing in machine learning [J]. Acm Computing Surveys, 1995, 27 (3): 326 -327.

[23] Dudoit S, Fridlyand J. Bagging to improve the accuracy of a clustering procedure. [J]. Bioinformatics, 2003, 19 (9): 1090 -9.

[24] Dugan J, et al. Lambda architecture for cost-effective batch and speed big data processing [C]// IEEE International Conference on Big Data. 2015.

[25] Efron B, Gong G. A Leisurely Look at the Bootstrap, the Jackknife, and Cross-Validation [J]. American Statistician, 1983, 37 (1): 36 -48.

[26] Feature Construction [M]. Springer US, 2010.

[27] Fillmore C J. The case for case [J]. In E. Bach & R. T. Harms, eds. , Universals in Linguistic Theory. New York: Holt, Rinehart and Winston. 1968: 1 -88.

[28] Forbes A D. Classification-algorithm evaluation: Five performance measures based onconfusion matrices [J]. Journal of Clinical Monitoring, 1995, 11 (3): 189 -206.

[29] Forney G D. The viterbi algorithm [J]. Proceedings of the IEEE, 1973, 61 (3): 268 -278.

[30] Freund Y, Iyer R, Schapire R E, et al. An efficient boosting algorithm for combining preferences [J]. Journal of Machine Learning Research, 2004, 4 (6): 170 -178.

[31] Friedman J H, Friedman J H. On Bias, Variance, 0/1—Loss, and the Curse-of-Dimensionality [J]. Data Mining & Knowledge Discovery, 1997, 1 (1): 55 -77.

[32] Galar M, Fernandez A, Barrenechea E, et al. A Review on Ensembles for the Class Imbalance Problem: Bagging -, Boosting -, and Hybrid-Based Approaches [J]. IEEE Transactions on Systems Man & Cybernetics Part C Applications & Reviews, 2012, 42 (4): 463 -484.

[33] Gao J, Li M, Huang C N, et al. Chinese word segmentation and named entity recognition: A pragmatic approach [J]. Computational Linguistics, 2005, 31

(4): 531 - 574.

[34] Gareth James, Daniela Witten, Trevor Hastie, Robert Tibshirani. An Introduction to Statistical Learning [M]. Springer, 2015.

[35] Gu Y, Wylie B K, Boyte S P, et al. An Optimal Sample Data Usage Strategy to Minimize Overfitting and Underfitting Effects in Regression Tree Models Based on Remotely-Sensed Data [J]. Remote Sensing, 2016, 8 (11): 943.

[36] Guyon I, André Elisseeff, Jankowski N, et al. Feature Extraction [J]. Of Studies in Fuzziness & Soft Computing, 2006, 31 (7): 1737 - 1744.

[37] Hackeling G. Mastering machine learning with scikit-learn [M]// Mastering Machine Learning With scikit-learn. Packt Publishing, 2014.

[38] Hagan M, Hagan, 戴葵. 神经网络设计 [M]. 北京: 机械工业出版社, 2002.

[39] Hastie T, Tibshirani R, Friedman J. Ensemble Learning [M]// The Elements of Statistical Learning. Springer New York, 2009.

[40] Hillis D M, Bull J J. An Empirical Test of Bootstrapping as a Method for Assessing Confidence in Phylogenetic Analysis [J]. Systematic Biology, 1993, 42 (2): 182 - 192.

[41] Hinton G E. Deep belief networks [J]. Scholarpedia, 2009, 4 (6): 5947.

[42] Hu Yaogai, Li Wei, Hu Jiming. An Artificial Neural Network with Improved Activation Function and Its Application. Geomatics and Information Science of Wuhan Univers, 2004, 29 (10): 916 - 919.

[43] Jalil K A, Kamarudin M H, Masrek M N. Comparison of Machine Learning algorithms performance in detecting network intrusion [C]// International Conference on Networking & Information Technology. 2010.

[44] Jin C, De-Lin L, Fen-Xiang M. An improved ID3 decision tree algorithm [C]// International Conference on Computer Science & Education. 2009.

[45] Jolliffe I T. Pincipal Component Analysis [J]. Journal of Marketing Re-

search, 2002, 25 (4): 513.

[46] Keogh E, Mueen A. Curse of Dimensionality [J]. Ind. eng. chem, 2009, 29 (1): 48 -53.

[47] Ketkar N. Convolutional neural networks [M]. Berkeley: Deep Learning with Python, 2017: 63 -78.

[48] Kim Y. Convolutional Neural Networks for Sentence Classification [J]. Eprint Arxiv, 2014.

[49] Kochura Y, Stirenko S, Alienin O, et al. Performance Analysis of Open Source Machine Learning Frameworks for Various Parameters in Single - Threaded and Multi-threaded Modes [C]// Conference on Computer Science and Information Technologies. Springer, Cham, 2018.

[50] Kochura Y, Stirenko S, Rojbi A, et al. Comparative Analysis of Open Source Frameworks for Machine Learning with Use Case in Single - Threaded and Multi - Threaded Modes [J]. CSIT, 2017, 1 (1): 373 -376.

[51] Kohavi R. A study of cross-validation and bootstrap for accuracy estimation and model selection [C]// International Joint Conference on Artificial Intelligence. 1995.

[52] Koller D, Friedman N, Bach F. Probabilistic graphical models: principles and techniques [M]. MIT press, 2009.

[53] Komer B, Bergstra J, Eliasmith C. Hyperopt-Sklearn: Automatic Hyperparameter Configuration for Scikit-Learn [J]. Icml Automl Workshop, 2014.

[54] Kramer O. Scikit - Learn [M]// Machine Learning for Evolution Strategies. Springer International Publishing, 2016.

[55] Krogh B A, Vedelsby J. Neural networks ensembles, cross validation and active learning [J]. Advances in Neural Information Processing Systems, 1995, 7 (10): 231 -238.

[56] Kro B J, Brunnert A, Prehofer C, et al. Stream Processing on Demand for Lambda Architectures [M]// Computer Performance Engineering, 2015.

[57] Krstajic D, Buturovic L J, Leahy D E, et al. Cross-validation pitfalls when selecting and assessing regression and classification models [J]. Journal of Cheminformatics, 2014, 6 (1): 1 -15.

[58] Lakhe, Bhushan. Case Study: Implementing Lambda Architecture [J]. Practical Hadoop Migration, 2016, 10.1007/978 - 1 - 4842 - 1287 - 5 (Chapter 11): 279 -302.

[59] Lakhe B. Lambda Architecture for Real-time Hadoop Applications [M]// Practical Hadoop Migration. 2016.

[60] Landgrebe T C W, Duin R P W. Efficient Multiclass ROC Approximation by Decomposition via Confusion Matrix Perturbation Analysis [J]. IEEE Transactions on Pattern Analysis and Machine Intelligence, 2008, 30 (5): 810 -822.

[61] Lemmens A, Croux C. Bagging and Boosting Classification Trees to Predict Churn [J]. Journal of Marketing Research, 2006, 43 (2): 276 -286.

[62] Li X, Zhang F, Wang Y. Research on Big Data Architecture, Key Technologies and Its Measures [C]// 2013 IEEE International Conference on Dependable, Autonomic and Secure Computing (DASC). IEEE, 2013.

[63] Liu X Y, Wu J, Zhou Z H. Exploratory Undersampling for Class-Imbalance Learning [J]. IEEE Transactions on Cybernetics, 2009, 39 (2): 539 -550.

[64] Liu X Y, Zhou Z H. The Influence of Class Imbalance on Cost-Sensitive Learning: An Empirical Study [C]// International Conference on Data Mining. 2007.

[65] Mackay D J C. Hyperparameters: optimize, or integrate out? [M]// Maximum Entropy and Bayesian Methods. Springer Netherlands, 1996.

[66] Manaris B. Natural language processing: A human-computer interaction perspective [M] Advances in Computers. Elsevier, 1998, 47: 1 -66.

[67] Meng X, Bradley J, Yavuz B, et al. MLlib: machine learning in apache spark [J]. Journal of Machine Learning Research, 2015, 17 (1): 1235 -1241.

[68] Mohamed A. Acoustic modeling using deep belief networks [J]. Audio, Speech, and Language Processing, IEEE Transactions, 2012, 20.

[69] Montgomery D C, Peck E A. Introduction to linear regression analysis [M]. Willey, 1982.

[70] Mooney C Z, Duval R D. Boostrapping: A Nonparametric Approach to Statistical Inference [J]. Technometrics, 1993, 36 (4): 435 -436.

[71] Oseledets I V, Tyrtyshnikov E E. Breaking the curse of dimensionality, or how to use SVD in many dimensions. [M]// Breaking the curse of dimensionality, or how to use SVD in many dimensions. 2009: 3744 -3759.

[72] Oza N C. Online Ensemble Learning [C]// Proceedings of the Seventeenth National Conference on Artificial Intelligence and Twelfth Conference on on Innovative Applications of Artificial Intelligence, July 30 - August 3, 2000, Austin, Texas, USA. DBLP, 2000.

[73] Oza N C. Online bagging and boosting [C]// IEEE International Conference on Systems. 2006.

[74] Polikar R. Ensemble learning [J]. Scholarpedia, 2009, 4 (1): 1 -34.

[75] Prasad A M, Iverson L R, Liaw A. Newer Classification and Regression Tree Techniques: Bagging and Random Forests for Ecological Prediction [J]. Ecosystems, 2006, 9 (2): 181 -199.

[76] Quinlan J R. C4. 5: programs for machine learning [J]. Morgan Kaufmann Publishers, Massachusetts, 1992.

[77] Quinlan J R. Induction on decision tree [J]. Machine Learning, 1986, 1 (1): 81 -106.

[78] Ramasubramanian K, Singh A. Feature Engineering [M]// Machine Learning Using R. 2017.

[79] Ramesh B. Big Data Architecture [M]// Big Data. 2015.

[80] Rau L F. Extracting company names from text [C]//Artificial Intelligence Applications, 1991. Proceedings, Seventh IEEE Conference on. IEEE, 1991, 1: 29 -32.

[81] Raviv Y, Intrator N. Bootstrapping with Noise: An Effective Regularization Technique [J]. Connection Science, 1996, 8 (3 -4): 18.

[82] Sadeghi B H M. A BP-neural network predictor model for plastic injection molding process [J]. Journal of Materials Processing Technology, 2000, 103 (3): 411 -416.

[83] Soda P. A multi-objective optimisation approach for class imbalance learning [J]. Pattern Recognition, 2011, 44 (8): 1801 -1810.

[84] Steedman M, Osborne M, Sarkar A, et al. Bootstrapping statistical parsers from small datasets [C]// Conference on the European Chapter of the Association for Computational Linguistics. 2003.

[85] Swami A, Jain R. Scikit-learn: Machine Learning in Python [J]. Journal of Machine Learning Research, 2012, 12 (10): 2825 -2830.

[86] Syarif I, Zaluska E, Prugelbennett A, et al. Application of bagging, boosting and stacking to intrusion detection. [C]// Mldm: International Conference on Machine Learning & Data Mining. 2012.

[87] Thapngam T, Shui Y, Zhou W. DDoS discrimination by Linear Discriminant Analysis (LDA) [C]// International Conference on Computing. 2012.

[88] Thornton C, Hutter, F, Hoos, H H, Leyton - Brown K. Auto - WEKA: Combined selection and hyperparameter optimization of classification algorithms [J]. In: Proc. of KDD, 2013, 847 -855.

[89] Turk M A, Pentland A P. Face recognition using eigenfaces [C]//Proceedings 1991 IEEE Computer Society Conference on Computer Vision and Pattern Recognition. IEEE, 1991: 586 -591.

[90] Turner C R, Fuggetta A, Lavazza L, et al. A Conceptual Basis for Feature Engineering [J]. Journal of Systems & Software, 1999, 49 (1): 3 -15.

[91] Turner C R, Wolf A L, Fuggetta A, et al. Feature Engineering [J]. Proceedings of International Workshop on Software Specification & Design, 1998: 162 -164.

[92] Tuv E. Ensemble Learning [J]. Studies in Fuzziness & Soft Computing, 2006: 187 -204.

[93] Valentin D, Abdi H, O'Toole A J, et al. Connectionist models of face pro-

cessing: A survey [J]. Pattern recognition, 1994, 27 (9): 1209 - 1230.

[94] Wainer J, Cawley G. Nested cross-validation when selecting classifiers is overzealous for most practical applications [J]. Journal of Machine Learning Research, 2018.

[95] Warren J. Big Data: Principles and Best Practices of Scalable Realtime Data Systems [M]. Manning, 2015.

[96] Wold S. Principal component analysis [J]. Chemometrics & Intelligent Laboratory Systems, 1987, 2 (1): 37 - 52.

[97] Yang B, Hai J I. A Study of Commercial Bank Loans Risk Early Warning Based on BP Neural Network [J]. Systems Engineering-theory & Practice, 2001.

[98] Yao Y, Su X, Tong H. Feature Engineering [M]//Mobile Data Mining, 2018.

[99] Zave P. An experiment in feature engineering [M]// Programming Methodology. 2003.

[100] Zhang Y, Wu L. Stock market prediction of S&P 500 via combination of improved BCO approach and BP neural network [J]. Expert Systems with Applications, 2009, 36 (5): 8849 - 8854.

[101] Zhao H, Kit C. Unsupervised segmentation helps supervised learning of character tagging for word segmentation and named entity recognition [C]//Proceedings of the Sixth SIGHAN Workshop on Chinese Language Processing. 2008.

[102] 巴洁如．智能投顾面临的法律合规问题及国际监管经验 [EB/OL]. 腾讯研究院金融研究中心，2017 - 07 - 19.

[103] 毕凯，王晓丹，姚旭，等．一种基于 Bagging 和混淆矩阵的自适应选择性集成 [J]. 电子学报，2014，42 (4): 711 - 716.

[104] 不二．2018 年智能投顾平台排行榜 [J]. 互联网周刊，2018 (15).

[105] 蔡文学，罗永豪，张冠湘，等．基于 GBDT 与 Logistic 回归融合的个人信贷风险评估模型及实证分析 [J]. 管理现代化，2017，37 (2): 1 - 4.

[106] 曹广山，陈昇波．智能客服中大数据技术应用的探讨 [J]. 邮电设计

技术，2016（12）：59－63.

［107］陈刚．互联网下智能客服系统的建设与实践［J］．石油库与加油站，2018，27（2）：13－18.

［108］陈也创．多媒体智能客服通信系统设计［D］．电子科技大学，2015.

［109］陈云．金融大数据［M］．上海：上海科学技术出版社，2015.

［110］陈治平，胡宇舟，顾学道．聚类算法在电信客户细分中的应用研究［J］．计算机应用，2007，27（10）：2566－2569.

［111］陈智高，陈月英，常香云．基于客户价值的期货业客户聚类细分方法［J］．清华大学学报（自然科学版），2006，46（z1）：1046－1051.

［112］程敏．基于PostgreSQL和Spark的可扩展大数据分析平台［D］．中国科学院深圳先进技术研究院，2016.

［113］崔文迪．基于自然语言处理的微信智能客服系统研究［J］．数字技术与应用，2017（11）：85－87.

［114］大数据战略重点实验室．大数据概念与发展［J］．中国科技术语，2017（4）.

［115］董乐红，耿国华，高原．Boosting算法综述［J］．计算机应用与软件，2006，23（8）：27－29.

［116］杜本峰．基于Bootstrap方法的风险度量模型及其实证分析——关于机构投资者风险度量方法的探讨［J］．统计研究，2004，21（1）：49－54.

［117］杜剑雯，王艺霏，庞思睿，等．呼叫中心双线动态业务知识库设计与实现［J］．中国科技信息，2015（15）：73－75.

［118］杜威科．基于Kubemetes的大数据流式计算Spark平台设计与实现［D］．南京邮电大学，2017.

［119］杜修平，王中．基于决策树的证券客户流失模型［J］．计算机应用与软件，2009，26（9）：230－233.

［120］段晓君，王正明．小子样下的Bootstrap方法［J］．弹道学报，2003，15（3）.

［121］樊宁．K均值聚类算法在银行客户细分中的研究［J］．计算机仿真，

2011, 28 (3): 369 - 372.

[122] 方强. 商业模式与投顾模式的悖论 [J]. 大众理财顾问, 2018 (4).

[123] 付凌晖, 王惠文. 多项式回归的建模方法比较研究 [J]. 数理统计与管理, 2004, 23 (1): 48 - 52.

[124] 高新波, 张军平. 机器学习及其应用 [M]. 北京: 清华大学出版社, 2015.

[125] 葛恭豪. 机器学习算法原理及效率分析 [J]. 电子世界, 2018 (1): 65 - 66.

[126] 郭明, 郑惠莉, 卢毓伟. 基于贝叶斯网络的客户流失分析 [J]. 南京邮电大学学报 (自然科学版), 2005, 25 (5): 79 - 83.

[127] 韩雪纯. 大数据时代下机器学习的应用研究 [J]. 科技风, 2018, 351 (19): 69.

[128] 蒿翠玲. 基于 Spark 框架的分布式 ETL 设计与实现 [D]. 华中科技大学, 2017.

[129] 何国辉, 甘俊英. PCA - LDA 算法在性别鉴别中的应用 [J]. 计算机工程, 2006, 32 (19).

[130] 侯敏, 孙建军, 陈肇雄. 汉语自动分词中的歧义问题 [J]. 语言文字应用, 1996, 1 (996): 1.

[131] 侯捷宁, 朱宝琛. 经纪业务: 从传统通道向财富管理转型 [N]. 证券日报, 2012 - 05 - 12.

[132] 胡程. 证券领域个性化推荐平台 [D]. 电子科技大学, 2014.

[133] 胡珉, 冯俊兰, 王燕蒙, 等. 中国移动智能客服系统研究及实现 [J]. 电信工程技术与标准化, 2017, 30 (10): 39 - 44.

[134] 胡耀垓, 李伟, 胡继明. 一种改进激活函数的人工神经网络及其应用 [J]. 武汉大学学报·信息科学版, 2004, 29 (10): 916 - 919.

[135] 华泰证券. 证券公司机器人投资顾问业务发展问题研究 [D]. 创新与发展: 中国证券业 2016 年论文集, 2017.

[136] 黄伯荣, 廖序东. 现代汉语 (增订二版) 下册 [M]. 北京: 高等教

育出版社，1997.

[137] 黄昌宁，高剑峰，李沐．对自动分词的反思 [J]. 语言计算与基于内容的文本处理，2003.

[138] 黄美灵．Spark MLlib 机器学习：算法、源码及实战详解 [M]. 北京：电子工业出版社，2016.

[139] 黄卿，谢合亮．机器学习方法在股指期货预测中的应用研究——基于 BP 神经网络、SVM 和 XGBoost 的比较分析 [J]. 数学的实践与认识，2018 (8)：297 -307.

[140] 黄宜华．深入理解大数据：大数据处理与编程实践 [M]. 北京：机械工业出版社，2014.

[141] 基于 CART 和自适应 Boosting 算法的移动通信企业客户流失预测模型 [J]. 中国管理科学，2014，22 (10)：90 -96.

[142] 基于精准营销的 GX 证券贵阳部客户关系管理研究 [D]. 贵州大学，2016.

[143] 焦李成．神经网络系统理论 [M]. 西安：西安电子科技大学出版社，1990.

[144] 揭春雨，刘源，梁南元．论汉语自动分词方法 [J]. 中文信息学报，1989，3 (1)：3 -11.

[145] 金翰伟．基于 Spark 的大数据清洗框架设计与实现 [D]. 浙江大学，2016.

[146] 孔英会，景美丽．基于混淆矩阵和集成学习的分类方法研究 [J]. 计算机工程与科学，2012，34 (6)：111 -117.

[147] 李东荣．积极稳妥推进人工智能在金融领域应用和发展 [J]. 中国金融家，2018 (7).

[148] 李凡长，钱旭陪，谢琳，等．机器学习理论及应用 [J]. 计算机工程与科学，2012，34 (9)：F0003.

[149] 李斐，邵晓东，周力恒，等．智能客服机器人的现状及发展 [J]. 中国传媒科技，2015 (1).

［150］李国正，李丹．集成学习中特征选择技术［J］．上海大学学报：自然科学版，2007，13（5）：598－604．

［151］李会彬，莫东艳．基于关联规则和模式发现的证券客户行为模式挖掘［J］．信息系统工程，2010（5）：43－44．

［152］李凯，崔丽娟．集成学习算法的差异性及性能比较［J］．计算机工程，2008，34（6）．

［153］李林．呼叫中心外包业务的发展前景［J］．信息通信，2018（7）：226－227．

［154］李秋洁，茅耀斌．基于数据重平衡的 AUC 优化 Boosting 算法［J］．自动化学报，2013（9）：1467－1475．

［155］李胜权．天风证券竞争战略研究［D］．北京交通大学，2013．

［156］李涛．不懂智能投顾，看这一篇就够了［EB/OL］．https：//blog. csdn. net/dj0379/article/details/52851129，2016－08－11．

［157］李祥池．基于 ELK 和 Spark Streaming 的日志分析系统设计与实现［J］．电子科学技术，2015，2（6）：674－678．

［158］李想．基于 XGBoost 算法的多因子量化选股方案策划［D］．上海师范大学，2017．

［159］李燕仪．基于数据挖掘方法的汽车客户画像分析及流失客户预测［D］．华南理工大学，2017．

［160］李毓，张春霞．基于 out-of-bag 样本的随机森林算法的超参数估计［J］．系统工程学报，2011，26（4）：566－572．

［161］梁敏君．分形聚类分析在证券客户细分中的应用研究［D］．合肥工业大学，2009．

［162］梁敏君．分形聚类分析在证券客户细分中的应用研究［D］．合肥工业大学，2009．

［163］梁南元．书面汉语自动分词系统—CDWS［J］．中文信息学报，1987，1（2）：46－54．

［164］林江云，雷良桃．聚类算法在证券公司 CRM 中客户细分的应用［J］．

心智与计算，2010（4）：265－270.

［165］刘凤艳．基于聚类分析的证券业客户分层实证研究［J］．赤峰学院学报（自然科学版），2016，32（8）：99－101.

［166］刘会河．一种基于SVM的降维方法在三类ROC分析中的应用［D］．广东工业大学，2016.

［167］刘建，吴翊，谭璐．对Bootstrap方法的自助抽样的改进［J］．数学理论与应用，2006（1）：69－72.

［168］刘建军，赵紫英．基金客户的动态细分与关系稳定策略研究［M］．北京：北京大学出版社，2017.

［169］刘开瑛．中文文本自动分词和标注［M］．北京：商务印书馆，2000.

［170］刘涛．AI技术在我国保险业中的应用研究［J］．信息系统工程，2018（1）：84.

［171］刘威．HT公司M证券营业部客户关系管理研究［D］．吉林大学，2011.

［172］刘颖．金融业客服呼叫中心质量管理创新的案例研究［D］．浙江大学，2018.

［173］刘源，谭强，沈旭昆．信息处理用现代汉语分词规范及自动分词方法［M］．北京：清华大学出版社，1994.

［174］刘震．金融普适化已来？Fintech：揭开专业投资工具的面纱［J］．当代金融家，2016（10）.

［175］刘志强，顾荣，袁春风，等．基于SparkR的分类算法并行化研究［J］．计算机科学与探索，2015，9（11）.

［176］刘忠一．互联网金融背景下中国证券公司经纪业务转型研究［D］．山东大学，2017.

［177］罗宏明，梁立江，杨学俊，等．电力营业厅智能化建设思路［J］．现代信息科技，2017，1（4）：56－57.

［178］马驰宇．网络金融信息情感分析及其与股票市场波动关联关系研究［D］．合肥工业大学，2016.

［179］满桂云，林家骏．ID3 决策树算法的改进研究［J］．中国科技信息，2007（13）：268－269.

［180］茆诗松．贝叶斯统计［M］．北京：中国统计出版社，1999.

［181］莫涛．“智能投顾”的征战：传统与创新的竞合［J］．现代商业银行，2017（10）.

［182］慕春棣，戴剑彬，叶俊．用于数据挖掘的贝叶斯网络［J］．软件学报，2000，11（5）：660－666.

［183］内特．应用线性回归模型［M］．北京：中国统计出版社，1990.

［184］聂长森，洪武，韩志雄，等．人工智能在金融业智能客服领域的应用分析［J］．金融科技时代，2018，26（12）：16－21.

［185］庞素琳，王燕鸣．多层感知器信用评价模型研究［J］．中山大学学报（自然科学版），2003，42（4）：118－122.

［186］彭艳艳．基于客户价值的商业银行客户聚类细分研究［J］．生产力研究，2009（23）：36－37.

［187］钱维佳，王延清．基于动态聚类的证券业客户细分实证研究［J］．计算机应用，2010，30（2）：495－498.

［188］史铭，张焰，陈立佳．基于 Spark 框架的文本主题特征提取与分类［C］// 中国新闻技术工作者联合会“新闻科技论文”优秀论文集，2015.

［189］宋广玲，郝忠孝．一种基于 CART 的决策树改进算法［J］．哈尔滨理工大学学报，2009，14（2）：17－20.

［190］孙成刚．中国证券咨询行业怎样走出困境——中外证券咨询服务业比较研究［J］．当代经济研究，2003（8）：63－66.

［191］孙浩．金融大数据的挑战与应对［J］．金融电子化，2012（7）：51－52.

［192］孙劲光，蒋金叶，孟祥福，等．深度置信网络在垃圾邮件过滤中的应用［J］．计算机应用，2014，34（4）：1122－1125.

［193］孙科．基于 Spark 的机器学习应用框架研究与实现［D］．上海交通大学，2015.

[194] 孙鑫. 机器学习中特征选问题研究 [D]. 吉林大学, 2013.

[195] 唐振坤. 基于 Spark 的机器学习平台设计与实现 [D]. 厦门大学, 2014.

[196] 陶卿, 姚穗, 范劲松, 等. 一种新的机器学习算法: Support Vector Machines [J]. 模式识别与人工智能, 2000, 13 (3): 285-290.

[197] 滕雪宏. 基于服务蓝图的信息服务流程建模与优化方法研究 [D]. 华南理工大学, 2015.

[198] 田嫦丽, 张珣, 潘博, 等. 互联网广告点击率预估模型中特征提取方法的研究与实现 [J]. 计算机应用研究, 2017, 34 (2): 334-338.

[199] 万赟. 从图灵测试到深度学习: 人工智能 60 年 [J]. 科技导报, 2016, 34 (7): 26-33.

[200] 王春峰, 万海晖. 基于神经网络技术的商业银行信用风险评估 [J]. 系统工程理论与实践, 1999, 19 (9): 24-33.

[201] 王菲斐. 深度学习研究现状分析 [J]. 电子技术与软件工程, 2018, 132 (10): 168-169.

[202] 王洪春. 贝叶斯公式与贝叶斯统计 [J]. 重庆科技学院学报 (自然科学版), 2010, 12 (3): 203-205.

[203] 王辉. 与 AI 共进, 智胜未来——智能金融联合报告 [R]. 百度与埃森哲, 2018.

[204] 王惠文, 孟洁. 多元线性回归的预测建模方法 [J]. 北京航空航天大学学报, 2007, 33 (4): 500-504.

[205] 王柯瑾. 模式重塑"智能投顾"纳入监管 [N]. 中国经营报, 2018-05-05.

[206] 王磊, 时亚文. 基于 Spark 的大数据计算模型 [J]. 电脑知识与技术, 2016, 12 (7X): 7-8.

[207] 王黎, 廖闻剑. 基于 GBDT 的个人信用评估方法 [J]. 电子设计工程, 2017, 25 (15): 68-72.

[208] 王丽菊. 基于客户价值的航空旅客细分研究 [D]. 北京邮电大学,

2015.

[209] 王腾.10000客服智慧化运营与系统技术实现[J]. 江苏通信，2017(5)：31.

[210] 王伟钧. 基于数据挖掘的证券营业部客户流失分析[J]. 电子科技大学学报（社会科学版），2009，11（1）：18－22.

[211] 王晓宇，卢丹. 证券经纪业务人员结构悄然变化[N]. 上海证券报，2018－12－29.

[212] 王笑坤.Boosting算法及其应用[D]. 西北大学，2007.

[213] 王新华，肖波. 人工智能及其在金融领域的应用[J]. 银行家，2017(12).

[214] 王荇，郑成增. 聚类算法在证券公司CRM中的应用[J]. 常州工学院学报，2008，21（4）：59－62.

[215] 王园，李少峰，王永梅，等. 基于朴素贝叶斯算法的证券业客户价值细分研究[J]. 科技和产业，2013，13（5）：47－50.

[216] 王重仁，韩冬梅. 基于社交网络分析和XGBoost算法的互联网客户流失预测研究[J]. 微型机与应用，2017，36（23）：58－61.

[217] 魏忠胜. 基于聚类算法的证券投资者细分适当性管理[J]. 品牌，2015（10）.

[218] 吴斌，应力. 基于Logistics回归算法的证券客户流失预测模型及应用[J]. 金融电子化，2013（7）：65－67.

[219] 吴微，陈维强，刘波. 用BP神经网络预测股票市场涨跌[J]. 大连理工大学学报，2001，41（1）.

[220] 肖聪. 基于混合数据的证券客户聚类研究[D]. 天津师范大学，2010.

[221] 肖建，于龙，白裔峰. 支持向量回归中核函数和超参数选择方法综述[J]. 西南交通大学学报，2008，43（3）：297－303.

[222] 萧超武，蔡文学，黄晓宇，等. 基于随机森林的个人信用评估模型研究及实证分析[J]. 管理现代化，2014，34（6）：111－113.

[223] 谢芳. 数据挖掘在证券客户流失管理中的应用 [J]. 科技管理研究, 2011, 31 (10): 180-183.

[224] 谢益辉, 朱钰. Bootstrap 方法的历史发展和前沿研究 [J]. 统计与信息论坛, 2008, 23 (2): 90-96.

[225] 熊云波, 李荣陆, 胡运发. 基于混淆矩阵的层次结构构造方法比较 [J]. 模式识别与人工智能, 2007, 20 (2): 205-210.

[226] 徐贵宝. "互联网+" 人工智能技术发展策略解析 [J]. 世界电信, 2016 (3): 71-75.

[227] 徐鹏, 林森. 基于 C4.5 决策树的流量分类方法 [J]. 软件学报, 2009, 20 (10): 2692-2704.

[228] 徐玉莲, 王宏起. 科技金融对技术创新的支持作用: 基于 Bootstrap 方法的实证分析 [J]. 科技进步与对策, 2012, 29 (3): 1-4.

[229] 杨晨光, 马永征. 基于 Spark 的大规模网络流量准实时分类方法 [J]. 科研信息化技术与应用, 2016, 7 (2).

[230] 杨海军. 聚类分析在我国证券市场上的应用 [J]. 中国集体经济, 2016 (12): 51-53.

[231] 杨楠. 科技型小微企业信用评价模型研究 [J]. 武汉金融, 2014 (3): 56-58.

[232] 杨森. 基于 Softmax 回归的小微企业信用评分模型应用研究 [D]. 苏州大学, 2017.

[233] 杨淑娥, 黄礼. 基于 BP 神经网络的上市公司财务预警模型 [J]. 系统工程理论与实践, 2005, 25 (1): 12-18.

[234] 杨荇. 人工智能在金融领域应用及监管挑战 [N]. 上海证券报, 2018-01-22.

[235] 叶晓枫, 鲁亚会. 基于随机森林融合朴素贝叶斯的信用评估模型 [J]. 数学的实践与认识, 2017 (2).

[236] 尹宝才, 王文通, 王立春. 深度学习研究综述 [J]. 北京工业大学学报, 2015 (1): 48-59.

［237］应维云，蔺楠，谢雅雅，等．用 LDA Boosting 算法进行客户流失预测［J］．数理统计与管理，2010，29（3）：400－408.

［238］于玲，吴铁军．集成学习：Boosting 算法综述［J］．模式识别与人工智能，2004，17（1）：52－59.

［239］余芳，姜云飞．一种基于朴素贝叶斯分类的特征选择方法［J］．中山大学学报（自然科学版），2004，43（5）：118－120.

［240］余丽．撬动四大传统产业的千亿元“商业价值”人工智能大显身手［J］．中国对外贸易，2018（4）.

［241］俞枫，苑博，赵文瑜，等．基于 BIRCH 大数据聚类方法在证券业的个性化服务［C］//“决策论坛——决策科学化与民主化学术研讨会”，2017.

［242］俞枫．人机同行，券商人工智能应用趋势探讨［C］．第 13 届信息化领袖峰会暨2017 中国数字化贡献人物颁奖盛典，2017.

［243］俞枫．未来 AI 会成为标配的基础设施［J］．财经界，2018（2）.

［244］俞科峰，王保中．移动互联网背景下的多媒体智能客服系统研究［J］．电信科学，2013（1）.

［245］喻永生．股票价格预测中机器学习的应用［J］．科技经济导刊，2018，V（26），638（12）：194.

［246］原雷．基于 BI 技术的证券公司客户分析模型的研究及实现［D］．中国科学院大学（工程管理与信息技术学院），2014.

［247］臧翔宇．基于贝叶斯算法的证券公司客户分析［J］．企业研究，2013（20）：8－9.

［248］詹晨．券商经纪业务如何转型？客户需求呈五大趋势，八成客户愿为投顾付费［EB/OL］．券商中国，2018－04－03.

［249］张峰逸，彭鑫，陈驰，等．基于深度学习的代码分析研究综述［J］．计算机应用与软件，2018，V（35），（06）：15－23，28.

［250］张海燕，冯天瑾．新的组合激活函数 BP 网络模型研究［J］．中国海洋大学学报（自然科学版），2002，32（4）：621－626.

［251］张军阳，王慧丽，郭阳，等．深度学习相关研究综述［J］．计算机应

用研究，2018，v. 35；No. 321（07）：7 - 14，22.

[252] 张磊．决策树算法在证券公司客户分类中的应用研究［D］．郑州大学，2016.

[253] 张丽新．高维数据的特征选择及基于特征选择的集成学习研究［D］．清华大学，2004.

[254] 张利军．大规模机器学习理论研究与应用［D］．浙江大学，2012.

[255] 张亮，宁芊．CART 决策树的两种改进及应用［J］．计算机工程与设计，2015（5）：1209 - 1213.

[256] 张瑞，潘鑫，杨艳妮，等．情感介入式智能客户服务系统［J］．情报理论与实践，2016，39（8）：70 - 74.

[257] 张文琪．互联网金融视角下中国证券公司经纪业务战略转型研究［D］．北京交通大学，2014.

[258] 张文生，于廷照．Boosting 算法理论与应用研究［J］．中国科学技术大学学报，2016（3）：222 - 230.

[259] 张燕平，张铃．机器学习理论与算法［M］．北京：科学出版社，2012.

[260] 章敏敏，徐和平，王晓洁，等．谷歌 TensorFlow 机器学习框架及应用［J］．微型机与应用，2017（10）.

[261] 赵聪远．人工智能技术在我国证券行业发展现状分析［J］．通讯世界，2019（2）：186.

[262] 赵玲玲，刘杰，王伟．基于 Spark 的流程化机器学习分析方法［J］．计算机系统应用，2016（12）.

[263] 赵青．证券公司客户关系管理运行评价研究［D］．中国海洋大学，2011.

[264] 赵天傲，郑山红，李万龙，等．基于 XGBoost 的信用风险分析的研究［J］．软件工程，2018，V（21），228（06）：33 - 36.

[265] 赵永良，付鑫．大数据与智能客服的融合应用实例［J］．供用电，2018（6）：13.

［266］郑捷．机器学习算法原理与编程实践［M］．北京：电子工业出版社，2015.

［267］郑南宁．人工智能面临的挑战［J］．自动化学报，2016（5）.

［268］郑宇晨，吕王勇．基于 logistic 模型的证券公司客户流失预警分析［J］．郑州航空工业管理学院学报，2016，34（5）：80－88.

［269］中国电子技术标准化研究院，国家标准化管理委员会工业二部．人工智能标准化白皮书（2018 版）［R］．2018.

［270］中国人工智能学会，罗兰贝格．中国人工智能创新应用白皮书——人工智能的商业红利窗口期已经来临？［R］．2017.

［271］周飞燕，金林鹏，董军．卷积神经网络研究综述［J］．计算机学报，2017（6）.

［272］周莹．基于证券理财产品用户行为分析的个性化推荐研究［D］．电子科技大学，2014.

［273］周永红，彭华．智能投顾研究与应用［J］．金融电子化，2017（11）.

［274］周志华，陈世福．神经网络集成［J］．计算机学报，2016，25（1）.

［275］朱海东．证券公司客户价值分析系统的设计与实现［D］．大连理工大学，2014.

［276］朱频频，张旭东．人工智能在智能客服领域的应用［J］．信息技术与标准化，2017（11）.

［277］朱巧明，李培峰，吴娴，等．中文信息处理技术教程［J］．清华大学出版社，2005.

［278］朱艳敏．基于信用评分模型的小微企业贷款的可获得性研究［D］．苏州大学，2014.

［279］宗成庆．统计自然语言处理［M］．北京：清华大学出版社，2013.

［280］邹超伟．券商营业部客户关系管理研究［D］．同济大学，2005.

后记

科技是驱动金融发展的重要力量。在大数据、互联网技术迅猛发展的今天，金融领域的智能化进程对金融市场和金融机构都意义深远。证券公司应积极把握金融科技发展脉搏，拥抱金融科技发展给公司经营带来的积极变化。

东吴证券金融科技实验室着眼于大数据、云计算、区块链、人工智能、技术驱动的业务创新与管理创新等方面的研究。本书正是实验室成立一年以来初步研究成果的呈现，主要目的是分享我们对金融科技在证券公司应用层面的一些思考和探索。

本书的具体分工如下：导论，朱丹、朱敏、俞心珅；第一章、第二章，葛菊平、随志浩；第三章，程昂；第四章，王思佳；第五章，田野、赵子龙、范俊；参考文献和后记，俞心珅；全书由程昂、俞心珅总纂定稿。

在本书的研讨与编写过程中，得到了东吴证券领导和各相关部门的大力支持。在此一并表示衷心的感谢！希望本书的出版能为证券行业的智能化转型与发展贡献一份力量！

2019 年 10 月于苏州市工业园区东吴证券大厦